Emilio Castelar

La voz de la República

MANUEL SERRANO VÉLEZ

Emilio Castelar

La voz de la República

ALMUZARA

Primera edición: junio de 2021

Editorial Almuzara • Colección: Memorias y Biografías
Director editorial: Antonio Cuesta
Edición de Ana Cabello
Corrección y maquetación: Rebeca rueda
www.editorialalmuzara.com
pedidos@almuzaralibros.com-info@almuzaralibros.com

Imprime: Black Print
ISBN: 978-84-18709-55-5
Depósito Legal: CO-351-2021
Hecho e impreso en España-*Made and printed in Spain*

Para Mar y Miguel en agradecimiento
a su apuesta por el futuro

Índice

«Entierro de D. Emilio Castelar a su paso por la Puerta del Sol», en *El Mundo Naval Ilustrado,* 1 de junio de 1899.

Introducción

El entierro de Emilio Castelar fue la ceremonia fúnebre más impresionante y el duelo popular más sincero y amplio de los que ha vivido la ciudad de Madrid. Pero no se limitó a ser un acto local, ni siquiera nacional, sino que tuvo una repercusión internacional como pocas veces ha alcanzado un evento pacífico español en el mundo. En el momento de su muerte, Castelar era una gloria universal y gozaba de enorme prestigio tanto en Europa como en América, sus opiniones eran universalmente escuchadas y respetadas, y su imagen estaba a la altura de la de figuras como Gladstone en Inglaterra, Garibaldi en Italia, Víctor Hugo en Francia o Bismark en Alemania. Unos meses antes de fallecer, un artículo suyo en una revista francesa de escasa difusión desató en nuestro país una gran tormenta política y, como consecuencia de la crisis política y social generada por la guerra colonial, se le entregó un escrito con más de 100.000 firmas pidiendo su vuelta a la política activa. Todavía en 1912, el diario *ABC* hizo una encuesta entre sus lectores sobre los diez hombres que más habían influido en la cultura y prosperidad de España en el siglo XIX. El nombre más citado fue Emilio Castelar, siguiéndolo Prim, Cánovas, Menéndez Pelayo, Echegaray, Galdós, Cajal, Maura, Sagasta y Balmes. Es posible que ahora, cuando su figura era universalmente exaltada, su tiempo y su momento hubieran ya pasado y Castelar fuera una figura anacrónica; incluso es probable que el propio Castelar fuera consciente de ello y por esa razón se hubiera retirado de la política activa. Lúcidamente, opinaba que Pi y Margall, Ruiz Zorrilla e incluso Salmerón eran gente de otro tiempo, pero es posible que su vanidad, que poseía en alto grado, le impidiera reconocer que él también lo era, aunque, de hecho, desde 1874 dedicó la mayor parte de su actividad política a reivindicar su obra como presidente del Poder Ejecutivo y a intentar imponer el programa político con el que llegó al poder en 1873. Sin embargo, se mostró incapaz de organizar el partido político que fundó, al que él llamaba Republicano Histórico, pero que era más conocido con el nombre de Posibilista, como un partido moderno adaptado a la nueva realidad social del último cuarto del siglo XIX y al sufragio universal, manteniéndolo como un partido de notables con escaso arraigo social.

Castelar fue un personaje que encarna a la perfección el hecho de que la gloria es efímera y hoy es una figura que ha caído en un radical e injusto olvido. Su obra no se reedita ni se lee, en parte a causa de su diversidad y extensión; su labor política apenas se recuerda ni se valora, y su labor intelectual es generalmente despreciada. Y sin embargo, Castelar era más lúcido y más moderno que la mayoría de sus contemporáneos, un auténtico profeta, un precursor de la modernidad. A diferencia de la generalidad de los dirigentes y militantes republicanos de finales del siglo XIX, condenó los intentos de golpes de estado militares, censuró los motines populares como formas de expresión política, su lucha por la libertad estuvo acompañada por la defensa de la legalidad y la necesidad de la autoridad y defendió la existencia de una república, liberal, democrática y conservadora que amparara a todos los españoles y no solo a los republicanos. Fue un personaje que contribuyó a la implantación de valores que hoy nos parecen irrenunciables y a tender puentes que hicieran posible la razón y el progreso. Nunca defendió soluciones simples para problemas complejos, sino que propugnó la necesidad de modernizar el Estado y, a través de la acción política, articular medidas concretas huyendo de las palabras vacías.

En su vida privada destacaba por ser noble, cordial y generoso, aunque es cierto que era vanidoso y que se caracterizaba por su extrema sensibilidad, que lo llevaba a las lágrimas ante cualquier emoción, ya fuera personal o estética, aunque esta aparente debilidad se compensaba con su indudable valor cívico que puso de manifiesto en numerosas ocasiones. Desde muy joven se enfrentó al poder de la monarquía isabelina con sus artículos en la prensa democrática y, aunque en general no fue partidario de las insurrecciones, en 1866 se jugó doblemente la vida participando de la rebelión popular contra O'Donnell en Madrid e intentando simultáneamente cortar los posibles abusos de los sublevados contra los defensores de la monarquía que habían sido capturados. Durante el Sexenio Democrático defendió la integridad personal de los miembros de la Comisión Permanente del Congreso que habían maniobrado contra el Gobierno de Pi y Margall con riesgo de su propia vida, se enfrentó al *sans culottismo* de los barrios bajos de Madrid contra la Cámara de los Diputados sin que le atemorizaran los centenares de manifestantes que paseaban frente al Congreso dando «mueras» a Castelar y descalificando al 90 % de los diputados. Pese a la impopularidad que conllevaba, Castelar se opuso a la tendencia claramente jacobina del movimiento republicano que propugnaba el denominado «sufragio universal» permanente a partir de la representación política basada en el mandato imperativo, el recurso sistemático a los plebiscitos, el jurado popular, las asambleas primarias, la responsabilidad personal directa de las personas que desempeñaban cargos públicos, los mecanismos que permitieran su revocabilidad popular inmediata, y sobre todo eran partidarios de que una dictadura revolucionaria temporal, ejercida por un directorio a modo de Comité de Salvación Pública, estableciese por decreto los parámetros del nuevo sistema democrático. Tampoco se achicó defendiendo posturas democráticas casi en solitario en las sesiones de las primeras Cortes de la Restauración, ni cuando casi al final de su vida vio en peligro las conquistas liberales arrancadas a la monarquía y denunció las maniobras de la regencia haciendo frente a los ataques no solo políticos, sino también personales de gran parte de la prensa y de los partidos políticos de turno, sin que acudieran en su defensa muchos de los que se decían sus correligionarios.

Si por algo se recuerda hoy la figura de Castelar es por su faceta de orador, pero este recuerdo no siempre es algo positivo, para muchos la oratoria de Castelar es el ejemplo más acabado de una retórica vacía y pomposa característica del siglo XIX. Como tantos prejuicios, este está basado en la ignorancia, alimentado por la repetición de tópicos con escaso fundamento y propalado por quienes en la mayoría de los casos no se han molestado en leer uno solo de sus discursos y quizás conozcan exclusivamente de oídas aquello de que el Dios del Calvario es más grande que el majestuoso Dios del Sinaí. Los testimonios de quienes tuvieron ocasión de escucharlo, políticamente afines u opuestos, extranjeros como De Amicis o juicios tan poco sospechosos como el de Azorín, han valorado debidamente las dotes oratorias de Castelar y en nuestros días en la Universidad de Cádiz un grupo de trabajo bajo la dirección de José Antonio Hernández Guerrero ha analizado científicamente y sin ideas preconcebidas los méritos indudables de la oratoria castelariana.

Pero el confinamiento de Castelar a la mera condición de excelso orador ha hecho olvidar el resto de su labor intelectual. Se desconoce su enorme tarea como periodista, profesión que durante la mayor parte de su vida fue su dedicación fundamental y que nos permite afirmar que Castelar fue y se sintió por encima de todo un periodista. Durante cuarenta años publicó miles de artículos no solo en la prensa española, sino también en la América de habla española, en Estados Unidos y en Europa. En esta labor consiguió dos hitos difícilmente superables: con el artículo titulado «El rasgo», sobre la supuesta generosidad de Isabel II al privatizar el Patrimonio Real, generó una crisis política que debilitó extraordinariamente a la monarquía isabelina, y con el publicado en mayo de 1898 en la *Nouvelle Revue International*, originó una tormenta política de gran calado que conmovió la estabilidad de la regencia de doña María Cristina. A pesar de todo, ninguno de estos artículos suele ser citado en las antologías sobre la prensa española y, por ejemplo, en un libro de Josep M. Casasús titulado *Artículos que dejaron huella*, no se recoge ninguno de los dos, aunque sí uno de Mañé y Flaquer sobre el obispo Urquinaona, otro de Pemán de 1970 sobre el catalán, o una entrevista de Manuel del Arco con Miguel Maura en 1966. Castelar fue uno de los colaboradores principales del diario *La Discusión,* que en los años centrales del siglo XIX fue el principal órgano de las ideas democráticas, y durante la Restauración colaboró en periódicos como *El Liberal* de Madrid o *La Publicidad* de Barcelona. Además fue fundador de dos diarios de los más importantes para la difusión de las ideas republicanas y democráticas, *La Democracia,* durante el reinado de Isabel II, y *El Globo,* al inicio de la Restauración de la monarquía borbónica.

También se ha olvidado que fue un historiador aunque quizás su concepto de la historia hoy nos parezca algo extemporáneo, alejado del concepto de historia positivista que se impuso a finales del siglo XIX para intentar convertir la historia en una ciencia parecida a las ciencias de la naturaleza, pretensión que hoy sabemos absurda y tan anacrónica como la propia idea de la historia castelariana. A mediados del siglo XIX la historia heredada de la Ilustración servía, como dice Jorge Vilches, para la racionalización de los acontecimientos e intentaba descubrir las leyes sobre el devenir de la humanidad. La historia se basaba, más que en un método científico, en un método filosófico, y concretamente la historia republicana era un género de combate, literario y de polémica, era preferentemente propagandística, fundada en la idea del progreso como prognosis de la llegada de la república. El fracaso de la federal en 1873 contribuyó a desacreditar este tipo de historia.

Es cierto que la versión escrita de la historia de Castelar quedó anticuada por su carencia de sistematicidad, de análisis estructural y de cita de fuentes; que, como su gran contradictor Menéndez Pelayo, era más un hombre de biblioteca que de archivo, y que sus obras están llenas de generalizaciones. Pero, aunque discutible, su idea del progreso y sus raíces hegelianas tienen cierto sentido y todavía hoy influyen sobre los conceptos de la historia de la humanidad en el público lector, una gran parte de la población sigue pensando que la historia es la narración del progreso del hombre desde lo primitivo a lo moderno y que esta trayectoria en general es positiva. Castelar también afirmó que a cada desarrollo histórico le correspondía una forma política y, aunque no lo reconozcamos, cuando nosotros afirmamos y defendemos que la democracia es el régimen que debe imperar en todo el mundo, en cierto modo estamos afirmando lo mismo. También proclamó que la historia no era solo la de las élites, sino necesariamente la del pueblo, y que no se podía limitar a los sucesos políticos, bélicos y religiosos, sino que tenía que abarcar muchas más facetas de la vida, desde el arte a las costumbres y al trabajo, base de la existencia de toda civilización. Por desconocimiento ha sido poco valorada su obra *La revolución religiosa: obra filosófico-histórica dividida en cuatro partes: Savonarola, Lutero, Calvino, San Ignacio de Loyola*, definida por él con precisión como obra filosófico-histórica. Y aunque muy alejada de los modelos tradicionales, es interesante su *Historia del descubrimiento de América*, obra divulgativa que tuvo una intención básicamente periodística y de difusión de la hazaña española. Valoró acertadamente la figura de Bartolomé de las Casas, dejó plasmado su juicio negativo sobre Felipe II y reflejó una visión no idealizada de la Edad Media con sus luces y sombras, pero con atención al municipalismo castellano que contribuyó a poner fin al feudalismo.

Fue uno de los iniciadores en España de la literatura de viajes y con sus obras de este carácter triunfó en Europa, especialmente con sus *Recuerdos de Italia*, trasunto de sus viajes por un país que amó apasionadamente, que fue un auténtico *best seller* europeo. Más allá de los libros de viaje, este tipo de literatura, junto con sus desahogos autobiográficos, estará presente en sus obras misceláneas de carácter periodístico y en los numerosos retratos y semblanzas tanto de sus contemporáneos como de figuras históricas. Fue notable su dedicación a historiar las vidas de las mujeres a las que dedicó nada menos que ocho tomos, algo que pocas veces se destaca cuando se habla de la ocultación de la mujer, pues Castelar fue siempre un defensor del papel jugado por las mujeres en la historia y, aunque lógicamente no podemos definirlo como feminista, fue partidario de la entrada de la mujer en la Academia de la Lengua y consecuentemente del ingreso de doña Emilia Pardo Bazán. No menos importantes son sus obras de divulgación política, como *La historia del movimiento republicano en Europa*, o su *Catecismo democrático*, redactado a la usanza de los catecismos cristianos, tarea que realizó no solo a través de sus propias obras, sino también generosamente en forma de prólogos, como los dos que dedicó a Fernando Garrido o el destinado a Roque Barcia, en los que sintetizó las principales ideas democráticas y republicanas. En cambio, de sus novelas podemos olvidarnos: todas ellas son lacrimógenos culebrones folletinescos en donde ocurren las cosas más inverosímiles que son expuestas en cientos de páginas, estas sí, de vacía retórica repleta de tópicos. El único valor que hoy tienen es el profundo sentido autobiográfico que late en todas ellas y en el que, de una forma u otra, se revela el drama personal que para Castelar supuso la ausencia del padre, tanto por su forzado exilio como por su misteriosa desaparición.

Castelar fue, además, una gran figura política, no solo porque durante más de cuarenta años fuera el gran difusor de las ideas democráticas y republicanas, sino porque su ideario, contra lo que muchos creen, era mucho más moderno y con más futuro que el de muchos de sus correligionarios anclados en las estrategias conspiradoras de la mitad del siglo XIX. Fue uno de los máximos responsables de la popularización del ideario federal basado en su admiración hacia Suiza y los Estados Unidos, pero siempre tuvo claro que no se podía desmembrar una nación con profundas raíces históricas como España para volver a articularla federalmente. Demócrata radical, pero al mismo tiempo profundamente conservador, si la derecha española del siglo XX hubiera seguido su huella en vez de la de Cánovas, nuestra historia en el siglo XX podría haber sido muy distinta. En el fondo, Castelar fue un estadista frustrado y su trayectoria política guarda muchas similitudes con dos políticos de ideología tan distinta como Antonio Maura y Manuel Azaña. Todos ellos gozaron de gran popularidad y prestigio en su tiempo, pero tuvieron escaso poder para llevar a cabo sus ideas y que estas transformaran la sociedad. Con Maura compartió la distancia con sus propios correligionarios que nunca entendieron su proyecto político y el fracaso por construir un sistema político honesto que diera estabilidad a la vida política española. Y con Azaña, su papel de intelectual volcado a la política por patriotismo y sus intentos de construir una república para todos concretando el sueño de los ilustrados: gobernar mediante la razón. Como dice Souto Alabarce, las dos repúblicas encarnan en dos grandes oradores: Castelar y Azaña. Uno florido; conciso el otro, pero ambos esencialmente literarios. Y las dos repúblicas, tanto la de Castelar como la de Azaña, se ven de inmediato acosadas, abrumadas, sobrepasadas por una realidad muy distinta a la que creían tener vista. Avasallado por la realidad concreta de una tierra y de unos hombres, el espejismo de España que estos dos escritores tenían en la mente se vuelve humo, pese a lo bien que ambos conocían a España y a los españoles.

Sabemos muy poco con certeza de su vida privada, aunque sí es patente la profunda huella que dejaron en él la temprana y misteriosa desaparición de su padre, la muy evidente adoración por su madre y el sostenido amor por su hermana Concha, con la que compartió la vida familiar hasta la muerte de esta. Su desconcertante *Autobiografía*, que se conserva manuscrita, contribuye a sostener la tesis de que Castelar ocultó conscientemente todo lo relacionado con su vida privada, tanto en su infancia como en la edad adulta. Su vida, además del trabajo y la actividad política, estaba marcada por una intensa actividad social, tanto como anfitrión de personajes de todas las capas sociales como por frecuentador de salones, teatros y tertulias, pero esta exposición pública fue siempre compatible con la celosa guarda de su intimidad personal. La frustración de la boda con su prima Benita Guijarro, por razones que solo podemos conjeturar, constituye un enigma similar al de su permanente soltería, que en numerosas ocasiones intentó justificar por su dedicación política, y al de su inclinación sexual, sobre la que desataron disimulados rumores de homosexualidad excitados por sus peculiares relaciones con algunos de sus secretarios que lo acompañaron en sus viajes por Europa, como fue el caso de Alvarado, citado maliciosamente por don Juan Valera en su correspondencia con Narciso Campillo.

Peculiar fue también su relación con el dinero, ya que, a pesar de ganar cantidades enormes en comparación con sus contemporáneos, siempre estuvo al borde de la quiebra y las deudas fueron una pesada carga que lo acompañó hasta su muerte. Un catedrático de la Universidad Central, como lo era él, podía ganar como mucho 10.000 pesetas anuales, pero Castelar con sus colaboraciones periodísticas y los derechos de sus libros ganaba muchos años más de 60.000 pesetas, e incluso en algunos, alrededor de las 100.000. Sin embargo, sus apuros económicos fueron constantes, en parte ocasionados por el sostenimiento de *La Democracia*, el periódico que fundó, y por los costes de su actividad política y su generosa ayuda a familiares, servidores y amigos políticos. A su muerte, su amigo el banquero Calzado hubo de comprar su biblioteca para saldar las deudas que había dejado. Pese a todo se negó siempre a recibir otro dinero que no fuera fruto de su labor intelectual y desechó sinecuras y ayudas permanentes que algunos de sus amigos quisieron proporcionarle, aunque al final de su vida aceptó pertenecer a los Consejos de Administración de las empresas de ferrocarriles del Campo de Gibraltar y de Puerto Rico.

Tras su muerte nunca ha recibido justicia de sus correligionarios ni apenas de sus compatriotas, como apunta Carmen Llorca. Y mientras Salmerón mantuvo un terco silencio sobre su figura, Pi y Margall lo elogió como escritor, pero lo criticó como político. Cuando los Parlamentos de medio mundo lo homenajeaban, en el Congreso español pasaban los días tras su muerte sin que se dedicara siquiera un recuerdo a su memoria. No fue ningún republicano, sino Romero Robledo, el que planteó que en todos los Parlamentos extranjeros la muerte de Castelar había producido manifestaciones de duelo y no era posible que fuera el español el único que pareciera ignorar su pérdida. Gracias a este gesto se hizo constar en el acta el profundo sentimiento de la Cámara, y días más tarde Miguel Moya, Sagasta y Antonio Maura pidieron, entre otros, la colocación de una placa en su homenaje. Lo mismo ocurrió con el monumento levantado por suscripción popular a su memoria en Madrid que tardó más de nueve años en inaugurarse, mientras que, por ejemplo, el levantado en homenaje a Cánovas se inauguró apenas transcurridos tres años desde su muerte. Tampoco en el centenario de su muerte hubo en España actos oficiales ni exposiciones como las que se han hecho con el mismo motivo por otras figuras políticas, y en este aniversario hubo más repercusiones fuera de España que en nuestro país. Por ejemplo, el diario *ABC* recogía el 23 de abril de 2001 que el Parlamento italiano había patrocinado la publicación de *Recuerdos de Italia* en edición bilingüe y que, en un acto, el presidente de la Cámara de Diputados italiana, Luciano Valente, había rendido homenaje al espíritu democrático y a la sensibilidad intelectual de Castelar. Por parte española estuvieron presentes la presidenta del Congreso, Luisa Fernanda Rudi, y Manuel Espadas Burgos, director de la Escuela Española de Historia y Arqueología de Roma, pero no acudió ningún representante de la Academia Española de Bellas Artes en Roma que había fundado Castelar siendo ministro de Asuntos Exteriores del Gobierno de Estanislao Figueras.

1. *El golpe*

«¡Qué vergüenza!». Estas fueron las palabras que pronunció Emilio Castelar cuando en la madrugada del 3 de enero de 1874, al rayar el día, la Guardia Civil, obedeciendo las órdenes del general Pavía, penetró en el Congreso de los Diputados y procedió a disolver la sesión parlamentaria que duraba ya casi veinte horas. Acababa así el mandato de Castelar como presidente del Poder Ejecutivo de la Primera República española. Sus palabras estaban dirigidas, evidentemente, a condenar el golpe militar que derribaba el más civil y democrático de los regímenes que España tuvo durante todo el siglo XIX, pero también es posible que su bochorno no fuera ajeno al comportamiento de los diputados republicanos que sí afirmaban ser capaces de morir por la república, eran incapaces de gobernarla. Esa ineficacia parecía dimanar de la aparente facilidad con la que se había proclamado la tan ansiada república por 258 votos a favor en un parlamento en el que los diputados republicanos eran tan solo 78, es decir, que la república había sido obra de diputados que eran monárquicos hasta el día anterior. Parece que se cumplía la maldición de lo difícil que es mantener lo que poco cuesta.

Galdós reflejó la realidad de una Cámara en la que era difícil que se reunieran más allá de la tercera parte de los diputados electos:

> Las sesiones de las constituyentes me atraían, y las más de las tardes las pasaba en la tribuna de la prensa, entretenido con el espectáculo de indescriptible confusión que daban los padres

> de la Patria. El individualismo sin freno, el flujo y reflujo de opiniones, desde las más sesudas a las más extravagantes, y la funesta espontaneidad de tantos oradores, enloquecían al espectador e imposibilitaban las funciones históricas. Días y noches transcurrieron sin que las Cortes dilucidaran en qué forma se había de nombrar Ministerio: si los ministros debían ser elegidos separadamente por el voto de cada diputado, o si era más conveniente autorizar a Figueras o a Pi para presentar la lista del nuevo gobierno. Acordados y desechados fueron todos los sistemas. Era un juego pueril que causaría risa si no nos moviese a grandísima pena.

El depuesto presidente tenía cuarenta años y llevaba veinte difundiendo el programa del Partido Demócrata y defendiendo que la república era la única forma de gobierno capaz de asegurar el establecimiento y la consolidación de la democracia en España. Todavía era joven, pero había llegado a la presidencia del Poder Ejecutivo demasiado tarde para salvar un régimen que, en poco más de siete meses, había alcanzado tal descrédito que su labor de gobierno fue incapaz de enderezarlo. Aunque en los meses siguientes Castelar afirmó estar convencido de que era capaz de convertir el gobierno autoritario y solo formalmente republicano del general Serrano en una auténtica república, al mismo tiempo conservadora y democrática, la historia se negó a pasar dos veces por delante de su puerta.

La sesión había comenzado a las tres y cuarto de la tarde del día 2 de enero, y en raras ocasiones una reunión parlamentaria había desatado tanta expectación. Diversas fracciones republicanas, desde la derecha a la extrema izquierda, se habían juramentado para acabar con Castelar sin ponerse de acuerdo en quién podía sustituirlo; los sublevados de Cartagena, al límite de su resistencia, confiaban en que después de la sesión el nuevo Gobierno levantara el sitio a que estaban sometidos; los carlistas, alejados definitivamente de la legalidad republicana, esperaban que la caída de Castelar produjera el caos necesario para consolidar sus posiciones al norte del Ebro y extenderse al resto de España; por último, los altos mandos militares, en general cercanos a los alfonsinos de Cánovas, condicionaban su obediencia a la república a la permanencia de Castelar en la presidencia del Gobierno y al mantenimiento de su política de firmeza.

Las consecuencias derivadas del resultado de la moción de censura al Gobierno de Castelar se veían con absoluta claridad, pero, a pesar de ello, los diputados republicanos fueron incapaces de un acto de cordura que impidiera la muerte de la república. Si resultaba paradójico que la hubieran traído los monárquicos, no lo era menos que la expulsaran los republicanos. Fuera cual fuere el resultado de la votación, los perdedores no estaban dispuestos a respetar la legalidad. Como dice Vilches, Pavía había preparado una rebelión si perdía Castelar, y los voluntarios federales de Madrid, los famosos «gorros colorados», habían sido convocados por los intransigentes para impedir la continuidad en el Gobierno de Castelar si este ganaba la votación. ¿Era consciente Castelar de las consecuencias de su derrota parlamentaria? Probablemente sí, aunque es posible que, llevado por su habitual optimismo, creyera que la división de sus enemigos y la inexistencia de un candidato alternativo impidieran el triunfo de la moción. ¿Tenía conocimiento de la inquietud de los militares? Evidentemente sí , pero su margen de maniobra era mínimo; los rumores recorrían todo Madrid los días previos a la sesión parlamentaria y es posible que creyera que Pavía iba a respetar la votación del Parlamento incluso en el caso de su derrota. En cualquier caso, su error de cálculo fue decisivo no solo para la supervivencia del régimen republicano, sino también para su propia trayectoria política.

La sesión comenzó con la lectura por Eleuterio Maisonnave, ministro de la Gobernación, de una memoria dando cuenta de lo ocurrido en España desde el 18 de septiembre cuando se suspendieron las sesiones de las Cortes. El escrito reflejaba que no había provincia en la cual la perturbación no hubiera echado raíces, no había localidad que no hubieran azotado los vientos del desorden y sí sobre la faz de las unas pasó el absolutismo destruyéndolo y saqueándolo todo, sobre la superficie de las otras se desató el huracán de la demagogia entregándolo todo también al incendio y la muerte. Según su informe, había partidas carlistas en Álava, Albacete, Alicante, Almería, Ávila, Badajoz, Barcelona, Burgos, Cáceres, Castellón, Ciudad Real, Cuenca, Gerona, Granada, Guadalajara, Guipúzcoa (completa), Huesca, Jaén, León, Lérida, Logroño, Murcia, Navarra, Oviedo, Palencia, Santander, Segovia, Soria, Tarragona, Teruel, Valencia, Vizcaya y Zaragoza. 70.000 carlistas. Cualquier ciudadano obtenía con las mayores facilidades la concesión de armas y el permiso para extraerlas de los parques del Estado. Un diputado solicitó y consiguió que se le entregaran dos cañones, formó una columna de voluntarios, salió de la capital en que se hallaba sin permiso ni autorización de nadie, recorrió agitándolas varias provincias del mediodía e hizo cuanto le plugo en el sentido que estimó más oportuno sin que se le pusieran grandes obstáculos a su marcha. Pese al tremendismo de la descripción, no parece que Maisonnave exagerara demasiado.

ÉVÉNEMENTS D'ESPAGNE. — Madrid. — La garde civile, par l'ordre du général Pavia, disperse les membres des Cortès après la séance du 2 janvier. — (Dessin de M. Vierge.)

La guardia civil, por orden del general Pavía, dispersa a los miembros de las Cortes después de la sesión del 2 de enero. *Eventos de España,* Madrid. (Dibujo del señor Vierge). 10 de enero de 1874.

Aunque participaron bastantes parlamentarios, el debate del 2 de enero fue un cuerpo a cuerpo entre Castelar y Salmerón. El discurso de Salmerón fue incomprensible desde el punto de vista político. Estuvo lleno de vaguedades y era inconcebible que no dedicara ni una sola palabra a la cuestión vaticana que, según él mismo y sus partidarios, había sido la causa de la ruptura con Castelar. Afirmó que no quería el poder, pero que, antes que seguir permitiendo que Castelar gobernara, estaba dispuesto a permitir que lo hiciera cualquier otro partido, aunque no fuera republicano. Terminó su intervención con esta increíble declaración contra la posibilidad de un gobierno republicano:

> Soy inhábil, soy incapaz para el gobierno mientras las actuales condiciones no cambien: ni pretendo, ni demando, ni acepto el poder. Si no es posible salvar la situación presente dentro del Partido Republicano, antes que romperla nosotros con mano sacrílega, digámoslo a la faz del país; declaremos que no es posible gobernar con nuestros principios, con nuestros procedimientos: así quedará nuestra conciencia tranquila de no haber profanado el poder, de no haber hollado nuestras sagradas convicciones.

Por primera vez en su trayectoria parlamentaria, Castelar leyó un memorándum en el que describía la acción de gobierno desde el 20 de septiembre. Se refirió a las sublevaciones cantonalistas y carlistas, defendió al ejército que las combatía y justificó la necesidad de las relaciones con el Vaticano para no dejar el campo libre a alfonsinos y carlistas, y terminó su lectura:

> Es necesario cerrar para siempre, definitivamente, así la era de los motines populares, como la era de los pronunciamientos militares. Si las desgracias de una doble guerra han exigido la suspensión de algunos derechos, el eclipse de alguna libertad en el seno de la República, dejadla en su movimiento pacífico y veréis con que prontitud y con qué solidez recobra su propia naturaleza.

El comunicado de Castelar fue recibido con un helado silencio que anticipaba la posición de la mayoría de la Cámara ante el Ejecutivo. La Asamblea del 73 estaba dominada por el odio, el recelo y la envidia; las relaciones entre los corifeos de cada fracción eran inexistentes, y la principal preocupación de cada uno de ellos era evitar el triunfo del adversario, aunque para ello hubiera que recurrir a alianzas contra natura.

Galdós describe con maestría lo ocurrido:

> Empezó su discurso el inmenso tribuno (Castelar) con estos ardientes apóstrofes: «Soy sospechoso al Partido Republicano porque le digo que él solo no puede salvar a la República; porque le digo que está hondamente dividido y perturbado; porque le digo la verdad, como se la dije a los reyes, y añadió que no gobernará como no condene enérgicamente y para siempre a esa demagogia». Fijó luego su significación gubernamental, constante en su vida pública. Sostuvo que nada hizo en el gobierno que no hubiera defendido en la oposición y expuesto en su programa al ser elevado al poder. Notó los servicios prestados por él a todos los gobiernos de la República, de quienes fue ministerial ardiente aun sin compartir sus opiniones, por no mermarles autoridad. Luego prosiguió así: «Tenemos todo lo que hemos predicado. Tenemos la democracia, tenemos la libertad, tenemos los derechos individuales, tenemos la República. Dos reformas no más necesitamos: la primera es la separación de la Iglesia y del Estado; la segunda es la abolición de la esclavitud en Cuba». Un diputado interrumpió: «¿Y la federal?». Don Emilio repuso con acento iracundo: «Eso..., eso es organización municipal y provincial. Ya hablaremos más tarde, no merece la pena. ¡El más federal tiene que aplazarla por diez años!». En los bancos de la intransigencia produjeron enorme tumulto las frases del tribuno. Una voz dijo: «¿Y el proyecto de Constitución?». Castelar lanzó esta respuesta fulminante: «Le enterrasteis en Cartagena».

Castelar negó que fuera inconsecuente, atacó a arribistas como Labra, antes monárquico y ahora furibundo republicano, y a Salmerón le preguntó, con cierta lógica, que, si su conciencia le impedía tomar el poder, ¿qué solución tenía para los males de España? Su discurso, basado en el conocimiento de la realidad política española y de un valor cívico indudable, no fue acogido como era habitual cuando hablaba Castelar con aplausos, sino con gritos de «¡A votar! ¡A votar!». La votación se precipitó, ya que sus adversarios tenían prisa por celebrarla. El resultado fue de 100 votos a favor de Castelar y 120 en contra. Salmerón, como presidente de la Cámara, se sentía ufano y a las cinco y cuarenta y cinco minutos suspendió la sesión durante veinte minutos para hacer consultas y votar el nuevo Gobierno. Hay que hacer notar que, en una sesión que todos juzgaban como trascendental para la vida de la república, de los 375 diputados tan solo asistieran 220, es decir, ni siquiera el 60 % de los electos, aunque ciertamente Salmerón como presidente de la Cámara impidió que se cubrieran las posibles vacantes que hubieran fortalecido la posición de Castelar.

Los que se habían puesto de acuerdo para derribar a Emilio Castelar no lo habían hecho para elegir a un sucesor. Vilches dice que Pi consideraba traidor a Castelar desde que le había retirado el apoyo parlamentario cuando no usó una política de fuerza contra los cantonales. Rencoroso, vengativo y torpe, para vengarse de Castelar pactó la caída de su Gobierno con Figueras y Salmerón pretextando que daba mando de tropas a los generales monárquicos. Cartagena tenía órdenes de resistir hasta el día 3 en que, derrotado Castelar, un gobierno de republicanos intransigentes legalizaría su situación con la cantonalización de España. Los conjurados pensaban que la derecha ofrecería una débil resistencia y habían concentrado a los voluntarios federales en puntos estratégicos para que, si Castelar vencía, dieran señales con sus cornetas para imponer un gobierno cantonal; conocida su derrota, se fueron a casa dejando el campo libre a las fuerzas de Pavía.

La derecha acordó votar en blanco, pero luego decidió poner en la papeleta el nombre de Emilio Castelar. En el Gabinete del presidente de las Cortes, Salmerón, Pi, Figueras y los cantonales Rispa y Guisasola acordaron el modo de elegir al presidente y a los miembros del Gobierno. Salmerón y Rispa fueron los encargados de elegirlo; Salmerón propuso a Chao, pero la izquierda reunida en el Salón de Presupuestos fue consultada por Rispa y se negó a aceptar la propuesta proponiendo el nombre de Socías, que a su vez vetó Salmerón, quien sí aceptó el nombre de Palanca, que finalmente parecía estar dispuesto a amnistiar a los sublevados de Cartagena. Los intransigentes, la izquierda, el centro y los salmeronianos, tras muchos cabildeos y discusiones, resolvieron finalmente votar al diputado por Málaga Eduardo Palanca, hombre oscuro y modesto que gozaba de las simpatías de muchos, pero al que hubo que ir a buscar a la estación del Mediodía, donde había ido camino de Málaga. Mientras se votaba la candidatura de Palanca, Salmerón y Rispa escogían los ministros de su Gobierno, intentando atender las peticiones de las distintas fracciones, como las de los intransigentes que exigían la cartera de Guerra para Estévanez. Mientras tanto, Castelar, estoico, permanecía en el banco azul rodeado de sus amigos más adictos.

Durante la discusión en las Cortes de la proposición de confianza a Castelar, el capitán general de Castilla la Nueva, el general Pavía, iba siguiendo la marcha del debate. Según cuenta Natalio Rivas recogiendo las confidencias de un testigo anónimo de los hechos:

> A la hora indicada me presenté en su despacho y hallé a Pavía acompañado de los generales Santa Pau y Ruiz Salaverría; del teniente coronel de Estado Mayor Cubas y de su ayudante de campo Villalonga. Poco después fueron llegando el general Pasarón; el coronel de la guardia civil, señor Valencia; el de Ingenieros don Federico Alameda, y el capitán de artillería Mesa, todos como yo de uniforme... El general Pavía parecía preocupado; habló poco; apenas probó bocado y sólo bebió una taza de café. En las horas que transcurrieron hasta la madrugada, de tiempo en tiempo, el General recibía la noticia de un joven paisano, que según supe después, le tenía al corriente de lo que estaba pasando en las Cortes, y por el ceño que se dibujaba en el rostro de Pavía, las noticias no debían ser muy halagüeñas y sí cada vez más pesimistas. Al recibir la última visita, a las cinco de la mañana, el General se levantó airado y nos dijo: «Señores, ha llegado la hora».

Morayta afirma que el enlace de Pavía con las Cortes era el joven Lorenzo Romero, agregado al ministro de Estado, de opulenta familia, muy introducido en las altas esferas del Partido Demócrata.

Frente al Congreso había una compañía de la Guardia Civil y una sección de guardias de Orden Público que se pusieron a las órdenes del coronel Valencia. Pavía, que había recibido la información inexacta de que ya había sido elegido Palanca, mandó a su ayudante Villalonga que comunicase a Salmerón que asumía el mando del Estado, que las Cortes quedaban disueltas y que se desalojase el edificio. Salmerón detuvo el escrutinio y leyó la nota. Lo que siguió fue verdaderamente vergonzoso, ya que todos los anticastelaristas intentaron olvidar y borrar lo ocurrido hasta entonces.

En el *Diario de Sesiones* se refleja lo ocurrido:

> Presidente: Señores diputados: Hace pocos momentos que he recibido un recado u orden del capitán general, creo que debe ser ex capitán general de Madrid, para decir que se desalojara el local en un término perentorio. (Varias voces: Nunca, nunca). Orden, señores diputados: la calma y la serenidad es lo que corresponde a ánimos fuertes en circunstancias como esta; para que se desalojara el local en un término perentorio, o de lo contrario lo ocupará a viva fuerza. Yo creo que es lo primero, y lo que de todo punto procede (El tumulto que se levantó en el salón interrumpió al señor presidente. Se oye decir: Esto es ofensivo a la dignidad de la Asamblea). Señores diputados: sírvanse oír la voz… (Continúa el tumulto) Orden señores diputados. (Mucha calma, mucha calma, se grita por algunos) Yo recomiendo a los señores diputados la calma y la serenidad… (Continúa la agitación. El señor Chao: ¡Esto es una cobardía miserable!)
>
> Señores diputados: vuelvo a recomendar la calma y la serenidad. El Gobierno presidido por el ilustre patricio don Emilio Castelar, es todavía Gobierno, y sus disposiciones habrá adoptado ya. Entre tanto yo creo que debemos seguir en sesión permanente, y seremos fuertes para resistir hasta que nos desalojen por la fuerza, dando un espectáculo que,

aun cuando no sepan apreciarlo en lo que vale, aquellos que sólo pueden conseguir el triunfo por ciertos medios, las generaciones futuras sepan que los que éramos adversarios, ahora todos hemos estado unidos para defender la República. (Varios señores diputados: ¡Todos, todos! Un señor diputado: ¡Viva la soberanía nacional! ¡Viva la república! ¡Viva la asamblea! Estos vivas fueron contestados por todos los lados de la cámara.)

No esperaba yo menos, señores diputados. Ahora seremos todos unos. (Varios señores diputados: ¡Todos, todos!) Se han borrado en este momento todas las diferencias que nos separaban, hasta tanto no quede reintegrada esta Cámara en la representación de la Soberanía nacional. (Muy bien), y que se le podrá arrancar por la fuerza de las bayonetas, pero no se le arrancará el derecho que tiene.

El señor presidente del Poder Ejecutivo, señor Castelar: Pido la palabra.

El señor presidente: la tiene su señoría.

El señor Castelar: Yo siento no participar de la opinión de Su Señoría respecto al escrutinio, porque yo creo que el escrutinio debe continuar como si no sucediera nada fuera de esta cámara. Puesto que aquí tenemos libertad de acción, continuemos el escrutinio, sin que por eso el presidente del Poder Ejecutivo tenga que rehuir ninguna responsabilidad. Yo he reorganizado el ejército, pero lo he reorganizado, no para que se volviera contra la legalidad, sino para que la mantuviera. (Aplausos) Y, señores diputados, no puedo hacer otra cosa que el morir el primero con vosotros. (¡Bravo, bravo!)

El señor Benot: ¿Hay armas? Vengan. Nos defenderemos.

El señor Presidente: Señores diputados: inútil sería nuestra defensa y empeoraríamos nuestra causa. (Un señor diputado: No puede empeorar) Digo que nosotros nos defenderemos con aquellas armas que son las más poderosas en estos momentos: las de nuestro derecho, las de nuestra dignidad y las de nuestra resignación para recibir semejantes ataques.

El señor Castelar: Pero una cosa hay que hacer... (Un señor diputado: que se dé un voto de confianza al Ministerio que ha dimitido) De ninguna manera; aunque la Cámara lo votara, este Gobierno no puede ser Gobierno, para que no se dijera nunca que había sido impuesto por el temor de las armas a una Asamblea Soberana. Lo que está pasando me inhabilita a mí perpetuamente para el Poder. (Un señor diputado: ¡No, que te creemos leal!) Así es, señores diputados, que a mí me toca demostrar que yo no podía tener alguna parte en esto. Aquí, con vosotros, los que esperéis, moriré y moriremos todos.

El señor Benot: Morir, no; vencer.

El señor Chao: Me atrevo a hacer una declaración y una petición a la Cámara y al señor presidente del Poder ejecutivo, y es que, si lo tiene a bien, expida un decreto declarando fuera de la ley al general Pavía y otro decreto sujetándole a un Consejo de Guerra, y si es necesario desligándole del deber de la obediencia al soldado.

(Recibida con aplauso unánime la propuesta el ministro de la Guerra escribió en el acto el decreto indicado, y cuando varios diputados solicitaban ser ellos quienes hicieran entrega de él a Pavía):

Dijo el señor Calvo: La Guardia Civil entra en el edificio preguntando a los porteros la dirección de este salón y diciendo que se desaloje de orden del capitán general.

El señor Benítez de Lugo: Que entre, y todo el mundo a sus asientos.

El señor Presidente: Ruego a los señores diputados que se sirvan de ocupar sus asientos y que sólo esté en pie aquel que haya de hacer uso de la palabra.

El señor Benítez de Lugo: Pedí la palabra para rogar a los señores diputados de la izquierda y del centro que han votado conmigo, yo que no puedo ser sospechoso, porque he consumido un turno en contra de la política de Castelar, que este momento la cámara entera dé un voto de confianza al señor Castelar. (Muchos señores diputados: Por unanimidad)

El señor Castelar: Ya no tendría fuerza y no me obedecerían.

El señor Presidente: Ruego a los señores diputados que ocupen sus asientos. No tenemos más remedio que sucumbir a la fuerza; pero ocupando cada cual su puesto. Vienen aquí y nos desalojan. ¿Acuerdan los señores diputados que debemos resistir? ¿Nos dejamos matar en nuestros asientos?

(Varios señores diputados: Sí, sí. Todos)

El señor Castelar: Señor presidente, ya estoy en mi puesto, y nadie me arrancará de él. Yo declaro que me quedo aquí y que aquí moriré.

Un señor diputado: ¡Ya entra la fuerza en el salón!

(Penetra en el salón fuerza armada)

Varios señores diputados: ¡Qué escándalo!

El señor Castelar: ¡Qué vergüenza!

Varios señores diputados: ¡Soldados! ¡Viva la República Federal! ¡Viva la Asamblea Soberana!

(Otros señores diputados apostrofan a los soldados, que se repliegan a la galería, y allí se oyen algunos disparos, quedando terminada la sesión en el acto).

Eran las siete y media de la mañana.

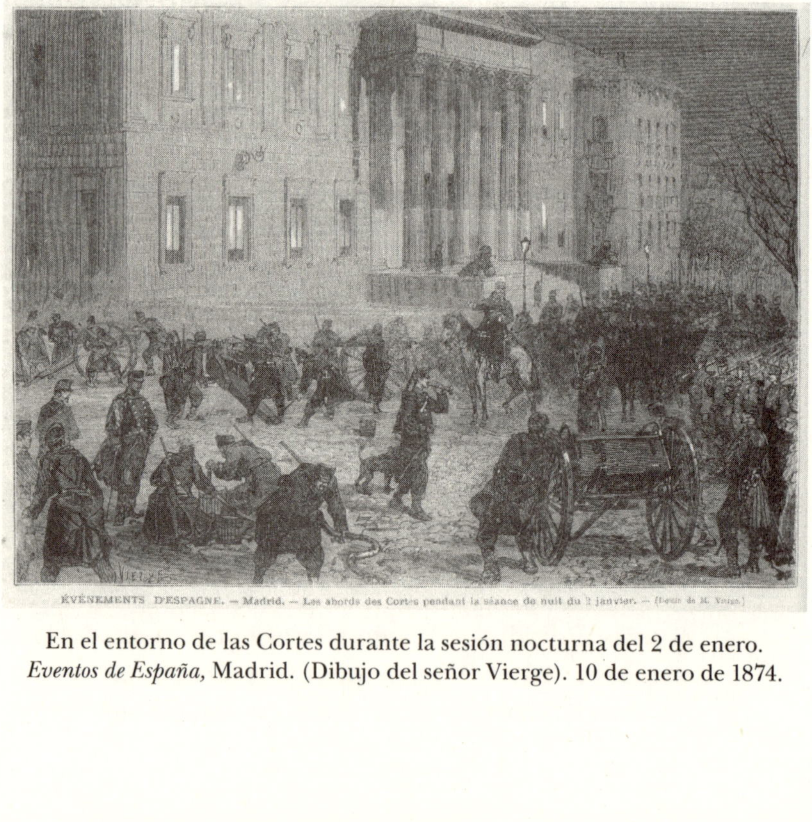

En el entorno de las Cortes durante la sesión nocturna del 2 de enero. *Eventos de España,* Madrid. (Dibujo del señor Vierge). 10 de enero de 1874.

Cuando sonó el primer disparo muchos diputados huyeron, pero no Castelar, que se quedó en su escaño rodeado de Sánchez Bregua, Canalejas, Salvany, Del Val y Maisonnave, y algunos diputados de la izquierda del partido que también se quedaron para ofrecerle su apoyo por si alguien intentaba alguna agresión. Entró al hemiciclo el coronel Iglesias, y Castelar le recordó que era el presidente del Poder Ejecutivo, pero el coronel le contestó que solo obedecía al capitán general de Madrid. Sus amigos obligaron a salir a Castelar casi a la fuerza. Abrieron paso respetuosamente los militares a la que podríamos llamar «procesión de duelo», y el expresidente salió por la puerta de la calle del Florín, dirigiéndose por la del Sordo a pie hacia el Prado y a su casa de la calle de Serrano.

Morayta, que fue testigo de lo que ocurrió, coincide con otros de los presentes en que la exactitud histórica exige decir que las cosas no sucedieron tan artísticamente como se narran en el *Diario de Sesiones*. Cuando sonaron los disparos hechos al techo, y cuya huella duró años, los diputados salieron en tropel por las puertas más altas a los pasillos, y Salmerón, después de penetrar en el salón hasta treinta soldados, desapareció por la puerta por la que solía salir el presidente. Como cuenta Natalio Rivas, en aquella noche donde tantos diputados se ofrecieron a morir antes que abandonar su puesto, solamente uno de ellos, llamado Emigdio Santamaría, alcalde de Elche y diputado por la misma circunscripción, hizo frente a un guardia y lo desarmó, sin que le ocurriera nada, porque Pavía había dado orden de que no se agrediese a los diputados, salvo que hiciesen uso de las armas para defenderse, y que en cualquier caso no se les retuviese. Los famosos «gorros colorados», los 12.000 republicanos armados que había en Madrid y que habían sido alertados por si triunfaba Castelar, brillaron por su ausencia en aquellas y en las posteriores horas, pese a que en la madrugada todo Madrid sabía ya lo que estaba ocurriendo en el Congreso. Solo en Valladolid, Zaragoza y Barcelona hubo alguna resistencia armada por parte de los milicianos republicanos.

Cuando Castelar caminaba por la calle de Zorrilla camino del Prado, un ayudante del general Pavía le dijo que retornara al Congreso para asumir la presidencia del nuevo Gobierno, y le contestó: «Dígale al general que mi dignidad me impide hacer tal cosa». Cuando de nuevo otro ayudante ya en el paseo del Prado cerca de la fuente de Neptuno le reiteró el mensaje, Castelar, famoso por no soltar palabras gruesas en una época en que hacerlo resultaba bastante normal, le contestó: «Dígale al general que se vaya al carajo».

Casi 150 años después de lo ocurrido no hay nueva luz sobre estos sucesos, como ocurre con tantos lances de esta época revolucionaria. No hay pruebas documentadas que aclaren el papel que desempeñó cada uno de los personajes. Figueras, Pi y Margall y Salmerón, enemistados ferozmente con Castelar, creyeron más importante su venganza y sus principios que la propia república, mientras Castelar prefirió la república al mantenimiento de algunos principios que la lastraban gravemente, la hacían vulnerable, impedían su popularidad y la dejaban a merced de sus numerosos enemigos. Su postura será discutible, pero no tanto como la de Salmerón, el único líder republicano que actuó con una inconsecuencia gravemente destructiva y que con su aleve actuación ante Castelar la noche del 2 de enero puso triste epílogo a la república.

2. *Infancia y juventud*

Emilio Castelar Ripoll nació en Cádiz el 7 de septiembre de 1832, según atestigua su partida de bautismo, fechada el día 11 de septiembre, que afirma que fue bautizado el mismo día en la parroquia de Nuestra Señora del Rosario. Sus padres eran alicantinos que habían llegado a Cádiz, en donde instalaron su domicilio en la plaza de la Candelaria, huyendo de las persecuciones a que sometió a los liberales levantinos el gobernador militar y político de Alicante Pedro Fermín de Iriberri, fanático absolutista.

Su madre, María Antonia Ripoll Torregrosa, natural de Villafranqueza (Alicante), nacida en el seno de una familia acomodada, era una mujer hermosa y con talento, cristiana sin fanatismo. Uno de sus dos hermanos murió combatiendo contra los franceses en la guerra de la Independencia. Casó con Manuel Castelar el 5 de marzo de 1814, poco antes de la vuelta del absolutismo a manos de Fernando VII, que tantos sufrimientos habría de causar a la pareja. El 24 de abril de 1818, nació en Alicante Concha, la primera hija del matrimonio. José Manuel Castelar, natural de Alicante, era hijo de Francisco Castelar y Vicenta Baños, sin medios propios de fortuna, ejerció de agente intermediario o comisionista de puerto al servicio de los Lagier, familia de abolengo liberal, que fue a la ruina en 1824 como consecuencia de las persecuciones realistas. Participó activamente en el alzamiento liberal de 1820 y combatió enérgicamente el absolutismo de Fernando VII, desarrollando posteriormente una intensa actividad política durante el Trienio Liberal. Como consecuencia de ella fue perseguido y hubo de huir, acompañado de su esposa y de su hija Concha, de ocho años, hasta establecerse en Cádiz.

Esto es todo lo que podemos decir con absoluta certeza sobre los primeros años de la vida de Castelar. Sorprendentemente, el resto de los relativamente abundantes datos que nos han llegado está lleno de contradicciones.

«Día 1 de octubre de 1823, S.S.M.M. Desembarcaron felizmente en el Puerto de S.ª María con S.S.A.A.R.R. los S.s infantes S.A.S. el S. Duque de Angulema el S. S. Duque del infantado y todas las autoridades los reciben a su decembarque». [Reacción absolutista en 1823. Material gráfico. Andrés Rozi inv.to y dib.º en Sevilla ; José María Bonifaz lo Grabó. Fuente: Biblioteca Digital Hispánica]

La primera sorpresa nos la proporciona una *Autobiografía* de 78 cuartillas manuscritas, escritas con más cuidado de lo habitual por el propio Castelar, en la que habla de él mismo en tercera persona y que probablemente fuera redactada con destino a algún periódico de América. Esta *Autobiografía* provoca, en realidad, más problemas de los que debería de resolver, ya que enturbia considerablemente los datos sobre los primeros años de Castelar al contradecir algunos de los que tenemos constancia fidedigna. Para comenzar, fija la fecha de su nacimiento el día 8 de septiembre y no el 7, como consta en su partida de bautismo. Esta fecha de su nacimiento, la del día 8, debió gozar de cierto predicamento precisamente por aparecer en la *Autobiografía* de Castelar, y, según su biógrafo Julio Milego, los españoles de una zona de la Pampa fundadores de un pueblo cosmopolita de trabajadores europeos al que dieron su nombre acordaron destinar el 8 de septiembre a fiesta local, por ser la fecha del natalicio de Castelar. Asimismo, modifica cinco años la fecha del matrimonio de sus padres, datándolo en 1819, «poco antes de la revolución iniciada por Riego», contradiciendo los datos de su propia partida de bautismo y los de la partida de nacimiento de su hermana Concha, nacida el 24 de abril de 1818. Afirma también, contra la opinión más generalizada, que su padre, Manuel Castelar, «en 1839, habiendo hecho un viaje a Madrid, murió en esta capital, dejando sin amparo a su familia, que tenía como único patrimonio el trabajo de su jefe».

Es por lo menos curioso que en esta *Autobiografía* existan tales discrepancias con datos fehacientemente establecidos y con los dados por ciertos por los primeros biógrafos de Castelar, muchos de ellos, además, amigos, correligionarios y cercanos colaboradores, cuando no compañeros de la infancia y juventud, como es el caso de Bernardo Herrero, Miguel Morayta, González Araco y Ginés Alberola. Más raro aún es que Castelar, famoso por su memoria, que para muchos de sus contemporáneos era incluso superior a la del mismísimo Menéndez y Pelayo, y que llegó a la hora de su muerte en plenitud de facultades intelectuales, cometiera tantos errores sobre datos que pertenecían a su propia vida. La imprecisión y las contradicciones de Castelar sobre sus años de primera infancia las encontraremos también en otras fuentes, lo que no deja de sorprendernos dada la extraordinaria importancia que lo ocurrido en estos años tuvo para su biografía.

Bernardo Herrero mantiene que Manuel Castelar logró escapar de las garras de Iriberri y se ocultó fuera de la ciudad en compañía de su esposa Antonia y su hija Concha, junto con otros dos liberales alicantinos que gozaban de buena posición económica. Tras unas semanas de huida, pudo embarcar hacia Cádiz, donde luego se le unieron su esposa e hija y sus dos correligionarios, quienes le dieron dinero para poner un establecimiento de coloniales en el que ellos mismos figuraron durante varios años como dependientes. En el ambiente acogedor de la liberal ciudad gaditana, que contaba además con su cercanía a Gibraltar para facilitar una pronta huida si las persecuciones arreciaban, pasaron los siguientes años hasta el nacimiento de Emilio. Pero a los pocos días de nacer su hijo, los espías de Iriberri violaron la correspondencia que sus compañeros dirigían desde Cádiz a sus familiares en Alicante, y descubierto su paradero trataron de prender a los fugitivos, que pudieron escapar de milagro hacia la cercana Gibraltar.

Retrato de Francisco Cea Bermúdez. [Biblioteca Nacional de España]

Afortunadamente para los huidos, doña María Cristina, que ejercía como reina gobernadora, inició una etapa de reconciliación a través del Gobierno moderado de Zea Bermúdez con la adopción de una serie de medidas entre las que se incluía una amnistía, y los compañeros de Castelar volvieron primero a Cádiz y luego a Alicante a abrazar a sus familias. Quien nunca volvió fue Manuel Castelar, cuya huella desaparece para siempre. Conocida la muerte o desaparición de Manuel Castelar en 1833, Antonia Ripoll comenzó los enojosos trámites necesarios para vender el establecimiento y preparar el viaje de Cádiz a Alicante, que tuvo lugar en 1834. El trayecto lo cubrieron en una tartana, llevando consigo, además de su modesto ajuar, la biblioteca que había reunido Manuel Castelar y haciendo escala en los pueblos en tránsito. Bernardo Herrero fundamenta su tesis, además, en que Castelar no recordaba apenas nada de su padre ni de Cádiz, que fue su ciudad natal, pero de la que solo hablaba en raras ocasiones. Según esta versión, que muchos biógrafos modernos han aceptado, empezando por Carmen Llorca, no se conoce fehacientemente la fecha ni el lugar de la muerte de Manuel Castelar. Parece haber consenso generalizado en que el traslado familiar de Cádiz a Alicante se había producido en 1834, y se ha manejado esta temprana marcha como causa de su consideración de levantino, pues él mismo se tuvo como alicantino por los cuatro costados. Se aduce además para justificar la fecha de este viaje que ya en 1836 comenzó Emilio Castelar sus estudios en Elda. También el propio Castelar narró alguna vez el indeleble recuerdo que le provocaron el estruendo y la animación de la primera fiesta de Moros y Cristianos que presenció en su vida, hecho que tuvo lugar precisamente en Sax en 1838.

Sin embargo, Julio Milego, quizás el autor que más concienzudamente ha estudiado la época gaditana de Castelar, discrepa radicalmente de esta tesis. En 1906 publicó en Valencia un libro titulado *Emilio Castelar. Su vida y su obra*, basado en su tesis doctoral, premiada con nota de sobresaliente en la Facultad de Filosofía y Letras. En su opinión, la documentación por él estudiada demuestra que Castelar vivió en Cádiz hasta 1839. Aprendió las primeras letras en el Colegio de San

Pedro, lo que afirman tanto Castelar como un condiscípulo suyo, hermano del profesor de Latín del colegio, don Francisco Rodríguez. Eusebio Rodríguez, su condiscípulo, conservaba las cartas que se cruzaron con recuerdos de la infancia. En una de ellas se narra la anécdota de que, al hallarse dando clase con don Juan Caruana, entró una visita acompañada por el padre Mora, y este, como halago para los visitantes y motivo de lucimiento para el colegio, subió al niño Castelar sobre una mesa y le hizo recitar unos versos lindísimos, siendo muy celebrado. Afirma también que Manuel Castelar y su hija Concha cayeron enfermos; los negocios fueron de mal en peor, y Manuel Castelar murió o desapareció hacia 1839. Recoge esta misma tesis Andrés González Blanco, autor de la obra *Emilio Castelar: su vida política, su labor literaria, su vida privada, su oratoria. Antología de sus mejores discursos*, que se conserva manuscrita en la Biblioteca del Congreso de los Diputados y que contiene numerosos datos sobre su primera infancia, probablemente extraídos del libro de Milego.

La permanencia de Castelar en Cádiz hasta 1939 se recoge también en el diario *El Globo*, órgano oficioso del castelarismo durante los primeros años de la Restauración y en el que colaboró de forma asidua el propio Emilio Castelar, donde se afirma en 1876 que Manuel Castelar era comerciante, desempeñó el cargo de comandante de la Milicia Nacional, fue secretario de la Junta Revolucionaria de Cádiz, íntimo amigo de Torrijos y que murió cuando Emilio Castelar tenía la edad de siete años. Todavía más, una de las amigas más íntimas de Emilio Castelar, la princesa Rattazzi, cuenta en la biografía que escribió de Castelar una confidencia que este le hizo en Sevilla el Sábado Santo de 1897. Dice la princesa que, según él mismo, la primera emoción profunda de su vida fue la que sintió en una misa de un Sábado Santo de 1839 en la parroquia del Rosario de Cádiz, cuando aún no tenía siete años y sus ojos de niño estaban tan pendientes del rostro de su madre como de los resplandores del altar.

Merece la pena detenerse en la figura de Manuel Castelar, cuya sombra y cuya ausencia tanto influyeron en la vida y la memoria de Emilio. Formó parte de la rebelión liberal de 1920 y combatió enérgicamente el absolutismo de Fernando VII. Manuel Castelar fue amigo de Bartolomé Arqués, patriarca del liberalismo alicantino, y participó, durante la década absolutista, en numerosas intentonas de levantamientos, como el que hubo en Guardamar en 1826, que terminó con numerosas condenas a muerte y veintiséis fusilamientos, en los que participó personalmente Pedro Fermín de Iriberri, el fanático gobernador de Alicante. Fue probablemente uno de los condenados a muerte, según cuenta su propio hijo, Emilio Castelar, en carta dirigida el 11 de octubre de 1868 a López de Ayala, en la que, hablando del capitán Ramón Lagier, uno de los oficiales que más contribuyó a la sublevación de la Marina en la Revolución de 1868, que era descendiente de los Lagier con los que trabajara Manuel Castelar, dice: «Su padre y mi padre fueron condenados a muerte por Fernando VII».

González Blanco escribe que don Manuel Castelar pertenecía a esa burguesía liberal e ilustrada que por entonces comenzaba a formarse en España y que emanaba, precisamente, de las Cortes de Cádiz y de su influjo sobre el espíritu del país. Perteneció al Batallón de la Milicia Nacional de Cádiz y fue uno de los más entusiastas defensores de ese cuerpo, defensor de las libertades populares y ardiente y generoso propagandista liberal. Para Julio Milego, Manuel Castelar Bañó fue un honrado comerciante de gran cultura. Huyó de Alicante a Gibraltar abandonando a su familia hasta que pudo avisarla para que se trasladara a Cádiz, donde tenía amigos. Con la amnistía de Fernando VII regresó a Cádiz y abrió una tienda en la calle Ancha número 135. Fundó varias sociedades liberales, dio conferencias sobre política y religión de las que él conserva impresa una sobre economía política. Desconocemos la vida de la familia en los tres o cuatro años siguientes al nacimiento, pero probablemente la tienda sería lugar de reunión de conspiradores, y la madre, dedicada básicamente a la educación de los hijos y al hogar. Cree que la fecha probable de su desaparición o defunción fue 1839. Se basa en que en el Archivo del Ayuntamiento de Cádiz se conserva el Apéndice al 2.º Batallón de Milicia Nacional, apéndice formado el 28 de diciembre de 1837, en el cual figura como miliciano ingresado en la Compañía de Cazadores Castelar, D. Manuel, P. Candelaria 184 Comerciante y que la *Guía de Forasteros* de Cádiz impresa en la Imprenta de la Viuda e hijo de Bosch, consignase en los volúmenes de los años 1835, 1836, 1837 y 1838 el nombre de Castelar, D. Manuel, Comerciante P. Candelaria y Calle Ancha 135. No apareciendo en ninguna *Guía de Forasteros* a partir de 1839. Milego asegura también que el padre de Castelar no murió en Cádiz, revisó con minuciosidad el registro original de los nichos y sepulturas ocupados en el cementerio de Cádiz, desde el año 1829 a 1845, que se conserva en el Ayuntamiento de Cádiz, y no figura el nombre de Manuel Castelar. Igualmente sucede en los dos registros de enterramientos del cementerio que comprenden los años de 1817 a 1845, lo mismo en el de medias sepulturas como en el de nichos. Idéntico resultado consultando el libro de defunciones de la parroquia de Nuestra Señora del Rosario, a cuya feligresía pertenecía la casa de Castelar.

Varagnac, según Azorín uno de los mejores estudiosos de la figura de Castelar, recoge como fidedignos los datos de que Manuel Castelar hubo de emigrar a Inglaterra luego de ser condenado a la horca y que, tras vivir nueve años exiliado, se estableció en Cádiz. Afirma también que murió en 1839, dejando a su viuda en una precaria situación económica. Maissonabe cuenta también que, condenado a muerte, Manuel Castelar hubo de emigrar a Inglaterra y que pasó nueve años lejos de su esposa y de su hija primogénita. A su regreso a España no quiso volver a su ciudad natal, donde su posición de corredor de comercio se encontraba seriamente comprometida por su ausencia y la ruina de los Lagier, y decidió buscar fortuna en Cádiz, donde murió en 1839. Según Francisco Montero Pérez, en Cádiz recuperó Manuel Castelar las relaciones que mantenía en Alicante con la familia liberal de Antonio Sereix y Samper, que por esta razón había sido su padrino de bautismo. Sereix fue diputado a Cortes y secretario del Ayuntamiento de Alicante: «Lo mismo que a Sereix le pasó al padre de Castelar, el que también se fue a Cádiz y desde allí embarcóse para América y no se ha vuelto a saber nada de él». Según esta versión, es posible que Manuel no conociese a su hijo.

Tras su fuga a Gibraltar, hecho sobre el que hay unanimidad, hay cinco versiones sobre el paradero posterior de Manuel Castelar: que murió en Cádiz en 1833 o 34, que se instaló en Gibraltar definitivamente, que fue a América, que regresó a Cádiz y murió en Madrid en 1839, e incluso según algunos que fuera fusilado con Torrijos, dato improbable, ya que no aparece en la lista de mártires, aunque es posible que, si como se afirma en *El Globo* estuvo emigrado en Inglaterra, fuera amigo de Torrijos.

En cualquier caso, la accidentada y nebulosa vida de Manuel Castelar entre 1823 y 1833, o quizás 1839, y su misteriosa muerte en lugar y fecha no acreditados fehacientemente dejarán una profunda huella en Emilio Castelar, que nunca olvidará los sufrimientos de su familia por causa de sus convicciones liberales. Su memoria influirá decisivamente no solo en sus convicciones políticas, sino también en su vida íntima, sus relaciones familiares y su vida pública. La biblioteca de su padre, persona muy dada al estudio, era de las primeras de Cádiz en obras filosóficas, literarias, históricas, políticas y económicas, y gracias a ella, conservada tenazmente por su madre a pesar de todas sus vicisitudes y peripecias, iniciará su vocación de lector impenitente a la edad de cuatro años, que no terminará sino con su muerte. Emilio Castelar sería siempre fiel a las ideas liberales de su padre, pese a las rudas pruebas que hubo de superar en su camino.

González Blanco se plantea una pregunta sobre la relación de Emilio Castelar con su padre:

> Muerto o acaso desaparecido por no se sabe que ignorado drama de familia el padre de Castelar de quien él jamás habló, concentrando su afecto en el culto exclusivo y casi fanático de la madre, a la cual dedicó todos los amores y todas las flores de su ingenio y de su retórica, arrojando una pesada losa de silencio sobre la memoria de su progenitor, silencio bien significativo; quedó la familia abandonada y a merced del acaso. El silencio terco y premeditado del hijo respecto al padre ¿no encubre acaso el desquite de un dolor íntimo, no guarda alguna inconfesada tragedia familiar? Creo que no hace falta ser muy psicólogo, muy explorador del alma para comprenderlo...

La posible tragedia familiar que se insinúa pudo tener que ver con que la ruptura del matrimonio entre Manuel y María Antonia tuviera otros motivos añadidos al exilio del cabeza de familia. Generalmente se ha mantenido que, muerto tempranamente Manuel Castelar, María Antonia renunció a contraer segundas nupcias para dedicarse íntegramente a la educación de sus hijos, y especialmente a la de Emilio, pero no podemos descartar la posibilidad de que Manuel no hubiera vuelto al hogar en 1934 y su muerte se produjera efectivamente en 1939, alejado de la familia, lo que supondría que en ningún caso María Antonia podía volver a casarse antes de esta fecha.

Sobre todo, la infancia y juventud de Emilio Castelar estuvieron fuertemente influenciadas por la figura de su madre, María Antonia Ripoll, una mujer de gran mérito y exquisita bondad que vertió sus ideas ilustradas en la educación de su hijo, en quien había puesto sus esperanzas y que le proporcionó la satisfacción de presenciar sus primeros triunfos intelectuales y políticos, de tal forma que, aunque solo alcanzó a ver el principio de su carrera, consideró que ya había cumplido la misión que se había impuesto, pues Emilio Castelar era su obra. Según todos los testimonios, fue Antonia Ripoll, mujer de gran corazón y raro ánimo, quien dotó a su hijo de una sólida formación católica que tanto influyó en su actitud y en su obra y que se reflejó en su sensibilidad hacia la naturaleza, muy semejante a la de san Francisco de Asís. A esta formación cristiana se debe la emoción que le produjo años después la visita a la tumba del Poverello, y también la emoción sincera y profunda que siempre le causó el brillo y la solemnidad de las ceremonias religiosas. Es posible que Castelar permaneciera toda su vida dentro del catolicismo en obsequio de la memoria de su madre.

La madre de Castelar era una mujer inteligentísima que adivinó el valor de Castelar desde que era niño y lo alentó en sus estudios. Oriunda de una familia acomodada de Villafranquesa, había recibido una educación rígida y severa, pero dotada de gran espíritu de ánimo, dedicó su vida a la felicidad de su hija Concha y a conseguir que Emilio fuese un gran hombre. Para que su hijo estudiase hizo prodigios de economía doméstica y de privaciones cotidianas, y solo pudo salir adelante gracias a la generosa protección que le dispensó el matrimonio formado por don Antonio García y doña Aleja de Juan, ricos hacendados, que fueron en gran parte los que hicieron posible la dedicación al estudio de Emilio. Mientras vivió su madre, Castelar procuró conciliar sus opiniones filosóficas con sus antiguas creencias y no renunció jamás a los recuerdos consoladores de las creencias maternas ligadas a los días de su infancia. Como tantos católicos liberales españoles en el siglo XIX, le fue prácticamente imposible seguir ligado a una Iglesia española ultramontana y conservadora que rechazaba en su seno a quien no admitiera la totalidad de sus postulados, no solo los espirituales, sino también los terrenales.

Pero no solo debió Emilio Castelar a su madre la educación religiosa, sino también las bases de su formación política y literaria. Ella lo acostumbró desde muy joven a leer al menos dos horas diarias, y gracias a ese hábito se inició muy pronto en el conocimiento de la mejor literatura española y en el dominio de los clásicos universales, hasta el punto de que se dice que a los diez años ya tradujo las *Epístolas* de Horacio y los *Comentarios a la Guerra de las Galias* de Julio César. Castelar siempre recordó a aquella madre abnegada que dedicó su vida a su cuidado y educación, hasta el extremo de que, a pesar de ser ella catalanohablante, procuró que su hijo aprendiera un castellano sin ningún acento porque sabía de su importancia para su futuro. Reconoció siempre lo que debía al cálido afecto materno, y la imagen de su madre no solo fue siempre para él objeto de devoción, sino también fuente de consuelo.

En algún momento de 1834 Antonia Ripoll, su primogénita Concha de dieciséis años y Emilio con tan solo dos años abandonan Cádiz desamparados por la pérdida del cabeza de familia, Manuel Castelar, y se acogen a la protección familiar para salir adelante. Parece ser que en un principio Antonia y sus dos hijos viajaron a Aliaga, en la provincia de Teruel, a casa de los Guijarro, unos familiares que poseían una administración de rentas estancas, pero allí permanecen poco tiempo. Hay quien ha discutido este dato, pero parece explicarlo el hecho de que hicieran el viaje por tierra en una tartana trasladando la biblioteca paterna y todo su ajuar, y no por barco, algo mucho más lógico y normal si se hubieran dirigido a Elda. Acaso las ofertas de acogida no eran sinceras, y los parientes se sintieron alarmados por la perspectiva de tres bocas más; tal vez no tuvieran recursos para esta nueva familia o estallaran discordias familiares. Los Guijarro son los mismos que ayudaron a la familia Castelar en los inicios de su estancia en Madrid. Según Navarro Pastor, es posible que esta falta de acogida fuera la razón de la oposición de Antonia a la boda de Emilio con su prima Benita.

Después de este largo viaje, llegó Antonia a Elda, donde la recibieron su hermano Francisco y su hermana Francisca María, casada con el comerciante Máximo del Val; será precisamente en la vivienda de estos últimos donde se instalará con sus hijos. Como dice la *Autobiografía*:

> Este rasgo hizo de ambas familias una sola familia. Y hoy se ven sentadas en la mesa de Castelar viviendo bajo el mismo techo, a las pobres huérfanas de aquella generosa tía, y hoy se ven adoptados por Castelar como hijos, los hijos de sus primos muertos.

Sus tíos de Elda poseían un gran comercio de tejidos en la calle de San Roque número 10 (calle que, por acuerdo del Ayuntamiento, lleva el nombre de Castelar desde 1868). Máximo del Val, natural de Tortosa, era un hombre acomodado, capitán de granaderos de la Milicia Nacional de Elda y posteriormente partidario acérrimo y entusiasta de Espartero; perseguido por sus ideas liberales, hubo de emigrar ante el peligro de acabar en la cárcel o perder la vida. Tuvo seis hijos, y el hijo de uno de ellos, Rafael del Val, director de la Real Fábrica de Tabacos de Manila gracias a Emilio Castelar, fue el padre de Rafael del Val, su sobrino predilecto. En Elda se educó Castelar y la consideró su verdadera patria, «mi pueblo». Aquí nació su patriotismo, que no fue nunca regionalista ni de campanario, sino basado en la historia encarnada en la geografía. Asistió a la Escuela Municipal de Elda, regentada por don José Casiano López, antiguo sargento primero del Ejército sin título oficial para ejercer el magisterio, y por Antonio García de Juan, que enseñaba Matemáticas. Los maestros nombraron pasante a Castelar, lo que hizo que sus condiscípulos lo llamaran el Sabidillas.

Según Herrero Ochoa, el 1 de abril de 1837 cayó sobre Sax la horda de Forcadell, lugarteniente de Cabrera, y Joaquín Senabre, sorprendido en el campo, murió cosido a lanzadas. Emilio acompañó a su madre a dar el pésame a su viuda, María Gil. Castelar se hizo amigo de los huérfanos Joaquín y Secundino Senabre, y en su hogar pasó Castelar tres años mientras estudiaba con Pedro Varela. De aquí procede el origen de la estrecha relación de Emilio Castelar con los Senabre, especialmente con su compañero de estudios, Secundino Senabre Gil, que fue alcalde de Sax y con quien mantuvo un trato de especial intimidad hasta su muerte. El odio mantenido por Emilio Castelar durante toda su vida hacia los carlistas no se debió solo a la persecución absolutista sufrida por su familia y a la condena a muerte de su padre, sino también a las vivencias adquiridas en su estancia de tres años en Sax cuando apenas contaba seis años. El pueblo estaba traumatizado por las barbaridades que habían cometido las hordas carlistas del cabecilla Forcadell, y sobre todo pesaba el frío, cruel y desalmado asesinato en descampado de Joaquín Senabre, el cabeza de familia de la casa en que vivía y padre de su íntimo amigo y compañero de estudios.

El auténtico maestro de Castelar fue Pedro Valera Herrero, nacido en 1792, que desde 14 de junio de 1842 hasta su muerte en 1857 estuvo al frente de la escuela de Sax, quien descubrió el potencial de talento de Emilio. Pese a que su título de maestro no le permitía impartir segunda enseñanza, Pedro Varela Herrero era un discípulo de Pestalozzi que gozaba de gran fama en aquellos contornos. Este sabio anónimo de imperecedera memoria en Sax había sido agricultor antes que maestro. Hombre cultivado, comenzó de maestro en Agost, aunque no tenía ningún título, si bien posteriormente ejerció su magisterio en Sax después de revalidar el título en Alicante con nota de sobresaliente. Fue él quien le dio sus primeros cursos de Latín y consolidó la formación clásica que Emilio Castelar había adquirido gracias a su afición a la lectura. Pedro Valera valoró positivamente las aptitudes de su alumno preferido y profetizó cuando Castelar estudiaba en Alicante: «Este niño será la estrella Polar de Europa».

Continuó sus estudios para la obtención del bachiller en Artes en 1845 en el recién creado Instituto de Enseñanza Media de Alicante, del que era director don Francisco Lacueva. Destacó por sus dotes como escritor de disertaciones y el talento de orador en las objeciones habladas. En cuanto a las notas obtenidas, eran muy buenas en letras y no tan buenas en ciencias, que siempre constituyeron su punto flaco. Según Azorín, en sus hojas de clase en el Instituto de Alicante se lee: «Conducta que observó en la clase: algo hablador. Castigos en que ha incurrido: Reconvenciones. Premios que ha obtenido: ninguno». Como vemos, es un expediente de alumno aventajado pero normal. En el Instituto de Alicante fueron condiscípulos suyos Carlos Navarro Rodrigo y José Gallostra, con quienes coincidirá años más tarde en el Congreso de los Diputados.

Como el título de Valera no le facultaba para dar segunda enseñanza, desconocemos cómo pasó las pruebas de acceso al Instituto de Alicante, donde inició los estudios de tercer curso. Pero Vilches afirma que debió de estudiar con Valera y que por esa razón hubo de buscarse un licenciado en Filosofía y Letras que le firmara el certificado para acceder al instituto, ya que su auténtico maestro no podía hacerlo. Bazán dice que en este instituto tuvo buenos maestros: Francisco Lacueva, de Geografía e Historia; José González Ambite, de Matemáticas; José Gandía, de Latín y Castellano; José María Guillén y don Rafael Chamorro, de Física y Química; don Agustín González, de Psicología, Lógica y Ética; Manuel Senante y Sala, de Retórica y Poética, y Manuel Ausó y Monzó, de Historia Natural. Carlos Navarro Rodrigo, que fue condiscípulo suyo dos cursos atrás, le contaba a Cánovas que los profesores de Física y Matemáticas se desesperaban con Castelar, pues no había modo de que avanzara en estas asignaturas. En tercer y cuarto curso sacó sobresaliente, y en quinto, simplemente bueno. En cambio, en las conferencias de los sábados sobre religión y moral, pronunciaba discursos maravillosos que asombraban a los asistentes.

El 21 de junio de 1848 consiguió Castelar el título de bachiller en Filosofía por el Instituto de Alicante y a punto estuvo de no pasar de él, pues la ruina de su familia y los recursos de su generosa tía no parecían suficientes para costear los gastos de una carrera universitaria; pero se interesó su maestro Pedro Varela, y entre él y otros amigos facilitaron los recursos para evitar que se malograra o quedara sin cultivo aquella inteligencia prodigiosa.

Durante su estancia en el Instituto, si en disposición intelectual su calificación no pasó de buena, su inclinación nativa a la oratoria asombraba tanto como el encanto de sus discursos. Castelar ha contado en algunos de sus artículos aquella precoz vocación polémica y oratoria acompañado de su amigo el político sagastino Carlos Navarro Rodrigo:

> Carlos Navarro es uno de estos amigos. Desde 1845 nos conocemos. En el Instituto de Alicante los dos estudiamos, y nunca jamás ha olvidado mis fracasos horribles en las cátedras de matemáticas y de física, donde llegó un día el catedrático a decirme que mostraba yo en mis respuestas aptitud alguna para el estudio, y mis luchas oratorias, tan extrañadas de los compañeros por ajenas en aquellos tiempos a mi débil complexión y a mi tímido carácter.

Y añade con una sinceridad digna de Rousseau en sus *Confesiones*: «Seamos francos; a los trece o catorce años ya echábamos línea en los espacios del porvenir acerca de lo que haríamos cuando fuésemos ministros». En Alicante, Castelar no olvidó el ambiente liberal al que familiarmente estaba ligado y seguía cotidianamente las peripecias políticas españolas y las europeas. En su *Retrato de Garibaldi* escribió:

> Pues de igual suerte que temimos y odiábamos a Cabrera siendo niños amábamos a Espartero en España y a Garibaldi en Europa. No puedo desechar de mi memoria el regocijo de Alicante donde a la sazón cursaba yo mi segunda enseñanza cuando el ministerio Pacheco reabrió las puertas de nuestra patria al héroe de Luchana y de Morella. Muchos

> campaneos han resonado en mis oídos por acontecimientos políticos pero ninguno tan jubiloso y alegre.

Desde muy joven escribió sin cesar y, aparte de las traducciones que hizo de niño, a los trece o catorce años había escrito multitud de folletos políticos, discursos históricos, meditaciones religiosas y traducciones latinas. De aquellos frutos inmaduros de su talento nada queda, ni siquiera de la obra más acabada, una novela titulada *Los misterios de Elda*, obra que no se publicó porque llegó a manos de un amigo respetable de la familia que, asustado de lo atrevido del lenguaje, llamó a Castelar y le aconsejó que no lo hiciera por las consecuencias, pues era una diatriba contra los reaccionarios del pueblo. Muchos años más tarde escribirá Castelar en su obra *La Rusia contemporánea*:

> Contraje desde mis primeros años las costumbres de trazar en hojas de papel mis emociones políticas todos los días y guardarlas con cuidado. No me creerán mis lectores si les digo que a los doce o catorce años tenía volúmenes enteros escritos de ese modo en las horas de vagar que me dejaban mis rígidos estudios. Todos aquellos escritos de la infancia desaparecieron, rasgados por mí, el día en que, asunto mi nombre y mis obras de la curiosidad pública, temía que pudieran pasar a la estampa, no porque renegara de lo dicho, sino porque, con fundamento, desconfiaba de la manera como lo había dicho.

Su trayectoria como escritor de libros, artículos y discursos durante toda su vida avalora las afirmaciones sobre su precocidad como escritor. Escribir fue, por encima de la política e incluso de su vocación viajera, la principal actividad de su vida.

Su apego a la familia era tan fuerte que en *Recuerdos de Elda o Las fiestas de mi pueblo*, escrito en 1879, describe sus sentimientos cuando hubo de marchar a Alicante para ingresar en el instituto:

> ¿Te acuerdas? No quería separarme de ahí cuando me obligaban a ir al colegio. Un maestro en vez de una madre; los

camaradas en vez de los hermanos; el pasante ceñudo que venía a despertarnos cuando estábamos acostumbrados a que nos despertara nuestra abuela; el régimen disciplinario sustituyendo a la libertad campestre, la ciudad indiferente en lugar del pueblo, tan conocido y tan amado como la propia familia; la oración murmurada como una consigna de cuartel, y no aquella salve dicha a la luz del amanecer, al toque de la campana que saludaba al alba, entre el coro de las alondras y el grito agudo de los gallos, mezclados con el rumor de los instrumentos de la labranza que iban a fecundar los campos, y el despertar de toda la muchachería que cantaba en competencia con las aves, exhuberantes (*sic*) de vida y embriagados de luz. Recuerdo mi partir, en que el corazón verdaderamente se partía en pedazos. Resistíme como el cordero al cuchillo. Bajé a las bodegas, subí a los desvanes, me encerré en los escondites del lagar y de la almazara, me enterré en los pajares, pues prefiriera convertirme en la piedra del suelo, deshacerme en la ceniza del hogar, evaporarme en el humo de la chimenea, a dejar aquellos sitios, ungidos con tantas lágrimas y consagrados con tantos recuerdos.

Las referencias a estos años son continuas en todas sus obras. En el primer tomo de *Recuerdos de Italia*, con motivo de su viaje a Venecia, escribe:

> Cuántas veces, en las largas horas de las noches de invierno, para pasar la uniforme velada de los pueblos, mi madre, que amaba mucho las letras, me había contado misteriosas historias venecianas a la usanza de principios de siglo: la decapitación de Marino Faliero, el destierro del joven Foscari, el heroísmo inmortal de Dandolo, la salvaje pasión de Otelo, el esplendor de sus banquetes inmortalizados por Pablo Veronés, los desposorios del Dux con las aguas de los mares en la góndola recamada de brocados y movida por remos de oro, la tristeza infinita del último de sus magistrados, cuando se desmayó al firmar el protocolo que entregaba su patria al austriaco, por un criminal error de Napoleón.

Pero no solo son los recuerdos familiares los que identifican a Castelar con Elda, con la misma pasión muestra su identificación con el paisaje levantino al que estará afectivamente ligado durante toda su vida. Sin haber cumplido todavía los dieciséis años, en el verano de 1848, la identificación de Emilio Castelar con la tierra de sus mayores ya era absoluta. Cuando marcha a Madrid escribe una carta de despedida a su íntimo amigo de Sax, Secundino Senabre, en la que curiosamente no se despide de las personas, sino de las cosas, de la luz y del paisaje levantino:

> No volveré a ver otro paisaje como aquel que vi en aquella tarde a través de mis lágrimas. Los olivares se blanqueaban y oscurecían al soplo del aire, que rizaba sus hojas de doble color; los palmerales vibraban como si cada una de sus palmas fuese verdadera lira pulsada por el viento; serpenteaba el río entre los viñedos, dando toques argentados al oscuro follaje; los álamos se levantaban sobre los arbustos y las rotondas sobre los álamos, confundiéndose los signos de la religión y los seres de la naturaleza, cual en nuestro ser se confunden e identifican el cuerpo y el alma como si comprendieran una sola sustancia. Muchos te habrán visto, tierra dorada de mi corazón…, pero nadie te habrá amado como te he amado en toda mi vida, ni te habrá recordado como te he recordado en mis dolores.

Siente la naturaleza el adolescente Castelar, como el Castelar maduro, con la atracción de una fuerza pagana.

3. *A la conquista de Madrid*

Una vez terminado el quinto año del bachillerato en Alicante en el curso 47-48, se encaminó Castelar hacia la conquista de Corte. El 20 de septiembre de 1848 fue la fecha en que el joven alumno de Alicante se incorporó a la Universidad de Madrid, según consta en la certificación de la matrícula y en la hoja de estudios con la firma del secretario de la Universidad, don Manuel Escalumbre. Aquel verano su madre y el resto de la familia debieron allegar recursos en la cuantía necesaria para el viaje, matrícula, libros y estancia en Madrid del joven alumno. Según Mellado, es muy posible que Castelar viajara él solo y tras quince días de viaje en carro, el transporte más económico, se alojara en una posada de la calle de Toledo. Según Alberola, su madre hizo pública almoneda de su ajuar y, con lo obtenido y otros recursos allegados por amigos y parientes, salió para Madrid para acompañar a su hijo. A su llegada a Madrid la familia se instaló en una modestísima pensión de la calle de San Bartolomé, cerca de la calle de Toledo, y posteriormente ocuparon una humilde vivienda en la plaza del Rey. Como era de esperar, la entrada de los Castelar en Madrid fue penosa y difícil, pero la voluntariosa Antonia Ripoll sabía que conquistar Madrid era tan imprescindible para el político o intelectual que quisiera destacar en España, como vencer en París lo era para triunfar en el mundo. Aunque su madre no vivió para ver realizada la totalidad de sus sueños, Castelar conseguirá años después, a través de una brillante y triunfal trayectoria política e intelectual, ambas conquistas.

Giuseppe Garibaldi en 1866.

En Madrid Castelar fortalecerá todavía más las ideas liberales que había alimentado en el hogar familiar de Elda. Uno de sus héroes indiscutibles fue Garibaldi. En el retrato del patriota italiano, escrito en 1884, recuerda:

> Estudiaba yo el preparatorio de Derecho en la Universidad Central y me había ido a pasar las vacaciones por Aragón el verano de sus combates en Roma y su retirada increíble de Venecia. Vivíamos en la provincia de Teruel en una villa quemada y destruida por los furores de la guerra civil entre gente muy liberal. Leía los periódicos liberales y me desesperaba con cada rota infligida por las tres naciones invasoras a la República admirando al héroe defensor de Italia. Tras leer el *Clamor y El Pueblo* veía en mi imaginación la figura de Garibaldi.

Pero, además, ocurre un hecho trascendental que afianzará decisivamente sus convicciones políticas: la Revolución de febrero de 1848 en Francia, que dio origen al ciclo de las revoluciones europeas. La proclamación de la República Francesa y el vasto movimiento reformista que la sucediera, el establecimiento del sufragio universal, la abolición de la esclavitud en las colonias, la libertad de reunión y de prensa y la mejora de las condiciones de vida de las clases populares, no pudieron por menos de entusiasmar al ardiente liberal que ya era el Castelar de aquellos años. La profunda impresión que le causaron los sucesos revolucionarios está en el origen de su romanticismo político y de su afinidad con Lamartine, el ministro de Asuntos Exteriores del Gobierno revolucionario, que fue uno de sus modelos más evidentes. Tuvo siempre una cierta afinidad anímica con él, la misma intensa vida espiritual que guardaba en su ardiente idealismo la impronta de la fe cristiana de su juventud. El propio Castelar reconoció en su obra sobre la república del 48 la fuente de sus concepciones políticas, de allí aprendió la máxima que repetiría tantas veces: «El mundo se mueve por las ideas».

Como hijo de un mártir liberal frecuentó los círculos demócratas y republicanos, grupos cerrados que vivían semiclandestinamente y que tenían como una de sus actividades principales la visita en las cárceles a los presos políticos. Tuvo una extraordinaria importancia para Emilio Castelar su conocimiento en prisión de Fernando Garrido, uno de los patriarcas del republicanismo histórico. Estos ambientes demócratas que conoció Castelar a su llegada a Madrid estaban sumidos en un círculo vicioso: conspiración, revolución, derrota, represión y vuelta a comenzar. Su inmersión en estos círculos confirmó las creencias democráticas y republicanas de Emilio Castelar, pero también generó en él un rechazo hacia la política de conspiraciones, levantamientos populares e insurrecciones militares, y la aceptación de un criterio legalista y evolutivo de la política que rara vez abandonará. En este sentido fue una excepción entre los políticos españoles del siglo XIX, y su actitud le costó disgustos, incomprensiones e incluso la pérdida del poder, pero su convicción de que una sociedad moderna más justa y democrática solo se podía construir sobre la legalidad y que había llegado para España la hora de abandonar el camino de la bandería y la guerra civil no se tambaleó jamás, y es una de las señas de la modernidad de su pensamiento político frente al anacronismo de muchos demócratas y republicanos de su época que permanecerán anclados en esta convicción hasta entrado el siglo XX.

En el curso de 1848 a 1849 comenzó a estudiar el obligatorio curso preparatorio que era necesario para cursar la carrera de Jurisprudencia. Posteriormente, entre 1849 y 1851, estudió los dos años introductorios de la Facultad de Filosofía y Letras. El Gobierno ordenaba que los alumnos del año preparatorio de Jurisprudencia y Filosofía se ejercitaran en trabajos prácticos en las llamadas Academias Sabatinas en las que un estudiante escribía una tesis y dos compañeros objetaban la misma, luego se abría un turno de intervención libre para el resto de los estudiantes y se cerraba la práctica con una explicación del catedrático que presidía la sesión. En aquellas Academias Literarias obligatorias para los estudiantes del curso preparatorio coincidieron con Emilio Castelar un puñado de las más interesantes figuras políticas e intelectuales de la segunda mitad del siglo XIX español: Antonio Cánovas del Castillo, Cristino Martos, Francisco de Paula Canalejas, el marqués de Espera, Emilio Bravo —que murió siendo presidente del Tribunal Supremo—, el marqués de la Vega de Armijo y Ortiz de Pinedo. También Miguel Morayta, catedrático, correligionario y biógrafo de Castelar, quien mejor ha descrito el ambiente en que se desarrollaban aquellos debates estudiantiles de los que fue uno de los participantes y que acabaría siendo uno de los amigos más íntimos y constantes de Castelar. Cuenta Morayta que presentó en el curso de 1849 a 1850 una memoria sobre la excelencia de las bellas artes y acerca de cuál aventajaba a las demás, defendiendo la supremacía de la literatura. Otros alumnos lo refutaron, defendiendo unos la música y otros la arquitectura. En una brillante intervención, Emilio Castelar defendió el dictamen presentado por Morayta. Se saludaron a la salida y a partir de entonces fueron amigos y se tutearon, aunque solo se veían los sábados, ya que Castelar, que asistía a la Academia como alumno de Filosofía y Letras, cursaba además primero de Jurisprudencia y debía asistir a las clases en la Universidad Central, en la calle de San Bernardo.

Las sesiones de las Academias Literarias tuvieron mucha resonancia, y en 1849 celebraban en el amplio local de la capilla de San Isidro sus reuniones sabatinas. Los distintos oradores contaban con grupos de admiradores o detractores que celebraban los triunfos de sus favoritos y comentaban las incidencias de los debates. En muy poco tiempo, antes de noviembre, Emilio Castelar ya se había dado a conocer como orador, y cofreros, prenderos, carniceros y demás tenderos de las calles de los Estudios y de Toledo llenaban el local cuando hablaba Castelar. Escogía temas poco concretos, más bien de carácter abstracto, y se mostraba radical tanto en materia política como religiosa. Pronto apareció a la cabeza de sus contradictores un rival de su talla, Cánovas del Castillo, quien contra lo que a veces se afirma no fue condiscípulo suyo en la Universidad, sino únicamente en aquellas Academias, pues tenía cuatro años más que Castelar y, cuando este llegó a Madrid, cursaba ya tercero de Leyes. En cualquier caso, de los debates de la capilla de San Isidro nacería entre ambos una amistad indestructible que sobrevivió a las peripecias y bandazos políticos de la historia española de la segunda mitad del siglo XIX y a la muy diferente militancia política que ambos profesaron. Durante el curso de 1849 a 1850 Cánovas y Castelar se batían el cobre duramente en las discusiones sabatinas defendiendo posturas contradictorias; ambos hablaban los últimos, cerrando los puntos de vista sobre cada tema, y ambos eran ruidosamente aplaudidos por sus numerosos partidarios. Es curioso el juicio que sobre cada uno de ellos dio un catedrático que en una jornada ejercía de juez del torneo, para quien en el futuro Cánovas debería dedicarse a la oratoria parlamentaria, y Castelar, a la oratoria sagrada. Pese a las apariencias externas, este juicio es mucho menos equivocado de lo que pueda parecer.

La fama de Castelar como orador, que había cundido ya entre sus camaradas de la Universidad, rebasaba ahora del circuito universitario y propagábase por el Madrid burgués y comerciante, por aquel Madrid agitado y turbulento de entonces que tan maravillosamente ha descrito Galdós en *Fortunata y Jacinta,* pero además a esas reuniones académicas asistían personajes como Manuel de la Revilla, el ya anciano exministro Gil y Zárate y don Nicomedes Pastor Díaz. Incluso gente muy alejada de sus ideas valoraban su capacidad de oratoria. Dice Morayta que Castelar, por encargo de una señora amiga, la madre de su amigo Pedro López Sánchez, hizo un sermón (que le valió una onza) para que lo predicara, en un pueblecillo cercano a Madrid, cierto sacerdote. Castelar lo confeccionó plagado de citas bíblicas y de pasajes de los Santos Padres, y gustó tanto que, acuciado por el éxito y las sucesivas peticiones, hizo varios más. Redactó al menos otros cinco, y se sospecha que alguno de ellos para un capellán de honor de palacio. Una noche que se predicaba en la iglesia de San Antonio de los Portugueses el sermón de la Soledad, hecho también por Castelar, fueron Canalejas, Morayta y el propio Castelar a ver qué tal lo predicaba el clérigo Canalejas, Morayta y el propio Castelar. Y el buen cura lo hizo tan mal que Castelar desesperado se salió de la iglesia.

En el curso académico de 1850 a 1851 intimaron y formaron grupo Castelar, Morayta y Francisco de Paula Canalejas, que constituyeron una sociedad de estudiantes a la que luego se incorporaron Ricardo Alzugaray y Francisco Vives. Su convivencia era tal, que iban juntos a la Universidad, luego a casa de Canalejas hasta la hora de almorzar y posteriormente pasaban juntos la tarde hasta la hora de la cena. En un pequeño despacho en casa de Canalejas leían en voz alta libros doctrinales o clásicos mientras todos, salvo Castelar, que siempre cuidó extraordinariamente su garganta, fumaban. Por sugerencia de uno de sus maestros, don Julián Sanz del Río, leían cada uno en su casa libros de los que luego comentaban su argumento y debatían sobre sus principales párrafos. Se impusieron, además, a pesar de su modesta economía, la obligación de comprar por turnos el último libro publicado; fueron así clientes de Monier, antecesor de Bailly-Bailliere en el comercio de libros extranjeros de Madrid.

En aquellos años, era Castelar un joven de corta estatura, de color cetrino, con dos chafarrinones por bigote y larga melena no siempre adecuadamente peinada, que no brillaba por el cuidado de su persona. Llevaba la corbata con un nudo poco artístico hecho con escasa maña, el chaleco generalmente desabrochado, el pantalón medio caído, las botas mal lustradas, la capa llevada sin gracia y el sombrero de copa, que el reglamento estudiantil de la época exigía, abollado y poco lustroso. Como hizo durante toda su vida, se acostaba y levantaba muy temprano, de modo que, cuando entraba a las nueve de la mañana en la Universidad, llevaba ya cuatro horas de lectura y estudio. Además de su gran facilidad para la escritura, era un lector infatigable y voraz que leía cuanto caía en su mano, ya fuese bueno o malo. Rara vez salía de su casa sin un libro para leer por la calle. Cuenta Morayta que varios artículos de la edición en gran folio del *Diccionario de Bayle* los leyó Castelar en el trayecto desde su casa de la calle de la Cruz Verde a la de Canalejas en Caballero de Gracia, sosteniendo el libro con los brazos y apoyado en la tripa como si fuera un facistol. Gozaba ya de una sólida formación clásica y conocía en profundidad las literaturas griega y latina, de las que siempre contaron entre sus autores favoritos Horacio y Julio César. Se interesó también por los pensadores franceses del siglo XVIII, de los que valoraba especialmente a Rousseau. Estudió también junto con su amigo Canalejas a Kant y Hegel, y sufrió la influencia del primer krausismo español, aunque no pueda afirmarse propiamente que militara en sus filas. Es posible que en sus primeros años universitarios estuviera más influido por la filosofía alemana que por la cultura francesa, aunque con el discurrir de su vida se considerara un hijo espiritual de Francia, y según Sánchez del Real estuvo muy influido por Chateaubriand, Lamartine y el Donoso Cortés inicial, aunque dejó de hacerlo cuando este cayó en el ultramontanismo.

Don José Canalejas, padre de Francisco de Paula Canalejas, poseía una imprenta y, atendiendo a los ruegos del grupo estudiantil, resolvió publicar un periódico semanal en el que escribieran artículos Castelar, Morayta, Eugenio Olvarría y su propio hijo. Titulado *El Eco Universitario*, tuvo, como era lógico, muy pocos lectores, pero se difundió con regularidad durante los años 1850 y 1851, salvo una interrupción en el verano de 1850. En él publicó Castelar densos artículos sobre Goethe, Klopstodt, Quinet, Calderón, Dante, etc. Durante los meses de octubre y noviembre de 1851, también en compañía de Canalejas y Morayta, escribió en otro pequeño periódico, titulado esta vez *La Voz Universal*. La vocación de escritor de periódico de Emilio Castelar era ya irrefrenable, y, cuando estos semanarios casi familiares desaparecieron, escribió algunos artículos muy eruditos para la *Revista de Ambos Mundos*, que publicaba el editor Mellado.

El 30 de septiembre de 1851 Castelar, siempre preocupado por aliviar la economía familiar, ingresó en la Escuela Normal de Filosofía, fundada por Gil de Zárate cuando fue director general de Instrucción Pública, y obtuvo la plaza por oposición frente a otros cincuenta estudiantes. El puesto equivalía al de profesor auxiliar de Literatura Latina, Griego y Literatura Universal y Española, con funciones similares a las de los antiguos repetidores y catedráticos auxiliares, es decir, suplir a los catedráticos titulares durante su enfermedad o ausencias. El puesto estaba remunerado con una pensión de 4000 reales anuales, cuya obtención estaba condicionada a la consecución, además, de notas sobresalientes. El reglamento de la Escuela Normal imponía a sus alumnos, a cambio de esta remuneración, la obligación de no simultanear ninguna otra carrera. Por esa razón Emilio Castelar hubo de renunciar a sus estudios de Jurisprudencia cuando estaba cursando el tercer año. Según comentaba el propio Castelar en sus últimos años, no se perdió nada con la interrupción de sus estudios, pues estaba convencido de que hubiera sido un mal abogado.

Es posible que con motivo de esta oposición intercediera a su favor don Antonio Aparisi y Guijarro, hijo de una prima hermana de la madre de Castelar, que pertenecía al linaje de los Guijarro de Aliaga, con el que la familia Castelar había tenido contacto no solo en años anteriores, sino también en Madrid, donde Emilio frecuentó el trato de sus primas Benita Guijarro y Virginia del Val. Aparisi y Guijarro, que ya era entonces un prominente periodista y político carlista, reconoció muy pronto el talento precoz de Castelar a través de sus escritos juveniles. A su vez Castelar nunca negó su buena relación con Aparisi y Guijarro y el agradecimiento que él y su familia le debían, aun cuando militaran en campos políticos tan distantes que necesariamente habrían de enfrentarse.

Castelar era ambicioso, quería ser conocido y despuntar entre los de su generación, por lo que se esforzaba en los debates de San Isidro, buscaba colaboraciones periodísticas y seleccionaba los amigos de los que se rodeaba, todos ellos llamados a desempeñar altos cargos. Con esa misma lógica en 1854 decidió entrar en la vida política y envió una carta a la *La Iberia*, periódico que habían de hacer célebre Calvo Asensio y Sagasta. Comenzaba:

> Muy señores míos: El Gobierno ha prohibido el libre ejercicio del derecho de reunión. Esta medida que borra la más preciada conquista del pueblo, ha sido recibida con frialdad por la prensa como si no fuera el primer caso dado en la senda de la reacción.

Afirmaba a continuación que el pensamiento era libre y tenía su expresión en la palabra hablada o escrita, por lo que era enemigo de la libertad todo el que intentaba apagar la luz de la verdad en la mente del pueblo. Terminaba diciendo: «Unámonos todos para salvar la revolución de julio, unámonos todos los que amemos a la libertad para que la patria alcance días de prosperidad y justicia». Su interés por la política era evidente, pues, como cuenta Juan Pérez de Guzmán, acudía todas las tardes a la tribuna de la prensa del Congreso, donde causaba el entusiasmo de todos los concurrentes cuando comentaba y glosaba un discurso de nota o rebatía las afirmaciones y conceptos de un orador. Publicaba también en varios semanarios y especialmente en la *Revista de Ambos Mundos* del editor Mellado. No era pues, como se ha dicho, un innominado Castelar cuando a la edad de 22 años se dio a conocer en el discurso del Teatro Real.

Su extraordinaria facilidad para la escritura, aparte de ser una fuente de ingresos, lo llevaba a hacer todo tipo de faenas, se cuenta que corrigió el final del *Werther*, para que lo leyera una tía suya, eliminando el suicidio, y en el que el protagonista se salvaba gracias a la oración. Su primer libro fue *Don Alfonso el Sabio Rey de Castilla*, una novela escrita a medias con su amigo Francisco de Paula Canalejas, publicada con grabados y a dos columnas anónimamente en el folletín de *Las Novedades*, a real la entrega, y posteriormente en un tomo el mismo año de 1853 con el título de *Don Alfonso el Sabio o el hijo de San Fernando.* Es una obra claramente juvenil, exageradamente romántica y declamatoria en la que, sobre un trasfondo histórico bastante bien documentado, se traza la figura del Rey Sabio a través de sus relaciones con su esposa, doña Violante, celosa de la amante del monarca, doña Mayor de Guzmán, sus turbulentas relaciones con la nobleza, los encuentros y desencuentros con la corona inglesa, la guerra con los moros, su intervención en las actividades intelectuales de la Escuela de Toledo y su intento de conseguir la corona de emperador. Todo ello entreverado con los amores con la trágica figura de Dalanda, hija del judío Hazán y de la noble Inés de Pampliega, que terminan con la muerte de la amante del rey.

El 8 de junio de 1856, Emilio Castelar consiguió el título de licenciado en Filosofía y Letras, y durante algún tiempo siguió ligado a la Universidad. Así, durante el curso de 1856 a 1857, explicó como sustituto Griego, Literatura Latina y Castellana, e Historia Filosófica y Crítica de España.

4. 1854, aparición pública. El periodismo

Uno de los hechos más transcendentes de la larga época isabelina fue la creación y consolidación del Partido Demócrata, una formación de izquierda política, heredera del liberalismo radical de comienzos del XIX, cuyas líneas maestras eran conseguir la representación del cuarto estado, marginado políticamente en la construcción política elaborada por los liberales moderados, la instauración del sufragio universal, la defensa de la Declaración de los Derechos del Hombre y la tendencia republicana. Si bien no todos los miembros del Partido Demócrata eran republicanos, es un hecho sabido que, impedidos estos de organizarse políticamente como tales republicanos, utilizaron el Partido Demócrata como su grupo político propio, y para sus contemporáneos era evidente la filiación republicana del partido. Cuenta Fernando Garrido, testigo privilegiado y patriarca del republicanismo histórico:

> Hasta 1836 la Constitución democrática de 1812 había servido de bandera al partido revolucionario; los republicanos de aquellos tiempos creían que bien practicada, era aquella una verdadera Constitución democrática, en la cual el rey no representaba más papel que el de primer magistrado de la nación. Pero la reforma llevada a cabo por las Cortes Constituyentes progresistas en dicho año, por lo cual quedó convertida en una Constitución doctrinaria, hizo que los progresistas dignos de ese nombre, enarbolasen la bandera republicana.

Como consecuencia de la ola de entusiasmo que despertaron las revoluciones europeas de 1848, se constituyó en 1849 el Partido Demócrata, cuyo *Manifiesto*, publicado el 6 de abril, fijó su primer programa que reflejaba ya los principios básicos que regirán su actuación en los veinte años siguientes. El documento tenía tres partes: la declaración de derechos civiles, la exposición de principios como el sistema constitucional y el juicio por jurados y el programa práctico de gobierno que propugnaba la liberalización de la vida económica, el rearme de la Milicia Nacional, amplias reformas del Estado y la corrección de las desigualdades mediante la reforma fiscal, la instrucción pública y la asistencia social. Todo ello marca una clara distancia con los partidos liberales clásicos, incluido el progresista. El acto fundacional tuvo lugar el 6 de agosto con la participación de 300 personas, y se eligió un comité cuya presidencia recayó en Calvo Mateo, y la secretaría, en Sixto Cámara. Nicolás María Rivero se convirtió en uno de los líderes más influyentes de esta etapa inicial gracias a sus labores organizativas y a poner su fortuna personal al servicio del partido, que siempre tuvo poca disciplina interna. Según Artola, en 1854 en el Partido Demócrata se manifestaban hasta siete tendencias que Garrido reduce a tres: una fracción democrática que creía posible la amalgama de la monarquía y los principios democráticos, de la libertad individual y la soberanía nacional; la fracción republicana, que en lugar de rey preconizaba un consejo federal, una sola Cámara y el sufragio universal, y que estaba compuesta por profesionales, trabajadores artesanos y clases medias, y, por último, la republicana socialista, que no difería en principios políticos de los republicanos, pero creía que, sin el principio de asociación de los trabajadores, no podrían resolverse los problemas que afectaban a la mayoría del cuerpo social.

Para Nigel Townson, el republicanismo significaba mucho más que un programa político. Era una nueva forma de ver el mundo, un conjunto alternativo de creencias cuyo objetivo era no solo suplantar la monarquía como forma de gobierno, sino también la hegemonía social y cultural del catolicismo dentro de la sociedad española, lo que se traducía en una aspiración a transformarla radicalmente por encima de la forma de gobierno. El republicanismo español fue desde el principio federal. No está claro en ninguna de sus publicaciones qué entendían los distintos grupos republicanos por federalismo, pero sí es evidente que influyeron sobre esta definición tanto el ejemplo de los Estados Unidos de Norteamérica, modelo de sociedad democrática para todos los republicanos españoles, como también el hecho de que España era un país de agregación. Afirma Hennessy que sostenían con ideología hegeliana que el federalismo era la síntesis del proceso histórico del siglo XIX, la forma inevitable de gobierno hacia la que se dirigía Europa. El primer republicanismo se mostró también desde el principio claramente anticlerical. El apoyo del clero regular al absolutismo y a la ignorancia será denunciado públicamente. El triunfo de las nuevas ideas será para los republicanos el fin del poder político y social que la Iglesia española seguía manteniendo en su doble papel de avalista tanto del carlismo como del moderantismo reaccionario.

Recuerda Varagnac que el país, aburrido de los escándalos y las corruptelas de los moderados y la corte, estalló el 28 junio 54, y un mes después Espartero se hacía cargo del Gobierno. Castelar saludó estas novedades con la confianza de un joven de 20 años. Se mezcló con el ambiente de la calle y visitó los clubes, aunque le molestaban los excesos de lenguaje que en ellos se usaba y se reservaba para las reuniones electorales como la del 21 de septiembre. Según Maluquer de Motes, la Revolución de 1854 aparece como un punto clave en la trayectoria del capitalismo español, un relevo de los equipos políticos en el poder para abrir nuevos caminos o, mejor, para profundizar los existentes. Comerciantes, terratenientes y banqueros que fueron conspiradores de primera hora junto con O'Donnell, tenían la absoluta necesidad de eliminar a la camarilla moderada para llevar a cabo un programa muy concreto con tres objetivos básicos: la libertad comercial en materia de granos, una desenfrenada política de construcción de obras públicas —en especial, ferrocarriles— y una nueva desamortización, con el fin de reproducir y ampliar el sistema.

1854 fue un año clave en la vida de Castelar, una etapa decisiva que determinó en gran parte su futuro personal y político. Desde muy joven había vivido inmerso en los círculos republicanos, y de hecho en 1850, cuando Castelar no había cumplido todavía los 18 años, visitó en la cárcel a Fernando Garrido, como cuenta el propio Castelar en el prólogo al libro de Garrido *La República Democrática, Federal Universal.* A sus 22 años Castelar ya había comenzado a hacer públicas sus posturas políticas, como demuestra su carta a *La Iberia.* Había recibido con la muerte de su padre un legado tanto sentimental como ideológico que lo impulsará a combatir durante toda su vida a la monarquía borbónica. También había vivido el mundo del republicanismo de la agitación revolucionaria, la organización secreta y la demagogia de los clubes, pero comprende que su generación debe modificar la acción política de sus antecesores para hacer del republicanismo un movimiento público y popular. Su comienzo en ese camino será verdaderamente espectacular.

Episodio de la revolución de 1854 en la Puerta del Sol de Lucas Velázquez. [Museo de Historia de Madrid]

Tras el levantamiento de Vicálvaro se habían convocado elecciones a las Cortes para el 8 de noviembre de 1854 que debían celebrarse aplicando la ley electoral progresista de 1837, que admitía un censo más amplio que las normas moderadas y proporcionaba por tanto más posibilidades a los partidarios de reformar el sistema mediante una nueva constitución más liberal que la vigente. Con ese motivo, la juventud liberal-demócrata había convocado un mitin que se iba a celebrar el 25 de septiembre en el Teatro de Oriente, nombre con el que los republicanos aludían al Teatro Real. En la reunión se quería presentar tanto el programa como la candidatura demócrata ante los próximos comicios. Miguel Morayta, amigo de Castelar y que acudió con él al mitin, nos ha dejado una vívida descripción de lo ocurrido en aquel día.

Castelar había llegado a Madrid en la mañana del día 25 desde Ciempozuelos, donde se encontraba veraneando junto con su madre y su hermana en casa de su tío Francisco Guijarro, que era funcionario público a sueldo del Gobierno. Después de encontrarse en la calle de Atocha con su amigo Francisco Banús, quien le contó que esa misma tarde había un acto convocado por la Juventud Liberal, Castelar se dirigió a casa de Miguel Morayta, que vivía en la calle de la Magdalena número 38, y decidieron acudir juntos al acto. Fueron primero a visitar al pagador de la Universidad con objeto de que Emilio Castelar cobrara la paga correspondiente a aquel mes como alumno de la Escuela Normal, por lo que llegaron al acto del Teatro de Oriente cuando la reunión estaba un tanto avanzada.

La Comisión Convocante del acto, presidida por José María de Orense, uno de los líderes históricos de los demócratas españoles, la formaba lo más granado de las filas del republicanismo español. Se había elegido también otra comisión, presidida por el taquígrafo de las Cortes Fernández Cuesta, para elaborar el programa político y electoral de los demócratas españoles, que en ese momento empezaban a abandonar su larga etapa de clandestinidad y querían aprovechar la mayor tolerancia de que gozaban, para dar a conocer públicamente su ideario. En la reunión del Teatro de Oriente tratábase de aprobar un programa francamente democrático, pero las intervenciones habían sido tan numerosas que la concurrencia estaba ya cansada de tanto discurso. Hablaba en aquellos momentos desde la fila diez, muy cerca de donde estaban Castelar y Morayta, el catedrático Fernández y González cuando, desde la fila doce, Emilio Castelar se levantó y pidió la palabra. Ante la petición, hubo entre la concurrencia un movimiento de sorpresa y disgusto que se acrecentó cuando vieron que la petición venía de un joven casi imberbe, de escasa estatura, delgado de cuerpo y sin arrogancia en el gesto, y con una voz fina y estridente. Ante la reacción de griterío y burla de los asistentes, Morayta le ruega que desista de su empeño y que abandonen el local, pero en esos momentos el presidente de la mesa, que era el señor Bona, preguntó que quién pedía la palabra; a lo que contestó: «La pide Emilio Castelar». Pese a que se reanudaron los gritos y las burlas al oír el tono agudo y aniñado de su voz, Castelar se dispuso a hablar.

Barricada de la calle del Barquillo el día de la entrada de Espartero.

Barricada de la calle del Barquillo el día de la entrada de Espartero, en *La Ilustración* 21 de agosto de 1854. [Biblioteca Virtual de Prensa Histórica]

Quiso hablar desde la butaca, pero el ruido y su escasa estatura lo obligaron a salir al escenario. Su interrogación «¿Queréis saber lo que es la democracia?» enmudeció al público.

> Voy a defender las ideas democráticas si deseáis oírlas. Estas ideas no pertenecen a los partidos ni a los hombres; pertenecen a la humanidad. Basadas en la razón, son como la verdad, absolutas, y como las leyes de Dios universales. Por eso la persecución no puede ahogarlas, ni la espada del tirano vencerlas; pues antes que el tiempo desplegara sus alas fueron escritas en libros más inmensos que el espacio por la mano misma del Eterno.

Antes de terminar esta primera frase ya habían estallado frenéticamente los aplausos. A pesar de que era un discurso claramente improvisado, porque no tenía previsto intervenir, su sonora voz, su elocuencia y el lenguaje claro y moderno se impusieron a la concurrencia. En el discurso criticó contundentemente a los progresistas, porque proclamaban la soberanía nacional sin admitir sus consecuencias y nombraban continuamente a la libertad, pero al mismo tiempo ponían severas barreras a su ejercicio. Sin embargo, las críticas más aceradas estaban dirigidas al papel de la monarquía borbónica:

> Yo, señores, lleno de sentimientos y desnudo de inteligencia, me propongo reseñar los dogmas del partido democrático, ya como principios eternos de su escuela, ya como aplicación práctica a las actuales circunstancias. Convirtamos nuestros ojos un instante a lo pasado. La imprenta, ese soldado de Dios que pelea como Ayax por la luz, encadenada al pie de los tiranos; la tribuna, presidencia del pueblo, sujeta al carro del vencedor; las obras del ingenio humano proscritas, porque dan generoso aliento al pecho de los oprimidos; la idea oculta en el fondo de la conciencia, estallando en el cerebro sin poder alzar su vuelo y perderse en el infinito; la fe vendida por una cartera de ministro, y la razón y la libertad llorando su ignominioso calvario. Todos hemos presenciado el martirio de la libertad.

Al terminar el discurso, el entusiasmo fue delirante. Las variaciones de su voz, desde la tesitura de tenor acontraltado hasta la de barítono, el dramatismo con el que exponía sus ideas, el nimbo de luz que parecía rodear su cabeza, el movimiento de las manos cuando las elevaba sobre los hombros, electrizaron a los asistentes y convirtió en asombro lo que al principio no pasaba de glacial indiferencia. El programa que se debatía quedó aprobado por aclamación sin darse cuenta los allí reunidos. En él se recogían la inviolabilidad de los derechos individuales, la igualdad de derechos y deberes entre los ciudadanos, la reforma de la administración de justicia con el establecimiento del jurado, la descentralización administrativa, la reforma del sistema tributario, la abolición de las quintas, la desamortización civil y eclesiástica y la enseñanza gratuita y obligatoria para las clases pobres. Al terminar el acto, lo abrazaron centenares de personas y tardó más de una hora en salir del local, y cuando lo hizo solo fue posible gracias al señor Bona, presidente de la mesa de la reunión. No menos de dos mil personas acompañaron a Emilio Castelar hasta la casa de Miguel Morayta en la calle de la Magdalena, en la que los esperaban para comer, donde llegaron a las cuatro y media con gran susto de la madre de Morayta ante el tumulto organizado. Subió bastante gente a la casa, y Castelar hubo de renunciar a marchar aquella tarde a Ciempozuelos.

Entre los asistentes a la reunión, además de los miembros de las Comisiones Convocante del acto y Redactora del programa electoral, se encontraban importantes figuras políticas, como Pascual Madoz, Salustiano Olózaga, Aguirre, Calatrava, Fuente Andrés, Selva, Juan Bautista Alonso, el criminalista Gonzalo Morón, el satírico escritor Roberto Robert, Juan Bautista Somogy y Juan de Almenara, propietarios del periódico *La Soberanía Nacional.* También asistió al acto un personaje tan controvertido como González Bravo, que estaba en un palco platea y que comenzó su intervención diciendo: «Yo te saludo, joven democracia...». La fama de demagogo e imprevisible de González Bravo era tal que, cuando estaba hablando, entró en el teatro un popular carpintero valenciano llamado Miralpeix, quien sin detenerse en su camino, antes de llegar a su asiento, exclamó: «Pido la palabra contra todo lo que haya dicho y haya de decir ese hombre».

En el mismo mitin intervino Francisco Pi y Margall para expresar su asombro por que no se hubiese planteado con claridad la cuestión de la monarquía y para proclamar que él proponía como forma de gobierno una república federal formada por España y Portugal. Su intervención no tuvo ninguna repercusión entre los asistentes al mitin ni ante la Comisión Redactora del programa electoral, en claro contraste con el éxito espectacular y súbito de Emilio Castelar.

Años después, Castelar al editar en 1861 una versión de este discurso añadió una nota que es curiosamente crítica respecto a su contenido. Señala que en él se ve toda la inexperiencia de los 21 años y que la conmoción que causaron sus palabras le impidió coordinar sus ideas, y esto explica el error doctrinario de atacar la libertad de enseñanza al decir que la admitía como principio, pero no como se aplicaba, ya que la juventud debe ser educada por el Estado y para el Estado. En agradecimiento a los periodistas escribió una carta sumamente hábil a los redactores de los periódicos más importantes en la que señalaba que la atención recibida por la prensa era un premio que apenas acertaba a creer y esperaba que, desimpresionado el ánimo del público, volviera a perderse en el olvido. De todos modos estimaba un deber manifestar, en defensa de la causa de la libertad, la gratitud por la atención recibida. Ha consagrado a la libertad su vida y nunca retrocederá en este propósito. Piensa dedicar su inteligencia a la causa de la democracia, y esa será la norma de su conducta. «Debo agradecer vuestros elogios, por lo mismo que no creo merecerlos. A los periódicos de mis ideas les ofrezco mi inteligencia; a todos, mi corazón».

Comenzaba así con gran éxito la vida pública de Castelar, quien alcanzó una popularidad inmediata, y en los días siguientes la prensa madrileña de todas las tendencias políticas le dedicó numerosos artículos encomiásticos. Además, muchas de las figuras políticas del momento lo honraron con su visita. Como escribió González Blanco:

Moría entonces el Castelar anónimo e inadvertido, el colaborador docto de la *Revista de Ambos Mundos*, para aparecer el político discutido y el orador indiscutible, el hombre más conocido de toda España y aún de toda Europa, el más europeo en verdad de los españoles de aquella época.

Desde el Gobierno se le quiso tentar con un empleo lucrativo o un acta de diputado, que Emilio Castelar a pesar de su pobreza rehusó. Escribió una carta a su madre poco después de los hechos, en la que le cuenta lo sucedido:

> Querida mamá: el otro día tuve en mi mano la suerte de toda mi familia y renuncié a ella por el placer de conservar pura mi conciencia. Ustedes que tan virtuosos son todos, comprenderán mi conducta. Al día siguiente de mi discurso se presentó en casa de Miguel un coronel o edecán, diciéndome que a las nueve y media estuviese yo en el Ministerio de Hacienda. Entré, en efecto, y a mi nombre todas las puertas se abrieron, hasta que llegué a un salón tapizado de terciopelo carmesí y alumbrado por infinitas bujías. Salieron al instante Luján y Santa Cruz y Collado. Este último me gustó muchísimo. Luján me dijo: «Queriendo dar a usted una prueba de aprecio, el Gobierno ha decidido mandarle a estudiar a Alemania con 50.000 reales de pensión». Yo contesté: «No puedo aceptar tal cargo; porque creerían que mi discurso había sido un memorial, y que yo había vendido mi conciencia». «Acéptelos usted de mí —añadió Collado—; yo no soy Rohtchild, pero tengo lo suficiente para mandarlo a usted a Alemania: acéptelos usted no del Ministro, sino del hombre particular». «Yo no puedo distinguir el hombre del ministro». «Pues pida usted para su familia». «Mi familia es pobre, pero no quiero nada para ella». En aquel momento, mi tío, mis primos pasaron ante mis ojos; pero me acordé de que antes que todo es la virtud, antes que todo, el buen nombre. Después me dijo Luján: «El duque no ha podido venir a ver a usted. Está malo. ¿Quiere usted venirse a casa del duque?». «¿Qué hora tiene usted?», pregunté a Santa Cruz. «Tengo las once y media» (dos horas había pasado en compañía de los ministros) No puedo ir con usted porque

en casa me están esperando. Están acostumbrados a acostarse temprano y tendrán sumo cuidado si tardo. «Entonces renuncia usted a ver al duque». «No renuncio, es que no puedo». Me despedí, habiéndome dicho Collado que contara con él, que fuera ministro, o no fuera ministro, tendría un gran placer en protegerme, en ser mi amigo. Yo le di las gracias conmovido, porque sus palabras respiraban honradez y ternura. Me encargaron el silencio. Yo se lo prometí. Si acaso, díganselo ustedes a los amigos, exigiendo la más completa reserva, para que no cunda la noticia. Mañana voy a vender la novela. En seguida les mandaré el dinero, para que se vengan y se traigan a Rafaela o a Virginia. Veremos que da esto de sí. Yo ansío que ustedes vengan con todo mi corazón, con toda mi alma. Las ovaciones públicas, los aplausos de todas las gentes, el aprecio de todas las personas sensatas, las distinciones generales y universales de la Prensa, de los hombres públicos, no me engríen, no me satisfacen como la presencia de mi madre, de mi hermana y de mis tíos. Cuando yo les decía a ustedes que necesitaba venir a Madrid, se reían. Vean ustedes como nunca les engaño. El tío Quico está muy expuesto a quedarse sin destino. Trabajo cuanto puedo para que no suceda tan horrorosa desgracia. Mucho me temo que sean inútiles mis trabajos. Esto acibara mis triunfos. Ya le mandaré a la familia mi retrato litografíado.

Adiós mamá; ya saben ustedes cuanto les quiere su hijo, hermano, primo y sobrino.

Emilio. A D. Pedro, que reciba esta como suya. Hoy me dan un convite de 200 cubiertos en el Ateneo.

Estaba claro que los partidos liberales moderados tenían interés en ficharlo, pero Castelar no estaba dispuesto a dar ese paso. *Ernesto,* la novela que reflejaba la vida de los pescadores de su tierra alicantina, fue publicada por Gaspar y Roig en 1855.

Incluso Isabel II mostró interés por entrevistarse con la nueva y rutilante estrella de la oratoria y de la política española. Castelar, tan desafecto con todo lo relacionado con los Borbones, se negó en principio a ir, pero aceptó luego por un doble motivo: en primer lugar, porque así se lo pidieron insistentemente tanto Espartero como el general Linaje, amigo particular de Castelar, quienes le aseguraron que la visita se realizaría con total discreción, y en segundo lugar, porque medió también su queridísima prima Benita Guijarro, que era azafata de la infanta Isabel. Así presionado, Castelar no tuvo otro remedio que acudir a Palacio. La entrevista con Isabel II tuvo lugar el 28 de diciembre, aunque Vilches afirma que la fecha no está clara y que pudo ser también en octubre o noviembre, y a ella parece ser que también asistió el rey consorte, don Francisco de Asís. La reina le instó a darle su opinión sobre la situación política, y Castelar se la dio respetuosamente, pero con total claridad y sinceridad. Fue muy crítico con el papel de la corte en la vida política e institucional y anunció la muerte de la monarquía si no se democratizaba y ampliaba la vida política española. Quiso la reina hacerle un regalo, pero Emilio Castelar no aceptó. Solo pidió autorización para examinar los manuscritos de la Biblioteca de Palacio. Isabel II accedió a sus deseos, pero, probablemente por alguna interferencia cortesana o tal vez por el despiste tradicional de la soberana, la autorización jamás llegó a las manos de Castelar.

1854 fue, en cierto sentido, un año clave para la historia de la monarquía isabelina. Si bien es cierto que el levantamiento de Vicálvaro no dio grandes frutos revolucionarios, hizo salir a la superficie un núcleo de jóvenes que jugaron un papel muy importante en la historia de España de la segunda mitad del siglo XIX. Además de Emilio Castelar, nacieron a la vida pública Cristino Martos, Alarcón, Fernández de los Ríos, Palacio, Ortiz de Pinedo, Moreno Nieto y Carlos Rubio. Aunque no puede decirse que fuera una nueva incorporación, adquirió también mayor importancia la figura de Pi y Margall, casi siempre enfrentado a Castelar; ambos representaban posiciones políticas tan alejadas como se podían mantener dentro de un mismo partido, con gran dificultad para conciliarlas. Solo la capacidad de la monarquía borbónica para unir a sus enemigos en su esfuerzo por derribarla impidió que estallasen sus diferencias antes de la Revolución de 1868. Pero con mucho, fue la aparición de Castelar la más decisiva y constituyó un suceso de vital importancia para extender la propaganda del Partido Demócrata. Se puede decir que con su incorporación a la prensa demócrata, el republicanismo comenzó a penetrar entre las capas populares de la sociedad y salió del reducido núcleo que formaban los grupúsculos de liberales exaltados. Se convirtió por tanto en el pontífice de la democracia española, por encima de veteranos como Fernando Garrido, Sixto Cámara, Guisasola, Ordax y Figueras, y se colocó a la altura de Orense y Rivero, los líderes históricos de los demócratas españoles.

Se inició además en 1854 la época de las vacas gordas, los años de la expansión inicial del capitalismo español que cambiaron sustancialmente la estructura económica española y unificaron el mercado nacional. Fruto de estos cambios fue la metamorfosis del moderantismo liberal español que hasta este momento estaba contenido estrictamente en el Partido Moderado. La necesidad de adecuarse a la nueva sociedad capitalista dio origen a la Unión Liberal que presentaba un talante más moderno, abierto a síntesis más amplias aunque sin desbordar el marco de sus añejas fronteras sociales, más adecuado a las necesidades de la nueva burguesía orientada más bien a las acciones empresariales y a conseguir la prosperidad económica que a la desnuda realidad del poder. La Unión Liberal fue durante un periodo de catorce años, entre las revoluciones de julio de 1854 y septiembre de 1868, el partido político predominante, aunque siempre en alternancia con los moderados. El Partido Demócrata se presentaba durante el Bienio Progresista de 1854 a 1856 como una formación política que había alcanzado la madurez, anticipando unos principios renovadores de la política española que, de haber sido integrados efectivamente en el normal juego político, hubieran enriquecido notablemente el régimen liberal de la monarquía de Isabel II y facilitado la convivencia y la modernización política de España.

Los comicios del 8 de noviembre de 1854 para la elección de las Cortes Constituyentes proporcionaron a los republicanos 19 escaños que bajo la dirección de Figueras les dieron una presencia pública superior a su peso numérico. Ante el éxito alcanzado, Castelar estuvo a punto de ser candidato por la Juventud Democrática, nombre que se dio la Juventud Liberal a partir del mitin del 25 de septiembre, pero se opuso la derecha del partido. A pesar de no ser elector ni elegible, porque le faltaban tres años para cumplir la edad mínima fijada por la ley y tampoco pagaba la contribución exigible a los que tenían derecho a ejercer el voto, participó en una candidatura gubernamental junto con Evaristo San Miguel, Pedro Calvo Asensio y el general Dulce, y en otra demócrata junto con Orense y sacó 199 votos, cifra considerable a la vista del reducido censo electoral.

El fulminante éxito de Emilio Castelar en el mitin del Teatro de Oriente lo condujo inexorablemente al periodismo. Era, tras el relativo fracaso electoral del Partido Demócrata, el lugar natural para difundir las ideas democráticas y el medio de acercarse a la política. Como escribe Francos Rodríguez, por encima de todas sus funciones Castelar desde el principio fue siempre periodista en todas las acepciones de la palabra, periodista para difundir sus ideas, para defenderlas de sus enemigos, para inculcarlas en la conciencia del pueblo y conseguir la renovación social. Fue periodista verdadero, auténtico, de los que empiezan y acaban su vida intelectual en el periodismo. Castelar, gran orador, catedrático, ministro, diputado, presidente de la República, no dejó nunca de ser periodista en la línea de fuego o en las alturas, en los días gloriosos y en los de amargura. Juan Bautista Somogy, uno de los propietarios del periódico *La Soberanía Nacional*, le dijo a su director, Sixto Cámara, al terminar la reunión del 25 de septiembre que convenía al periódico contar con alguien que se mostraba con tal brillantez, ya que «quien habla tan bien no puede escribir mal». Sin embargo, Castelar comenzó su carrera como periodista no en *La Soberanía Nacional*, sino el día 28 de septiembre de 1854 en *El Tribuno*, propiedad de don Alejo Galilea. El periódico había aparecido el 1 de abril de 1853 y tuvo como uno de sus principales redactores a Cristino Martos, que lo abandonó muy pronto. Castelar escribió en él no solo artículos políticos, sino también sobre cuestiones literarias. Además, hubo de defender al periódico ante el Jurado de la Prensa logrando que fuera absuelto. El periódico perdía dinero, y para remediar sus deudas su director decidió convertirlo en un diario gubernamental y se declaró monárquico con motivo de la votación en que las Cortes Constituyentes proclamaron que España era una monarquía hereditaria, con el voto en contra de 20 diputados, entre los que se encontraban Rivero, Orense, Figueras y Sorni. En ese momento Castelar abandonó el periódico por fidelidad a sus ideas republicanas. A partir de la salida de Castelar *El Tribuno* arrastró una vida lánguida y desapareció el 21 de julio de 1855.

Pronto encontró empleo en *La Soberanía Nacional* dirigido por Sixto Cámara, fervoroso republicano. Era un periódico audaz y hasta temerario en el que también escribía José María Orense, marqués de Albaida. Según María Cruz Seoane, *La Soberanía* era una refundición del *Esparterista* y el anunciado *La Revolución*, y su fundador, Sixto Cámara, a sus 29 años estaba muy curtido en la lucha revolucionaria y con larga historia como periodista. Castelar y Cámara se alternaban en las crónicas parlamentarias, al principio sin firma, luego como E. C. y por fin con su nombre completo. En su labor de cronista parlamentario Castelar era muy aficionado a examinar a los oradores del Parlamento y sus técnicas. También escribió sobre Quintana, sobre arte español o las tendencias europeas. Fue Cristino Martos quien lo convenció para que se uniera a la redacción de *La Soberanía Nacional*. Emilio Castelar se resistió, pues tenía todo su tiempo libre ocupado por las clases particulares que le proporcionaban 100 pesetas mensuales, imprescindibles para el mantenimiento de la familia. Le ofrecieron la misma cantidad en el periódico para que así pudiera renunciar a sus clases, pero la firma de Castelar tenía ya tanto peso que, para su sorpresa, ya desde el primer mes don Manuel Alcaraz, administrador de *La Soberanía Nacional*, le entregó, por indicación de los propietarios, 125 pesetas en vez de las 100 pactadas.

La trayectoria de Emilio Castelar en *La Soberanía Nacional* no iba a ser larga ni fácil. El periódico lo dirigía Sixto Cámara, y Castelar y él eran de temperamentos muy distintos y con aspiraciones políticas también muy diversas. Nunca estuvieron muy conformes ni en cuestión de principios ni de conducta. Los escritos de Sixto Cámara eran demoledores, como una piqueta revolucionaria en constante actividad, mientras los de Castelar eran reflexivos y contemporizadores. Sixto Cámara era un demagogo, pero para Emilio Castelar la lucha política era otra cosa, debía hacer hincapié en la educación de los lectores y en la necesidad de que las ideas democráticas y renovadoras fueran calando en el pueblo. Aunque Castelar admiraba sinceramente a Sixto Cámara, su heterogeneidad los llevaba a no entenderse. Varios fueron los motivos por los que se produjo la ruptura entre ambos que al final obligó a Castelar a abandonar *La Soberanía Nacional*, periódico en el que había comenzado a colaborar a los tres meses de su fundación y abandonaría tres meses antes de su cierre. Pese a su admiración por el también redactor de *La Soberanía Nacional* Fernando Garrido, a quien había conocido en la cárcel siendo todavía un adolescente y a quien defendió en numerosas ocasiones en juicios por delitos de imprenta, Castelar no comulgaba con sus ideas socializantes ni tampoco con sus ataques al general Espartero, quien para muchos progresistas y demócratas significaba la personificación de las libertades patrias.

Precisamente en uno de los ataques de *La Soberanía Nacional* a Espartero, está el origen de la ruptura. Castelar, con motivo de una elección parcial, había sido proclamado candidato por Zaragoza, a donde fue a hacer campaña. En aquellos mismos días, el Partido Progresista había decidido regalarle al general Espartero una casa sufragada por sus simpatizantes. A los republicanos les parecía mal este gesto porque creían que tenía más de adulación que de homenaje. Pero Espartero era muy popular en Zaragoza y atacarlo en *La Soberanía Nacional* significaba impedir la elección de Castelar, quien pidió se retrasara cuatro o cinco días el ataque. Sixto Cámara se negó y, como era lógico, los votantes progresistas le retiraron su apoyo, y Castelar perdió la elección. Además, pocos días después, el 11 de marzo de 1856, publicó Sixto Cámara un artículo en el que preconizaba que o bien directamente el pueblo, o bien el hacha del verdugo, deberían cortar 15.000 cabezas para asegurar el triunfo de las ideas democráticas. El suelto parecía ir contra los propios demócratas y, entre otras cosas, afirmaba: «No hay que darle vueltas: las circunstancias harán quizá preciso cortar por lo sano, echar a rodar por el suelo las cabezas de tantos apóstatas y traidores como corrompen el cuerpo social y político y envenenan el aire que respiramos». Emilio Castelar, a quien siempre había repugnado la violencia y la demagogia, se despidió de *La Soberanía Nacional* con una carta dirigida a Sixto Cámara que este no hizo pública en el periódico, a pesar de que lo invitó a ello *La Discusión* mediante un suelto publicado el 15 de marzo. Algunos acusaron a Castelar de separarse de *La Soberanía* porque su soberbia no le permitía soportar la popularidad de Sixto Cámara. Era una acusación infundada, ya que por una parte Castelar siempre declaró su admiración por la persona y la voluntad revolucionaria de Sixto Cámara, aunque no coincidiera en los medios a utilizar, pero además, en esos meses de los años 1855 y 56, Castelar era una figura en ascenso con popularidad creciente, mientras Cámara era un personaje en declive, más propio de los tiempos pasados. Sin embargo, como prueba de su aprecio por Sixto Cámara, Castelar escribió años después en *La Democracia*, tras su trágica muerte el 9 de julio de 1858 cuando huía de la Policía intentando refugiarse en Portugal:

> Como publicista llegó a ser admirable y nadie habrá podido olvidar aquellos artículos de *La Soberanía Nacional*, en que llevado por la pasión política, por el amor a las clases desheredadas, llegaba a los últimos extremos de la elocuencia. Conciso, nervioso, pintoresco, a veces severo como un axioma matemático y a veces grandilocuente como un himno, su estilo quedaba grabado en el corazón y en la mente.

La prensa republicana estaba concentrada en Madrid y había vivido bajo un régimen constante de penuria económica y represión hasta que la Revolución de 1854, que impuso un cambio en los requisitos para la publicación de periódicos y mayores garantías para la libertad de prensa, permitió una desbordante multiplicación de periódicos durante el bienio de 1854 a 1856. Solo a partir de entonces podrá el Partido

Demócrata contar con un órgano de prensa solvente y duradero. Este diario fue *La Discusión,* que nació el 1 de marzo de 1856 y duró cerca de 32 años, hasta el 11 de noviembre de 1887. Pedro Gómez Aparicio divide su trayectoria en tres épocas: la primera llegó hasta el 21 de junio de 1866, cuando la sublevación del cuartel de San Gil; la segunda, desde el 6 de octubre de 1868 hasta el 31 de diciembre de 1874, fecha del golpe de Estado de Martínez Campos, y la tercera, desde el 14 de junio de 1879 al 11 de noviembre de 1887. En su redacción figuraron periodistas muy brillantes, como Fernández Cuesta, Pedro Antonio de Alarcón, Chao, Orense, Figueras, Sorní, Castelar, Martos, Romero Girón, Carolina Coronado, Manuel del Palacio, Marcos Zapata, Eusebio Blasco, Fernando Garrido, Bernardo López García, etc. Fundado por Nicolás María Rivero y sostenido por un grupo de accionistas, fue el portavoz y principal instrumento de propaganda de las ideas democráticas en una ejecutoria plagada de tropiezos con el fiscal de Imprenta y las autoridades gubernativas. Sucedieron a su fundador en la dirección del periódico Juan Pablo Nougués, Francisco Pi y Margall y Bernardo García, y a lo largo de su historia, muy dilatada para ser un órgano republicano, experimentó diversos cambios de tendencia, lo que motivó el alejamiento temporal o definitivo de algunos de sus más importantes colaboradores. Junto con *La Democracia,* que Emilio Castelar fundará más tarde, y *El Pueblo,* de García Ruiz, serán los tres órganos más importantes del Partido Demócrata. A *La Discusión* se incorporó Emilio Castelar en 1856 y a su redacción perteneció durante casi ocho años. En este periódico difundirá sus ideales y con sus artículos popularizará las ideas democráticas y republicanas. Sostuvo también en *La Discusión* Castelar grandes polémicas que apasionaron a los distintos grupos que convivían en el Partido Demócrata, pero sobre todo la labor periodística de Castelar consolidó su fama conseguida como orador y le hizo brillar como una de las figuras indiscutibles del republicanismo español a la altura de sus grandes figuras históricas.

A partir de 1854 Emilio Castelar hubo de dedicar gran parte de su tiempo y de su energía a una labor que habría de proporcionarle gran popularidad: la defensa de escritores y publicaciones procesados por la aplicación de la estricta Ley de Imprenta. Era el más brillante y solicitado defensor de los periodistas demócratas en las frecuentes denuncias que sobre ellos caían, no solo en Madrid, sino también en otros puntos de España; Castelar hubo de viajar a Lérida y Zaragoza en varias ocasiones para enfrentarse a los tribunales en defensa de sus correligionarios. Se ocupó de enfrentarse ante el Jurado de Imprenta para hacerse cargo de la defensa de periódicos de variados matices ideológicos: por supuesto, de *La Soberanía Nacional*, pero también de *El León Español*, *La Democracia*, *El Eco de las Barricadas*, *El Látigo*, etc. Fue muy sonada la defensa que hizo de su amigo y mentor Fernando Garrido; este a su regreso del exilio había publicado en agosto de 1854 dos folletos titulados *El Pueblo y el Trono* y *Espartero y la Revolución*, en los que sacaba la conclusión de que el pueblo español ya no podía ser monárquico y debía inclinarse por la república, proponiendo al general Espartero como jefe de Estado. El procesamiento de una figura histórica de la democracia española como era Fernando Garrido tuvo gran repercusión. Castelar se encargó de su defensa y, con una intervención de gran altura intelectual y de fuerte emotividad, consiguió su absolución con seis votos a favor. Otra intervención importante ante el Jurado de Prensa fue en defensa de un artículo de Sixto Cámara en *La Soberanía Nacional* acerca de los sucesos que tuvieron lugar con motivo de la Ley de Milicia Nacional. La adhesión del público a sus palabras obligó a numerosas intervenciones del presidente pidiendo orden y amenazando con desalojar la sala. Una vez más consiguió la absolución, y Sixto Cámara publicó al día siguiente un emocionado artículo elogiando la oratoria de su defensor y haciendo patentes sus relaciones de amistad y compañerismo.

Gran repercusión tuvo el discurso en defensa de *El León Español*, un periódico conservador, el 27 de noviembre de 1855. Comenzó afirmando que venía a defender la inviolabilidad del pensamiento sin pensar si su defendido es un adversario. Como era habitual, surgieron los aplausos de los presentes y la correspondiente amonestación del presidente del tribunal. El artículo dirigía severas inculpaciones a los diputados que se ausentaron de Madrid por temor al cólera. Era una crítica justa y legítima, y era además una perífrasis de otro artículo de *La Iberia,* y un artículo de polémica entre dos diarios, aunque el fiscal mantuviera que era contra las Cortes. Tras la defensa de Castelar, el Jurado absolvió por unanimidad a *El León Español.* Era entonces Castelar secretario del Tribunal de Honor de la prensa y por eso era amigo de los directores de los periódicos de Madrid, y Gutiérrez de la Vega, uno de sus mejores amigos, estaba preso por otro proceso, y el Gobierno quería la condena para mantenerlo en prisión. Pocos días después de la absolución fue liberado, pero había pasado 100 días en la cárcel.

Otra de las defensas que tuvo trascendencia para la vida pública de Castelar fue la que en mayo de 1856 ejerció, llamado por la redacción del diario *La Democracia,* procesada por un artículo titulado «*¡Despierta, Italia!*». El artículo trataba de la independencia de Italia. Si condenan el artículo, arguyó Castelar, absuelven los tiranos de Italia, no hablaba en nombre de un partido, sino en nombre del pueblo que no sabe nada de las iniquidades que algunos llaman «diplomacia». No quiere que se condene a ningún diario porque, si se condena un artículo en el que se defienden los derechos del pueblo y la independencia de las nacionalidades, es que no hay libertad ni nación. Logró la absolución y fue felicitado por patricios italianos como Manzini, Mamiani, Balestrini, Tommaseo, y también por los periódicos de Turín, como *Il Diritto.* Años después recordaba Castelar lo ocurrido:

> Muchas veces he visto encresparse al pueblo, exaltado de entusiasmo, en torno de mi tribuna o de mi cátedra, no ciertamente por la calidad mejor o peor de mi elocuencia, sino por la exaltación republicana de mis ideas; pero jamás como aquella tarde, que nunca se borrará de mi corazón y de mi memoria. Costóme inmenso trabajo evadirme y escaparme a que me llevaran en triunfo por las calles de Madrid. Pues aquella arenga no era más que la expresión de las emociones angustiosas experimentadas seis años antes a

> la lectura de los esfuerzos de Garibaldi y la manifestación de la ciega confianza en la resurrección de un pueblo que tenía tales hijos.

Su discurso fue traducido al italiano y publicado en Turín, de donde recibió una carta firmada, entre otros, por Mancini, Tomaceo, Farini y Crispi. Castelar tenía 22 años y por primera vez su nombre era recibido con aplauso en el extranjero.

> Pero no aguardaba lo que treinta días más tarde iba, sin esperarlo ni presentirlo, a sucederme. Trajóme una carta cerrada en sobre turco el correo extranjero; la abrí y encontré estas palabras en castellano: «¡Qué discurso! ¡Qué esperanza y qué aliento para Italia! Además de vivo admirador, será siempre amigo vuestro, Garibaldi».

Retrato del general español, Leopoldo O'Donnell y Jorís (1809-1867). [Museo del Ejército, Toledo, España]

5. *La cátedra. El Ateneo. Labor intelectual*

En julio de 1856 una reacción moderada apoyada por la Corona que llamó a O'Donnell a la presidencia del Gobierno permitió endurecer la represión gracias al Ejército, prohibió las asociaciones de trabajadores y puso de nuevo en vigor la Constitución de 1845. Posteriormente, Isabel II llamó al poder, el 12 de octubre de 1856, al general Narváez, que emprendió una política netamente reaccionaria; suspendió toda la legislación progresista, paralizó la política desamortizadora puesta en marcha por los progresistas y aprobó una Ley de Imprenta claramente restrictiva de la libertad de expresión. De las dificultades que la ley causaba a la prensa demócrata nos ilustran dos anécdotas contadas por el propio Castelar. Para publicar a la caída de Espartero artículos políticos, por moderados que fuesen, Emilio Castelar hubo de recurrir como medio indirecto de propagar las ideas democráticas a la publicación en *La Discusión* los días 8, 11 y 15 de noviembre de 1856 de un folletín titulado *Un hijo del pueblo*, un durísimo alegato contra las quintas bajo la rúbrica de *Variedades* que desarrollaba una curiosa trama: Antonio, hijo de una familia feliz, educado por su madre y enamorado de la naturaleza, debe irse como soldado dejando atrás a su novia y a sus padres. La madre muere de dolor y el padre huye a Madrid, donde conspira preparando un alzamiento. Durante el mismo, padre e hijo se encuentran frente a frente y Antonio, obedeciendo las órdenes, dispara y mata a su padre. Licenciado al ser tomado por loco, regresa al pueblo el día de la gran fiesta de la que es reina su antigua novia, que se ha casado el día de antes, y Antonio muere. En este tremebundo folletín de regusto autobiográfico, como la práctica totalidad de sus novelas, no solo es su madre quien lo educa, sino que aquí la muerte del padre se produce a manos del propio hijo.

La situación política impone, como dice Carmen Llorca, el silencio y la desaparición de los brillantes artículos de Castelar. *La Discusión* se ve reducida a reproducir lo que dicen otros periódicos y no se atreve a publicar nada que pueda acabar con su existencia. Para Castelar la situación es dramática no solo por la pérdida de dinero que le supone, sino porque, como expresará más adelante, siempre había pensado que una sociedad podía existir sin vapor y sin telégrafos, pero no sin periódicos. La dificultad para hacer propaganda que lo conducía en la práctica a la inactividad periodística, el deseo de estar en contacto con la juventud y la necesidad de buscar una estabilidad económica que le permitiera hacer frente a las necesidades familiares empujaron a Emilio Castelar hacia la cátedra. Como alumno de la Escuela Normal que había sido, tenía derecho a acceder a una cátedra sin necesidad de pasar por una oposición, pero, pese a que tal posibilidad le fue ofrecida por don Claudio Moyano, Castelar no la aceptó, ya que no quería deber a los gabinetes monárquicos ningún gesto que pudiera interpretarse como trato de favor.

En diciembre de 1856 ante un tribunal formado por catedráticos tan prestigiosos como Gil y Zárate, Moreno López, Pascual Gayangos, Guerra, Camús, Ferrer del Río, Sanz del Río, Núñez Arenas y Amador de los Ríos, comenzaron los ejercicios de la oposición. A pesar de su juventud, Castelar no tuvo en realidad contrincantes, pues se fueron retirando ante la evidencia de su mayor saber y de la claridad y magnificencia de la exposición. Llorca escribe que los ejercicios de las oposiciones fueron seguidos con pasión y con entusiasmo tanto por amigos como por sus enemigos, aunque *La Discusión* guardó un discreto silencio durante todo el periodo para no perjudicarle. El 18 de febrero de 1857 ganó Castelar la Cátedra de Historia Filosófica y Crítica de España en la Facultad de

Filosofía y Letras de la Universidad de Madrid, dotada con una retribución de 4000 pesetas anuales. Tomó posesión de su cátedra el 26 de febrero del mismo año gracias a que, pese a su espíritu netamente reaccionario, el ministro de Fomento don Claudio Moyano supo resistir a toda clase de presiones políticas de los grupos integristas que querían impedir el acceso de Emilio Castelar a la Universidad por miedo a la influencia que pudiera alcanzar sobre una juventud y, en un acto de justicia, le dio el nombramiento, justamente ganado, de catedrático de la Universidad Central. *La Discusión* recogió el entusiasmo con que un público numeroso siguió los ejercicios de la oposición y la repercusión que tuvieron en la prensa, se complació en su triunfo y felicitó a la Universidad Central por haberse situado por encima de las tormentas políticas. Publicó las felicitaciones recibidas por el nuevo catedrático por parte de sus colegas, que hasta hacía poco eran sus maestros, muestra de que se había impuesto la ilustración y la ciencia por encima de la filiación política. El diario, dando muestras de imparcialidad, elogió la actitud del ministro de Fomento Claudio Moyano, quien velando por la independencia del profesorado había confirmado el fallo del tribunal.

Las peores previsiones de los sectores integristas del catolicismo y del carlismo se cumplieron, y la posición de Castelar como catedrático consolidó su influjo sobre la juventud universitaria y su valoración social e intelectual como divulgador de las ideas democráticas y republicanas. Pero la obtención de la cátedra y el ascenso social que ello conllevaba no cambió la vida ni las ideas de Castelar ni mermó su dedicación a la causa de la defensa de las libertades; como él mismo explicaba:

> Yo continué mi vida política; yo continué mis publicaciones; yo continué en mi periódico, porque yo creía que no me ligaban absolutamente las oposiciones para nada, porque aquella cátedra era la más legítima, la más sagrada de las propiedades, la propiedad de la inteligencia.

Esta frase explicará su postura cuando los católicos integristas más beligerantes pretendan que exista una contradicción y una incompatibilidad entre su situación de funcionario del Estado, en tanto que catedrático, y los ataques al régimen que llevaba a cabo en sus colaboraciones en la prensa demócrata.

El 7 de junio de 1857 se doctoró en Literatura. No debe sorprender que alcanzara el doctorado con posterioridad a la cátedra, pues así lo permitían la legislación y los usos académicos de la época. Los dos primeros ejercicios para alcanzar el doctorado versaron, el primero, sobre pensamiento, forma y expresión, y estilo, y sobre el estado de la lengua griega en el último periodo de su historia, el segundo. El tercero fue la lectura de un discurso impreso sobre Lucano, leído en el Salón de Grados de la Universidad Central, en un acto en el que tuvo como padrino al catedrático Alfredo Adolfo Camús. Pese a que hoy es una figura casi olvidada, Camús, catedrático de literatura grecolatina en la Universidad Central, influyó decisivamente desde la Universidad y el Ateneo sobre los jóvenes intelectuales de la época, como el propio Castelar, Canalejas, Clarín o Galdós. Camús publicó un escrito titulado *Carta a don Emilio Castelar* en el que insertaba la carta de san Basilio Magno a los jóvenes, relacionado con la polémica desatada por el abate Gaume, que veía en el estudio de los autores paganos un peligro para el catolicismo, mientras Camús, como Castelar, intentaba conciliar el humanismo clásico con el cristiano en oposición a la cerrada postura de los neocatólicos.

La tesis, titulada *Lucano, su vida, su genio, su poema*, es un estudio profundo de la vida del poeta cordobés y un detenido examen de su obra. Tiene, como es lógico, forma de discurso, pero su estilo es poco retórico y, como era usual en la época, era relativamente breve, 28 páginas en la edición de Marín y Laviña de 1857. Cita bibliografía en latín, francés, alemán, italiano y español, y hace un recuento de las obras de Lucano y de sus traducciones al español, francés, inglés, alemán e italiano. Comienza el texto con una cita en griego de la *Poética* de Aristóteles. Tras afirmar que Roma en esa época era el eje central de la tierra, destaca las aportaciones ibéricas: «Nosotros dimos al Imperio su más grande jefe, Trajano, su más ilustrado retórico Quintiliano, su más amargo satírico, Marcial, su más profundo filósofo, Séneca y su más verdadero poeta, el inmortal Lucano». Narra la ida a Roma del poeta, su educación junto con Nerón, su participación en la conspiración antineroniana de Pisón y su muerte a los 27 años. El motivo del poema es la pérdida de la antigua libertad representada por Pompeyo en su lucha contra César. Defiende el talento de Lucano y su *Farsalia*, y justifica la falta de carácter religioso del poema, ya que personifica la idea estoica de Catón: «El cielo estaba vacío de dioses, el mundo vacío de dogmas religiosos y Lucano llena el mundo con la sombra de Catón y puebla el cielo con ideas estoicas». Lucano sustituye el destino por la Fortuna en la determinación del género humano e introduce la idea de la Providencia. El personaje de Cornelia representa la mujer nueva y es el boceto de lo que luego será la mujer cristiana.

> Pero donde más se conoce la revolución que iba minando el mundo antiguo, es en la manera en que Lucano pinta la naturaleza. Hasta su tiempo el paganismo había puesto en cada ser un aliento del alma del hombre. Lucano considera la naturaleza como un bien en sí, independiente del espíritu humano.

De la relevancia social que había alcanzado Castelar da cuenta el hecho de que a la lectura de su tesis asistiera el embajador de Inglaterra lord Howden, y de su prestigio intelectual, que el regalo del embajador a Castelar fuera un valioso ejemplar de la obra de Lucano en la edición de Aldo el Viejo, impreso en Venecia en 1502. Doctorado en Letras, abandonó definitivamente Castelar sus estudios de Jurisprudencia que los requisitos para disfrutar de la beca como alumno de la Escuela Normal le habían obligado a paralizar. Aunque todavía en el curso de 1858 a 1859 se matriculó en Derecho Político, Derecho Civil y Economía Política y Estadística, y anunció sus deseos de acabar la carrera de abogado, lo cierto es que no se examinó. Su carrera académica y política nada tenía que ganar con el ejercicio de la abogacía, una profesión a la que no lo inclinaban ni sus cualidades intelectuales ni su vocación.

El mismo año en que Castelar conquistó la cátedra universitaria, accedió a una tribuna que socialmente representaba al menos tanto como la Universidad: el Ateneo de Madrid. El Ateneo Científico y Literario era, en cierto sentido, un antecedente de la Institución Libre de Enseñanza y había nacido para mantener fuera de la Universidad el espíritu liberal y la libertad científica y de cátedra, alejadas de la pesada tutela de la censura gubernamental. Las actividades de sus socios y la orientación de las cátedras de aquel primitivo Ateneo se centraban, como escribe Francisco Villacorta, en ofrecer un cuerpo de nuevos conocimientos técnicos e ideológicos al servicio de la consolidación del sistema liberal, tanto por medio de sus cátedras como de las cuatro secciones —de Ciencias Morales y Políticas, Ciencias Naturales, Ciencias Matemáticas y Literatura y Bellas Artes— en que se organiza inicialmente, convertidas en una palestra oratoria de promoción de los jóvenes intelectuales con vocación política a través de los debates y tertulias de sus salones. El Ateneo de Madrid llegó a ser entre 1856 y 1868 la más genuina representación del nuevo espíritu.

> Tal vez este haya sido, hasta ahora —escribió R. María de Labra en 1905—, el período de mayor animación y prestigio del Ateneo de Madrid. En él consiguió el título de la «Holanda de España» por la absoluta libertad con que en su cátedra y en sus salones se abordaron y trataron todos los problemas morales, políticos, económicos y sociales, a pesar de que las leyes y los reglamentos mantenían la rigurosa intolerancia religiosa, la previa censura de imprenta y la negación del derecho de reunión y la indiscutibilidad del régimen monárquico.

El 23 de noviembre de 1857 comenzó Castelar sus lecciones sobre *La Historia de la civilización en los cinco primeros siglos del cristianismo*, dictadas en respuesta al ofrecimiento hecho por la Junta Directiva del Ateneo Científico y Literario, que tenía entonces su sede en la calle de la Montera; le permitieron dirigirse a un público muy diferente y mucho más heterogéneo del que tenía en la cátedra. A través de estas lecciones, en las que cantaba el ideal religioso del movimiento democrático, Castelar halagaba las vivencias religiosas de su madre y rendía homenaje a la libertad como tributo a su padre. Durante este primer ciclo de conferencias Castelar vacilaba entre el cristianismo de su juventud, al que, pese a todo, deseaba mantenerse fiel, y la filosofía francesa del siglo XVIII que la Revolución de 1848 había vuelto a poner en primer plano. Aquí se originaron las ruidosas antítesis, que tanto éxito tuvieron, en las que se complacía en contraponer armoniosamente el individuo con la humanidad y la fe con la libertad. Comenzó su primera lección diciendo que a su generación le correspondía buscar la libertad y la verdad, y que «Me he decidido a estudiar las ciencias históricas, en que el espíritu aparece en su totalidad, y de la historia, los primeros siglos del cristianismo, que son como el prólogo del mundo moderno y el epílogo del antiguo». Afirmó que Roma, el cristianismo y los bárbaros eran las tres grandes ideas que componían nuestra civilización, y enunció que la ley del progreso estaba en la naturaleza humana y que era una idea cristiana. Para Castelar la historia del mundo era la historia de la libertad y de la solidaridad humana. Las lecciones, que repasaban la civilización romana y el desarrollo de los primeros momentos del catolicismo y su relación con el paganismo y otras religiones, tuvieron un éxito enorme, al que no fueron ajenos los constantes llamamientos a la libertad y los paralelismos entre la persecución de los cristianos y la de los demócratas.

Castelar dictó sus lecciones durante los años 1857, 58 y 59 y las publicó en tres tomos los años 1858, 59 y 62 con algunos textos que no había expuesto en sus exposiciones del Ateneo. Al darlas a la luz no olvidó el agradecimiento a quienes lo habían ayudado, citando concretamente a Sanz Del Río, Camús, Goicoerrotea, Canalejas, Rivero y Gómez Marín. En el tomo I, tras la lección inaugural que titula *El Espíritu de la Historia y el hombre,* aparecen otras ocho dedicadas a la civilización romana, los orígenes del cristianismo, el Imperio romano, el cristianismo y Oriente, la filosofía griega, el arte clásico, el paganismo y el cristianismo y el Imperio. El tomo II comienza con una introducción de justificación del estudio de la historia y le siguen las charlas dedicadas a los bárbaros, el Imperio de Galba a Trajano, las provincias del Imperio romano, el cristianismo en el siglo primero, el gnosticismo y un resumen final. El *Tomo III* comienza con la lección dedicada a Roma y los primeros tiempos del cristianismo, y continúa con los estoicos, los padres apostólicos y los apologistas, la decadencia del Imperio y los progresos del cristianismo, la filosofía alejandrina, el cristianismo del siglo III, perseguidores y perseguidos, y termina con la dedicada al siglo IV. En la última tanda de lecciones las alusiones al presente eran habituales, especialmente las emitidas en la lección tercera, que versaba sobre la decadencia del Imperio, en la que afirmaba que «la autoridad que solo se sostiene en el ejército es despotismo. (Aplausos) La libertad que viene del ejército, tomada pronto de embriaguez, cae en la dictadura. (Aplausos) El ejército está instituido para obedecer no para mandar. (Ruidosos aplausos)». Para terminar, afirmó que de la misma forma que muchos tacharon el nuevo universo del cristianismo de sueño, olvidaron que los sueños de hoy se realizarán mañana y que ahora llaman sueño a las ideas de paz, de libertad, de unión de toda la humanidad en la justicia universal, y ese sueño será mañana la democracia universal.

Del éxito de las intervenciones de Castelar da fe la calidad de los asistentes, entre los que se encuentran Alcalá Galiano, Ríos Rosas, Olózaga, Pacheco, Pastor Díaz, Canalejas, Moret, Martos, Salmerón, Sanromán, Bona, Giner de los Ríos, Echegaray, pero también muchos alejados de sus tesis, como Bugallal, Mena y Zorrilla, el presbítero Miguel Sánchez, Fabié, Cos Gayón, Casa Valencia y Carballo y los americanos Angulo, Heredia, Labra y Tristán Medina. Castelar, en carta a su amigo Francisco de Paula Canalejas, catedrático de Literatura en la Universidad de Valladolid, un tanto envanecido por el entusiasmo que despertaba, le cuenta:

> Anoche pronuncié la segunda lección del Ateneo. Jamás he visto semejante entusiasmo. Baste decir que en el patio no cabía la gente y que después de un periodo sobre Tácito tiraban al aire los sombreros y ayer me esperaban a la puerta.

Dice Carmen Llorca que durante estos tres años su fama se acrecienta hasta límites soñados pero no esperados. Entre

1857 y 1859 un tumulto de admiración y de pasión sigue a Castelar. No es él quien contemporiza con sus adversarios, sino estos con él para ver si son capaces de atraerlo a sus filas. Pero en el propio Ateneo no todos los miembros de la directiva estaban satisfechos con el tono y la repercusión de estas lecciones. De hecho, se produjo una reacción conservadora y, a iniciativa de Juan Valera, fue elegido presidente Antonio Cánovas del Castillo, pese a que no era socio de la institución, para que intentara contrarrestar el éxito de Emilio Castelar, pero la popularidad alcanzada por este impidió que la maniobra tuviera éxito. Don Juan Valera, que siempre tuvo una relación complicada y generalmente poco amistosa con Castelar, había sido oyente de las charlas del Ateneo y escribió sobre ellas. El resultado fue una ruidosa polémica sobre el cristianismo entre Valera y Castelar. Su base fue la acusación de Valera de que las lecciones de Castelar en el Ateneo eran más un discurso que una tesis, y más que lecciones de sabiduría erudita, predicaciones de una doctrina. Atacaba la técnica y el contenido de su oratoria y lo acusaba de que, pudiendo aspirar a ser un Herder o un Vico, se contentaba con ser un Argüelles y con aplausos fáciles llenando sus discursos de adornos superfluos. Le exigió que aclarara su opinión y que demostrara que el catolicismo, lejos de oponerse al progreso, era su agente más eficaz. En su respuesta Castelar afirmó que prestaba culto a la vez al cristianismo y a la libertad, y que, como todos los que identifican cristianismo con absolutismo, Valera no comprendía que el cristianismo defendía el ideal de una sociedad basada en la justicia. Frente a la tesis de Valera de que el cristianismo no fue un elemento de progreso, mostraba que entre las consecuencias políticas que trajo estaban la abolición de la esclavitud y la emancipación de la mujer. La crítica más acerba la realizó el filósofo integrista y tradicionalista Juan Manuel Ortí y Lara en su obra *La sofistería democrática o examen de las lecciones de D. Emilio Castelar acerca de la civilización en los primeros cinco siglos de la Iglesia.* Lo acusó de panteísta y de basarse en Kant, que no era precisamente un buen filósofo, o en el ateo Hegel. Para Ortí la idea del progreso indefinido era un error, y criticaba la idea de la libertad de expresión, ya que el error no tenía derechos y el solo intento de conciliar cristianismo y democracia era temerario. Negaba que los neos criticaran la razón, lo que criticaban era su autonomía e independencia para el libre examen, pues el fruto de la razón independiente era siempre el error.

La década que transcurre entre 1854 y 1864 fue para Castelar un período pleno de éxitos profesionales y a lo largo de ella desarrolló su más intensa labor intelectual no solo como novelista e historiador, sino también como periodista y como el principal propagandista de las ideas democráticas y republicanas en España. Fue, como dice Jarnés, el gran viajante de las ideas de Europa en España y contribuyó decisivamente a fraguar un ideario democrático español cuyo tono estuviera en armonía con el pensamiento europeo. Menéndez Pelayo, que analizó la figura de Emilio Castelar en su *Historia de los heterodoxos españoles*, reconoce que, aunque se educó en el krausismo, propiamente hablando no se puede decir de él que fuera krausista ni nunca se le ha tenido como tal. Filosóficamente se mostró siempre partidario de un cierto panteísmo que a veces lo llevaba a fluctuar entre el neoplatonismo y un seudomisticismo cristiano. Nunca fue metafísico ni hombre de escuela, sino un retórico afluente y brillantísimo, poeta en prosa y lírico desenfrenado. El libro de Krause *Ideal de la humanidad para la vida*, traducido por Sanz del Río, que tanta importancia tuvo para la formación de un sector de la Juventud Democrática y Revolucionaria, se publicó en 1860 cuando la personalidad intelectual de Castelar ya estaba madura. Fue siempre, por tanto, deudor en mayor escala de los filósofos franceses del siglo XVIII que de las ideas de Krause. Emilio Castelar creyó fervorosamente en el progreso social y en el progreso moral de la humanidad. La confianza en la perfectibilidad indefinida de nuestra razón, esa inmensa utopía de los filósofos de la segunda mitad del siglo XVIII, será siempre su pensamiento inspirador. Se vio atraído, sin embargo, Castelar durante estos años por las doctrinas de Hegel y por su sistema. En una lección impartida en el Ateneo el 13 de mayo de 1861, lo definirá como:

> Río sin ribera, movimiento sin término, sucesión indefinida, serie lógica, especie de serpiente que desde la oscuridad de la nada se levanta al ser, y del ser a la naturaleza, y del espíritu a Dios, enroscándose en el espíritu de la vida universal.

Pero nunca será un hegeliano en sentido estricto y rechazará con contundencia las tesis de los hegelianos de izquierda. Castelar practicará una especie de hegelianismo popular e histórico cantando los tres términos de la serie dialéctica: tesis, antítesis y síntesis. Por eso, dice Menéndez Pelayo, en cada discurso recorre Emilio Castelar dos o tres veces sintéticamente la historia universal humana, y el lector o el oyente, cual otro judío errante, ve pasar a su atónita contemplación todos los siglos y todas las generaciones. Desciende unas veces a las entrañas de la tierra y asciende otras a los espacios siderales. Como dice García Tejera, Castelar no puede adscribirse a una sola línea de pensamiento, ya que, además del idealismo kantiano y hegeliano, tiene huellas de Fichte y del krausismo.

En cualquier caso, durante los primeros años de su vida pública Castelar intentará siempre concertar sus ideas filosóficas y sociales con las creencias católicas que había recibido de su madre. Puso su pluma al servicio de nobles ideales que son patrimonio de la humanidad y dedicó a la propagación de esos ideales un esfuerzo gigantesco y continuado. Castelar, como escribe Varagnac, encontró ya la doctrina democrática fijada por el que fue su primer teórico, José María de Orense, y no cambió nada de lo esencial. Era el demócrata un programa muy vago y probablemente irrealizable, pero sus principios de defensa de la libertad eran no solo justos, sino imprescindibles para sacar a la sociedad española del marasmo en que estaba sumida a consecuencia de la acción de los partidos dinásticos. En ese sentido su labor de propaganda y divulgación fue impagable. Castelar, por su pasado familiar, estaba plenamente identificado con el ideario y los fines del Partido Demócrata, pero este era un partido semiclandestino y minoritario frente a las dos fuerzas políticas hegemónicas: el Partido Progresista y el Partido Moderado. La labor de Castelar se caracterizó por dar a la oposición democrática una función legal, una categoría parlamentaria y periodística y una presencia pública como no habían soñado los viejos demócratas sumidos en la agitación revolucionaria y la organización secreta. Castelar sacó al Partido Demócrata de los clubes y lo hizo no solo público, sino también popular. Fue un nuevo tipo de dirigente muy alejado de los revolucionarios al viejo estilo, como Sixto Cámara, el antiguo compañero de periódico de Castelar, que en 1859 perdió la vida a consecuencia de una más de las descabelladas aventuras en las que participaron muchos republicanos, otra intentona frustrada que acabó en fracaso y costó la vida a un puñado de revolucionarios.

Uno de los grandes esfuerzos propagandísticos de Emilio Castelar fue mostrar que la república y la democracia, lejos de venir del exterior, nacían de antiguas tradiciones nacionales. Con toda la magia de su estilo evocó para sus lectores y oyentes las antiguas prerrogativas de las Cortes de Castilla, las demandas de autonomía de los comuneros, los fueros de Aragón... Su segunda tarea fue mostrar que la democracia era el término al que debiera fatalmente abocar la evolución de las sociedades humanas. Varagnac lo considera muy influido por el siglo XVIII francés, creía en el progreso indefinido y su espíritu se resistía a admitir una humanidad cayendo constantemente en el mismo círculo de errores. Para Castelar en cada momento histórico había una tarea que cumplir y un partido encargado de llevarla a cabo.

En 1858 publicó Castelar su obra *La fórmula del progreso* en defensa de la república federal, cuyos contenidos había avanzado en sus artículos de prensa, libro que excitó una viva oposición. Fue combatida tanto por los progresistas como por los moderados, y se entabló una polémica entre Castelar, Carlos Rubio —representante del Partido Progresista— y Campoamor, que defendió las tesis del Partido Moderado en un tono agrio y destemplado. No faltaron naturalmente los carlistas ni algún espontáneo, como don Juan Valera, siempre hostil a Castelar y deseoso de hacerse notar en el corral intelectual del Madrid de aquella época. En *La fórmula del progreso*, comienza diciendo que, tras un tiempo casi retirado de la vida periodística, este verano fuera de Madrid tomó su pluma para escribir este folleto, ya que los amigos le han pedido que escribiera un folleto para el pueblo. En síntesis, va a exponer que cada edad tiene su fórmula: la Edad Media, la aristocracia; el Renacimiento, los reyes absolutos; entre 1789-1848, la clase media, y ahora, la democracia. Ya en este prólogo de 1858 Emilio Castelar, en su primera obra política de importancia, hace una declaración contra la demagogia que mantendrá durante toda su actividad política:

> Pero no seré nunca adulador del pueblo: antes mil veces quebraría mi pluma y ahogaría todas mis ideas en la conciencia. El que no dobla la rodilla al poderoso, no la dobla tampoco al humilde, el que no adula a los reyes, no debe adular a los pueblos.

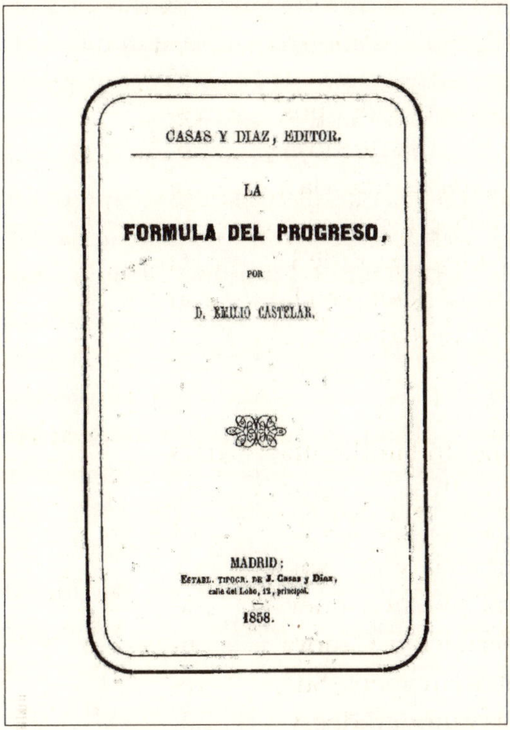
CASAS Y DIAZ, EDITOR.

LA

FORMULA DEL PROGRESO,

POR

D. EMILIO CASTELAR.

MADRID:
ESTABL. TIPOGR. DE J. Casas y Diaz,
calle del Lobo, 12, principal.
1858.

Portadilla de *La fórmula del progreso.* [Biblioteca Nacional de España]

El primer partido que aparece como un recuerdo es el absolutista. ¿Puede ser su idea la fórmula del progreso? No, sería como decir que la escolástica es la fórmula del progreso en filosofía; la alquimia, en la química; la astrología, en la astronomía. El absolutismo que se basa en el derecho divino y niega el progreso está representado por el Partido Moderado y el neocatolicismo que quiere restaurar la nobleza y, olvidando sus orígenes, levantar el edificio derruido por la revolución. No tiene una idea ni un pensamiento positivo, se mantiene mediante la censura y la cercenación de los derechos, y sus soluciones políticas y sociales son antiguas: la teocracia y la propiedad amortizada. El Partido Progresista le da una sensación penosa de amor y odio, lo saluda como a la memoria de un padre y no olvida sus servicios cuando encendió el fuego divino de la libertad e infundió al pueblo sus derechos. Le dio al rey un trono, y este le devolvió un cadalso, hizo la revolución y subió al poder el enigmático Espartero, que no era la idea, sino el instinto de la revolución, y tenía el amor del pueblo, pero en 1848 atemorizados retrocedieron hacia el conservadurismo, mientras una parte del Partido Progresista luchó por la libertad llamándose «demócratas».

Para Castelar el progreso es nuestra ciencia, nuestra fe, es la fe del siglo XIX. En la historia el progreso es palpable, pues hemos ido de parias a ciudadanos. La historia del progreso es la historia de la libertad del hombre. ¿Cuál es hoy la fórmula del progreso? El mundo de la libertad y el sufragio universal que llama a todas las clases. Castelar enuncia los siguientes corolarios: 1) El progreso es una verdad filosófica e histórica. 2) Es el camino constante del hombre hacia la libertad. 3) En cada edad el progreso tiene una fórmula que tiende a la libertad. 4) La fórmula más liberal es la más progresiva. 5) La fórmula más liberal es la democracia. Su fórmula: contra el derecho no hay derecho ni en los monarcas, ni en las asambleas, ni en los comicios de todo un pueblo. Hay unos derechos superiores a todo poder y toda soberanía, por eso en una sociedad libre el poder debe respetar la conciencia. La libertad es indivisible, y la condición de la verdadera libertad es la igualdad, que ha sido negada en las sociedades anteriores. Existe diferencia en la intensidad de la razón, de la conciencia y de la voluntad, pero todos los hombres tienen razón, voluntad y conciencia. Hoy se reconoce la igualdad religiosa y la civil. Sigue habiendo quien predica la desigualdad, de ella viene la esclavitud. Resume en 23 puntos sus propuestas.

La libertad de pensamiento se manifiesta socialmente en la imprenta y la de acción que se manifiesta en el derecho de asociación son imprescindibles. Admite la soberanía del pueblo, pero no de manera absoluta, como los progresistas, pues por encima de ella están los derechos individuales. Analiza toda la historia de España desde el punto de vista de la lucha por la independencia y la libertad y, respecto al jurado, defiende que no es una institución exclusivamente anglosajona, y pone como ejemplo el Tribunal de las Aguas. Propugna, por último, la separación de la religión del poder político:

> La religión no es contraria a ningún derecho, no es enemiga de ningún progreso. Como verdad absoluta está sobre todas las verdades; como poder infinito sobe todos los poderes. Los que izan la bandera religiosa para hacer prosélitos políticos, son enemigos de la religión, y por hipócritas son los mercaderes que Jesús expulsó del templo.

El epílogo plantea un auténtico programa político cuyo ideario es: 1) El derecho como base de la soberanía del pueblo. 2) Igualdad de derechos políticos para todos los ciudadanos. 3) Libertad de imprenta. 4) Libertad de asociación para todos los fines de la actividad humana. 5) Sufragio universal. 6) Jurado. 7) Inviolabilidad del hogar y de la personalidad humana. 8) Descentralización administrativa. 9) Integridad del municipio y de la provincia. 10) Inamovilidad de los empleados públicos. 11) Impuesto único. 12) Abolición de los consumos, estanos y contribuciones indirectas. 13) Libertad de comercio 14) Libertad de crédito. 15) Igual consideración y respeto para todas las manifestaciones del espíritu humano. 16) Elevación de todas las clases y todos los ciudadanos a la vida pública. 17) Abolición de la pena de muerte. 18) Abolición de las quintas haciendo de la milicia una profesión para el soldado como lo es para los jefes. 19) Abolición de todo fuero y jurisdicción privilegiada. 20) Consagración de la personalidad humana en todos sus derechos y con todas sus facultades.

En la polémica provocada por *La fórmula del progreso* tomaron parte Carlos Rubio —gran amigo de Castelar—, Campoamor, Gabriel Rodríguez y Francisco de Paula Canalejas. La crítica más ajustada a la obra de Castelar fue la de Carlos Rubio, importante periodista miembro del Partido Progresista, que publicó en 1859 su *Teoría del progreso,* en la que negaba toda originalidad a las ideas democráticas y acusaba a Castelar de copiar sus ideas del programa del Partido Progresista, acusación infundada, ya que si bien era cierto que gran parte de las aspiraciones liberales eran compartidas por ambos partidos, había suficientes elementos diferenciadores para negar las acusaciones de que los demócratas habían copiado el programa progresista. Rubio defiende la monarquía hereditaria, siempre que sea constitucional, como la forma más adecuada para asegurar la estabilidad de los Gobiernos. Incide también en el principal punto de discusión entre progresistas y demócratas: para Rubio la fórmula más liberal no es la demócrata, como afirma Castelar, sino la progresista, que no pone límites a la soberanía nacional, que no está sometida a los derechos individuales. Más certera era la crítica de que los propios demócratas eran incapaces de ponerse de acuerdo acerca de qué era la democracia y sus rasgos fundamentales. La coexistencia de tendencias de diferentes orígenes cada vez más fraccionadas, a las que solo mantenía unidas su lucha contra la monarquía de Isabel II, favorecía estas acusaciones. Rubio termina con una especie de profecía sobre el futuro de Castelar: si triunfa, su triunfo será su martirio impuesto por sus sectarios y por la conciencia de haberse equivocado y de haber aumentado las desgracias del pueblo. Castelar contestó a Carlos Rubio con una serie de artículos periodísticos que fueron recogidos posteriormente en el libro *Defensa de la fórmula del progreso,* en los que repetía y se reafirmaba en las tesis expuestas en su primera obra. La repercusión de este debate en la vida política de la época fue trascendental, y el propio Menéndez y Pelayo reconoció que no se podía escribir la historia intelectual del siglo

XIX sin tener en cuenta la polémica levantada por Castelar en torno a *La fórmula del progreso.*

Ramón de Campoamor, que tras darse a conocer como poeta había emprendido una carrera política en el seno del Partido Moderado que lo llevó a ser consejero real y gobernador civil de Castellón y Alicante, arremetió en el diario *El Estado* en enero de 1859 contra Castelar acusándolo de atacar y desfigurar a todos los partidos políticos menos al Demócrata, en el que militaba. Curiosamente la idea que más desagradaba a Campoamor era la que consideraba a la democracia como esencialmente cristiana, cosa que le parecía un contrasentido, como lo era también la de que la democracia pudiera conciliarse con el orden. Castelar demorará su respuesta por la muerte de su madre, pero desmontará los argumentos de Campoamor.

Ramón María de las Mercedes de Campoamor. [*The Critic: An Illustrated Monthly Review of Literature, Art and Life* (1901) G.P. Putnam's Sons, New York]

La agitación intelectual levantada por *La fórmula del progreso* tuvo consecuencias políticas todavía durante algunos años. Las relaciones entre los partidos Progresista y Demócrata no mejoraron después del fracaso del Bienio Progresista y las polémicas entre ambos grupos, expresadas a través de sus respectivos periódicos, *La Discusión* por parte de los demócratas y *La Iberia* por los progresistas, fueron continuas. En la argumentación de las tesis demócratas estuvo siempre en primera línea Emilio Castelar, que incluso publicó, a imitación de los catecismos de la doctrina cristiana, un *Catecismo Democrático* destinado a difundir sus ideas entre las clases populares, en el que mantenía que, frente a la ley del número, era preciso oponer como correctivo el respeto a los derechos individuales por encima de todo. En este catecismo la primera cuestión planteada era sobre la democracia definida sencillamente como «el gobierno del pueblo, por el pueblo mismo», aclarando que el pueblo lo componían «todos los ciudadanos, sin distinción de clases ni categorías».

Castelar no admitió que el socialismo, dentro de su teoría de la evolución inevitable de las formas políticas, fuera la sucesión natural de la democracia. Contrariamente a otros compañeros de partido como Garrido y Pi y Margall, nunca se dejó seducir por quimeras o utopías, nunca deseó sustituir el absolutismo monárquico por el del pueblo o, simplemente, por el de la mayoría, y sobre la función de la propiedad estuvo siempre muy cerca de las ideas defendidas por Proudhon en su obra póstuma. Sin embargo, en el interior del Partido Demócrata el sector socialista se había caracterizado siempre por una activa labor de propaganda a favor de sus tesis asociacionistas y colectivistas. Su portavoz más caracterizado fue Fernando Garrido, cuyo esquema ideológico era relativamente sencillo: la historia de la humanidad es una evolución en la que, al incremento de los conocimientos humanos y al retroceso de los factores de opresión sobre el pueblo, corresponden unas fórmulas de organización social y económica cada vez más avanzadas. En este discurrir, el asociacionismo obrero, el colectivismo y el sufragio universal son los puntos de llegada de la humanidad. Otro de los líderes de la corriente socialista fue Francisco Pi y Margall, cuya personalidad contrastaba agudamente con la de Nicolás María Rivero, o con la de Emilio Castelar, pero Pi y Margall no fue nunca, pese a lo que a veces se ha afirmado, un entusiasta del socialismo y su concepción política no representaba concesión alguna a la perspectiva de la lucha de clases; la apertura hacia las clases jornaleras por medio del sufragio y de las reformas sociales tenía lugar con claro propósito de integración. Lo que confiere singularidad al pensamiento de Pi y Margall no es el socialismo, sino la articulación entre el reformismo social y el federalismo, la acción autónoma de municipios y estados que se correspondía con el esquema probado en los Estados Unidos de América y que respondía asimismo a la diversidad histórica de España.

Frente a estas tesis Castelar insistirá en su lectura individualista de la Ley del Progreso, que tiene en la democracia la expresión política del siglo XIX y que es, por añadidura, la «realización social» del cristianismo liberal alejado de las estructuras del Estado. La democracia es un sistema que clausura la era revolucionaria, pero que no cabe considerarla el marco político del socialismo. Castelar combatía inteligentemente la propaganda que acusaba a los republicanos de ser enemigos de la propiedad, propaganda que los aislaba socialmente y les restaba capacidad de acción política. La democracia permite al obrero asociarse dentro de la ley, pero contempla la economía como un sistema de interacción de los intereses individuales. La democracia quiere la armonía entre el capital y el trabajo, pero rechaza todo intervencionismo estatal. Esta concepción idealista del progreso se vinculaba a una cosmovisión estrictamente burguesa, si bien consideraba que dentro del marco de la democracia, y a través del desarrollo de los derechos individuales, conseguirían los jornaleros su emancipación.

En 1860 se produjo en la prensa demócrata la primera polémica en torno a la compatibilidad entre la doctrina demócrata y el socialismo, mantenida por las dos máximas figuras históricas del partido: Fernando Garrido y José María de Orense. La necesidad de unir fuerzas frente a la represión condujo a la declaración de los treinta, promovida por Pi y Margall y publicada en el diario *El Pueblo* el 15 de noviembre de 1860:

> Los que suscriben declaran que consideran como demócratas indistintamente a todos aquellos que, cualesquiera que sean sus opiniones en filosofía y en cuestiones económicas y sociales, profesen en política el principio de la personalidad humana o de las libertades individuales absolutas e ilegislables y el del sufragio universal, así como los demás principios políticos fundamentales consignados en el programa democrático.

Castelar había expuesto su filosofía individualista en una conferencia titulada *¿Es el socialismo un signo de progreso o de decadencia de la sociedad?*, pronunciada en el Ateneo el 5 de mayo de 1859 dentro de un ciclo en el que intervinieron, entre otros, Alcalá Galiano, Marichalar, Maldonado Macanaz, Bona, Capalleja, Morón, Moreno Nieto, Moret, Sanromá, Rodríguez, Suárez, Alzugaray, Morayta, Canalejas y Echegaray. La mayoría de los participantes defendió al socialismo como signo de progreso, y Castelar no lo niega en cuanto consideraba a las escuelas socialistas, si bien erróneas, un trabajo para acercarse a la verdad, pero la resolución del problema social no la conseguirá el socialismo, sino el reino de la libertad y el derecho. En su intervención se notaba la influencia de Bastiat, el ideólogo francés que tanta admiración levantaba en los demócratas no socialistas, y de su tesis acerca de la responsabilidad del socialismo en el fracaso de la Segunda República Francesa. Estos debates prefiguran las polémicas que desgarraron a los republicanos cuando llegaron al poder en 1873.

Insistió en esta doctrina en el discurso pronunciado en la inauguración de las cátedras de la Sociedad del Fomento de las Artes el 27 de junio de 1861. Comenzó diciendo que le impresionaba hablar al pueblo trabajador en el lenguaje del pueblo, pero los días que venían eran los de la emancipación del cuarto estado, del pueblo. Cree que nunca ha sido más necesario educar al pueblo, pero no hay que adularlo, en tres ocasiones ha sido dueño de su destino y en las tres lo ha perdido por sus propias culpas: en 1789 abdicó su soberanía en Napoleón tras derramar sangre; en 1812 hizo el código que admiró a Europa y fue esclavo por confiar la custodia de sus libertades a quienes lo habían vendido al extranjero, y en 1848 en toda Europa hubiera afianzado su victoria de no pedir al Estado que resolviera el problema social. Defendió la educación como el arma de la liberación, y que civilmente todos somos iguales y hoy el trabajo que antes era despreciado es una honra. Afirmó que el comunismo o no cumplía sus promesas, o había de organizar un Estado tan poderoso que sería opresor.

A la caída de Espartero, al Partido Demócrata no se le reconoció el derecho a mantener reuniones electorales ni a desarrollar una actividad política organizada, y se llegó incluso a discutir la propia legitimidad de su existencia como grupo político. Esta situación de semiclandestinidad significó un parón e incluso un severo retroceso en su implantación territorial, y prácticamente su única actividad pública fue la realizada a través de la prensa. Este semiostracismo de los demócratas, cuya presencia institucional quedó reducida a los escaños de Rivero o de Orense, condujo a su ilegalización, que se consumaría por fin en 1866 como consecuencia de la sublevación del cuartel de San Gil. Los episodios insurreccionales, como el que costó la vida a Sixto Cámara en 1859, pusieron de relieve la debilidad de los demócratas y contribuyeron a agrandar las fisuras que fracturaban el partido. Ni Rivero, ni Orense, ni Castelar, ni el resto de los dirigentes tenían entonces demasiadas prevenciones hacia la vía de la fuerza, instalados como estaban en una cultura política que tradicionalmente la había legitimado. Sin embargo, tenían serias reservas contra la oportunidad de los levantamientos y reconocían que el costo político de los fracasos era muy serio, lo que, unido a su inquietud por el carácter socializante de muchas sublevaciones, los llevaron a desautorizarlas.

La espectacular entrada de Emilio Castelar en el periodismo demócrata a través de *La Discusión* en 1856 fortaleció al ala antisocialista, pero su creciente reputación amenazaba con desplazar a Rivero del liderazgo periodístico que hasta entonces había mantenido. Esta amenaza no estaba impulsada por Castelar, que siempre se sintió atraído hacia Rivero, 18 años mayor que él, como hacia una figura paternal y que durante años trabajó políticamente por fortalecer la jefatura de Rivero y sus aspiraciones a alcanzar el puesto de diputado. Pero su reputación como mago de la palabra, su brillante carrera universitaria, su ascendiente sobre los estudiantes, la amplia atención despertada por *La fórmula del progreso* y su popularidad fuera de Madrid hacían de Castelar un líder potencial temible. Durante toda esta época, Castelar alternó su labor en la prensa demócrata y sus publicaciones en defensa de sus ideas políticas con la redacción de novelas, tarea a la que se había dedicado desde la adolescencia. Castelar se muestra en sus obras de ficción como un autor desaforadamente romántico, muy influido por las obras de Chateaubriand y, sobre todo, de su admirado Lamartine. Como afirma Valbuena Prat, cuando Castelar une en sus novelas el sentido del arte con los trazos históricos y sus recuerdos personales, aparecen sus mejores páginas, pero siempre en un conjunto desvaído, cuando no lacrimoso, lindante con lo cursi.

6. *Castelar íntimo. Boda frustrada y muerte de su madre*

La mejor descripción de Castelar nos la ha dejado el doctor Ángel Pulido en su prólogo a las obras escogidas de aquel:

> Castelar era de corta talla pues no excedía de 1,60 la suya; grueso, adiposo ya en su avanzada edad; de cabeza redonda y con rasgos bien modelados, varonil y sólidamente asentada; facciones carnosas, nariz corta y algo socrática, frente despejada y noble, calvo el cráneo, miope y con uso constante de lentes. Su cuerpo bien plantado y el andar suelto. La actitud oratoria era siempre la misma: hablaba erguido, parado, testa altiva, gesto digno y mesurado, movimientos graves y serenos, limitados los de los brazos, los cuales jamás se elevaban sobre su cabeza, ni trazaban círculos, ni expresaban los pensamientos con actitudes violentas y bruscas sacudidas. Acertado, sobrio y distinguido era siempre el juego de las manos. No andaba en sus discursos de uno en otro lado; su postura permanecía fija, el cuerpo se conservaba invariablemente derecho y la palabra era dirigida, sin cambios, en la dirección del frente. Tenía dicción limpia, correctísima, impecable, sin rozamientos. La voz sonaba amplia, robusta, apta para hablar a los grandes auditorios, hacerse oír por las multitudes y se escuchaba en todas partes. Su timbre, armonioso y claro. El registro de tonos era abundante, variado, con la gama más rica de matices que se pueda concebir, buena para dar lucimiento a muchos precisos sentires y a los esmaltes de la lengua castellana.

Este retrato de Castelar ha sido generalmente admitido salvo en lo referente a uno de sus rasgos más característicos en su condición de orador: su voz, que para algunos era femenina y atiplada. Sin embargo, todos los que hablan con cierta objetividad de sus cualidades afirman la amplitud de su registro, que, si bien al principio de sus discursos era aguda, incisiva, taladrante como el rechinar de una sierra, podía alcanzar los tonos graves, profundos como el rodar de un trueno.

Carmen Llorca, autora de uno de los mejores estudios publicados sobre su vida y su obra (*Emilio Castelar precursor de la democracia cristiana*), afirma que toda la vida de Castelar se confunde con su vida externa y que en realidad apenas sabemos nada de su vida íntima:

> Toda la vida de Castelar es externa. Se confunden los sentimientos con las ideas, lo privado con lo público, la pasión íntima con la vanidad, de tal modo que no tiene más biografía que la historia de las vicisitudes políticas del siglo pasado. Bien es verdad que es él su inspirador, su mantenedor.

Su vida, nos recuerda, corre paralela a la de Isabel II, y no deja de ser interesante ver que estos dos seres tan diferentes representan a la vez una misma época: uno es el símbolo del poder; el otro, de la oposición.

De la misma opinión es González Blanco:

> La vida privada de Castelar desde los veintidós años en que pronunció su célebre discurso del Teatro de Oriente, se confunde con su vida política. Es más, se puede decir que no tuvo vida privada y que su casa fue un palacio de cristal. Como no tuvo aventuras amorosas que es lo que más pide discreción a los biógrafos, se puede reducir todo el secreto de su vida privada a anécdotas gastronómicas. Castelar no es de los hombres que han tenido una doble vida, esos casos de hombres como Heine, como Musset, desarrollando a la vez una enorme capacidad poética y una formidable actividad vital.

Esta imagen de Castelar ligada casi exclusivamente a su vida pública obedece a que apenas tenemos datos de su vida íntima. En parte debido a su muerte, en cierto modo inesperada, cuando no había cumplido aún los 67 años, pero también a la desaparición de su correspondencia y a la inexistencia de un archivo organizado con sus papeles particulares. A esta situación contribuyó su costumbre de romper, una vez leída, cuanta correspondencia recibía, basándose en que su fantástica memoria hacía innecesaria su conservación, pese a las advertencias de sus secretarios respecto a la importancia histórica de dichos documentos. Tampoco copiaba sistemáticamente las cartas que él mismo enviaba. Escritor de cientos de miles de cuartillas desde su infancia, parece que tenía pensado destinar los últimos años de su vida a escribir una historia de España y a redactar sus memorias. En cualquier caso, nunca las escribió y solo nos quedan unas cuartillas pergeñadas en 1871 o 1872 que, según el doctor Pulido, son su autobiografía, pero los errores y las contradicciones con respecto a circunstancias de su vida de las que tenemos datos irrefutables son de tal calibre que, lejos de aclarar los puntos oscuros de su biografía, introducen mayores dudas y dan pábulo a la especie de que Castelar quiso ocultar premeditadamente su intimidad a la curiosidad pública. Lo poco que conocemos de su vida íntima nos hace intuir una complejidad y un dramatismo muy alejados del estereotipo de personaje superficial que vive exclusivamente para su vida pública, pero es cierto que la noble ambición de quien anhela servir a la patria lo devoraba desde su mocedad, casi desde su infancia, Castelar no solamente fue ambicioso, sino un grande y noble ambicioso. Vivió por y para la política, absorbido en ella, entregado a ella como a una diosa celosa y exclusivista que no admite rival. Vivió en celibato por entregarse de lleno a sus aficiones políticas y literarias. Su celibato fue el celibato voluntario de los grandes filósofos, de los grandes artistas, de los grandes trabajadores intelectuales: el celibato de Platón, de Espinoza, de Beethoven, de Menéndez Pelayo. Él mismo se definiría en una sesión de las cortes el 12 de julio de 1883 como «idealista, de temperamento literario, de profesión tribuno, nada más que tribuno».

Su primer drama vital fue la ausencia del padre. Aunque solo en excepcionales e íntimas ocasiones habló de ello, parece indudable que el vacío provocado por su misteriosa desaparición influyó decisivamente sobre toda su infancia y juventud. Su recuerdo, que impregnó su vida de un dolor amargo, oculto, fue siempre la guía de su conducta pública y privada, pero su ausencia no dejó de modelar su carácter. Uno de los reproches que en más ocasiones se hicieron a Castelar fue el de carecer de energía; si bien, como veremos en su momento, la falta de decisión no fue precisamente la característica de su actuación como presidente del Poder Ejecutivo de la República, es indudable que la personalidad de Castelar presentaba una doble cara: en lo público mostraba un carácter enérgico y viril, pero en lo privado fue siempre débil y sentimental. Por ello, algunos de sus biógrafos achacan esta debilidad a la ausencia del padre, que no pudo infundirle la energía que complementara los rasgos de su personalidad moldeados por su madre. La única referencia clara a su padre es la que traza en su autobiografía y contradice muchos de los datos dados por ciertos acerca de su vida. Esto es lo que escribe:

> Era D. Manuel muy dado al estudio y su biblioteca una de las primeras bibliotecas de Cádiz, así en obras filosóficas como en obras literarias, históricas, políticas, económicas. Agente de cambios en esta ciudad como en Alicante, gozaba de una posición desahogada. El pensamiento de su vida era destinar su hijo a las letras y las ciencias. Mas en 1839, habiendo hecho un viaje a Madrid, murió en esta capital, dejando sin amparo a su familia, que tenía por único patrimonio el trabajo de su jefe.

Así Castelar desecha las tesis de la muerte de su padre en el exilio gibraltareño o la posibilidad de su viaje a América que apuntan a un posible abandono de la familia.

Esta orfandad provocó que la figura de su madre, María Antonia Ripoll, adquiriera a los ojos de Castelar una importancia mayúscula. Él, que sentía la naturaleza como una fuerza pagana, embriagadora, hasta el punto de que se exaltaba cuando hablaba de ella, solo alcanzó una inspiración similar cuando cantaba a la madre en general y especialmente a la suya en particular. Es verdad que Castelar tuvo una madre extraordinaria, una mujer de carácter, como explica él mismo en su autobiografía:

> Doña María Antonia Ripoll, viuda en la flor de la edad, dotada de un corazón extraordinario, de un talento tan grande como su corazón, de singulares virtudes, consagróse exclusivamente a la educación de su hijo, y a realizar el pensamiento de su marido, de que fuera útil a la familia y a la patria por una brillante educación literaria y científica. La biblioteca, en todo cuanto tenía de más notable, fue reservada, a pesar de la ruina y de la desgracia, para que contribuyese a su fin...

Pero con independencia de las cualidades que su madre atesoraba, cada vez que Castelar habló de ella el tono era de una admiración sin límites hacia quien su hijo veía como un conjunto de virtudes sin defecto alguno.

El drama de una infancia sin padre, a cargo de una madre abnegada, marcó tan fuertemente la vida de Castelar que de alguna manera se refleja en sus novelas. Es curioso y sorprendente el panorama familiar que retrata en su primera novela, *Ernesto*, publicada en 1855, pero que, según explica en su dedicatoria a Francisco García López, fue escrita cuando casi todavía era un adolescente. Ambientada en la huerta alicantina y posteriormente en Madrid y sus alrededores, en ella sobre un fondo autobiográfico indudable, aunque lógicamente deformado, fantaseado y novelado, invierte los datos de su vida real. En la novela, Ernesto es criado por su padre, y es la madre, a la que el protagonista cree muerta, quien ha desaparecido, abandonando al marido y dejando destrozado el hogar. Las páginas de la obra dedicadas a narrar la educación del personaje guardan estrecha similitud con lo que sabemos de la infancia y juventud del autor, incluidas las ansias de conquistar Madrid y consagrarse como una figura pública de primera línea. El abandono del hogar paterno por parte de la madre y las peripecias posteriores influyen decisivamente en la infelicidad de Ernesto y en la imposibilidad de contraer matrimonio con la persona a la que ama.

Pero la descripción de un hogar incompleto no se circunscribe a esta novela, sino que está también presente en su obra de ficción más importante, *Historia de un corazón*, en donde la tragedia de los protagonistas se desencadenará precisamente por la larga ausencia del padre, quien deja el hogar abandonado pese a los avisos de que su alejamiento de la familia va a provocar la catástrofe. En esta novela las referencias a la vida de Castelar son evidentes, ya que es una situación política, en este caso en EE. UU., la que impide el regreso del padre al hogar. En *Ricardo*, segunda parte de la obra, el relato de los sucesos del 22 de septiembre es claramente autobiográfico, ya que narra los sucesos ocurridos alrededor de la Corredera de San Pablo y los barrios populares del centro de Madrid en los que tuvo destacada participación el propio Castelar. Pero destaca sobre todo que una parte decisiva de la trama se centre en el fracasado intento matrimonial entre Ricardo y Elena, enlace al que se opone con todas las fuerzas Carolina, la madre de Ricardo, no menos tenazmente que María Antonia Ripoll a la de Castelar y su prima Benita, aunque en este caso por un motivo bien fundado, ya que tanto Ricardo como Elena son hijos de Carolina y por tanto la madre trata de evitar el incesto. También Dalanda, la heroína de la novela *Alfonso el Sabio*, sufre las consecuencias de la tragedia familiar que supone la falta del padre. La orfandad era, ciertamente, un recurso folletinesco típico del género de novelas que cultivó Castelar, pero el dolor que se trasluce en sus personajes tiene un acento de sinceridad que recuerda al que sufrió el autor en la vida real. En *Un hijo de un pueblo*, es también curiosa la coincidencia con otras novelas de Castelar y con su propia biografía: el papel de la madre en su educación, la muerte del padre (aquí a sus manos), la boda frustrada.

Tras su instalación en Madrid, la familia de Castelar era sumamente reducida en comparación con la norma habitual de su época. La componían, junto con él, su madre, María Antonia Ripoll, y su hermana, Concha, hasta que, años después, se incorporó a la misma su primo Antonio del Val, a quien Castelar quiso y trató como si fuese un hermano menor. En esa reducida familia jugó un papel extraordinario Concha

Castelar, 14 años mayor que su hermano, para quien fue una segunda madre. Caritativa, virtuosa, cristiana que asistía sin falta a la misa dominical, dedicó su vida a gobernar la casa de su hermano con el tacto y la habilidad que la abundante vida social de Castelar exigía. Tuvo siempre una salud de hierro y aparentó siempre ser más joven de lo que correspondía a su edad. Después de un fracaso amoroso en su juventud, se mantuvo soltera, pero, lejos de llevar una vida recluida en el hogar, le gustaba vestir a la última moda, frecuentar las fiestas y reuniones de sociedad y, como amante de la música, asistir asiduamente a las funciones del Teatro Real. El cariño fraternal entre Concha y Emilio fue indestructible y durante toda su vida estuvieron dedicados el uno al otro.

Los años transcurridos entre 1855 y 1860 fueron años decisivos en la vida de Castelar. Aparentemente su existencia transcurría mimada por el éxito y la fortuna. Era célebre y recogía los primeros frutos de la popularidad obtenida gracias a su labor periodística, a las lecciones impartidas en la cátedra y a sus charlas del Ateneo. Una multitud de seguidores lo aplaudía y, pese a que su físico no era especialmente agraciado, el magnetismo de su personalidad le proporcionó un número de admiradoras como pocos hombres públicos han tenido en España. Pero esta época feliz de la vida de Castelar terminó con un duro golpe, un suceso cruel que lo hirió repentinamente y marcó el resto de su vida: la muerte de su amada madre el 3 de febrero de 1859.

Emilio Castelar se había enamorado de una prima suya, Benita Guijarro, perteneciente a la rama familiar que diera acogida a los Castelar en su época de mayor penuria a la muerte de su padre, y familia también del político carlista don Juan Aparisi Guijarro. Benita, valenciana de nacimiento, era una de las camaristas más distinguidas de la infanta Isabel y, en condición de tal, influyó en su primo Emilio para que este accediera a acudir a palacio a entrevistarse con Isabel II en 1854. Quienes la conocieron la describen como una mujer de talento, de carácter amable, no muy bella, pero sí simpática y elegante. Por razones desconocidas ambos mantuvieron su relación en secreto aun después de que Emilio hubiera dado a su prima palabra de casamiento. Cuando Antonia Ripoll se enteró del noviazgo una vez concertada la boda, se dolió por la actitud de haberla mantenido apartada de esa relación, y todas las satisfacciones, excusas, protestas de cariño y esfuerzos que hicieron los novios para intentar desagraviar a doña María Antonia fueron inútiles. Opinaba que aquel matrimonio era un desaire a su persona y por ese motivo se opuso tenazmente a él.

Emilio Castelar amaba sobre todas las cosas a su madre, que le había dedicado toda su vida, pero, a pesar de todo y del dolor que ello le producía, optó por mantener su promesa matrimonial a Benita Guijarro. Pero doña María Antonia cayó enferma y pasaban los días sin que se encontrara remedio a sus males, que se iban agravando hasta el punto de que parecía herida de muerte y no se veía medio de evitar el fatal desenlace. Efectivamente, un anochecer sufrió un colapso. Según nos cuenta Ginés Alberola, Castelar, fuera de sí, sollozante, oprimió contra su cabeza la de la moribunda anciana y, después de besarla repetidamente, le dijo: «Qué remordimientos me asaltan, madre mía, al considerar los disgustos que te he dado en los últimos días de tu vida». Benita, que se había constituido en enfermera de su tía junto con sus primas Concha Castelar y Virginia del Val, al oír estas frases, que si bien no eran de reconvención contra ella, expresaban el arrepentimiento de Emilio Castelar por haber mantenido su promesa matrimonial, se desmayó. Cuando poco después volvió en sí de su desmayo, vio que la anciana había expirado, pero comprendió que también había muerto su relación con Castelar. Muerta Antonia Ripoll, cuantos esfuerzos se hicieron por reconciliar a la pareja fueron inútiles, pues ninguno de los dos estaba dispuesto a reanudar las relaciones. Uno de los que intentaron la avenencia de Benita y Emilio fue un familiar tan cercano como Aparisi y Guijarro, quien, después del fracaso de sus gestiones, cambió sustancialmente la actitud afectuosa que mantenía hacia Castelar por otra notoriamente despegada.

Se han dado variadas explicaciones a la cerrada y tenaz oposición de María Antonia Ripoll al matrimonio entre su hijo y Benita. El haber mantenido en secreto el noviazgo no parece un desaire tan grave a su persona como para impedir un matrimonio que parecía hacer feliz a su amado hijo. González Blanco opina que realmente nunca hubo un enamoramiento profundo por parte de Emilio Castelar hacia su prima y que la negativa al matrimonio incluso tras la muerte de su madre es incongruente con un amor verdadero. Desde luego es sorprendente que no se conserve ningún escrito entre ambos y que en su extensísima obra no dedique Castelar ni una sola línea a Benita Guijarro. Vilches atribuye la oposición de su madre al matrimonio a que, dentro del plan que Antonia había trazado para el porvenir de su hijo, el enlace con una camarista de la reina no era la mejor opción para él; sin embargo, esta tesis no casa muy bien con la personalidad de Antonia y es dudoso que prefiriera el brillo social a la felicidad de su hijo. Otros estudiosos atribuyen su oposición a la supuesta negativa de los Guijarro de acoger a los fugitivos de Cádiz en su domicilio de Aliaga, pero no se conocen los motivos de esta negativa y ni siquiera está firmemente establecido que se dirigieran a Aliaga antes que a Elda. Además, la familia Castelar mantuvo buenas relaciones con los Guijarro e incluso veraneaban en su casa de Ciempozuelos, al menos en 1854, como cuenta Morayta. Esta boda frustrada es uno de los sucesos más enigmáticos de la vida íntima de Castelar.

Aunque el episodio de sus amores con Benita Guijarro era conocido, la reserva que siempre guardó Castelar sobre este asunto propició que algunos de sus biógrafos contaran el episodio de forma muy diferente. Así Andrés Sánchez del Real, que publicó en 1873 un estudio sobre la vida y la obra de Castelar, afirma que su soltería tuvo su origen en la muerte simultánea de su madre y su novia. El doctor Cortezo sitúa el episodio, con notoria inexactitud cronológica, en la época en que Castelar estuvo exiliado y cuenta, para darle mayor dramatismo a la historia, que, autorizado por el Gobierno a volver del exilio para visitar a su enferma madre, Castelar llegó a Madrid horas después de su muerte. A pesar de que Benita Guijarro había cuidado a su madre con singular cariño, según Cortezo, Castelar rompió con Benita porque por pensar en ella había dejado de pensar muchas veces en su querida madre.

La muerte de su madre provocó un grave desequilibrio en Castelar, quien ni siquiera pudo presidir el duelo, por lo que durante el entierro la presidencia la ostentaron don Juan Aparisi y Guijarro, Juan Albela y Francisco García López. La prostración en que quedó sumido lo obligó a abandonar durante unos meses toda su actividad pública, tanto la cátedra como las lecciones del Ateneo y sus colaboraciones en la prensa demócrata. Esta crisis marcó profundamente la vida de Castelar y cerró un periodo de su existencia.

A partir de entonces optó por el celibato, fundiendo en un sentimiento único el amor a la mujer, que siempre cantó, con el amor a su madre. Muchos años más tarde Castelar racionalizará los motivos de su celibato, separándolos totalmente de esta crisis vivida en el año 1859. Así el doctor Pulido cuenta que Castelar le explicó el motivo de su completo apartamiento de cualquier relación amorosa, porque, así como el sacerdote debía de ser célibe, el hombre público estaba obligado a consagrarse a su patria prescindiendo de todo aquello que, aun siendo lícito, pudiera desviarlo del cumplimiento de sus deberes. Unificó así también el culto a su madre con otro no menos ardiente que era el culto a España. Lo cierto es que, a partir de entonces, Castelar cantará en parecidos términos sus tres amores: su madre, la naturaleza y la patria.

Emilio Castelar fue un célibe que llenaba sus horas de ocio con los placeres de la mesa y de la conversación con sus amistades, entre las que no faltaban mujeres como Emilia Pardo Bazán, la marquesa de Linares o *madame* Rattazzi, pues Castelar nunca fue misógino. Además no era un hombre retraído, ya que hacía una activa vida social acudiendo a bailes y saraos, a la ópera, a las recepciones de embajadas y a almuerzos y tertulias en casa de damas elegantes pertenecientes a la alta sociedad. Por eso es un misterio que un hombre tan mimado y halagado desde su juventud especialmente por las mujeres, que pudo tener numerosas aventuras, se mantuviera tercamente alejado de ellas, en un momento en que las grandes figuras políticas e intelectuales mantenían en un mundo elegante historias amorosas que eran púdicamente ocultadas en la historia oficial.

El permanente celibato de Castelar dio lugar a los más variados rumores sobre su inminente matrimonio con distintas mujeres, pero también a un gran número de especulaciones sobre su vida sexual. En alguna prensa satírica de la época, especialmente en cierto tipo de panfletos publicados durante el período de la Primera República, y en los mentideros políticos de Madrid, la soltería de Castelar favoreció que se extendiera la especie de su homosexualidad. Su pública y dilatada amistad con algunas damas como la princesa Rattazzi, lejos de contribuir a desmentir el rumor, le dio todavía más consistencia. Fue especialmente brutal el ataque que le asestó el 10 de septiembre de 1873, cuatro días después de ser elegido presidente del Poder Ejecutivo de la República, el periódico *Los descamisados*, fundado por un pintoresco personaje llamado Eloy Perillán Buxó. En un artículo titulado «¡Sarasa, Sarasa!» se insultaba a Castelar acusándolo de ambicioso y de haber hundido a Pi y Margall y a Salmerón para entregar la república federal a la reacción; terminaba diciendo:

> Ayer eras un ídolo, (ídolo al fin), hoy eres un mentecato. Tu nombre, orlado con la gloria y los laureles del genio, era, según en tu modestia dijiste, *querido* en España, *respetado* en Europa y *admirado* en América. Pues oye: tu nombre será mañana escupido en todas partes. En vez del ruiseñor de la tribuna, del rayo de la elocuencia, te llamarán ¡Sarasa! ¡Sarasa! Y pondrán tu retrato en las botellas de Chinchón y Arganda, y quizá en algún frasco de *leche cutánea o agua de Barcelona.*

Uno de los mayores detractores de Castelar y que contribuyó a difundir la especie de su homosexualidad fue Narciso Campillo, un escritor sevillano amigo y condiscípulo de Bécquer y miembro de la tertulia de don Juan Valera, con quien cruzó abundante correspondencia en la que abundan los exabruptos contra escritores, políticos y periodistas de su época, entre ellos, Castelar, a quien llamaba habitualmente doña Emilia. El 1 de septiembre de 1882 le cuenta a Valera:

> Los oradores son gente vanidosa y ruin, hechos de una materia entre mujer y hombre, cobardes y tornadizos como veletas. Semejante opinión es durilla, pero hija e la experiencia histórica, desde el famoso Demóstenes hasta doña

Emilia. Todos o casi todos cambiaron la casaca o se vendieron o eclipsaron la imagen en los momentos de peligro.

El 23 de diciembre de 1894 escribe en una de sus habituales diatribas contra escritores de éxito, que «la otra doña Emilia (por Castelar) vomitando en todos los periódicos artículos difusos, obtusos, confusos y profusos y tomando por ellos buenos cuartos…». El 19 de marzo de 1895 en una de sus cartas a Valera incluye este grosero párrafo:

> Hace tiempo que no veo a doña Emilia Pardo ni a doña Emilia Castelar: ambas andan por ahí buscando machos para diferentes usos. Celebraré que encuentre cada una un rabudo varón, semejante al P Cardona, que con el cipote se rascaba la corona o al Pbro. Andueza que las moscas del techo las mataba con la pieza.

Desde luego estas cartas parecían agradar a Valera, quien guardó desde los tiempos del Ateneo siempre inquina a Castelar, que se convirtió en rencor a consecuencia de los ataques a su tío, Alcalá Galiano, y de la muerte de este tras los incidentes de la Noche de San Daniel. El 20 de septiembre de 1887 responde a otra carta de Campillo:

> No me maravilla eso que cuenta usted de Castelar. Supongo que él será la *hembra*; y envidio la pujanza y el valor y el estómago del Sr. Alvarado, al par que abomino del empleo que les da. Odio el delito, y, en vez de compadecer, envidio al delincuente. ¡Qué brío, que turgencia, que virilidad semidivina no tendrá el señor Alvarado para que no se afloje y marchite la lanza al dar el heroico salto sobre el sucio y voluminoso trasero del flamante Demóstenes! Bonito asunto para una leyenda fantástica titulada *El nuevo salto de Alvarado.* ¿Por qué no la escribe usted?

El Alvarado a que se refiere Valera era Juan Alvarado y del Saz, abogado y político canario nacido en 1856 que fue miembro del Partido Posibilista, amigo íntimo y secretario particular de Castelar, diputado por Sariñena desde 1896, que llegó a ser ministro de Marina, Hacienda y Estado durante la Restauración. Campillo y de rebote Valera se hacen cargo de los rumores sobre la relación de Castelar con sus jóvenes secretarios particulares que lo acompañaban en sus numerosos viajes por Europa.

Todavía en 1898, en una obra titulada *Sagasta Tenorio. Drama Infernal* (Madrid, Biblioteca de la Estaca), enésima parodia de Zorrilla en la que Sagasta representaba a don Juan, Gamazo a don Luis y muchos de los políticos de la época al resto del reparto, Castelar lucía los encantos de doña Inés y, como dice José Luis Calvo Carilla en *La cara oculta del 98*, desde una supuesta editorial denominada La Estaca Sagasta quedaba ridiculizado como un Tenorio sin escrúpulos, cuyas hazañas se confrontaban con el disidente liberal Gamazo. Montero Ríos ejercía de comendador; Vega Armijo, de padre de don Juan; Maura era una Ana de Pantoja amancebada con Gamazo; Butarelli, su ministro de Estado, Pío Gullón. Castelar lucía los encantos de doña Inés bajo la vigilancia de la abadesa de las Calatravas, que era el ultracatólico Pidal, y Romanones era el capitán Centellas.

> Decisiva es la escena del sofá para demostrar la hipnótica capacidad de seducción que ejerce este infernal don Juan sobre los políticos en apariencia más distantes, en este caso, sobre la primera figura de la oratoria parlamentaria, de cuyos deleites no quiere prescindir, por más que se trate de un dubitativo y recatado Castelar, en brazos del conservadurismo católico pidaliano, y sea tildado en la farsa —y, al parecer, también en la realidad— de tierna ave canora afeminada y «marica».

Como recuerda Josep Pla, por las mismas fechas un conocido escritor satírico, Manuel del Palacio, publicó esta cuarteta: «Castelar, hombre perfecto/ dijo en tono sentencioso:/ Aquí para ser dichoso/ solo hay un camino: ¡el recto!».

Muchos contemporáneos de Castelar recogieron la fama de casto que lo acompañó durante toda su vida. Así el escritor peruano Ricardo Palma habla de su proverbial castidad y dice:

«Más casto que Castelar, ni San Antonio». Otro de sus biógrafos, Andrés Sánchez del Real, dice que era casto, positivamente casto, y que unos decían que era un clérigo; otros, que se le secó el alma con la política, e incluso que era una naturaleza virgen. Pero también se hace eco, si bien oblicuamente, del rumor de su homosexualidad al afirmar primero que no le atraen las mujeres y que no se le han conocido queridas para decir a continuación «que era algo asiático en sus pensamientos, vanidades y costumbres». En sus *Bagatelas de otoño*, Baroja cuenta que Martos, uno de los mejores amigos de Castelar, habló una vez de los amores asiáticos de don Emilio, y que, enterado este, dijo: «No asistiré a tu entierro».

Los estudiosos de nuestra época han sido sumamente discretos sobre este aspecto de la vida sexual de Castelar. Carmen Llorca no habla nada del tema y González Blanco niega su homosexualidad claramente: «No hay pues que buscarle endiabladas y complicadas explicaciones a la castidad de Castelar; jamás se debió consentir que se dijese de él que sentía el reprobable y nefando ardor por sus amigos que expone Virgilio en la Égloga segunda». Solo en 2002 Fernando Bruquetas de Castro en su obra *Reyes que amaron como reinas* habla con claridad de una aventura amorosa de Castelar:

> Emilio Castelar protagonizó muchos acontecimientos relevantes de la historia de España, pero también en su vida privada hubo sucesos dignos de estar en la memoria de sus compatriotas; sin embargo, el tiempo que todo lo nubla, se ha encargado de olvidar una romántica relación muy conmovedora. Hasta hace pocos años vivían aún personas que conocieron de los propios labios de uno de los protagonistas la encantadora historia. Tendría Castelar unos cincuenta años cuando revoloteó Cupido por el ambiente republicano y le clavó su flecha al jefe del ejecutivo. Un apuesto mancebo del norte había irrumpido en la escena. Se trataba de José Lázaro Galdiano, que con una veintena de años despertó el anhelo amoroso nunca dormido del todo del maduro profesor. Del bello Lázaro también se iba a sentir atraída una dama viuda y rica, propietaria de colecciones maravillosas que vestían las estancias de su palacete de Parque Florido;

> aunque sería bastante después de los acontecimientos a los que ahora nos referimos. Por entonces, decíamos, entre el político y el joven nació el afecto y entre ambos se fraguó con ardor un sentimiento correspondido. Los discursos de don Emilio estaban más impregnados de fuerza que antes y desde las tribunas vociferaba con gran pasión sus ideales. Mientras las Cortes permanecían cerradas y él luchaba contra los graves problemas de la República, mantenía un sentimiento de paz gracias a Galdiano.

Sin embargo, según Bruquetas, entre los enamorados había demasiada diferencia de edad e intereses encontrados, por lo que el hechizo del amor acabó rompiéndose. Tras el enlace de Lázaro Galdiano con la opulenta dama argentina Paula Florido en la antigua residencia palaciega de sus moradores transformada en Museo se conservan varios de los objetos regalados por Castelar.

Durante los meses de crisis que siguieron a la muerte de su madre, Emilio Castelar escribió *La redención del esclavo,* una alegoría que narra la existencia del esclavo como si fuera un ángel exterminador celeste que la voluntad divina hubiera puesto sobre la tierra a fin de que fuera la prueba de lo costosa y difícil que es la labor de la creación. Es una obra profundamente poética en la que se nota una marcada influencia de Lamartine, aunque Castelar en vez de desarrollar su obra en tonos épicos le dio una acentuada tonalidad lírica. Señala Varagnac que el propio Castelar reconoció que esta obra debía mucho al Ahasverus de Edgar Quinet, en las dos resalta el mismo ardiente misticismo, la misma fe revolucionaria, la misma ideología. Pero la belleza del estilo y el tono elevado de su prosa hacen que la obra de Castelar sea muy superior a la de Quinet.

El último aspecto de la personalidad de Castelar que ha sido sometido también a discusión es el de sus creencias religiosas. Pese a que alguno de los que lo conocieron, como Miguel Morayta y Menéndez Pelayo, afirman que murió lejos de la Iglesia, no cabe duda de su profundo sentimiento religioso, aunque como afirmó el 13 de noviembre de 1868 refiriéndose a los neocatólicos:

> Una escuela a la cual no devolveré en la hora de sus desgracias los insultos con que injuriaba ayer a nuestras desgracias; una escuela que no quiero calificar, porque he resuelto no decir nada que sea duro contra los vencidos, ha puesto a las almas liberales en la dura alternativa de optar entre la libertad y la fe. Puesto en esta dura alternativa, para mí la elección no era dudosa: he optado por la libertad.

Sin embargo, poco después proclamaba que, si volviera a las ideas de su infancia: «Al morir, señores diputados, al morir le pediría un asilo a la cruz, bajo cuyos sagrados brazos se extiende el lugar que más amo y venero sobre la faz de la tierra: la tumba de mi madre».

7. El nacimiento de «La Democracia». La libertad de cátedra. San Daniel

Tras la grave crisis de 1859, al año siguiente reanudó Castelar sus actividades políticas y sus colaboraciones periodísticas. Siempre fue un escritor infatigable y en esta época comenzó a colaborar no solo en los diarios españoles, sino también en revistas europeas y americanas, de tal forma que su obra creció hasta hacerse gigantesca y su influencia cada vez mayor. Sus escritos eran comentados por todos, tal vez incluso más en el extranjero que en España. El 20 de enero de 1860 comenzó el segundo ciclo de sus lecciones en el Ateneo, pero la muerte de su madre y el fracaso amoroso habían hecho de Castelar un hombre nuevo, que había alcanzado su plenitud física, y las conferencias que pronuncia ahora son sensiblemente diferentes de las anteriores. Si las primeras habían tenido como objetivo cantar el ideal religioso del movimiento democrático, las nuevas se referían a la libertad de la Iglesia, una manera indirecta de reclamar la libertad de conciencia.

Después de la muerte de su madre se produjo un cambio en la religiosidad de Castelar causado por las reflexiones habidas en el periodo subsiguiente a su crisis que provocaron un alejamiento respecto de la Iglesia católica, lo que explica las diferencias de estas lecciones con las anteriores. Castelar sigue reconociendo el origen divino del cristianismo, pero proclama la necesidad de la separación de la Iglesia del Estado, y no ve en esta Iglesia la destinataria de las efusiones sentimentales de su juventud, sino un peligro social, un obstáculo insalvable para la realización del progreso humano.

La evolución del pensamiento religioso de Emilio Castelar se observa con claridad en *Las cartas a un obispo sobre la libertad de la Iglesia* que publicará primero en *La Democracia* y que son una especie de continuación de su última lección en el Ateneo, hasta el punto de que luego se editarán en forma de libro en 1864 como un tomo más de *La civilización en los cinco primeros siglos del cristianismo.* El destinatario era el obispo de Tarazona, Cosme Madorrán y Rubio, que había pedido en una carta a la reina acciones contra *La Democracia.* Castelar expone en la primera de las seis cartas que, cuando la Iglesia sea libre en un Estado libre, no se producirán este tipo de llamadas y que los que pretenden resucitar los privilegios de la Iglesia viven en la Edad Media. Expone que las clases altas son indiferentes en materia de religión, el pueblo ciudadano muestra prevenciones en contra de ella y en el campo se vive en el paganismo. Cristo no dice que haya que imponer la religión verdadera a la fuerza, y Castelar hace suya la máxima de Cavour de la Iglesia libre en el Estado libre negando la subordinación del Estado a la Iglesia como predicaban los neocatólicos. Las cartas son una llamada, una invocación a la libertad, y en ellas Castelar no se ocupa de las medidas políticas a tomar, sino que se queda en el plano de la teoría, en el del nivel general y abstracto que tan grato le era, e insiste en que las ideas democráticas dimanan del Evangelio.

Castelar continuó durante toda esta etapa siendo un activo defensor de los procesados por delitos de imprenta. Gran repercusión tuvo en mayo de 1862 su defensa del catedrático de la Universidad de Zaragoza Eduardo Ruiz Pons, un antecedente de lo que será la lucha por la libertad de cátedra. Ruiz Pons había publicado un folleto titulado *El programa democrático en decretos,* que el fiscal había considerado que atacaba gravemente el ordenamiento político de la monarquía isabelina; la brillante defensa que hizo Castelar logró la absolución de Ruiz Pons. Es importante resaltar que nunca negó su defensa a ningún procesado por este tipo de delitos, con independencia de que estuviera de acuerdo con las tesis mantenidas por el autor en sus escritos, pues lo decisivo para él era la defensa de la libertad de expresión como derecho inalienable del individuo.

En los primeros años de la década de los 60, los demócratas difundieron una abundante literatura política y se hicieron notar en la sociedad de su tiempo. Atronaron el ambiente con sus encendidas proclamas revolucionarias, criticaron en infinidad de libros y folletos polémicos la marcha política de su siglo, fueron en todo momento un martillo que golpeaba dialécticamente a los partidos reaccionarios englobando entre estos, a veces, a los progresistas, dejaron buena constancia de su minoritaria presencia en las Cortes y lanzaron a la calle infinidad de periódicos muy leídos en su tiempo. Entre los periódicos, el más influyente sin lugar a dudas era *La Discusión*, dirigido por Rivero y en donde colaboraba Castelar. En sus escritos defendió la libertad de expresión y la necesidad de las reformas democráticas, criticó la participación española en la expedición a México, atacó duramente tanto a los Gobiernos de Narváez como a los de O'Donnell y, en todo momento, presentó el sistema republicano como la solución idónea a los males de España. En un artículo del 7 de enero de 1860 censuró la oposición del papado a la unidad italiana, abordando la cuestión de si el poder temporal de los papas era esencial para su poder espiritual y concluyendo que en realidad era dañino. El cristianismo separó el poder espiritual y el poder temporal en el Imperio romano, ¿por qué había de ejercer el papa la autocracia en Roma protegido por las bayonetas extranjeras?

En agosto de 1859 en unos incidentes en las cercanías de Ceuta un grupo de rifeños atacó a un destacamento español que protegía unas obras de fortificación. Como el Gobierno del sultán no castigaba a los agresores, O'Donnell decidió invadir el territorio en un clima de exaltado patriotismo al que se sumaron todas las fuerzas políticas, incluyendo el Partido Demócrata. La campaña se inició en diciembre de 1859 a cargo de un ejército deficientemente preparado y aprovisionado (de sus 4000 muertos, la mayoría lo fue por enfermedades como el cólera), pero cuyas victorias en los Castillejos, Tetuán y Wad Ras, magnificadas en la prensa peninsular, elevaron a Prim a la categoría de héroe popular y reforzaron políticamente a O'Donnell. Los demócratas se unieron a las fiestas de recibimiento de las tropas; *La Discusión* publicó un número especial, y Castelar, un artículo el 15 de mayo de 1860 titulado *La entrada triunfal del ejército de África*, en el que decía:

> Este gran espectáculo debe mostrar que en el pueblo español no puede haber más que una idea y un sentimiento cuando se trata de la patria y que la idea de nuestra civilización y el destino de nuestra raza están en admirable concordancia con la empresa que hemos acabado en África.

Además, participó en una obra colectiva titulada *Crónica de la Guerra de África*.

En el mismo año de 1860 hizo una campaña política por toda España, alcanzando un gran éxito y consolidando su fama de primer orador de su tiempo. Una de sus tareas fue promover la candidatura de Rivero, que logró ser diputado por Alicante. Entre 1861 y 63 hizo numerosos viajes a Alicante para crear vínculos políticos y con motivo de las elecciones de 1863. Castelar deseaba ser diputado por Sax-Elda y ya reunía todos los requisitos al pagar 1000 reales de contribución, pero el Gobierno prohibió las reuniones políticas, y con ese motivo Olózaga y los demócratas fueron al retraimiento, aunque Rivero se decidió por seguir a Prim y participar en las elecciones. En 1863, con poco más de treinta años, Emilio Castelar se había convertido en una notabilidad política de primer orden, preparándose ya para su papel de gran corifeo republicano. Representaba la cúpula del partido, junto con Pi y Margall, y era casi seguro que, de no haber decidido los demócratas el retraimiento político en las elecciones, hubiera hecho Castelar su debut parlamentario, pues sus correligionarios de Cádiz, su ciudad de nacimiento, habían proclamado su candidatura y daban su victoria por segura.

Pese a que en los años anteriores Castelar había trabajado políticamente en favor de Rivero, su fulminante ascenso no podía dejar de plantear problemas entre ambos. Castelar sentía vivamente lo que había de falso y de estéril en ese turbio régimen monárquico, juguete de una mano caprichosa. A sus ojos, los Borbones eran un obstáculo a eliminar a cualquier precio, y por esa razón le propuso a Rivero aumentar la crítica a la monarquía y que *La Discusión* comenzara una campaña claramente antidinástica. Rivero se asustó y, pues no quería quemar sus naves, adujo que comenzarían a llegar las denuncias y las consiguientes multas sobre el periódico y que este acabaría por morir asfixiado económicamente. Castelar calló, pero comenzó a pensar que *La Discusión* no era el periódico en el que debía de estar. La ruptura entre Rivero y Castelar se produjo, al fin, por la discrepancia acerca de la táctica política a seguir ante la convocatoria de elecciones por el ministerio del marqués de Miraflores en 1863 ante las que Castelar, hecho excepcional en su carrera política, predicaba el retraimiento. La disputa entre ambos alcanzó gran encono y Castelar decidió abandonar *La Discusión* para fundar un periódico propio.

Emilio Castelar tenía ahorrados unos miles de duros, fruto de diez años de un intenso trabajo de colaboraciones en la prensa, y se unió a José María Carrascón y a otros accionistas para sacar el 1 de diciembre de 1863 un prospecto explicativo de un nuevo diario, *La Democracia*, avanzando que la publicación del periódico tendría lugar el 1 de enero de 1864. Ya anteriormente se había publicado bajo el mismo nombre otro periódico que, en junio de 1856 por decisión de su propietario, don Antonio Ignacio Cervera, se unió a *La Discusión*, por lo que en 1863 el título pertenecía a este periódico, pero Rivero no puso ningún obstáculo en que la cabecera de *La Democracia* fuera usada por Castelar.

El anuncio del nuevo periódico provocó un entusiasmo inmediato y en muy breve plazo de tiempo se cubrieron 4000 suscripciones, muchas de las cuales según Vilches procedían de *La Discusión*. Los dos objetivos básicos del periódico eran combatir a la dinastía y las ideas socialistas. *La Democracia* se convirtió en el portavoz más importante de la oposición, y Emilio Castelar, en el abanderado de los irreconciliables con la monarquía. Declaró una guerra implacable a la dinastía y a las camarillas palaciegas, pero, ejemplo vivo de periodista revolucionario y romántico, compaginó la hostilidad a la reina con su caballerosidad hacia la mujer; Castelar, a diferencia de gran parte de los periodistas de su época, no utilizó la accidentada vida privada de Isabel II como instrumento de la lucha política. También atacó con dureza al Gobierno de la Unión Liberal, que había defraudado las esperanzas puestas en él, y mantuvo una dura polémica con los neocatólicos de *El Pensamiento Español* sobre cuestiones como la libertad de cátedra y el reconocimiento del reino de Italia, temas candentes en aquel momento.

Como dice María Cruz Seoane:

> Castelar era ya, cuando inició la publicación del periódico, la figura más brillante del partido democrático, tras los años de labor periodística, de defensor de periodistas y escritores correligionarios ante los tribunales, de resonantes éxitos como orador en los cursos del Ateneo y de la Universidad.

La Democracia fue un diario brillante e influyente, y a ello contribuyeron, en palabras de Gómez Aparicio:

> Los artículos de Castelar, buscados con avidez por los lectores, que eran inconfundibles por el estilo preciosista, altisonante y barroco, muy semejante al de la oratoria del ilustre hombre público. Hizo con ello escuela, puesto que existe una cierta identidad de forma en los textos de la Crónica Política con la que se abría la primera plana y en la que, con Castelar, alternaban don José María Carrascón, don Pedro Pruneda, don José María Orense y don Rafael Coronel.

Castelar en el primer número comentó la dificultad de fundar un periódico, pero la necesidad de hacerlo para defender la libertad. Hizo para lograrlo múltiples campañas: cartas a los obreros catalanes explicando la diferencia entre socialismo y democracia, atacó a la Unión Liberal por una nueva Ley de Imprenta siendo ministro de la Gobernación Cánovas, defendió la unidad de Italia y trató de asuntos europeos. Su fama creció al atacar a los Gobiernos unionistas y moderados, y especialmente a González Bravo. Jamás cayó en el insulto o la grosería. También atacaba, aunque cortésmente, a su pariente Aparisi.

La marcha de Castelar de *La Discusión* arrastró a parte de la redacción e hirió gravemente al periódico. Su popularidad entre los estudiantes de la Universidad de Madrid, la amplia atención despertada por *La fórmula del progreso* y su prestigio fuera de Madrid, hacían de él un líder potencial temible. Además, su olfato político y la brillantez de *La Democracia* lo convirtieron en un rival temible para *La Discusión*, induciendo a Cañizares, su propietario, a elegir a Pi como nuevo director. Nombrado el 1 de abril de 1864, contra la opinión de Rivero, permaneció en la dirección solo seis meses, pero fueron suficientes para desatar una de las más famosas y agrias polémicas del periodismo español, la que se desencadenó sobre el papel del socialismo entre *La Discusión* y *La Democracia*, órganos que defendían los principios del Partido Demócrata. Aunque las distintas posturas estuvieron encabezadas respectivamente por Pi y Margall y Castelar, no estuvieron solos en la pelea; Eugenio García Ruiz, Rivero y Mariano Fresneda terciaron a favor de Castelar e Indalecio Armesto y Federico Carlos Beltrán, a favor de Pi y Margall. De repente, apunta Hennessy, dos figuras se habían convertido en los líderes de las dos principales alas del Partido Demócrata: Pi y Margall y Castelar. La disputa la comenzó Pi y Margall con un artículo publicado el 17 de mayo de 1864 en el que se declaraba partidario de la economía socialista. Es cierto que Pi y Margall, aunque se presentaba abiertamente como socialista, lo era de un modo muy peculiar, ya que no encontraba el socialismo ni en la propiedad colectiva de los medios de producción, ni abogaba estrictamente por la desaparición de las clases sociales, sino que se limitaba a predicar el asociacionismo obrero, a favorecer el crédito a los jornaleros y a preconizar que el Estado abandonara su posición neutral para intervenir en pro de los más desfavorecidos y para mejorar la situación de las clases trabajadoras. En la polémica, Pi y Margall puso por primera vez en entredicho el carácter sagrado e inviolable de la propiedad individual, al mismo tiempo que abandonó el dogma de que la libertad era la condición determinante de la justicia de los contratos, y defendió la necesidad de la intervención estatal a favor de las clases jornaleras.

Castelar por su parte dirigió su argumentación a denunciar la abusiva acepción del término *socialismo* que utilizaba Pi y Margall: «A toda intervención justa y necesaria del Estado en la seguridad del ciudadano, en el orden y regulación de los derechos, le llama socialismo». Insistió por demás en mantener su ya conocida tesis de la incompatibilidad entre democracia y socialismo, pues cuestionar la propiedad individual suponía socavar uno de los principales logros de la democracia. Acusó además al sector socializante de relativizar y despreciar los derechos políticos individuales. Para Castelar, el Estado, en su mecanismo intervencionista, generaba tantos males como los que quería evitar. Remachó una vez más que solo el pleno desarrollo de las libertades civiles y políticas sería capaz de resolver la cuestión social. Rivero y Orense, ambos pesos pesados dentro del Partido Demócrata, expresaron su acuerdo con Castelar por lo que Pi y Margall debió ponerse a la defensiva y recordar que no podía plantearse la incompatibilidad entre la doctrina socialista y la pertenencia al Partido Demócrata, pues ya en 1860 la *Declaración de los Treinta* las había proclamado compatibles. Pese a la polvareda levantada, Pi y Margall no mejoró mucho la delicada situación económica y de tirada en que se encontraba *La Discusión* ante el éxito de *La Democracia*, y el 15 de septiembre de 1864 abandonó su dirección. A su marcha el periódico se incorporó a la posición individualista que compartían la mayoría de los republicanos, quedándose así el sector socialista del partido sin un órgano propio que sirviera de portavoz a sus ideas.

La discusión sobre la compatibilidad entre democracia y socialismo puso en evidencia la pluralidad de corrientes que formaban el partido. Pero esta polémica no vino precisamente a poner paz en el partido, sino que agudizó las luchas por el poder y enconó las querellas personales. En los meses de mayo y de junio, cuando la polémica entre Pi y Margall y Castelar estaba en su punto culminante, un grupo de demócratas promovió la elección de una Junta Provincial en Madrid con el fin de reorganizar el partido. Celebrada la elección el 5 de junio, Rivero, Castelar y Orense fueron designados para reorganizar el Partido Demócrata con más del 60 % de los votos, mientras que Pi y Margall solo pudo obtener el 6 %. Pronto quedó claro que el objetivo de la Junta y especialmente el de Castelar, pues Rivero era menos beligerante y Orense se desentendió enseguida de la batalla, era echar del Partido Demócrata al sector socialista, a los seguidores de Pi y Margall. Pero el espíritu de concordia de Orense y las públicas explicaciones de Pi y Margall que se desdijo explícitamente de muchas de sus afirmaciones consiguieron que el mes de noviembre la expulsión de los socialistas fuera rechazada. El 11 de noviembre de 1864 Castelar tuvo que dimitir y, junto con Eugenio García Ruiz, creó un nuevo Comité de Madrid que muchos consideraron antiestatutario.

La feroz disputa por el poder dentro del partido provocó también heridas en *La Democracia.* Salmerón, Fernando González, Gómez Marín, Uña y Rodríguez abandonaron la redacción por discrepancias, no con las ideas políticas, sino con las actitudes mantenidas por Castelar en la batalla por el control de la organización. A Castelar, su actuación le procuró inmediatamente un grupo de enemigos articulado en torno al periódico *La Discusión*, que lo acusaron de parcialidad, de exclusivismo y de moverse en una línea de sectarismo político incompatible con la amplitud de principios que había caracterizado históricamente al Partido Demócrata. Este grupo contrario a Castelar promovió la publicación de una *Protesta de la Democracia Española* contra Emilio Castelar y Eugenio García Ruiz. El documento se acompañó de un millar de firmas, pero estas no fueron tan numerosas como habían pretendido sus promotores y presentaban además algunas repeticiones e irregularidades. La pelea no llegó más lejos, pero causó el fraccionamiento casi irremediable del partido en Madrid. De esta batalla del año 1864 Castelar salió con una firme convicción: para realizar la obra política a que aspiraba no podía contar con los socialistas y tendría que buscar aliados entre los grupos radicales y progresistas de los que solo lo separaba muchas veces su aceptación de la monarquía. Esta negativa a pactar con los socialistas que mantendrá durante toda su trayectoria política lo convertirá en el Gran Solitario dentro del Partido Republicano.

Pese a estas disputas internas, el Partido Demócrata se consolidaba ante la sociedad y su penetración entre las capas populares se iba afianzando. El 2 de mayo de 1864, los demócratas aprovecharon la exaltación patriótica del pueblo madrileño para celebrar una gran manifestación popular, la primera que se celebraba pacíficamente en Madrid desde hacía muchos años. Enardecidos por la oratoria de Castelar varios miles de manifestantes fueron a colocar coronas ante el monumento a los héroes del 2 de Mayo en un acto que no solo quería conmemorar el comienzo de la guerra por la independencia nacional, sino también la lucha por la libertad del pueblo español entre 1808 y 1814. El 4 de mayo, progresistas y demócratas se reunieron por separado en la plaza Mayor para recibir las cenizas de Muñoz Torrero, diputado en las Cortes de Cádiz y presidente de la Comisión Redactora de la Constitución de 1812. Asistieron más demócratas que progresistas, lo que confirmaba la consolidación del Partido Demócrata como partido de masas mientras los progresistas se convertían paulatinamente en un grupo de notables, con influencia en los cuarteles, pero cada vez más alejados de las clases populares.

La monarquía de Isabel II se caracterizó a partir de 1863 por una sucesión estéril de moderados y unionistas en el poder, que supuso el ocaso del sistema y del reinado, pues el abuso de la prerrogativa regia para hacer y deshacer Gobiernos, el retraimiento manifiesto de progresistas y demócratas y la pérdida de representación social por parte de los moderados eran síntomas políticos evidentes de un modelo agotado. Narváez, al llegar al poder el 16 de septiembre de 1864 con un Gobierno formado por políticos moderados de gran relieve, comenzó una tímida liberalización, pero, fracasado el intento inicial, Narváez volvió a ser el duro y autoritario Espadón de Loja de costumbre y el régimen, una vez más, tendió a la involución. La actuación de Narváez no engañó a Castelar, quien escribió *¿Qué es el Ministerio del general Narváez?*: «Una emboscada contra la libertad. El general en vez de presentarse fuerte, decidido, con la espada de la dictadura en las manos, se presenta artero, taimado, dispuesto a halagarnos hoy para envilecernos mañana».

En el ministerio presidido por Narváez figuraban dos ministros que recibieron especial atención de Castelar, fustigados implacablemente desde las páginas de *La Democracia*. El primero, Luis González Bravo, ministro de la Gobernación que ya había sido presidente del Consejo de Ministros en 1843 y que lo fue varias veces posteriormente. Aunque en su juventud lanzó desaforados ataques a la monarquía y a los moderados desde las páginas de *El Guirigay*, sus ansias de poder lo llevaron a posiciones profundamente conservadoras. Castelar veía en González Bravo, notable orador y honrado en su vida privada, al demagogo frustrado y el ejemplo de los que abandonaban sus convicciones para obtener un puesto ministerial o una posición de poder acorde con sus ambiciones. El otro era Antonio Alcalá Galiano, ministro de Fomento, como dice Llorca, un revolucionario arrepentido que como presidente de las Cortes de Cádiz destacó por su propuesta para incapacitar a Fernando VII; tomó parte activa en la sublevación liberal de Riego en 1820 y, condenado a muerte en 1823, hubo de exiliarse a Inglaterra. En 1836 se convirtió al moderantismo y en 1864 adoptó en el Gobierno las posiciones más duras defendidas por los neocatólicos. Como Castelar, Alcalá Galiano era un maestro de la oratoria y el encono entre ambos venía de los ataques que un todavía joven Castelar le había dedicado en las sesiones del Ateneo de 1857.

Impulsada por Castelar, *La Democracia* perseveró en la defensa de los ideales democráticos. Atacó la política del Gobierno en relación con la represión sufrida por los obreros de Barcelona y la decisión de dejar asociarse a los patronos para bajar los salarios, pero no a los obreros para subirlos, y denunció:

> Lo cierto es que los trabajadores no pueden contribuir a la formación de las leyes que obedecen, porque no tienen voto; no pueden contribuir a la formación del municipio que pagan arrancándose el pan de la boca; no pueden siquiera asociarse, porque la autoridad ve en sus asociaciones la sombra de la revolución.

Planteó la abolición de las quintas, de las que dijo que eran el terror de las aldeas:

> La abolición de las quintas es una reforma urgentísima, porque las quintas entrañan un privilegio irritante. El rico, por ocho mil reales, tiene los derechos del ciudadano sin el deber de defender a la patria. Esos ocho mil reales dividen al pueblo en dos castas.

Tuvo sobre todo gran repercusión el artículo publicado el 27 de septiembre de 1864, aniversario de la muerte de Fernando VII, que provocó la ira del Gobierno; entre otras cosas, decía: «Hoy hace treinta y un años que expiró este rey funesto; este rey que ha manchado nuestra historia y envilecido nuestra política». En los días siguientes publicó una serie de artículos sobre las dinastías reaccionarias, de las que afirmaba que cavaban su propia sepultura entre el odio de los pueblos, el anatema de la historia y las maldiciones del pueblo. En sus artículos publicaba la lista de los Borbones que habían sido destronados y, con aparente inocencia, terminaba con la fórmula usual en la época de, continuará… Casi un mes después, Castelar insistió en sus ataques a la monarquía con un artículo dedicado a la evolución de las dinastías reaccionarias que cavaban su propia tumba.

El Gobierno estaba dispuesto a usar todas sus armas contra Castelar, pero a este lo protegía su popularidad. El 27 de octubre de 1864 el ministro de Fomento, Alcalá Galiano, publicó una circular en forma de Real Orden prohibiendo a los catedráticos expresar fuera de la cátedra opiniones contrarias a las leyes fundamentales del Estado. Todo el mundo vio con claridad que era una orden dictada contra una sola persona: Emilio Castelar. Pero este no se amilanó ante la presión y contestó al ministro desde su periódico: «Sentado en mi cátedra espero a que me despoje con mano aleve de mi honrada toga. Me siento fuerte con el auxilio de mi conciencia y el escudo de mi derecho». Los sectores más reaccionarios azuzaban al Gobierno para que ejecutase las medidas anunciadas contra Castelar y lo separara de la cátedra. Escribe Sánchez del Real:

«Todo aquel curso (64-65) la clase de Castelar había estado concurridísima. Sus discípulos eran treinta o cuarenta y los oyentes cuatrocientos o quinientos. No bastaba que se escogiese el aula más grande: se llenaba y faltaba sitio para muchos más... Los bedeles maldecían la clase de Historia de España, y el Gobierno miraba sesgadamente aquellos triunfos del orador, que eran también los triunfos de la democracia. Tres pensamientos guiaban a Castelar en las lecciones de su cátedra: hacer de la antigua historia realista y monárquica una historia popular y democrática; hacer la Filosofía de la Historia de España, no hecha o poco hecha hasta él, y en fin, infundir el espíritu de libertad en el alma de sus oyentes.»

Luis de Sosa afirma que asistían 50 alumnos a la cátedra y que, por ejemplo, Castelar comenzaba con una cita sobre la conquista de México, elogiaba a Cortés y llegaba a Pánfilo de Narváez, al que dedicaba las mayores diatribas sobre su inteligencia, su valor, sus dotes de mando, llamándolo «el pánfilo Narváez», atacando así indirectamente al presidente ante el regocijo de la mayoría de los asistentes. Informado Narváez, estaba dispuesto a buscar la ocasión para descargar su malhumor contra el joven catedrático. Los ataques de la prensa reaccionaria no eran nuevos, pues el propósito de los neocatólicos era, desde hacía años, expulsar a Castelar de la Universidad; la ocasión que todos reclamaban la proporcionará «El rasgo».

El Presupuesto del Estado para 1865 ascendía a la cantidad de 2.558.550.840 reales, que en ningún caso cubrían los ingresos ordinarios, por lo que era imprescindible al gabinete exigir un nuevo sacrificio a la nación imponiéndole un anticipo forzoso. El déficit presupuestario, escribe Isabel Burdiel, era consecuencia de la aventura en la República Dominicana y de las expediciones navales en el Pacífico. La ralentización de la economía desde 1863 había desembocado en 1864 en una serie de quiebras bancarias y la negativa de las bolsas extranjeras a negociar títulos españoles. Al mismo tiempo Isabel II, que jamás supo apreciar el valor del dinero, hallábase como casi siempre agobiada por las deudas, pues la complacencia de los

Gobiernos adelantándole sus pensiones no bastaba para aliviar sus penurias. Para evitar la impopular medida de exigir el anticipo y, al mismo tiempo, sacar a la reina definitivamente de su mala situación económica, en febrero de 1865 leyó Narváez en las Cortes un proyecto de desamortización de los bienes del Patrimonio Real redactado por el ministro de Hacienda don Alejandro de Castro. El texto del decreto decía que Isabel II cedía el 75 % del producto de la venta a la nación en generoso rasgo. Pero la realidad era que se reservaban para la Corona unas cuantas fincas y se vendían todas las demás, entregando a Isabel II el 25 % de lo obtenido libre de gastos. Ninguno de los bienes que habían de venderse era de Isabel II, sino de la nación, por lo que el negocio era verdaderamente redondo. Cuando Narváez como presidente del Consejo de Ministros dio cuenta a las Cámaras de este rasgo de Isabel II, hubo en las Cortes una indescriptible explosión de entusiasmo y el Congreso aprobó una proposición, cuyo primer firmante fue el diputado don Lope Gisbert, para dirigirle un mensaje disparatado en el que se ponía a la reina por encima de Isabel la Católica y de todos los reyes de España. Los diputados fueron en manifestación a entregar el mensaje y no se cansaron de vitorear al rey, a la reina y a la real familia. Hubo colgaduras y espléndidas iluminaciones en Madrid, tañeron las campanas de las iglesias y recorrieron las calles bandas de música. *Las Noticias*, un periódico al servicio del Gobierno dirigido por Correa, propuso elevar una estatua a la reina, y el poeta Aureliano Fernández Guerra hizo una aduladora loa de Isabel II titulada *El laurel de la Zubia*.

El 21 de febrero publicó Castelar en *La Democracia*, un artículo muy juridicista: «*¿De quién es el Patrimonio Real?*», en el que afirmaba que en realidad había una apropiación por parte de la Corona del patrimonio nacional, pero el artículo pasó desapercibido. El 25 de febrero vio la luz «El rasgo», y el efecto de este famosísimo artículo en palacio, en el ministerio, en la prensa y en la oposición fue indescriptible. En él no se limitaba a criticar el expolio de los bienes nacionales, sino que se burlaba del desmedido entusiasmo mostrado por los gubernamentales:

> Los periódicos reaccionarios de todos los matices nos han atronado los oídos en estos últimos días con la expansión de su ruidoso entusiasmo, de sus himnos pindáricos, verdadero delirium tremens de la adulación cortesana. Según ellos ni la casta Berenguela, ni la animosa María de Molina, ni la generosa Sancha, ni la grande Isabel, ni reina alguna desde Semíramis hasta María Luisa, han tenido inspiración semejante a la inspiración que registrarán con gloria nuestros anales, y escribirán con letras de oro los agradecidos pueblos en los bruñidos mármoles.

El artículo finalizaba:

> Véase si tenemos razón para protestar contra este proyecto de ley que desde el punto de vista político, es un engaño; desde el punto de vista jurídico, una usurpación; desde el punto de vista legal, un gran desacato a la ley; desde el punto de vista popular, una amenaza a los intereses del pueblo; y, desde todos los puntos de vista, uno de los amaños de los que el partido moderado se vale para sostenerse en un poder que la voluntad de la nación rechaza.

El periódico fue retirado, y el autor y el diario, denunciados en el juzgado de Buenavista, ante el que Castelar adujo que el responsable del artículo era únicamente el editor, y no el editor y el autor simultáneamente, añadiendo, además, que el artículo no pretendía injuriar a la reina, sino criticar al Gobierno. Pero el ministerio llamó al juez Emilio Bravo y le dio instrucciones concretas: «Es necesario que este hombre vaya a la cárcel». Lo cierto es que, como dice Varagnac, «El rasgo» fue un suceso prodigioso, fue como un chaparrón que apagó fulminantemente la hoguera de las adulaciones a Isabel II. Como escribió el embajador británico, «la reina ha hecho un negocio magnífico bajo la apariencia de un sacrificio patriótico». El efecto político del debate fue demoledor para Isabel II, y se publicaron artículos mucho más ofensivos para su persona que el de Castelar. Dice Burdiel: «En realidad sirvió para enturbiar aún más la imagen de la reina escandalosa, lasciva y reaccionaria con las últimas y definitivas pinceladas de un retrato siniestro que constituía el reverso del ángel de la libertad de los inicios del reinado»; a partir de ahora, el retrato incluía la avaricia, la corrupción, el engaño y el latrocinio.

El 5 de marzo se celebró un banquete de unión entre progresistas y demócratas; la alianza de estos dos partidos por primera vez en 10 años suponía un auténtico desafío para el Gobierno. Pero el ministerio, deseoso de venganza, impulsó el 8 de marzo el auto de prisión contra Castelar, aunque se admitió la presentación de fianza para evitar la cárcel. Emilio Castelar se mostró dispuesto a pagarla y nombró, en un gesto simbólico, a Rivero como su defensor. El juez fijó en 12.000 reales de vellón la fianza y obligó a depositar otros 20.000 reales para costas y gastos, lo que suponía una cantidad considerable. Mientras tanto, en Europa los diarios demócratas animaban a Castelar en su lucha por la libertad, y Ríos Rosas, un influyente político miembro de un partido dinástico como era la Unión Liberal de O'Donnell, rompió con Narváez y lo atacó en el Congreso en defensa de Castelar.

El 15 de marzo González Bravo como ministro de la Gobernación presentó un nuevo proyecto de Ley de Imprenta que enfureció a gran parte de la prensa y generó una protesta de 21 de los periódicos más importantes de España. El 20 de marzo de 1865 el Ministerio de Fomento cometió otro grave error: publicó una *Real Orden* por la que se suspendía a Castelar de empleo y sueldo por estársele formando expediente gubernativo, con arreglo al artículo 170 de la Ley de Instrucción Pública y el artículo 22 del Reglamento Universitario, en vez de esperar la sentencia judicial, y, si era condenatoria, separarlo de la cátedra. El 31 de marzo se conoció la petición fiscal para Castelar, que era de cuatro años y nueve meses de cárcel. Juan Manuel Montalbán, rector de la Universidad, hombre conservador pero defensor del fuero universitario, se negó a aprobar el expediente que proponía el ministro Alcalá Galiano, se limitó a comunicar a Emilio Castelar las acusaciones que formulaba el Gobierno y le indicó que se presentase ante el Consejo Universitario para responder de los cargos que se le hacían. En su respuesta a Montalbán dijo Castelar:

> He sido catedrático con arreglo a las leyes y con arreglo a las leyes he conservado mi cátedra. He fundado *La Democracia* con arreglo a las leyes y con arreglo a las leyes la publico. ¿A qué ley he faltado en mi cátedra? ¿A qué ley he faltado en mi periódico? Es incompetente el Gobierno para declarar esto porque en tal caso tendríamos la confusión de poderes propia del régimen absoluto, del régimen despótico. ¿Qué tribunal me ha condenado? El Gobierno, poniendo su caprichosa interpretación sobre las leyes, dice que no pueden ser catedráticos los militantes de los partidos extremos.

El Consejo escuchó a Castelar y lo absolvió por el apretado resultado de un solo voto de diferencia. El 7 de abril el rector Montalbán fue destituido y se nombró en su lugar a don Diego Miguel Baamonde y Jaime, marqués de Zafra, un auténtico neo de pelo en pecho. El 8 de abril el marqués de la Florida, alumno de la Universidad, en representación de los estudiantes pidió al gobernador civil de Madrid, Gutiérrez de la Vega, permiso para dar una serenata al exrector Montalbán ante su casa de la calle de Santa Clara. El permiso fue concedido inicialmente, pero, cuando los estudiantes aquella misma noche se dirigían hacia el lugar de la serenata, se les comunicó que el permiso había sido revocado, y el acto, prohibido. Los soldados ocuparon la calle de Santa Clara, cargó la Policía y hubo bastante agitación y carreras con algunos estudiantes contusos.

El 10 de abril era la fecha fijada para la toma de posesión del nuevo rector. La ceremonia estuvo rodeada de un gran escándalo y acompañada por el barullo y las cargas policiales. Para burlarse del marqués de Zafra los estudiantes llevaron a la Universidad un burro que representaba al rector. Por la noche se dirigieron a dar la serenata que había sido prohibida el día anterior. La puerta del Sol estaba tomada militarmente cuando intentaron penetrar en ella los estudiantes que iban cantando el *Himno de Riego* y organizando una gran escandalera haciendo sonar los silbatos. Era la Noche de San Daniel, que pasará a engrosar la lista de fechas luctuosas de la historia de España. Miguel Morayta, que participó activamente en los sucesos, los narra con estilo llano y vivo. González Bravo estaba a la puerta del Ministerio de la Gobernación en compañía del gobernador de Madrid Gutiérrez de la Vega y de otras autoridades de la capital. González Bravo nunca se había distinguido por su prudencia en la acción ni por su templanza en los medios a utilizar y animado por el propio Narváez, que le había pedido mano dura y un escarmiento ejemplar, en un rapto de ira ante las burlas de los estudiantes ordenó personalmente a la guardia que la emprendiera a tiros y cuchilladas hasta despejar las calles. Algunos oficiales, enfurecidos por lo que habían aguantado el día anterior y aquella misma mañana, excitaron a sus hombres, unos 600 o 700 infantes de la guardia veterana y dos escuadrones de la Guardia Civil, quienes comenzaron a hacer descargas a mansalva y a acuchillar a todos cuantos se encontraban en la Puerta del Sol y en las calles del centro de Madrid. Iban ya los soldados ciegos de furor, pero eran además jaleados por González Bravo, Gutiérrez de la Vega, y por el propio Narváez, que se había unido a las autoridades presentes al comienzo de la acción. La tropa, descontrolada, acuchillaba a cuanta persona veía sin respetar a mujeres o a ancianos y disparando incluso contra la gente asomada a los balcones. En la calle de Carretas mataron de un balazo a una señora que intentaba refugiarse en un portal; en la de Sevilla hirieron de gravedad a un médico inglés; en la Puerta del Sol, a una ciudadana francesa y a un anciano, excoronel de la Guardia Civil que había intentado identificarse como tal. En la calle de Atocha mataron a un niño de 9 años. Hubo en total 11 muertos, 193 heridos, más de 200 contusos y 143 presos. Naturalmente, los que menos bajas sufrieron fueron los estudiantes, que con las primeras descargas salieron de estampida. No se conocía en la historia reciente un suceso semejante, una represión tan atroz por parte de la fuerza pública dirigida por las primeras autoridades del Gobierno, una actuación que causara tanto daño y desprestigio a la monarquía borbónica, como esta barbarie a la que las crónicas llamaron los «sucesos de la Noche de San Daniel».

Esa misma noche el ministro de Fomento, don Antonio Alcalá Galiano, murió en su despacho del ministerio de una fulminante apoplejía al conocer los resultados de aquella catástrofe. Durante diez días *La Democracia* estampó en su primera página los nombres de los miembros del Gobierno, de las autoridades madrileñas y la lista de víctimas del 10 de abril. Desde el día 12 repitió también esta letanía: «Don Antonio Alcalá Galiano, ministro de Fomento en la noche del 10 de abril, ha muerto». Lo ocurrido en esa jornada abrió un abismo infranqueable entre Emilio Castelar y Juan Valera, sobrino de Alcalá Galiano. Hasta tal punto se rompieron las relaciones entre ellos que casi 35 años después, Valera, que era presidente interino de la Real Academia Española de la Lengua por ausencia del conde de Cheste, no fue al entierro de Castelar, aunque era casi obligada su presencia por la condición de académico del difunto.

MADRID. — Aspect de la *Puerta del Sol* pendant les troubles suscités par les étudiants dans la soirée du 11 avril. (D'après le croquis de l'ingénieur Bordier.)

Aspecto de la Puerta del Sol durante los disturbios suscitados por los estudiantes en la tarde del 11 de abril. [*Le Monde Illustré* de abril de 1865. Del boceto del ingeniero de Bordier]

El 16 de abril de 1865, Orovio, nuevo ministro de Fomento, expulsó de su cátedra a Castelar. En protesta por dicho acto dimitieron varios profesores, entre los que se encontraban Salmerón, Miguel Morayta, Valeriano Fernández, Ferraz y José del Valle. Sustituyó a Castelar en su cátedra un tal Campillo. El 20 de abril dimitió el prestigioso catedrático Claudio Antón de Luzuriaga de la presidencia del Consejo de Instrucción Pública tras denunciar que se le había intentado convertir en un órgano político. Mientras tanto el marqués de Orovio afirmaba que no podía ser catedrático quien no fuera moderado, unionista o progresista, a lo que contestó Castelar que si los que no pertenecían a ninguna de estas formaciones estarían exentos de pagar impuestos. El 28 de abril, Ríos Rosas, que ya se había alejado de Narváez, pronunció un histórico discurso en el Congreso atacando al Gobierno por la represión ejercida sobre los disidentes políticos y por su cerrada negativa a admitir la libertad de expresión sin absurdas limitaciones y censuras. Como escribió Castelar:

> Cada uno de sus adjetivos era como un cañonazo; cada uno de sus periodos una batalla; todo el discurso, todo aquel discurso de ardiente ira, una lluvia de fuego que caía sobre la cabeza del gobierno, teñida en sangre, y abrasaba como plomo derretido su conciencia.

Tras pasar unos días se autorizó que José del Campillo iniciase la sustitución de Castelar, y comenzó las clases con tan enorme tumulto que dos días después, el 8 de mayo, el rector se dirigió a los decanos de Farmacia y Medicina para ordenar que fueran severamente castigados los alumnos que fueran a los claustros de la Facultad de Filosofía, y al decano de esta, que tomase precauciones para que Campillo pudiera dar las clases, como la de que cada alumno llevara una papeleta con su nombre y domicilio y nombre de sus fiadores, una autorización del decano para ir a clase y revisada su documentación en la puerta del aula por los bedeles.

El Consejo de Disciplina describió así los hechos del 6 de mayo. Entraron 30 alumnos de los 50 en el aula 9, y una multitud invadió el resto de la clase y se empezaron a oír gritos dirigidos a Campillo, tales como «Fuera, hombre sin dignidad ni decoro» y otros, y el tumulto continuó. El Consejo de Disciplina sancionó con las pérdidas de la matrícula a seis alumnos, entre ellos, Augusto González Linares. El Gobierno, cada vez más aislado, iba a sustituir al marqués de Zafra, cada día más desconcertado, por el marqués de Morante, pero cayó el Gobierno, y el nuevo, con Vega de Armijo como ministro de Fomento, indultó a los estudiantes. Tras la caída de Narváez entró a gobernar O'Donnell, quien devolvió su cátedra a Castelar y echó tierra encima del proceso judicial. En esos meses de 1865 en los pasillos del Congreso comenzaba a hablarse de un hombre que todavía no era diputado, pero que tenía ya gran influencia: Emilio Castelar. A los cuatro poderes tradicionales de la vida política isabelina: la Corona, el Parlamento, la prensa y la calle, había añadido un quinto: la Universidad. Los estudiantes lo adoraban, y la agitación política había prendido en los profesores y en la masa estudiantil avivada por la oratoria de Castelar. Los diputados de la mayoría censuraban el artículo «El rasgo» y se lamentaban de la utilización de la cátedra para atacar a la reina. En otro grupo, Nocedal, Aparisi y Guijarro (primo de Castelar, aunque muy pocos lo sabían) y Cánovas, si bien no apoyaban al Gobierno, hablaban del peligro que representaba la fácil demagogia de hombres como Castelar. Aparisi, que ayudó en su juventud a Castelar, aunque ahora sus relaciones eran más bien frías, dijo moviendo la cabeza: «Eixe chiquet no s'en recorda de sa mare. Si sa mare alsara el cap…». En estos momentos Castelar representaba ya una fuerza política de primer orden.

En estos meses de marzo a junio de 1865, Castelar vivió una especie de apoteosis personal. Su Comité era reconocido por la mayoría de los republicanos de Madrid y de muchas de las provincias donde el partido estaba implantado, su cátedra rebosaba de oyentes, sus artículos en *La Democracia* eran celebradísimos y era aceptado por los progresistas como el representante del Partido Demócrata. Todo ello le fue dando la condición de cabeza visible del republicanismo, lo que suscitó lógicos recelos en Rivero, que comenzó a maniobrar viendo en peligro su condición de máximo líder del partido. El 16 de julio de 1865, Rivero, Figueras, Sorní, García López, Chao, Rodríguez García, Salmerón, Gómez Marín, Fernando González, Moliní, Modesto Blanco y Marcelino Franco hacían pública y explicaban su dimisión del Comité del Partido Demócrata, afirmando que desde abril estaban en desacuerdo con Castelar y eran contrarios a mantener la unidad con el Partido Progresista. Explica Eiras Roel que el motivo era un tanto absurdo, pues Rivero había saludado con un brindis en la reunión de marzo en la Fonda Española la alianza entre ambos partidos, y Castelar había dejado claro en sus palabras que la unión era para echar abajo lo existente y no para gobernar en el futuro; cada partido conservaría su identidad, habría unión, pero no confusión. La publicidad de los ataques a Castelar encontró su vehículo en el periódico *La Salud Pública*, redactado por Leiva y Nougués, experimentados periodistas que habían formado parte de la redacción de *La Discusión* en la época en que Pi y Margall dirigió el periódico. Ante la actitud de Rivero y de sus seguidores, Castelar publicó el 29 de julio un artículo titulado: *La gran traición del conde de Mirabeau*, en el que respondía a las críticas que se hacían al Comité que él presidía. Llamaba traidores a los partidarios de romper la alianza con los progresistas porque con esta actitud, en el fondo, favorecían a O'Donnell y a la monarquía de Isabel II. Aunque nunca se hicieron públicas las sospechas ni aparecieran pruebas concretas, conociendo las maniobreras tácticas políticas de Rivero y sus deseos de llegar al poder por el medio que fuese, muchos creyeron que había una secreta inteligencia entre Rivero y O'Donnell.

Disueltas las Cortes en octubre de 1865 las diferencias entre los demócratas se agravaron por la frustración que a Rivero le producía el retraimiento electoral, y el Comité de Castelar dimitió, convocando una nueva elección para los primeros días de noviembre. Los demócratas consiguieron autorización para reunirse los días 5 y 6 de noviembre con el fin de elegir el nuevo Comité. La votación fue muy nutrida, pues participaron más de 4000 electores y hubo de prolongarse hasta más tarde de las 9 de la noche. Escrutados los votos, la presidencia recayó en uno de los líderes históricos del partido, José María de Orense, conocido por su talante favorable a la concordia, pero el hombre fuerte del nuevo Comité era Salmerón, y los socialistas volvían a participar en la dirección del partido. Se recompuso la unidad y volvieron aires más conciliadores, pero a cambio de ello los partidarios de Castelar perdieron un peso sustancial en la dirección de la política demócrata. En cualquier caso, afirma Demetrio Castro, los meses en los que Emilio Castelar llevó la voz cantante en la dirección del Partido Demócrata fueron de especial importancia para el futuro de los grupos republicanos, por cuanto se consolidó su alianza táctica con los progresistas que, a pesar de todo, nunca se rompió totalmente y se consolidó lo que, con la suma posterior de los unionistas, fue el frente revolucionario que dirigió el cambio de régimen en 1868.

Todavía en 1865 hubo una gran manifestación pública organizada por los demócratas con un activismo notable por parte de Emilio Castelar. En el mes de diciembre, con motivo de la llegada de los monarcas constitucionales de Portugal a Madrid, los republicanos, dirigidos por Castelar, los vitorearon con el fin de expresar así su repulsa a los Borbones y la adhesión a la unidad ibérica, siempre deseada por la izquierda democrática española por más que levantara seria suspicacia entre las fuerzas políticas portuguesas. Castelar afirmó entonces que la manifestación a favor de los reyes de Portugal era en realidad una manifestación de repulsa contra la monarquía española. La actuación de Castelar en esta ocasión le costó una multa de 80.000 reales, pero pese a lo que sus adversarios políticos pudieran propalar, Castelar, ahora, como siempre, luchaba por conseguir su más soñado ideal: la proclamación de la república en España. De hecho, es creíble la afirmación de Castelar de que ya entonces trataba de convencer a Serrano de que no había más solución que la república, y en vísperas del pronunciamiento de Villarejo de Salvanés se opuso a la candidatura del monarca portugués y a cualquier otra solución que no fuera la república.

Pero, pese a todos sus triunfos, se le presentaron también algunos problemas consecuencia de su actividad periodística y política. En 1865 *La Democracia* comenzó a ser una ruina económica para Emilio Castelar a causa de la persecución del Gobierno y de la sucesión de multas y recogida de ejemplares, pero también del desorden financiero y económico que reinaba en el periódico. Castelar y Carrascón, los principales propietarios, acabaron por regañar y, después de un pequeño pleito, Carrascón se llevó todo el dinero que había aportado. Asustado por la pelea, otro de los socios retiró también sus 50.000 reales. A partir de ahora fue Castelar el único responsable económico del periódico y de las pérdidas, que estuvo pagando hasta 1873. Incluso en el exilio dedicó una parte de sus ingresos a cubrir estas deudas. La realidad era que, al no estar sostenido por una empresa solvente económicamente y dado que la publicidad entonces apenas si se pagaba, la vida del periódico tenía que ser difícil, y su balance, necesariamente deficitario. Los problemas que le plantean las deudas de *La Democracia* se reflejan en la correspondencia con su amigo y correligionario el gaditano Eusebio Rodríguez. En carta del 5 de mayo de 1866, escribe que en dos meses el periódico tiene que pagar más de cinco mil duros en multas, y Castelar es consciente de que la penetración de *La Democracia* en todo el territorio nacional era no solo indispensable para su supervivencia, sino también un medio seguro para la implantación del partido demócrata como una fuerza auténticamente nacional y para afianzar su posición en la dirección del partido.

8. *La sublevación de 1866. El exilio*

Pese a los esfuerzos de O'Donnell por enderezar el rumbo político, en los primeros meses de 1866 la monarquía estaba en plena crisis, y la pérdida de popularidad por parte de la propia Isabel II era tan notoria que, por primera vez, el desvío de sus súbditos se hizo evidente incluso para los ambientes palaciegos sumidos, como de costumbre, en interminables intrigas en torno a la pareja real. Las causas de la crisis política de la monarquía las cifra Vicens Vives en «la sistemática negativa a ensanchar sus horizontes, la eliminación perseverante de toda posibilidad de cambio a derecha o a izquierda, la corrupción administrativa, la frivolidad del trono».

Los moderados y los sectores más reaccionarios de la vida política española, desplazados del poder por la Unión Liberal de O'Donnell, aunque no cuestionaban la monarquía, se lanzaron a una suicida táctica política de desprestigio de la figura de la reina basándose en su agitada vida privada, en las deudas que la acosaban y en el continuo desfile de favoritos y consejeros de toda laya. Además, en aquel verano de 1866 la economía nacional, que había experimentado un notable desarrollo con la puesta en marcha de los primeros ferrocarriles, la implantación de una incipiente industrialización en algunas regiones y la progresiva unificación del mercado económico nacional, sufrió entre mayo y julio una grave crisis que condujo a la quiebra de importantes instituciones de crédito ubicadas en Madrid y Barcelona. Esta crisis se produjo en un marco de escandalosos enriquecimientos, a los que no fueron ajenas algunas personas de palacio, logrados gracias a la especulación sobre los bienes nacionales y al tráfico de influencias en torno a los contratos con el Estado. Estas primeras grietas, que aumentarían peligrosamente en tiempos posteriores, fueron, según Vicens Vives, el origen de la futura revolución contra la monarquía.

El Partido Demócrata había aprobado el retraimiento electoral y la unidad de acción con el Partido Progresista, política que conducía casi inexorablemente hacia el pronunciamiento cívico-militar. El recurso al golpe militar, a la sublevación de los cuarteles, a poner la posibilidad del triunfo político en manos de un general prestigioso descontento con el Gobierno de turno, estaba dentro de la cultura política del Partido Progresista. Sin embargo, no era del agrado de Castelar, que siempre creyó en el triunfo mediante el sufragio y se negó siempre, sistemáticamente, a buscar el apoyo para imponer sus ideas en ningún general, aunque en esta ocasión el recuerdo de los muertos de San Daniel lo inclinó a participar en la insurrección. En la primavera de 1866 demócratas y progresistas conspiraron juntos y efectuaron un reparto de papeles que reflejaba la diferente proyección que ambos partidos alcanzaban en la sociedad española, y así, mientras los progresistas trataban de levantar los cuarteles, los demócratas organizaban a sus militantes para que participasen en la sublevación popular y la lucha callejera.

Describe la situación el historiador Ángel Bahamonde:

> El 3 de enero de 1866 se produjo el primer ensayo del derrocamiento del Gobierno unionista. Militares progresistas, con Prim a la cabeza, se sublevaron en Villarejo de Salvanés, sin éxito, al no encontrar el suficiente eco en otras guarniciones ni haberse preparado de antemano la participación del elemento urbano, que resultará posteriormente decisivo. Pero si aparentemente Prim salió derrotado —tuvo que huir a Portugal—, en la práctica resultó cimentado el mito Prim a la vez que su papel como cabeza visible de la oposición al régimen. En los sucesivos pronunciamientos, motines..., se repetirá hasta la saciedad la lacónica frase *Prim*

libertad. Ambas palabras pasaban a tener un mismo valor semántico entre los cada vez más amplios sectores opuestos a la *situación*. Podemos decir que el mito Prim venía a sustituir al mito Espartero.

Como consecuencia de esta intentona el Gobierno de O'Donnell, y los que lo sucedieron, adoptaron una política autoritaria, casi dictatorial, en un intento desesperado de frenar la subversión. Una Real Orden del 5 de enero mandó disolver todos los círculos y comités de carácter político; el capitán general de Madrid cerró el Ateneo; la prensa demócrata y progresista estuvo suspendida hasta el mes de marzo, y el 6 de mayo se modificó la Ley de Imprenta en sentido restrictivo. Pocos días antes de esta modificación, Castelar había reunido, en un artículo publicado en *La Democracia* con motivo del 2 de Mayo, los documentos que más podían despertar el odio del pueblo contra la casa de Borbón: las cartas cruzadas entre Fernando VII y sus padres; las de toda la familia con Napoleón, y parte de la correspondencia mantenida en Bayona. Después de recordar la represión de Fernando contra los que habían luchado por él, se burlaba de la adulación que le prestaban sus cortesanos y reprodujo el sermón del fraile Gregorio José Rodríguez Carrillo titulado: *Triunfos recíprocos de Dios y Fernando VII*.

Prim seguía planeando una insurrección militar que, aunque tenía por objetivo derribar al Gobierno, no descartaba en absoluto derrocar la monarquía de Isabel II. El nuevo movimiento había de partir de Miranda de Ebro y contaba, en principio, con las guarniciones de Zamora, Valladolid y Burgos, además de muchas otras fuerzas que habían confirmado su compromiso con los conspiradores. Sin embargo, el viernes 22 de junio de 1866, llegado el momento, solo los sargentos de artillería del cuartel de San Gil de Madrid se levantaron. La sublevación comenzó con mal pie, pues en vez del golpe limpio y eficaz que los sargentos habían planeado para tomar el cuartel mientras la oficialidad dormía, lo que ocurrió fue un sangriento enfrentamiento entre los insurrectos y algunos jefes y oficiales que habían prolongado la velada en una partida de cartas y que se negaron a rendirse. En esta pelea dentro del cuartel entre los mandos y los sublevados, dirigidos por el excapitán de artillería Baltasar Hidalgo, se produjeron los primeros muertos. Mientras los insurrectos del cuartel de San Gil intentaban extender la rebelión al resto de las guarniciones madrileñas, los demócratas levantaron barricadas y organizaron el elemento civil de la sublevación. Muchos progresistas estaban en el exilio en aquellas fechas, por lo que recayó en demócratas como Becerra, Castelar, Martos, Rivero, Figueras, Nougués y otros, la responsabilidad de organizar la lucha callejera y dirigir los combates contra las tropas enviadas por O'Donnell. Castelar y Cristino Martos fueron los organizadores de las barricadas de la zona norte de Madrid, y es posible que en su frenética actividad en aquella jornada se vieran también en la necesidad de empuñar las armas.

La jornada del 22 de junio fue caótica y de una crueldad absurda. Los artilleros, excitados por los sucesos ocurridos en el interior del cuartel y por la soledad en que los había dejado el resto de las tropas comprometidas, algunas de las cuales disparaban ahora contra ellos, ebrios de vino, revolución e indisciplina, no podían ser controlados por el general Pierrad, jefe militar de la sublevación en Madrid, quien además resultó gravemente conmocionado a causa de una caída del caballo desde el que dirigía la acción. En el fragor de la pelea se cometieron muchos desmanes, y en la narración de los hechos que hizo *El Diario Español* el 27 de junio se cuenta que un líder del Partido Demócrata hubo de ser amonestado cariñosamente por la punta de las armas de algunos de sus secuaces cuando quiso evitar algunos de sus excesos. Según algunos, el líder que quiso evitar excesos y crueldades innecesarias fue precisamente Emilio Castelar.

En su novela *Ricardo*, hizo Castelar una pormenorizada descripción de los hechos, que ocupa cincuenta páginas, con el acento sincero de quien había participado activamente en la jornada y había contemplado la muerte y desolación acaecidas:

> No olvidarán jamás los que pelearon aquel día, cómo se desplomaban las barricadas; cómo caían los cuerpos acri-

> billados por las balas; cómo resollaban los heridos al desangrarse y retorcerse en el suelo; cómo la metralla arrastraba en nubes de humo y polvo piedras y hierro candente; cómo los pies se resbalaban en la sangre de que parecían empapadas las piedras; cómo se tropezaba a cada paso con un cadáver; cómo había necesidad de tenderse sobre aquel suelo humedecido para libertarse de los tiros lanzados de uno y otro lado que sembraban en rededor vuestro la ruina, la desolación, la muerte. Cuando vino la noche, nada más terrible que el silencio después del estruendo. El pueblo acababa de ser vencido.

En el tomo sexto de *La historia del movimiento republicano en Europa*, da también Castelar su visión sobre lo ocurrido el 22 de junio: «Es imposible que en España las revoluciones se emprendan y se realicen solamente por el pueblo... Así es que todas las revoluciones, sin excepción, todas las triunfantes, han comenzado por un movimiento militar». Explica la enemistad entre sargentos y oficiales que provocaron los incidentes del cuartel de San Gil. El dirigente previsto era Moriones, que sabía que la artillería por sí sola no bastaba y había decidido contar con hombres del pueblo excelentes tiradores. Moriones no pudo estar en Madrid, y la misteriosa Junta Revolucionaria decidió que su sustituto fuera Pierrad, revolucionario reciente y conservador antiguo, aristócrata y monárquico. Sus limitadas facultades intelectuales le impidieron forjar un buen plan, pero de cualquier manera los conspiradores decidieron dar el golpe en la mañana del 22 de junio. El Gobierno y las autoridades civiles y militares de Madrid dormían sin sospechar nada, pero mientras se sucedieron los incidentes en el cuartel de San Gil se perdió tiempo y O'Donnell pudo reaccionar. Pierrad sabía pelear como un soldado, pero no dirigir como un general, y ni agrupó las tropas ni coordinó los paisanos con los militares como había previsto Moriones. O'Donnell dirigió la artillería del Retiro que estaba comprometida con la insurrección, a luchar contra los sublevados y envió al general Serrano a dominar el estratégico cuartel de la Montaña, lo que consiguió, impidiendo su pronunciamiento. La batalla se generalizó en Madrid, porque los civiles no abandonaron la pelea y todo el mundo cumplió escrupulosamente.

> Unos en la bajada de Santo Domingo, otros en la plazuela de Antón Martín, otros en la calle de Fuencarral, otros en las ensangrentadas calles del Desengaño y de la Luna, muchos en varias partes, o sostuvieron el valor de los combatientes con su presencia en medio del fuego o del peligro, o empuñaron las armas y entraron resueltamente en la terrible lucha. La batalla duró todo el día, desde el amanecer hasta mucho después de haber anochecido, en que aún resonaba el tiroteo por la calle de Jacometrezzo, y se rendía una casa fuertemente defendida por el pueblo.

Todos los generales que estaban en Madrid ayudaron al Gobierno. La derrota de los sublevados fue completa:

> Todos los periódicos liberales quedaron suprimidos de un golpe. Los consejos de guerra no se cansaban de pronunciar sentencias de muerte. Muchísimos infelices, quizá los más inocentes, fueron juzgados de prisa, puestos de prisa en capilla, sacados en aquellas hermosas tardes de junio, a la hora de mayor concurrencia, ante la guarnición de Madrid, reunida como en brillantísima parada y bárbaramente fusilados sin piedad alguna. Sobre torrentes de odios se amontonaron torrentes de odios, sobre mares de sangre se vertieron otros mares de sangre, sobre el error de una revolución sin éxito, se añadió el error de una venganza sin entrañas.

Por parte del bando gubernamental se trató con saña y crueldad a los adversarios vencidos. O'Donnell, que en un principio creyó perdido el poder, triunfó gracias a la ayuda que le prestaron los generales Narváez, Novaliches y Serrano, quienes participaron personalmente en la lucha, e incluso Narváez resultó herido, si bien de escasa consideración. Conforme las tropas leales a O'Donnell fueron imponiéndose, hicieron una auténtica masacre tanto entre los paisanos como entre los militares sublevados. Durante toda la jornada la lucha fue breve, pero con inusitada y colérica crueldad por ambos bandos.

Derrotada la sublevación, sus principales dirigentes hubieron de buscar refugio para escapar al acoso policial que se desató inmediatamente. Emilio Castelar logró esconderse en un piso de la calle del Arenal y días después se trasladó, primero, a una casa de la calle de Hortaleza y, posteriormente, al domicilio de Carolina Coronado, situado en la calle de Alcalá número 51. Aunque la escritora estaba casada con Juan Horacio Perry, secretario de la legación norteamericana, Casterlar seguía expuesto a ser capturado por la Policía, ya que un domicilio particular no gozaba del derecho de extraterritorialidad. Ricardo Muñiz, en su obra *Apuntes históricos sobre la revolución de 1868*, cuenta que Isabel II se enteró de dónde estaba oculto Castelar y llamó a Campoamor, persona de su total confianza, a palacio para decirle:

> Sé que Emilio Castelar está refugiado en la casa de Carolina Coronado y que la policía lo sabe. Es preciso que sin demora alguna lo saques de allí y lo lleves a una embajada. A un hombre de su calidad no se le puede dar garrote. Y no digas a nadie que yo te he confiado este encargo.

Don Ramón de Campoamor se dirigió al domicilio de Carolina Coronado y comunicó a Castelar la necesidad de trasladarse a la embajada de Estados Unidos; el trayecto lo hizo disfrazado, escondido en el coche del propio míster Perry, que lucía la bandera norteamericana. Aunque ni Emilio Castelar ni Carolina Coronado contaron nunca este hecho, nadie ha negado la intervención de Isabel II para salvar la vida de Castelar, y cuando Ricardo Muñiz desveló la intervención de la reina en su obra antes citada, publicada en 1884, vivían todavía Castelar, Campoamor y Carolina Coronado, que no negaron la versión de lo ocurrido. En la embajada de Estados Unidos se encontró Castelar con Carlos Rubio y Manuel Becerra, que habían sido acogidos por el embajador norteamericano John P. Hale, de quien eran amigos. A la misma embajada fue a refugiarse otro de los líderes republicanos que habían participado junto con Castelar en la lucha: Cristino Martos.

O'Donnell puso mucho empeño en capturar, sin conseguirlo, al general Pierrad, quien se había refugiado en el palacio del duque de Alba, pero mucho menos en apresar a los dirigentes civiles que habían participado en la sublevación. Adelardo López de Ayala, muy próximo a los círculos gubernamentales, preparó, en colaboración con la legación norteamericana pero con la evidente benevolencia del Gobierno, la huida a Francia de los refugiados en la embajada. Disfrazados, Castelar concretamente con peluca y barba, y vestido como si fuera un obrero para intentar camuflar su inconfundible y característica figura, salieron juntos de la embajada en compañía del propio López de Ayala, de Navarro Rodrigo, oficial mayor del Ministerio de la Gobernación, y de Ortiz de Pinedo. Iban provistos de un pase del Consejo de los Ferrocarriles del Norte de España que presidía el general Serrano, lo que les permitió ocupar un discreto departamento en el que alcanzaron la frontera de Francia. Para evitar sorpresas desagradables con alguna autoridad no advertida y en exceso diligente, Navarro Rodrigo llevaba también un pase firmado por Posada Herrera, ministro de la Gobernación.

En su obra *Un año en París*, publicada en 1875, Castelar recuerda este viaje en ferrocarril camino del exilio. Comienza evocando la tumba de su madre, la llegada anocheciendo a El Escorial, la media noche en Ávila y la entrada al amanecer en Valladolid y más tarde en Burgos. Para amenizar el viaje Castelar describe a sus compañeros las ciudades y su historia, deteniéndose especialmente en la leyenda del Cid y de su sepulcro en San Pedro de Cardeña, y la del judío que al mesarle la barba a la estatua le devolvió la vida y al verlo sacar la espada cayó de rodillas y pidió el bautismo. Al atravesar el País Vasco saludó a las provincias vascongadas y sus antiguas libertades y aventuró que, si en estas tierras se hubiera hecho la revolución religiosa, hoy serían Suiza. Fue en el curso de ese viaje cuando Castelar hizo a López de Ayala y a Navarro Rodrigo una predicción, que resultó profética:

> Os equivocáis en vuestras ilusiones, pues la victoria conseguida no os servirá de nada. Nos habéis derrotado en las

> calles y nos enviáis a la expatriación, a un duro exilio, pero vosotros que, como O'Donnell, solo pensáis en la salvación del trono, seréis sus próximas víctimas. Consolidada la situación y definitivamente sofocada la revuelta, seréis expulsados del poder y perseguidos como fieras por la reacción que provocará Narváez.

No se equivocó Castelar, así ocurrió antes de un año.

Pero esta condescendencia con los principales líderes civiles del movimiento no puede ocultar la dureza de la represión que se desató sobre los participantes en la sublevación del cuartel de San Gil. En septiembre de 1866 se celebró un Consejo de Guerra contra varios de los líderes de la rebelión y resultaron del mismo las sentencias de muerte en rebeldía para más de veinte de los dirigentes, dictadas por el Tribunal Militar del Estado Mayor de la Capitanía General de Castilla la Nueva tras un proceso instruido por el juez Manuel Barrena y Echevarría. Los condenados fueron el exgeneral Pierrad y el excapitán Hidalgo, los exoficiales González Posada, Fuentes, Peñasco, Rodríguez Prieto, Sorribes, Martí Dávila, Barbachano y el excadete José Ríos, acusados de sedición, y los paisanos Castelar, Rubio Inocente, Ortiz, Martos, Becerra, Sagasta, Montemar Rivas, Ortega, Alfonso López, García Milla y Berritos, acusados de rebelión. Todos los reos en ausencia y rebeldía. Según la sentencia firmada por el presidente del tribunal, José Agustino Enríquez, el 21 de septiembre, a los militares se les condenaba a ser pasados por las armas, y a los paisanos, a muerte en garrote vil. Como escarmiento, por orden de Narváez, que el 10 de julio había sustituido a O'Donnell al frente de la presidencia del Gobierno, la sentencia fue publicada en la primera página de la *Gaceta de Madrid* el 23 de septiembre y tres días después lo fue la conclusión fiscal llena de exageraciones sobre lo sucedido. El 25 de septiembre la sentencia fue aprobada por el conde de Cheste, que ocupaba el puesto de capitán general de la región, y el día 26 se promulgaba con el carácter de definitiva. Esta sentencia de muerte obligaría a Emilio Castelar a un largo exilio de más de dos años.

Peor librados salieron los sargentos y la tropa que participaron en la rebelión. Juzgados sumariamente y acusados de graves crímenes no siempre demostrados, como el de asesinar a sus jefes en el cuartel cuando parece ser que lo que se produjo fue una lucha entre la tropa y los oficiales, fueron fusilados 34 sargentos, 19 cabos y soldados de artillería y dos civiles. Esta sangrienta represión abrió de nuevo las heridas provocadas por la brutal actuación de la fuerza pública en la carga de la Noche de San Daniel y aumentó el odio popular contra la Corona, pues los mismos que interpretaban el papel de defensores de la monarquía estaban facilitando las armas para su destrucción. El Gobierno tenía la rara habilidad de concitar a todos contra el régimen, y a los exiliados, como consecuencia del 22 de junio, se irán uniendo progresivamente otros desterrados: Ríos Rosas, presidente del Congreso; los duques de Montpensier, ligados por fraternales lazos a la soberana, y hasta el mismísimo general Serrano, uno de los artífices, con su apoyo a O'Donnell, del fracaso de la intentona del 22 de junio, tendrán que abandonar España. Una amplia repulsa popular alcanzó a la propia reina, cada vez menos respetada, aunque la decisión de pasar las riendas del poder de O'Donnell a Narváez, una vez sofocada la sublevación de junio, era desafortunada, pero la única posible. Lo que no era inevitable era la crueldad y la persecución desatada a continuación por Narváez, Marfori y González Bravo, que provocó un clima social tan enrarecido que Castelar pudo afirmar sin exageración que España era la Polonia del mediodía, comparándola así con la nación más desgraciada y martirizada de Europa.

La realidad social que presentaba la España de los últimos años del reinado de Isabel II era la de un país invertebrado en el que se había realizado una revolución burguesa incompleta y en el que la desamortización se produjo de tal forma que había enriquecido a unos pocos a cambio de dejar extramuros de la ciudadanía a muchos campesinos. Existe una relación clara entre la desamortización y la incompleta revolución liberal de la primera mitad del siglo: la necesidad del estado burgués de generar nuevos aliados sociales, aunque fuera a costa del sufrimiento de los campesinos. El pasivo de esta operación en la que también participó el Partido Progresista cuando tuvo el poder fue muy considerable, no solo en términos de coste social y humano, sino también para la solidez y estabilidad del Estado liberal. En cualquier caso, y aun reconociendo las nefastas consecuencias de la desamortización, los partidos liberales fracasaron también en su intento de implantar una administración moderna basada en los principios de racionalización, centralismo y uniformización que debería haber contribuido a sacar al país del marasmo económico en que se encontraba.

Como explica el profesor Jover, en la España isabelina había una tradición constitucional escrita y simultáneamente una tradición de anomalía, de desviación y de incumplimiento de la norma constitucional, que se manifestaba en la adulteración de los procesos electorales. En la España de Isabel II la ciudadanía consistía formalmente en la posesión del derecho al sufragio y el derecho a ser elegido. Estos derechos se irán concediendo a un conjunto insuficiente, aunque cada vez más amplio, de la población a partir de 1834, pero solo la Revolución de 1868 los ampliará hasta la práctica totalidad de la población masculina mayor de 25 años. Hay una clarísima conciencia de separación social entre quienes tienen estos derechos y los obreros y campesinos que están desprovistos de ellos. Esta situación, junto con un inmovilismo social casi absoluto, el dominio de la Iglesia sobre las conciencias y la trágica situación social de las clases jornaleras y de los campesinos sin tierra, conducirá cada vez con mayor frecuencia a revueltas políticas de hondo contenido social que expresaban la frustración de unos grupos a los que se les negaba toda posibilidad de ascender socialmente.

En julio de 1866, Castelar se instaló en San Juan de Luz con los hijos del marqués de Grijalba, pero el Gobierno español presionó a Napoleón III para que alejara a los emigrados de la frontera española con el fin de que sus actividades políticas no pudieran tener repercusión en suelo español. El prefecto comunicó a Castelar la orden de ir a París, pero Castelar se resistió aduciendo la existencia de una epidemia de cólera. Estos primeros días de su exilio los pasó Emilio Castelar sumido en una crisis de negro pesimismo; su patriotismo, que le hacía soportar mal la forzosa lejanía de España, y la falta del sol de su adorada tierra levantina, o de la luz de Madrid que tanto añoraba, le hacían sentirse profundamente infeliz. Además se encontraba en la más absoluta ruina, perdidas las que eran sus más queridas conquistas de los años de juventud: la cátedra y el periódico *La Democracia*. Incómodo en la Francia del Segundo Imperio, decidió abandonarla y desde Burdeos marchó a París, de donde salió el 14 de agosto de 1867 camino de Suiza para visitar Ginebra, Berna y Lausana. Su estancia en Suiza será trascendental para la reafirmación de sus convicciones políticas y de su fe en la república federal, pero también para ampliar su horizonte intelectual y convertirse en ciudadano de Europa.

El general Juan Prim (1814-1870), c. 1860.
[Biblioteca Nacional de Francia]

Fracasada la intentona del 22 de junio, Prim no estaba dispuesto a renunciar al derrocamiento del régimen de Isabel II. Con el fin de unificar esfuerzos en la lucha, convocó una asamblea de progresistas y demócratas en Ostende para el día 15 de agosto de 1866, que luego deberá retrasar al día 16 en un intento de conseguir que en la reunión estén presentes la mayoría de los líderes de ambas formaciones políticas. Pese a la nutrida asistencia, hubo notables ausencias, como Olózaga, Rivero, Orense, Pi y Margall y, por supuesto, tampoco está Castelar, que desconfiaba profundamente no solo de Prim, sino también de alguno de los líderes presentes en la reunión. La víspera del 22 de junio de 1866 se supo en Madrid que, si Prim triunfaba, serían ministros Rivero y García Ruiz gracias a un pacto que los interesados habían mantenido en secreto. Al saberlo, Martos y Castelar decidieron seguir adelante con el pronunciamiento, pero se distanciaron del general Prim, y Castelar hubo de pelearse con quien había sido hasta entonces su mejor aliado político, Eugenio García Ruiz. Incluso exiliado, mantuvo Castelar una lejanía constante del general Prim, reforzada por su profunda desconfianza hacia los caudillos militares, en quienes no veía la salvación de la democracia; por esa razón se negó a ir a Ostende.

Los exiliados reunidos en Ostende, después de las arduas discusiones que caracterizaban las asambleas políticas españolas de la época, no pudieron avanzar demasiado para unificar los criterios entre las distintas fracciones, y el único acuerdo al que llegaron fue que, si triunfaban, se elegiría una Asamblea Constituyente por sufragio universal que decidiría el sistema político a implantar. La reunión de Ostende acordó también nombrar un Comité Revolucionario, un órgano de acción que llevara a cabo la coordinación de las acciones necesarias para derribar la monarquía de Isabel II, que era prácticamente la única cuestión en que todos estaban de acuerdo.

Castelar no tuvo dificultades económicas durante su exilio gracias a las numerosas colaboraciones periodísticas que le fueron solicitadas. No solo pudo acordar con el marqués de Grijalba que le transfiriera a su hermana Concha, que estaba refugiada en Zamora en casa de unos familiares, cuarenta duros todos los meses, sino que siguió amortizando las pérdidas ocasionadas por su periódico. Y es que Emilio Castelar trabajaba afanosamente y se había convertido en el escritor más laborioso de España; todos los días, desde el primer amanecer hasta la hora del almuerzo, cumplía con su obligación de escribir 30 o 40 cuartillas que luego por la tarde él mismo —o sus secretarios, cuando disponía de ellos— habrá de pasar a limpio. Los ingresos proporcionados por este duro trabajo lo diferenciaron del resto de los exiliados en cuanto a sus dificultades, que serán más bien sentimentales que económicas.

Para Castelar la lejanía simultánea de su patria y de su amada hermana Concha, a quien siempre estuvo tan ligado, se le hacía muchas veces insoportable. Una carta del 8 de junio de 1867 refleja su vida habitual y recoge el daño que le produce el destierro:

> Querida Concha: no te puedes imaginar que profundamente me ha impresionado la noticia del fallecimiento de Carolina. Fuíme ayer temprano a echar el correo de la América del Sur que sale todos los sietes y no abrí tu carta hasta el regreso a casa a las doce de la noche. Me he levantado a las ocho de la mañana sin haber podido dormir ni cinco minutos. La imagen de aquella hermosa y graciosísima joven que vimos Rafael y yo hace diez y ocho años en Ciempozuelos me perseguirá por todas partes, llenándome de un dolor inmenso, de esos dolores morales cuya acerba crudeza se aumenta en el destierro. Hoy consagro el día a escribir a Álvarez y a la familia de Valencia. No sé quién ha esparcido por España el infundado rumor de que en París hay cólera. Jamás la salud pública ha sido tan excelente a pesar del millón de extranjeros que rebosa en el seno de esta inmensa ciudad. Basta con una reflexión, si París estuviera apestado no vendrían por gusto...

Durante sus estancias en Francia, como tenía prohibida su residencia en los departamentos más cercanos a la frontera española, se instaló en Auteil, muy cerca de París, en la villa de Montmorency que compartió con Cristino Martos y su familia. Martos será su gran amistad del exilio, pues había entre ambos una gran afinidad espiritual, aunque los separaban bastantes cosas en materia política. Frente a las firmes convicciones republicanas y demócratas de Castelar, su amigo Martos oscilará constantemente entre la aceptación de la monarquía y la fe republicana, entre su inclinación al Partido Demócrata o al Progresista. Sin embargo, el solitario Castelar no solo hará con él vida de familia en París, sino que viajarán juntos a Suiza y juntos admirarán las incomparables puestas de sol del Montblanc. En estos momentos, según Llorca, había más de 4000 exiliados en Portugal, Francia e Italia, mal organizados, pese al apoyo de la masonería, y tratados desigualmente por los Gobiernos europeos y bastante mal por Napoleón III. Más que preparar una revolución en España, la principal actividad de los exiliados era propiciar un golpe de Estado por una insurrección militar.

En París, Castelar va al Teatro de la Ópera y escucha a Offenbach y a Weber, también es un asiduo de las representaciones teatrales, y entre sus autores predilectos se encuentra Sardou, aunque sigue fiel al viejo teatro romántico. Castelar se encuentra a gusto en París, ciudad que le estimula por su riqueza artística y cultural y en la que puede frecuentar el trato de muchos de los hombres que admira y, a su vez, lo admiran. Asiste a la Exposición Universal de París inaugurada el 1 de julio de 1867, que le permite constatar que, si bien España presentaba un pabellón en el que se exhibía la importancia del patrimonio artístico nacional, en cuanto al motivo fundamental de la exposición, que era el fomento de la industria, quedaba clara la condición de potencia secundaria. Ve lejana su vuelta a Madrid, salvo que lograra triunfar la revolución, pues, aunque incluso el Gobierno decretara una amnistía, Emilio Castelar sabe que no podría aceptar el silencio, la censura a su palabra en la cátedra y a su pluma en los periódicos, no soportaría la muerte moral y política de volver a España sin libertad. A veces parece vacilar en su doble condición de intelectual y de político y anuncia su abandono de la política: «Ya es cosa de escribir un libro con los ojos puestos en la inmortalidad, pues la vida se acaba y no puedo desaprovechar el tiempo». Pero, tras esta efusión típicamente romántica, Castelar, como hará hasta el mismo día de su muerte, siempre vuelve a la política.

La conferencia de Ostende provocó una profunda desilusión entre los demócratas, pero la irritación de Prim con los dirigentes del partido tenía cierto sentido. A las profundas y crecientes divisiones que aquejaban a los distintos sectores se unió la proscripción del Partido Demócrata en 1866, por lo que sus militantes se encontraron en España sin dirección y sin programa. El auténtico jefe era Rivero, favorecido por su presencia en Madrid, pero en el exilio los recelos entre los dirigentes planteaban a Prim la dificultad de no saber con quién podía hablar en representación de todos los demócratas, cosa casi imposible mientras Castelar, Orense y Pi y Margall estuvieran distanciados. Después de muchos tanteos mutuos, Prim llegó a un acuerdo con Orense, y desde ese momento grandes núcleos de demócratas se unieron a los progresistas en las tareas preparatorias de la revolución.

Emilio Castelar, que a diferencia de Pi y Margall no tenía vínculos familiares, pasó gran parte del destierro viajando fuera de Francia; así en 1867 representó a los demócratas españoles en la Liga de la Paz y la Libertad bajo la presidencia de Garibaldi. Pero a pesar de sus viajes estaba con frecuencia en París y hacía una vida social muy activa, aunque rara vez se veía o escribía con Pi y Margall. Estaba en buenas relaciones con Girardin, Gambetta, Ollivier y Jules Favre. Vigilado estrechamente por la Policía, muchas figuras europeas lo consideraban el jefe del republicanismo español, pero es difícil asegurar su relación con el resto de los demócratas. Escribe Ginés Alberola que su pena por el destierro se refleja en la *Vida de Byron*, donde dice que «toda la tierra puede ocultar vuestro cadáver, pero ¡ay!, vuestros huesos estarán más solitarios en la tierra impía que no tenga también los huesos de vuestros padres. Morir en tierra extranjera es el mayor de los castigos». Pese a su residencia en París, escribió en Londres el *Byron* y encontró paz y tranquilidad en las democráticas Inglaterra y Suiza, y frecuentemente en Italia. Recibió muchas ofertas para visitar América del Sur, pero no encontró el momento para un viaje de esas características. En *Recuerdos de Italia* escribió que en Roma vivía completamente entregado a la meditación y al estudio, evitando la vida social y, aunque sus ideas eran contrarias al Gobierno imperante, nada hacía en contra, hasta que un día un sirviente de la fonda Minerva le dijo que había estado la Policía y que le comunicó que le transmitiera la orden de abandonar inmediatamente Roma. Las causas de esta orden eran, entre otras, que muchos libros y artículos publicados por él estaban en el índice, que era amigo de Mazzini y Garibaldi y que estaba condenado a muerte por revolucionario. Se le advirtió que la Policía romana podía llevarlo a un barco español en Civitta Vechia y ser ahorcado, y, si no, ir a la cárcel. «¿A qué hora sale el primer tren?», preguntó. «A las 10». «¿Qué hora es?». «Las 9:30 y sale para el mediodía». Dejó el equipaje a unos estudiantes españoles que estudiaban en el Colegio de Bolonia y subió al tren con una guía en una mano y un periódico en la otra. Iba camino de Nápoles.

En *La Rusia contemporánea* se explaya sobre el conocimiento que tuvo de los exiliados rusos.

> Los emigrados españoles conocimos en Ginebra a Hertzen y cuyo recuerdo guardaré siempre en la memoria porque era para mí, imposibilitado de emprender más extensos estudios como el oráculo de Rusia. En él y sus amigos observé las características del revolucionario moscovita, su menosprecio por las clases medias, si inexperiencia de la política práctica, un sistema muy lógico que acababa en una secta y la creencia de que la sociedad se puede transformar en un minuto. En París conocí a los paneslavistas que ente otras ideas defendían la propiedad común. He visto al nihilista Bakunin, solemne como un patriarca asiático, de aspecto guerrero como un zar a caballo, de pómulos eslavos por lo salientes, ojos tártaros por lo pequeños, movilidad cosaca, cabello anillado y barba crespa como un mujik, al que le faltó un pueblo para hacer la revolución.

En el tomo séptimo de la *Historia del movimiento republicano en Europa* cuenta sus experiencias en las organizaciones internacionales de demócratas y obreros. Narra en la obra que en septiembre de 1866, emigrado en Ginebra, se congregaba el

Consejo de la Internacional sin llamar la atención. Era en una cervecería llamada Treiber en el camino que conduce a Chene. Se celebraban las reuniones a media tarde y se pagaba medio céntimo a la entrada. Poca concurrencia. Seguía con interés las conferencias y se admiraba de la facilidad de expresarse en lenguas modernas de los trabajadores. El Congreso se distinguió por la calma de sus deliberaciones y se descartaron las cuestiones políticas. Se ocupó de los medios de acción para mejorar el trabajo, de las huelgas y los recursos para remediarlas, de la enseñanza primaria y profesional, de los reglamentos morales y sanitarios para el trabajo de mujeres y niños, de las formas de armonizar capital y trabajo, de los impuestos directos e indirectos y de los ejércitos permanentes. Castelar seguía con interés las conferencias:

> Llamábame principalmente la atención el curso de las discusiones y el número de ideas que públicamente allí se controvertían. Perseguido, desterrado, condenado a muerte por mi adhesión a la causa del pueblo, estudiaba con cuidado los latidos de los sentimientos del pueblo para conocer si él mismo era capaz de retardar su propio triunfo y de perder sus derechos.

El Congreso se disolvió con un banquete. Carmen Llorca recoge que se impuso la propuesta francesa acerca de la propiedad, que defendía la propiedad individual, las votaciones se hicieron por individuos, no por naciones. Los rusos solicitaron que el Congreso del 68 se celebrara en Berna y se votara por naciones. Polonia, Rusia, EE. UU. e Inglaterra admitieron el sistema colectivista; Italia, Francia, Suiza y Alemania, en contra. Castelar tenía en sus manos el desempate; inicialmente, se excusó porque no tenía mandato, pero, al conocer que en esa situación estaban prácticamente todos los delegados, finalmente votó a favor de la propiedad individual. El representante ruso dijo que no volvería a otra reunión y que promovería otra organización distinta: la *Internacional.*

Castelar describe como en el Congreso de Lausana de 1867 se veía ya que la *Internacional* se inclinaba al comunismo, con la defensa de ideas más radicales y la crítica de las sociedades cooperativas de obreros porque contribuían a crear una clase media. Más que mejorar las condiciones del trabajo, la reunión se dedicó a organizar la conjura contra el capital. Los Congresos de Bruselas y Basilea del 68 y 69 avanzaron más en esta senda, reflejando la influencia de las aportaciones de Bakunin y de la idea de Carlos Marx sobre la propiedad colectiva de los instrumentos de trabajo. Castelar opinaba que la *Internacional*, nacida de una aspiración legítima de conseguir la solidaridad de todos los trabajadores, se perdió muy pronto en utopías políticas. Según él, el comunismo nacido de los cerebros germánicos fue sistematizado por Marx y popularizado por Bakunin.

Pi y Margall, que vivía en un profundo aislamiento, siempre había sido un ideólogo de firmes convicciones y había gozado de predicamento sobre la fracción socializante de los republicanos, pero en el exilio su figura, muy aislada de la acción diaria, tenía muy poca influencia sobre el conjunto de los demócratas. De hecho, el suceso político más importante que le ocurrió fue la adhesión de Castelar al pacto federal; posteriormente a esta adhesión castelariana, la mayoría de los republicanos se definieron como federales, aunque muchos de ellos no alcanzaran a percibir claramente lo que significaba ese término. En cuanto al acercamiento entre Pi y Margall y Castelar nos tenemos que fiar del testimonio de García Ruiz, por más que no sea precisamente un testigo neutral. Según él, a consecuencia de la marginación en que había dejado a los republicanos la reunión de Ostende, Castelar creó la *Solidaridad Republicana* y fue al encuentro de Pi y Margall a finales del año 1866, sugiriendo el olvido sobre la polémica en torno al socialismo que les había enfrentado en 1864. Parece ser que Pi y Margall aceptó la propuesta de unión, pero puso la condición de la asunción por parte de Castelar del principio federativo. No sabemos hoy las causas por las que aceptó Castelar el federalismo. Hay quien dice que lo hizo forzado por Pi y Margall y que Castelar no fue en realidad jamás un republicano federal. Pero esta afirmación simplifica excesivamente lo ocurrido; hacía años que Castelar defendía en sus escritos la doctrina federal, y sus lecturas del exilio le hicieron profundizar en su análisis teórico, principalmente, como dice Azorín, por la influencia de Considerant y de Strada. Por otra parte, en sus numerosos viajes a Suiza había aprendido a admirar y querer el ejemplo de democracia federal y republicana que aquel país ofrecía a sus visitantes. Tampoco hay que desdeñar en la inclinación de Castelar por el federalismo su profunda admiración por la república federal que eran los Estados Unidos, para él, como para todos los republicanos, la cuna de la democracia. Para Castelar era importante ligar el federalismo español con la corriente más importante del republicanismo europeo, no solo por el atractivo de la doctrina, sino porque esta vinculación ayudaba a superar las carencias históricas del republicanismo español. La solución federal era también una medida para resolver el problema de la unión entre España y Cuba y Puerto Rico. Castelar no solo defendía la idea federal para dentro de España, sino también para todo el continente europeo; fue un promotor apasionado de la *Unión Latina* como contrapeso al germanismo que siempre tuvo como un movimiento autoritario, y también se apasionó con la posibilidad de establecer la unión ibérica, a pesar de que esta siempre despertó sospechas de anexionismo entre las fuerzas políticas y la sociedad portuguesa, y grandes recelos en Francia e Inglaterra. Su profundo conocimiento de la historia de España lo condujo también a considerar la necesidad de romper el Estado unitario fuertemente centralizado y edificar una organización político-administrativa que respondiera a la realidad de las profundas diferencias regionales. Fue probablemente la suma de todos estos factores lo que llevó a Castelar a adoptar sinceramente la doctrina federal. Otra cosa es que Castelar pudiera prever las consecuencias que tendrían para la vida política española, años más tarde, los intentos de aplicar rígida, dogmáticamente, de modo violento y extremista, los términos del pacto federativo entre las diversas regiones españolas.

La alianza política entre Castelar y Pi y Margall no puede hacer olvidar lo violentamente opuestos que ambos eran en temperamento y concepciones políticas. En una sociedad políticamente más madura, Pi y Margall y Emilio Castelar habrían estado probablemente en partidos distintos, aun siendo ambos sinceros republicanos, pero la triste situación de España en la década de los años sesenta del siglo XIX los forzó a convertirse en aliados para luchar por la implantación en España de un régimen democrático. Fueron las condiciones impuestas por el destierro las que forzaron la extraña cooperación entre el introvertido, aislado y aparentemente enérgico Pi y Margall y el sociable, influyente y aparentemente vacilante Emilio Castelar. A partir del pacto de París con Pi y Margall, Castelar y Martos abandonaron su quietismo. En París vivían muchos demócratas que comenzaron a verse casi todos los días en la casa donde ambos habitaban. Entre los participantes en esas reuniones se encontraban García López, Lafuente, Castejón, Campos, Rebullida, Gimeno, Santiago, Chao y por supuesto Pi y Margall, que comenzó a abandonar su aislamiento. En sus reuniones, seguían de cerca los trabajos de la conspiración, aunque no estuvieran en la dirección de la misma y les molestara el monarquismo de Prim y de Salustiano Olózaga; al final, sin renunciar a su ideario republicano, coincidieron con los progresistas en estimar urgente la revolución. Pero la confusión de los demócratas en esta etapa era tal que fue Castelar, casi en solitario, el que defendió la negativa a aceptar que la revolución en que ellos participaban sirviera para traer una dinastía extranjera a España y el que reafirmó las convicciones republicanas para llevar a su camino a muchos demócratas vacilantes. En cualquier caso, como ni Castelar ni Pi y Margall pertenecían al Comité Revolucionario, hay que suponer que vivieran alejados del planteamiento activo de la revolución y, de hecho, a ambos pareció cogerles por sorpresa, ya que Castelar no volverá a Madrid hasta finales de octubre de 1868, y Pi y Margall en febrero de 1869. A diferencia de lo ocurrido en 1866, la realidad fue que, salvo por la actuación de Paúl y Angulo, los republicanos no pudieron decir que hubieran participado activamente en los preparativos de la Revolución del 68.

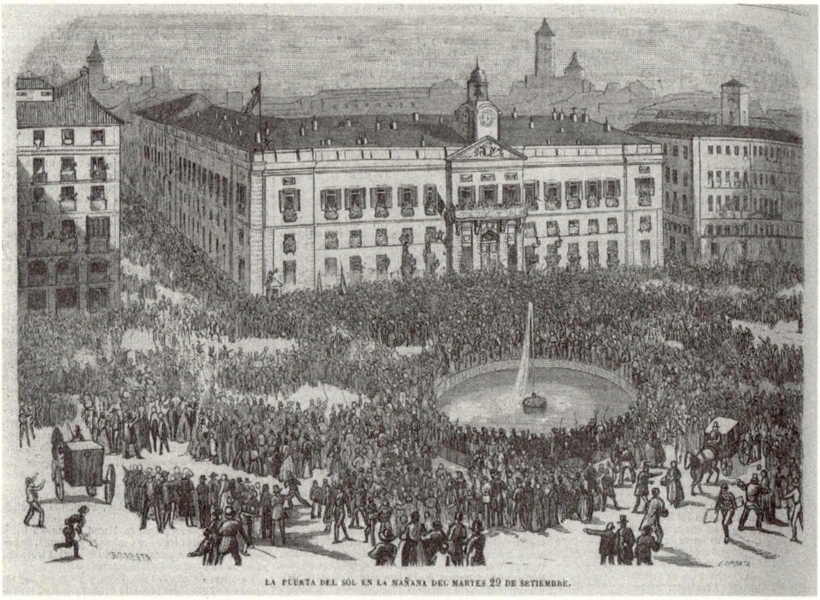

«La Puerta del Sol en la mañana del 29 de septiembre», en la revista española *El Museo Universal* del 18 de octubre 1868. [Biblioteca Virtual de Prensa]

9. *La Revolución del 68. El Partido Republicano*

Cuando el 18 de septiembre de 1868 el general Prim, desde la fragata de guerra *La Zaragoza* anclada en la bahía de Cádiz, encabezó la sublevación que habría de terminar con 35 años de reinado de Isabel II, se abrió un periodo fascinante de la historia de España, el llamado Sexenio Revolucionario o, mejor aún, según la propuesta de José María Jover, Sexenio Democrático.

En el sexto tomo de su *Historia del movimiento republicano* escribió Castelar:

> La sorpresa en palacio fue grande, la pena mayor, la extrañeza extraordinaria: todo lo temían menos que la marina se sublevase. ¿Qué era la revolución de septiembre? Era en el fondo una revolución republicana aunque fuera en el nombre sólo una revolución democrática. ¿Qué elementos habían hecho la revolución? Dos elementos, las fuerzas y las ideas. ¿A qué partido pertenecían las ideas? Al partido republicano. ¿Y las fuerzas? Húbolas populares y militares. Y la mayor parte de las fuerzas populares pertenecían al partido avanzado como al partido conservador pertenecían sin duda la mayor parte de las fuerzas militares.

Como dice Bahamonde, la Revolución de Septiembre fue inicialmente un hecho de minorías, un producto urbano cuyo apoyo rural vino de las regiones socialmente más problemáticas. En su preparación tuvieron un papel destacado a través del Ateneo y la Universidad catedráticos jóvenes krausistas, librecambistas y demócratas como Salmerón, Figuerola, Sanromá, Montero Ríos, Francisco de Paula Canalejas, Fernández y González, Moret y Giner de los Ríos.

Las causas políticas del fin de la monarquía isabelina se resumen en el agotamiento de un sistema incapaz de dar solución a los problemas del país, en el desprestigio en que sumió a la Corona la vida privada de la pareja real y en el odio popular que despertó la cruenta represión que se ejercía sobre los disidentes del sistema. Pero, como indica María Victoria López-Cordón, no hay que descartar las razones económicas en la caída de la monarquía. En 1868 España padeció una fuerte crisis de subsistencias que agravó la situación de las clases medias y de los sectores populares; fue una más dentro de las que hubo en el siglo XIX, pero también la última que afectó globalmente a la población, ya que posteriormente la mayor integración económica, el desarrollo de la producción cerealista y una legislación más flexible redujeron las crisis de subsistencias a coletazos regionales.

A este problema se añadió, en palabras de Vicens Vives, el hecho de que:

> La crisis que hace su aparición en los medios internacionales a fines de 1865, se desata en 1866. Inmediatamente tiene repercusiones en España. En mayo quiebran distintas instituciones de crédito en Madrid y Barcelona. En la capital catalana se perdieron en cinco días 55 millones de duros, cifra fabulosa para la época y de la que Cataluña no logró rehacerse hasta mucho más tarde. También en Bilbao se experimentó la crisis en toda su gravedad. El Banco de Bilbao se vio obligado a reducir su cartera y a restringir los créditos. Ello implicó, como en Cataluña, desocupación forzosa, marasmo industrial y mercantil. En 1867 los dirigentes de La Maquinaria Terrestre y Marítima se dieron un año para subsistir.

Estas circunstancias económicas explican en parte el éxito del pronunciamiento contra Isabel II. El país necesitaba un nuevo equipo ministerial que lo sacara de apuros y lo encontró en el Gobierno Provisional de 1868.

La Revolución de Septiembre de 1868 fue acogida con entusiasmo, alegría y fuerte participación popular. Por última vez, y quizás con más entusiasmo que nunca, campesinos, clases populares, clases medias y burgueses actuaron conjuntamente para respaldar un pronunciamiento militar. Esta participación popular, unida al deseo de cambio político y a la facilidad con que se desmoronó un sistema aparentemente fuerte, fue lo que produjo el espejismo de convertir a los ojos del pueblo un pronunciamiento militar en una revolución. La transformación se ve muy clara en el diferente tono de los primeros manifiestos de los militares sublevados y las ardorosas proclamas de las Juntas Revolucionarias que, como una epidemia, se extienden por todo el país.

Sirva como ejemplo la diferencia entre la ambigüedad respecto a la monarquía borbónica con que se pronunciaba el manifiesto firmado por Prim, Serrano, Topete, Dulce, Nouvillas, Primo de Rivera y Caballero de Rodas el 19 de septiembre, que terminaba con la famosa frase «¡Viva España con honra!», en el que se denunciaba que el Gobierno aplastaba todos los derechos, pedían acabar con los escándalos y un Gobierno Provisional que estableciera el sufragio universal, y la claridad con que se manifestó respecto a este mismo asunto la Junta Provincial Revolucionaria de Sevilla el 20 de septiembre, que reclamaba los derechos individuales, la abolición de las quintas, el desestanco de la sal y el tabaco, la eliminación de derechos de puertas y consumos, y entre otros gritos daba los de «¡Abajo la dinastía!» y «¡Viva la soberanía nacional!». En el programa de las Juntas había dos puntos fijos: el sufragio universal y la convocatoria de Cortes Constituyentes.

El sexenio que va desde la Revolución de Septiembre de 1868 y la Restauración de la monarquía borbónica en diciembre de 1874 no fue una etapa política homogénea. Hubo un dinamismo vertiginoso consecuencia de la irrupción de la democracia en la vida política española. Bajo la única constitución vigente durante el período, es decir, la Constitución de 1869, se sucedieron:

- La monarquía democrática de Amadeo de Saboya.
- Una república federal que no llegará a constituirse formalmente, en la que hubo cuatro presidentes del Poder Ejecutivo.
- Una república unitaria, autoritaria, pretoriana, teóricamente fiel a la Constitución de 1869, pero, en realidad, una dictadura del general Serrano.

La dinámica del Sexenio se caracterizó fundamentalmente, según Miguel Ángel Esteban Navarro, por el renovado enfrentamiento entre una dominante versión del liberalismo, socialmente conservadora y políticamente oligárquica y doctrinaria que a la postre acabó venciendo al final del periodo, y otra versión abiertamente radical en lo político y en lo cultural e igualitaria en lo social, que tuvo por primera vez la oportunidad real de imponerse, tras conseguir su formulación más elaborada en el ideario democrático enarbolado por el naciente movimiento republicano federal. En los primeros días de la Revolución del 68 en casi todas las ciudades se repitieron a grandes rasgos los mismos hechos: intervención de la fuerza popular armada organizada por los republicanos, formación de Juntas Revolucionarias y publicación de manifiestos y proclamas llenos de ideas democráticas. La presencia de los demócratas fue la que propició que la mayoría de las Juntas exigieran además del sufragio universal, la libertad de imprenta, la libertad de reunión y asociación política, la libertad de enseñanza, la libertad de cultos, el juicio por jurado, la descentralización, la abolición de las quintas y la supresión de los derechos de puertas y consumos. Algunas, como la de Sevilla en su proclama del 20 de septiembre, pidieron, incluso, la separación de la Iglesia y el Estado. Las palabras de José María Jover caracterizan a este período: la Revolución de Septiembre aporta a nuestra historia contemporánea, algo de lo que carecía el Estado anterior, un formidable aliento ético a despecho de sus confusiones mentales y sus intemperancias verbales. Llevaron a cabo uno de los más generosos y sostenidos esfuerzos para rectificar la historia sociopolítica de nuestro país de acuerdo con los principios más entrañables del cristianismo y con un cierto aliento profético. Eran hombres con una coincidencia esencial entre ideología y comportamiento.

En definitiva, la generación española del 68, los hombres que hicieron posible la Revolución de Septiembre, destruirán los últimos vestigios de la España del Antiguo Régimen, pero sufrirán la frustración de no conseguir formar la España moderna, progresiva y pacífica con que soñaron. ¿Cuál fue el papel reservado a los demócratas en esta revolución? Muy importante. Primero, lograr el clima de calor popular en torno a la sublevación para transformarla de pronunciamiento militar en revolución civil y popular, y, en segundo lugar, proporcionar los principios y la bandera de los que los demás partidos que formaban parte del frente revolucionario carecían. Si por su escasa participación en las tareas de la conspiración los demócratas no fueron el brazo del pronunciamiento, fueron en cambio el cerebro de la revolución. Ellos lograron imponer una decidida orientación democrática al programa político revolucionario que posteriormente se plasmaría en la Constitución de 1869.

Los militares que dirigieron la sublevación, los progresistas y los unionistas que habían copado los puestos dirigentes de la misma, se encontraron con la gran sorpresa de que el liderazgo espiritual de la Revolución de Septiembre se lo arrebataba un grupo que ellos apenas si habían considerado en los días del exilio y en los trabajos preparatorios de la revolución. Veamos cómo caracteriza a ese grupo María Victoria López Cordón:

> Los demócratas, el grupo más complejo y quizás más interesante de los que participan en la revolución y que, con la excepción de su ala derecha... pasarán a identificarse con los republicanos. Con el sufragio universal como base, la abolición de las quintas y consumos como puntos de reivindicación popular, y su firme adhesión a Europa y a las corrientes políticas e intelectuales de su tiempo, consecuencia de ser un partido dirigido en gran parte por intelectuales, fueron los únicos que buscaron un cambio político más profundo, buscando hermanar equivocadamente intereses

sociales muy distintos. Partido de la pequeña burguesía, sin jefatura única, casi exclusivamente formado por civiles, las posturas de sus figuras más importantes llegaron a ser casi irreconciliables. Allí militaban, junto con profesores krausistas y comerciantes activos, obreros y jornaleros agrícolas a los que el reformismo republicano servirá de toma de conciencia. Diferenciados claramente del resto por la forma de gobierno, el partido presenta al comienzo del sexenio una unidad que irá perdiendo posteriormente y que la prueba del poder romperá definitivamente.

Castelar, Orense, Salmerón, Figueras y posteriormente Pi y Margall eran figuras con un enorme poder de convocatoria en aquellos años sesenta. Junto con ellos, Fernando Garrido, Roque Barcia, Fermín Salvoechea y el general Contreras tenían cada cual a su modo un enorme eco en las clases populares y en el campesinado. Reflejo de esta influencia fue el brusco aumento en cabeceras y tirada de sus publicaciones periódicas que se extendieron a muchas de las provincias españolas. Pese a toda su influencia, los republicanos fueron cuidadosamente apartados del Gobierno Provisional, que se apresuró a declarar su fe monárquica con absoluto desprecio hacia los pactos contraídos en el exilio con los demócratas que obligaban a que las Cortes Constituyentes fueran las que decidieran la forma de Gobierno.

Desde Francia, Castelar seguía atentamente en los primeros meses de 1868 los acontecimientos de España. Así en el mes de mayo, con motivo del fallecimiento del general Narváez, escribió esta pesimista constatación:

> Si alguna vez el despotismo logró apagar la vida de un pueblo, fue en los últimos tiempos del reinado de Isabel II. Nadie pensaba que pudiera verificarse el milagro increíble de la resurrección de España. La noticia de que la espada de Narváez se había embotado para siempre en la losa de su recién abierta tumba no tuvo eco ninguno. Los que esperaban una revolución triunfante así que dejase la férrea mano de guardar la frágil corona, quedaron muy desengañados.

El 15 de julio proclamó que para salvar a España era imprescindible la revolución y que esta era imposible sin la caída de los Borbones. Opinaba que sería un error proclamar otro régimen que no fuese una república federal porque España no era una nación capaz de soportar la corona en las sienes de Montpensier o de un príncipe extranjero y, a su vez, las repúblicas unitarias se hallaban abocadas con facilidad a la dictadura de un poder central excesivo. Se reafirmaba cada vez más en su republicanismo, por lo que pudo predecir proféticamente ante un partidario de Montpensier que lo visitó en su retiro de Passy, que ni Montpensier ni el Infante don Enrique podían aspirar a la corona, pues sus servicios prestados a la revolución eran precisamente los mayores obstáculos para acceder al trono.

La Revolución de Septiembre le sorprendió en Passy de Montmorency, cerca de París, en donde escribía los libros y artículos que se distribuían a través de la agencia *Propaganda Literaria* de La Habana. Organizó tranquilamente su venida a España de tal forma que no estuvo en Madrid hasta la segunda quincena del mes de octubre. A su retorno del exilio comprobó hasta qué punto su figura era popular gracias a los increíbles recibimientos que tuvo en Zaragoza, Valencia, Barcelona, Alicante, Alcoy, Reus y Valladolid, ciudades en las que habló en mítines que reunían a veinte o treinta mil personas. Madrid también le dedicó un recibimiento excepcional. Una inmensa multitud lo recibió en la estación del Norte. Primero fue conducido por los estudiantes a la Universidad para tomar posesión nuevamente de su cátedra, que le había sido devuelta por el Gobierno Provisional, y posteriormente marchó a las Casas Consistoriales, desde donde arengó a los asistentes; por fin fue acompañado hasta la calle de San Agustín, donde se alojaría provisionalmente antes de instalar su nuevo domicilio en la calle de Lope de Vega números 55-60.

Como ni Pi ni Castelar estaban en Madrid, el auténtico jefe demócrata inicial fue Rivero. Desde el primer momento de su vuelta a España, Castelar defendió que el triunfo de sus ideas no dependía de la violencia, sino de la victoria legal en unas elecciones, convocadas por sufragio universal. Seguía siendo fiel al programa que había madurado en el exilio gracias al contacto con importantes figuras de la democracia europea, pero también por las horas dedicadas al estudio. Como muchos otros, renunció a alcanzar los puestos preeminentes que se le ofrecieron en las primeras semanas de la revolución, incluido el de ministro, porque sus profundas convicciones republicanas lo alejaban de los oportunistas que en aquellos revueltos momentos en que el poder parecía estar tirado en la calle, se alzaron con el santo y la limosna.

La tarea más importante e inmediata a la que se entregó Emilio Castelar a su regreso a España fue la organización del Partido Demócrata, o mejor dicho, de la fracción republicana de dicho partido, que se había escindido en dos, como consecuencia de la aceptación por una parte del partido, los llamados cimbrios, de la solución monárquica mientras el resto mantenía sus convicciones republicanas. Escribe Artola que la exclusión de los demócratas de toda participación en el Gobierno Provisional determinó la convocatoria de una gran reunión, a iniciativa de Orense, Figueras y Garrido, para decidir la política a seguir. El 11 de octubre de 1868 la celebró el Partido Demócrata en el Circo Price y se acordó no crear obstáculos al Gobierno en tanto se respetaran los derechos individuales, pero que el partido debería defender la república federal. Esta reunión había sido precedida de otra celebrada en el Teatro Príncipe Alfonso del paseo de Recoletos, en la que no se llegó a ningún acuerdo. Según Morayta, la decisión a favor de la república federal se adoptó de forma harto confusa. Presidía la reunión Orense, la figura más prestigiosa del partido, pero sin el talento ni la energía para dirigir aquellas reuniones, generalmente tumultuosas; al escuchar unos gritos coreados desde algunas tribunas, en defensa de la república federal, sin someter a votación ninguna propuesta, dijo: «Pues bien, queda acordado que la república federal es la forma de gobierno que adopta la democracia española». Y levantó la sesión, que concluyó entre un gran tumulto, ante la extrañeza de todos y, cosa rara, sin ningún aplauso. Ante el espectáculo organizado por la embarullada actuación presidencial del marqués de Albaida, uno de los asistentes, ya en la calle, le interpeló acerca de cómo se iba a resolver aquel jaleo, a lo que Orense contestó: «No te preocupes, ya llegará Castelar pronto y dirá lo que hay que hacer». El 18 de octubre hubo otra reunión, celebrada también en el Circo Price, en la que quedó consagrada definitivamente la república federal como única bandera de los republicanos españoles. Salmerón, entre otros, intentó que no se definiese todavía el partido, que no se hiciese caballo de batalla ni de la república unitaria, que él prefería, ni de la república federal, pero la marea del federalismo, que contaba entre sus defensores la arrolladora oratoria de Castelar, era imparable.

Se pregunta Eiras Roel: ¿cómo aparece de modo tan sorprendente la idea federal entre los republicanos españoles del exilio? Castelar mantuvo que él conocía la idea federal desde 1848 y que él mismo la había defendido desde 1854, pero no hay más pruebas que su palabra. En París, Pi había entrado en contacto con Proudhon y con la Internacional, y, aprovechando los deseos de aproximación de Castelar, lo atrae a las ideas federales, y así este se adhirió a una causa que tenía sus mayores defensores entre los republicanos socialistas. Según García Ruiz, el federalismo no empezó a manifestarse hasta el verano del 67. La idea federal prendió rápidamente entre los republicanos emigrados y, cuando volvieron a España, se apresuraron a difundirla. Jamás se vio una idea política que en tan corto plazo de tiempo hiciera mayor número de adeptos. Según Estévanez, antes del 68 no se tenía un claro concepto de la idea federal. Fue la adhesión de Castelar quien, al declararse republicano y federal, se llevó tras de sí las masas democráticas. Probablemente no era consciente de las consecuencias de esta decisión a largo plazo. Lo asombroso del pacto de París entre Pi y Margall y Castelar es que este, en su desesperada búsqueda de la unidad entre los republicanos, se adhiriera a una causa que tenía sus defensores entre los republicanos socialistas, que eran sus adversarios dentro del partido. Morayta considera que la adopción del federalismo por la mayoría de los demócratas fue puramente circunstancial y no respondía a ninguna elaboración doctrinal.

Orense, Garrido y, sobre todo, Castelar fueron quienes, aprovechando la desilusión que en octubre afectaba a la mayor parte de los republicanos por su marginación del poder, popularizaron el federalismo como la solución al endémico desgobierno. Los conceptos básicos a propagar eran sencillos: la república era la antítesis de la monarquía, inseparable de la descentralización y totalmente secular. Sin la asunción de estos tres dogmas, nadie podía definirse como republicano federal. Los federales adoptaron y propagaron una interpretación romántico-liberal de la historia de España muy alejada de la que tradicionalmente se había recibido. Para ellos, la historia de España desde 1500 era una sucesión de levantamientos contra el poder central que representaba la monarquía: los comuneros, las germanías, los aragoneses en defensa de sus fueros contra Felipe II, los catalanes contra Felipe IV, etc. Todo esto coincidía con un anhelo de descentralización y de participación en los poderes locales y regionales para mejorar la situación de los grupos sociales más desfavorecidos.

En opinión de Hennessy:

> El republicanismo federal es interesante no sólo por su originalidad en la política española, sino también en relación con una estructura europea más amplia. Los republicanos se creían parte de un movimiento internacional, protagonistas de una lucha ideológica. En la liga de Paz y Libertad, en 1867, seis mil delegados congregados en Ginebra, bajo la presidencia de Garibaldi, declararon su fe en unos Estados Unidos de Europa creyendo que sólo una unión de repúblicas antidinásticas y pacifistas podía proporcionar una alternativa a las guerras entre potencias nacionalistas agresivas.

Por ello, fascinados por los ejemplos de Suiza y de Estados Unidos, adaptaron sus teorías a sus deseos para demostrar que el federalismo sería la forma inevitable de gobierno hacia la que se dirigirían todos los Estados europeos.

Para Jorge Vilches, el republicanismo del Sexenio estuvo marcado por la utopía de la federal como medio para llegar a una sociedad armónica y feliz. Esta idea rompía con la tradición jacobina liberal y asumía la idea de la descentralización como garantía de la libertad individual y el control ciudadano del poder en lo que influían las ideas krausistas y la tendencia a la federación de las sociedades obreras. Castelar fue uno de los que más alentaron la fe en la federal como proyecto revolucionario pendiente, creyendo que la utopía era un elemento para la progresión de las ideas, incorporando así el milenarismo y el mesianismo a un proyecto político. Para Castelar, basándose en su concepto de la historia, la utopía de hoy era el Gobierno de mañana y un elemento básico para el progreso de las ideas.

Para organizar y dirigir el nuevo Partido Demócrata Republicano Federal surgido del fraccionamiento en dos campos del viejo movimiento democrático, se eligió un Comité Federal de treinta miembros por el sistema de listas abiertas. La composición del Comité intentaba que estuvieran representadas todas las provincias españolas con una implantación republicana notable. Con casi 13.500 votos fueron elegidos, además de Emilio Castelar, José María Orense, Estanislao Figueras, el general Pierrad, el viejo conspirador Roque Barcia y Salmerón, quien levantaba serias suspicacias entre muchos de sus correligionarios hacia la consistencia de sus ideas federales por haber defendido no hacía mucho la república unitaria. También fue elegido Francisco Pi y Margall, quien se encontraba en su exilio parisino, de donde todavía tardó en volver, que en cuanto al número de votos quedó en undécimo lugar con la suma de 11.400 votos.

El mismo 13 de noviembre, al terminar la elección del Comité, se celebró un mitin en el que habló Emilio Castelar. A pesar de que su discurso duró varias horas, transcurrió entre el entusiasmo de los asistentes que ovacionaron al orador numerosísimas veces. Hubo de interrumpir su discurso para leer un telegrama en el que se daba cuenta de que en Vejer de la Frontera se había proclamado a tiros la república. Defendió que los republicanos eran los primeros interesados en mantener el orden, pues, cuando existía el sufragio universal para decidir el futuro de un pueblo, la violencia era su suicidio moral. A su propuesta se envió el siguiente telegrama a los sublevados de Vejer: «Diez mil republicanos, reunidos para constituir comité, os aconsejan calma y orden. Apelad a los votos. Así y sólo así afianzaremos la libertad en España y facilitaremos la República». Además de los principales puntos recogidos en las proclamas de las Juntas Revolucionarias, Castelar pidió la inmediata abolición de la esclavitud, una rápida autonomía para Cuba y Puerto Rico como medio de acabar con la guerra independentista y la formalización de la paz con Chile y Perú, las repúblicas hermanas del Pacífico con quien la monarquía de Isabel II había mantenido una guerra en 1866 durante la que se produjeron los bombardeos de Valparaíso y El Callao. Pidió también el reconocimiento de la república mexicana surgida de la revuelta contra el desdichado Maximiliano. Se extendió en la necesidad de la separación de la Iglesia y del Estado, afirmó que los pueblos más libres son los más religiosos, las nefastas consecuencias para España de la confusión entre Iglesia y Estado y la necesidad de la separación radical de ambos, de eliminar el presupuesto del clero y de establecer la libertad de cultos. Propuso también la abolición de las quintas, la organización del ejército según el modelo suizo y la constitución de una guardia cívica y la política descentralizadora que descargara al Estado central de una gran parte de sus competencias en beneficio del municipio y de la región. Afirmó que el conjunto de reformas que se proponía produciría un ahorro de mil millones de reales que deberían gastarse en resolver el problema social que, aunque algunos no lo querían ver, existía y era muy grave.

Dentro de su campaña por popularizar la idea de la república federal, organizaron los republicanos una manifestación el 29 de noviembre junto al obelisco al 2 de Mayo; de allí fueron hasta la plaza de la Armería y luego volvieron a la plaza de la Lealtad, donde desde una tribuna hablaron Sorní, Castelar, Orense y Pierrad. Los emotivos discursos de aquella jornada contribuyeron a extender entre el pueblo madrileño el entusiasmo por la federal.

Pero su dedicación a los asuntos españoles no hizo olvidar a Castelar los asuntos europeos, entre ellos, la convocatoria del Concilio, en la Semana Santa de 1868, hecho que consideró, junto con la revolución española, el asunto más importante del año, aunque su apertura se retrasó al 8 de diciembre de 1869 y las sesiones comenzaron el 6 de enero del 70. Para Castelar la noción de la infalibilidad del papa era una idea jesuita y expuso los numerosos fracasos de la infalibilidad a lo largo de la historia de la Iglesia y los problemas para admitir la supremacía del papa sobre el Concilio. Al final, gracias a las presiones papales en julio de 1870 se aprobaría la propuesta del Vaticano de la infalibilidad papal con 580 votos a favor y 140 en contra.

Fotografía de la reina Isabel II de España en el exilio en París. [Fuente desconocida]

10. Castelar en las Cortes Constituyentes

Decretado el sufragio universal en noviembre de 1868, se renovaron los jueces de paz y los funcionarios de la Administración, y se convocaron para el mes de diciembre las elecciones destinadas a cubrir los ayuntamientos y diputaciones, y para los días del 15 al 18 de enero de 1869, las correspondientes a las Cortes Constituyentes. En las elecciones municipales los republicanos consiguieron veintiuna alcaldías en capitales de provincia de Cataluña, Aragón, Valencia y Andalucía, así como en otras regiones del interior. Estos resultados en las municipales fueron considerados alentadores por los republicanos, lo que los llevó a afrontar con cierta confianza las convocadas para las Cortes. Aunque las elecciones fueron relativamente limpias, la falta de tradición democrática y el clientelismo habitual en muchas regiones propiciaron que los procedimientos distaran mucho de ser perfectos, y Castelar denunció estas irregularidades y la injusticia que suponía para la oposición que fuera el Gobierno quien dirigiera las elecciones. Contraponiendo los usos nacionales con su experiencia europea, refirió el caso de Gladstone en Inglaterra, quien dijo: «En caso de elecciones el Gobierno debe ser el último que use el telégrafo». Aquí, añadió Castelar, no solo es el primero, sino que además es el único.

Explica Jorge Vilches que el sistema electoral fue mayoritario, plurinacional, con listas cerradas y a una sola vuelta. La circunscripción era la provincia, pero algunas se dividieron en dos o tres distritos. Sobre 4 millones de electores mayores de 25 años hubo un 75 % de participación que eligieron a 236 monárquicos, 85 republicanos (de los cuales 83 eran federales), 20 absolutistas y 11 independientes, a los que había que añadir los 18 diputados de Cuba y los 11 de Puerto Rico. Aunque el resultado no era malo para un partido que había desarrollado su implantación territorial en un plazo de tiempo muy escaso, defraudó a la mayoría de los dirigentes que lo veían claramente insuficiente para imponer la república. Señala Artola que los escaños eran menos de la cuarta parte de la Cámara, resultado insuficiente, aunque no decepcionante por cuanto las grandes ciudades salvo Madrid eran republicanas. Los resultados, dice Esteban Navarro, fueron buenos en Cataluña, Valencia, Andalucía, Aragón y en Toledo, Guadalajara, Salamanca, León y Valladolid, donde se consiguieron las actas. En Madrid los republicanos obtuvieron 109.249 votos frente a 233.192 de la coalición monárquica, pero como se aplicaba un sistema mayoritario no obtuvieron acta alguna. Entre los diputados republicanos salieron elegidos viejos patriarcas del partido como Orense, Garrido o Ferrer, pero también figuras claramente ascendentes como Castelar, Figueras o Pi y Margall. La concentración del voto republicano en el arco oriental y meridional, con baluartes aislados en el norte y en el centro, consolidaba los resultados obtenidos en las municipales de diciembre del 68. La base electoral republicana estaba compuesta fundamentalmente por artesanos, pequeños comerciantes, obreros, campesinos y jornaleros según las distintas zonas, aunque la falta de estudios locales de geografía electoral dificulta las precisiones.

Castelar fue elegido para las Cortes Constituyentes por cuatro circunscripciones: Barcelona, Lérida, Cádiz y Zaragoza. Según Emilio Oliver escogió la representación de Zaragoza, aunque otros biógrafos como González Araco y Barriobero afirman que escogió Lérida como confirma el acta de la sesión del Congreso del 2 de marzo, porque tenía afecto a aquella ciudad desde que en 1855 fue a informar allí a un jurado por delitos de imprenta. El 12 de febrero de 1869 entró Castelar en las Cortes a sus 36 años, en la lista de diputados aparece como el número 141 por Zaragoza y el 200 por Lérida. En esta sesión votó en contra de que rigiera el Reglamento de 1847, pero la propuesta de la mesa fue aprobada por 138 votos contra 40. Fue elegido miembro suplente de la Comisión de 12 diputados designados para recibir y despedir al Gobierno y obtuvo un voto en la votación para la presidencia de la Cámara, que alcanzó Rivero con 168 votos, mientras Orense conseguía 50. Obtuvo también 49 votos en la elección de las vicepresidencias que alcanzaron el marqués de la Vega de Armijo, Martos, Cantero y Cristóbal Valera.

Castelar aportaba un tesoro de ilusiones, una gran experiencia como dirigente político y una ignorancia absoluta en la gestión de los negocios prácticos, por lo que en el momento en que entró en el Parlamento la gran pregunta que todo el mundo se hacía era: ¿servirá el gran orador de los mítines, el ídolo de las masas, para orador parlamentario? La respuesta la dará su inmediata consagración como el mejor orador de aquellas Cortes. Un viajero por la España de la época, Edmundo de Amicis, autor de *España. Viaje durante el reinado de don Amadeo,* dejó escrito:

> Más que los gallos y más que los toros me divirtieron los diputados a Cortes… Oyese allí un Ríos Rosas, orador violentísimo que domina los tumultos con el rugido; un Martos, orador de forma selecta, que mata con el ridículo; un Pi y Margall, anciano venerable, que aterroriza con siniestros pronósticos… y en medio de otros ciento, un Castelar que vence y arrastra amigos y enemigos con torrentes de poéticas armonías. Castelar es dueño del Congreso; truena, resplandece, canta y centellea como un fuego artificial; hace sonreír, arranca gritos de entusiasmo; acaba entre inmenso fragor de aplausos, y se va con la cabeza en desorden. Tal es este famoso Castelar, catedrático de historia en la universidad, fecundísimo escritor de política, de arte y de religión; publicista que cosecha cincuenta mil francos al año en los periódicos americanos, individuo de la Academia Española; señalado con el dedo por las calles, festejado del pueblo, amado de los enemigos; joven, gentil, vanidosuelo, generoso y honrado.

Estas Cortes del 69 fueron muy superiores a las nacidas de la violencia y la corrupción de la época de Narváez y González Bravo, viciadas con todas las taras del régimen isabelino. Aquí estaban las primeras figuras de la política española y, pese a las incidencias electorales, fueron con mucho las de sufragio más libre y honesto hasta aquel momento. Hicieron una labor importante aunque irregular y tuvieron, como dijo Fernández Almagro, algo de Areópago, mucho de Academia o Ateneo y no poco de Club, e inmediatas resonancias a Logia. A pesar de ello Emilio Castelar dejó un severo juicio sobre ellas:

> No conozco una asamblea que haya nacido más originaria de la libertad y que haya sido, sin embargo, más desnaturalizada por su fecunda madre. Nos cansan los largos discursos, nos hastían los debates solemnes, las sesiones son casi siempre lánguidas, los bancos están casi siempre desiertos. Las comisiones no trabajan, el día en que puede reunirse un número de diputados suficiente a votar en definitiva las leyes, día fausto es.

También Galdós las contempla con ojos críticos:

> Las sesiones de las constituyentes me atraían, y las más de las tardes las pasaba en la tribuna de la prensa, entretenido con el espectáculo de indescriptible confusión que daban los padres de la Patria. El individualismo sin freno, el flujo y reflujo de opiniones, desde las más sesudas a las más extravagantes, y la funesta espontaneidad de tantos oradores, enloquecían al espectador e imposibilitaban las funciones históricas. Días y noches transcurrieron sin que las Cortes dilucidaran en qué forma se había de nombrar ministerio: si los ministros debían ser elegidos separadamente por el voto de cada diputado, o si era más conveniente autorizar a Figueras o a Pi para presentar la lista del nuevo gobierno. Acordados y desechados fueron todos los sistemas. Era un juego pueril que causaría risa si no nos moviese a grandísima pena.

Constituidas las Cortes el 22 de febrero bajo la presidencia de Rivero, uno de los demócratas que había aceptado la monarquía, resignó Serrano sus poderes, que le fueron ratificados por una proposición de confianza que se impuso a la propuesta republicana defendida por Pi y Margall de que una comisión elegida por las Cortes gobernara el país. Figueras fue aceptado como jefe no oficial del grupo parlamentario republicano, hábil polemista, táctico astuto y carente de dogmatismo, era el parlamentario ideal, aunque, según Hennessy, de carácter débil, y con una esposa que era una católica devota y autoritaria. Castelar dijo de él:

> Entre los primeros artífices de la palabra, entre los grandes oradores con que hoy se honran nuestra patria y su tribuna, cuentan todos a don Estanislao Figueras, ilustración del país que le ha visto nacer, gloria del partido republicano, que le debe la dirección de su campaña en las Constituyentes, sin ejemplo por lo prudente y lo enérgica, en nuestros fastos parlamentarios.

Consiguió el apoyo de Castelar y de Pi y Margall, que, aunque rivales, se complementaban en las Cortes. Castelar atacaba con su oratoria la labor política del Gobierno, y Pi y Margall criticaba su política librecambista, aunque hay que advertir que, respecto a esta cuestión, todos los diputados, republicanos o monárquicos, estaban divididos según su origen geográfico. El arancel Figuerola, el más librecambista del siglo, desató numerosas protestas en Barcelona.

Durante los años del Sexenio Revolucionario, Castelar dedicará sus mejores esfuerzos al Parlamento y a la actividad política supeditando la pluma a la palabra, por lo que para conocer su labor es preciso seguir sus intervenciones parlamentarias, cuya preparación le restaba el tiempo que antes dedicaba a sus artículos de prensa. Como orador, Emilio Castelar no era un improvisador, sino que escribía sus discursos y, luego de aprenderlos gracias a su prodigiosa memoria, los recitaba. No lo hacía así porque no supiera improvisar, sino porque quería mantener el rigor de sus ideas y no quería dejarse llevar por la espontaneidad de la palabra. Pero sus rectificaciones improvisadas no desmerecen en nada a sus discursos, como lo prueba el que quizás su mayor triunfo parlamentario lo consiguiera en su rectificación a Manterola. A pesar de esta dedicación, no por ello dejó de expresar su magisterio en la prensa, aunque con mucha menos asiduidad; durante este periodo publicó sus artículos en *La República Ibérica*, *La Igualdad* y *La Discusión*.

Ana Calvo escribe que

> Emilio Castelar se revela desde el comienzo como un excelente conocedor de los principios retóricos que presiden el ejercicio de la política a través de la actividad parlamentaria; sus discursos muestran un dominio de la palabra hablada, a través de la cual emprende la difusión de sus ideales políticos con una finalidad claramente persuasiva que persigue influir en la sociedad de su época, modificando sus creencias o llevándola a actuar de un modo determinado; y es la capacidad de persuasión uno de los aspectos que se pone de relieve al estudiar el eco y la fama que alcanzó con el ejercicio de su palabra, así como su capacidad para ligar la fuerza del lenguaje con las aplicaciones a la vida política y social.

Su actuación política durante el periodo de las Cortes Constituyentes fue absolutamente coherente con toda su trayectoria política anterior y posterior. Desde su llegada a España en 1868 había intentado salvar a la revolución de todo extremismo que pudiera convertirla en inútil o acabar con ella. En estos primeros tiempos revolucionarios tanto Figueras como Orense, Pi y Margall y Castelar pensaban que solo la legalidad debía de traer la república, oponiéndose a la impaciencia de muchos de sus correligionarios. Castelar advirtió constantemente del peligro que representaban los desórdenes para el asentamiento de las ideas republicanas, pues precisamente era el desorden quien podía alejar de la república a la clase media, cuando este grupo social era absolutamente imprescindible para su estabilidad. El Castelar de 1869 mantuvo un programa político que, en esencia, era el mismo de *La fórmula del progreso*, muy revolucionario en lo político, pero conservador en lo social; el exilio no le deslumbró ni le desilusionó, ni modificó su manera de pensar. Su preocupación por lo económico la expuso siempre de un modo vago e impreciso, antepondrá siempre la reforma política a la socioeconómica en base a un humanismo, a un sentimiento de lo humano que era en verdad el eje sobre el que giraban todas sus creencias.

Según Vilches, el republicanismo de Emilio Castelar, centrado en la idea de finalizar la revolución española, iba encarnado a agrupar a todos los liberales en torno a una república común que permitiera el progreso con orden mediante la alternancia de partidos leales con ese régimen y entre sí, asegurando, por ende, la libertad. Por ello, Castelar intentó durante el Sexenio Revolucionario apartar al Partido Republicano del exclusivismo y del revolucionarismo y convertirlo en un partido de gobierno para el establecimiento de una república posible que pusiera fin a la revolución española asentando la libertad y la democracia. Castelar, siguiendo a Hegel, pensaba que la historia de la humanidad era la historia de la libertad y que la ley del progreso era la plasmación en hechos de las ideas destinadas a desplegar la libertad humana. Introduciendo las ideas de Krause, creía que la idea de humanidad crearía formas superiores a las del Estado: Estados Unidos de Europa, del Mundo o Latinos.

Estaba en contra de la monarquía porque para él la democracia suponía el principio de la soberanía nacional (derecho de los pueblos a gobernarse por sufragio universal), la realización de los derechos individuales y una sociedad con igualdad y libertad, por lo que la solución era una república liberal y democrática. Su aceptación del federalismo no fue solo por influencia de Pi, sino como derivación de su pensamiento de que la fórmula liberal era la más progresiva, era un federalismo muy acorde con la idea krausista de la confederación de la humanidad, era un federalismo tardío y cercano a la descentralización de los demócratas. Su proyecto de federalismo adolecía del mismo mal que el de todos los republicanos: la carencia de un proyecto de organización nacional claro, de una justificación histórica sólida y de un ideario definido. Pero mientras Castelar se ceñía a la vía legal, Pi decía que la república no saldría nunca sino de las bayonetas del pueblo, y creer que podía salir de la Asamblea era una locura, un delirio.

En las Cortes Constituyentes, Castelar fue un orador que estuvo presente en la mayoría de las sesiones: el 17 de febrero intervino sobre las contribuciones directas, el 22 de febrero atacó la presidencia del general Serrano; entre el 7 y el 12 de abril participó en la polémica sobre la libertad religiosa; el 20 de mayo, defendió la república; el 23 de mayo, propuso la eliminación de las quintas; el 14 de julio, la extensión de los derechos individuales; el 24 de enero de 1870, defendió la inhabilitación de todos los Borbones; el 20 de junio, la abolición de la esclavitud; el 3 de noviembre, habló contra la candidatura de Amadeo de Saboya a la Corona de España. Desarrolló pues un auténtico programa político.

Su primera intervención parlamentaria el 17 de febrero fue respondiendo a Sagasta, ministro de la Gobernación, sobre el asunto de las contribuciones directas y su supresión, especialmente las que gravaban las puertas y los consumos. El 22 de febrero se opuso a la candidatura del general Serrano a la presidencia del Gobierno y acusó a los diputados de la mayoría, y especialmente a Prim, Serrano y Topete, de haber sabido vencer, pero como Escipión, sin aprovecharse de la victoria:

> ¿Queréis que se escriban sus nombres en una lápida, queréis que se levante una corona en loor suyo, queréis se les otorgue una corona de laurel? Enhorabuena, pero poned en esa lápida o en esa columna una inscripción que diga: La patria os está agradecida, pero os veda volver a ocupar el poder, porque, como Escipión, sabéis vencer pero no sabéis aprovecharos de la victoria.

Afirmó que el sufragio universal llevaría indefectiblemente a la desaparición de la monarquía y al triunfo de la república, aunque criticó que solo se aplicase a los mayores de 25 años:

> No os equivoquéis, señores, porque aunque todos vosotros digáis que admitís la monarquía democrática, esa monarquía democrática no subsistirá, no puede subsistir, porque están sobre las cábalas de los partidos y sobre las necesidades del momento, las eternas e incontrolables leyes de la lógica.

Además, se preguntó: si llevamos sin rey cinco meses, ¿por qué no podían aguantar cinco años o cinco siglos? En este mismo discurso dio muestras de su temperamento romántico, propio de un político que combatía ferozmente a la monarquía, pero que intentaba respetar la vida privada de la reina, refiriéndose a ella siempre con extrema cortesía. Contestando a Figuerola, ministro de Estado del Gobierno Provisional, quien había afirmado que la Revolución de 1868 se debía a la agitada vida privada de la soberana, Castelar opuso como motivos los deseos de libertad y de democracia del pueblo español y pidió que se dejara de utilizar la vida de la reina para atacarla en los foros europeos, tanto más cuando en esos momentos aquella mujer sufría la desgracia del destierro.

Durante el mes de marzo intervino asiduamente en la Cámara: el día 2, para pedir la amnistía para todos los delitos políticos cometidos entre el 30 de septiembre de 1868 y el 11 de febrero del 69; los días 9 y 10, participó en la Comisión para amnistiar delitos de imprenta; el 13, presentó una exposición con millares de firmas de Oviedo protestando contra el impuesto de sangre que representaban las quintas y pidiendo la abolición de la esclavitud con miles de firmas de Elda, y el 16 de marzo, respondiendo a Prim, entonces ministro de la Guerra, se reafirmó en su tesis de que los males de España se debían a los pronunciamientos desde abajo que llevaban a la anarquía y a los golpes de Estado de arriba que muchas veces habían traído el despotismo.

Entre el 7 y el 12 de abril polemizó con el canónigo de Vitoria Manterola, en lo que es quizás el momento más conocido de la historia parlamentaria de Castelar. La controversia se planteó con motivo de la discusión del artículo 21 del proyecto de Constitución de 1869 en el que se decía que la nación se obligaba a mantener el culto y los ministros de la religión católica, pero se aseguraba el derecho de los extranjeros al ejercicio público o privado de cualquier otro culto. En su obra *La Iglesia católica en España,* William J. Callahan refleja que el papel de la Iglesia en relación con la sociedad ha ocupado el centro de polémicas y debates desde sus primeros conflictos con el liberalismo en 1834, reflejando la pugna entre una Iglesia comprometida con la idea de que España era una nación de arraigado catolicismo y quienes o rechazaban esa idea, o exigían una revisión fundamental de los privilegios eclesiásticos. Sus críticos lo acusaban de crear una sociedad teocrática opuesta a todo progreso, y sus defensores la veían como un elemento esencial de la identidad española.

En *Iglesia, poder y sociedad en España* insiste el mismo autor en que los republicanos presionaron por una Iglesia libre en un Estado libre, que suponía la separación de lo civil y lo eclesiástico, el fin de la financiación de la Iglesia y el abandono de los derechos regalistas del Estado. Pese a todo, los partidos de la coalición no estaban preparados para ese paso y se evitaba una declaración explícita de la confesionalidad del Estado, pero se comprometía al pago de los salarios de los sacerdotes y el mantenimiento de las iglesias. Sin embargo, poder reunir 2.837.144 firmas contra la tolerancia religiosa demostraba la fuerza eclesiástica en determinadas regiones. La petición convenientemente encuadernada y atada con cintas fue ostentosamente llevada a las Cortes en carruajes, pero no tuvo efecto sobre el debate parlamentario.

Los puntos que más excitaron a la Iglesia fueron la abolición del fuero eclesiástico, la creación de registros civiles para consignar matrimonios, nacimientos y muertes, el establecimiento del matrimonio civil y el pase de los cementerios al Estado. El Gobierno republicano tenía bastantes problemas que resolver para preocuparse por las tensiones con la Iglesia, pero la adhesión de gran parte de la Iglesia al carlismo alentó el anticlericalismo como seña de identidad republicana. Los republicanos cantonalistas impulsaron abundantes actos anticlericales: en Cádiz el Gobierno cantonal prohibió la enseñanza de la religión en las escuelas. Los presbíteros Vilarrasa y Gatell denuncian numerosos casos de anticlericalismo, como la propaganda de un folleto del anticlerical Suñer y Capdevila en Barcelona con un farol en el que se leía «¡Guerra a Dios!», celebrar públicamente el Viernes Santo con un banquete de carne, las máscaras del Carnaval de Barcelona en 1869 con trajes representando a sor Patrocinio, Claret y Pío IX, y numerosos incidentes con eclesiásticos.

En las Cortes de 1869 la defensa de los intereses eclesiásticos recayó en tres figuras: el polémico obispo de Jaén, Antolín

Monescillo; el más moderado arzobispo de Santiago, Manuel García Cuesta, y el intransigente canónigo de Vitoria, Vicente de Manterola. El tono del debate fue cortés y hubo pocos ataques anticlericales, salvo los del republicano Suñer y Capdevila. Castelar, en su discurso del 7 de abril, atribuyó a la intolerancia de la Iglesia la mayoría de los males que afligían a España. El día 12, Manterola, que era carlista, afirmó que la soberanía nacional era inadmisible porque no había más soberanía que la de la Iglesia; atacó también a los judíos, de los que dijo que nunca habían hecho nada en la historia de la cultura, y afirmó que el día que lograran constituirse como nación se habría matado a la Iglesia católica. Castelar le contestó diciendo que el Estado no podía tener religión, negó que la sociedad española hubiera sido siempre intolerante e hizo una encendida defensa del pueblo judío. Veamos algunos fragmentos de este celebérrimo discurso:

> ¿Qué dije yo, señores, que dije yo entonces? Yo no ataqué ninguna creencia, yo no ataqué el culto, yo no ataqué el dogma. Yo dije que la Iglesia Católica, organizada como vosotros la organizáis, organizada como un poder del Estado, no puede menos de traernos grandes perturbaciones y grandes conflictos, porque la Iglesia católica con su ideal de autoridad, con su ideal de infalibilidad, con la ambición que tiene de extender estas ideas sobre todos los pueblos, no puede menos de ser en el organismo de los Estados libres causa de una gran perturbación, causa de una grande y constante amenaza para todos los derechos... No es propio de la religión obligar por fuerza, cohibir para que se ejerza la religión. ¿Y que ha estado pidiendo durante toda esta tarde el señor Manterola? ¿Qué ha estado exigiendo durante todo su largo discurso a los señores de la Comisión? Ha estado pidiendo, ha estado exigiendo que no se pueda ser español, que no se pueda tener el título de español, que no se puedan ejercer derechos civiles, que no se pueda aspirar a las más altas magistraturas políticas del país sino llevando impresa por fuerza sobre la carne la marca de una religión forzosamente impuesta, no de una religión aceptada por la razón y por la conciencia... Pero ¡ah, señor Manterola! ¡Ah seño-

res diputados! Me dirijo a la Cámara: comparad las universidades que se mantuvieron fieles, muy fieles, a la idea tradicional después del siglo XVI, con las universidades que se separaron de esta idea en los siglos XVI, XVII y XVIII. Pues que, ¿puede comparar el señor Manterola nuestra magnífica Universidad de Salamanca, puede compararla hoy con la Universidad de Oxford, con la de Cambridge o con la de Heildelberg? No. ¿Por qué aquellas universidades, como el señor Manterola me dice y afirma, son más ilustres, son más grandes, han seguido los progresos del espíritu humano y han engendrado las unas a los grandes filósofos, las otras a los grandes naturalistas? No es porque hayan tenido más razón, más inteligencia que nosotros, sino porque no han tenido sobre su cuello la infame coyunda de la Inquisición, que quemó hasta el tuétano de nuestros huesos y hasta la médula de nuestra inteligencia... Señores diputados, me decía el señor Manterola (y ahora me siento) que renunciaba a todas sus creencias, que renunciaba todas sus ideas si los judíos volvían a juntarse y volvían a levantar el templo de Jerusalén. Pues qué ¿cree el señor Manterola en el dogma terrible de que los hijos son responsables de las culpas de los padres? ¿Cree el señor Manterola que los judíos de hoy son los que mataron a Cristo? Pues yo no lo creo; yo soy más cristiano que todo eso. Grande es Dios en el Sinaí, el trueno le precede, el rayo le acompaña, la luz le envuelve, la tierra tiembla, los montes se desgajan; pero hay un Dios más grande, más grande todavía, que no es el majestuoso Dios del Sinaí, sino el humilde Dios del Calvario, clavado en una cruz, herido, yerto, coronado de espinas con la hiel en los labios, y sin embargo, diciendo: «¡Padre mío, perdónalos, perdona a mis verdugos, perdona a mis perseguidores, porque no saben lo que se hacen!». Grande es la religión del poder, pero es más grande la religión del amor; grande es la religión de la justicia implacable, pero es más grande la religión del perdón misericordioso; y yo, en nombre de esta religión; yo, en nombre del Evangelio, vengo aquí a pediros que escribáis al frente de vuestro Código fundamental la libertad religiosa, es decir, libertad, fraternidad, igualdad entre todos los hombres. (Frenéticos y prolongados aplau-

> sos. Individuos de todos los lados de la Cámara se acercan a Castelar dándole calurosas muestras de felicitación).

Pero la simple lectura de la transcripción del texto del discurso de Castelar no puede darnos idea del ambiente en que se celebró este debate; se necesita para describir este momento cumbre del parlamentarismo español la espléndida prosa de don Benito Pérez Galdós encerrada en uno de sus *Episodios Nacionales*, *España sin rey*:

> Don Nicolás María Rivero, con su voz ciclópea, dijo: «El señor Manterola tiene la palabra». A éste sí que había que oírle. Era la Monarquía legítima, era la Religión, era la Verdad, voz augusta que pronto habría de desvanecer y dispersar las gárrulas mentiras. Púsose en pie Manterola, requirió su manteo, desembarazó su garganta con ligera tosecilla y empezó su perorata con ademán grave y modesto, con palabra llana, fácil, sin otro defecto que una leve guturalización de las erres. De él se había dicho que era más tribuno que predicador, y que sus éxitos en el Congreso habrían de superar a los obtenidos en el púlpito. Y era verdad: Manterola se revelaba como un parlamentario hecho y derecho. ¡Con qué habilidad tocaba la delicada cuestión de creencias, sin herir las creencias o incredulidades del contrario! ¡Y que arte puso en disimular la pesadez de la erudición eclesiástica!... Admirable y completo, dentro de la corrección o etiqueta parlamentaria, fue el largo discurso del cura Manterola; más admirable aún y de grande eficacia dentro del estricto sentido católico. Dijo con excelente lógica y persuasivo estilo cuanto había que decir; de la teología y de la historia sacó y expuso cuantos argumentos había menester para robustecer su tesis; tuvo sus rasgos de alta retórica para mover a la más pura y noble emoción, y cuando hubo terminado se sentó a descansar, como Dios después de haber hecho el mundo, con calurosos plácemes y apretones de manos le felicitaron los dos obispos sentados a su vera y otros conspicuos tradicionalistas que no lejos de aquel lugar tenían su puesto. Mientras recibía el buen presbítero tantos y tan valiosos parabienes, en los escaños

altos de enfrente se levantaba un hombre regordete, calvo y bigotudo... Hablaba ya Castelar cuando se encendieron las luces... El maestro de la elocuencia no atacó la fe; tuvo la extraordinaria habilidad de rodear de veneración y respeto lo fundamental del Catolicismo. Su táctica era describir los inmensos males ocasionados por la intolerancia religiosa. A medida que desarrollaba su plan, se iba creciendo; su voz ganaba en sonoridad rotunda; su actitud, en desembarazo majestuoso... El interés y la atención del auditorio crecían de igual manera... De pronto oyó el sanjuanista un rumor lejano..., que rápidamente se aproximaba. Era el profundo son subterráneo que precede a los terremotos, o el rodar de la nube antes de descargar el granizo... Castelar se había crecido enormemente, y con voz que no parecía de este mundo, exclamó: «Grande es Dios en el Sinaí; el trueno le precede; el rayo le acompaña; la luz le envuelve; la tierra tiembla; los montes se desgajan...». Los aplausos en escaños y tribunas, el golpe y sacudidas de miles de manos derechas contra miles de manos izquierdas, daban la impresión de innumerables aves que aleteaban queriendo levantar el vuelo. Los diputados todos, casi sin excepción, corrieron a felicitarle; en las tribunas fue terrible el entusiasmo; hasta las nobles señoronas moderadas batían palmas, y otras de peor pelaje chillaban como rabaneras... Castelar era un gran magnetizador de gentes, y, por tanto, un inmenso peligro para la paz pública.

130 años después la impresión de aquella noche se ha desvanecido, pero no la memoria del suceso, y raro será el español que no sepa que Castelar dijo aquello de «Grande es Dios en el Sinaí», como apenas hay un español que no conozca algún verso del *Don Juan* de Zorrilla. Frente a los que acusan a Castelar por escribir previamente los discursos y aprenderlos de memoria, este, que es una rectificación, es quizás el máximo ejemplo de que Castelar era tan brillante cuando improvisaba que cuando su oratoria estaba previamente preparada. Pero, si el discurso de Castelar aquella tarde del 12 de abril fue una rectificación improvisada, no lo eran los conceptos, ni siquiera la forma de su discurso. 14 años antes, en

1855, Emilio Castelar había publicado una novela juvenil titulada *Ernesto*; en ella, el protagonista consuela a su madre en la agonía con estas palabras:

> No temáis, madre, que el Eterno ha firmado ya su alianza con los hombres, y nos ha dado en prenda la sangre de su Hijo. Grande es Dios en el Sinaí, rodeado de todos los atributos de la majestad divina, el trueno le precede, el rayo le acompaña; su luz divina le cubre, y las nubes son su trono; pero si grados de grandeza pudieran caber en la Divinidad, más grande es Dios en otro monte, en el Calvario; allí entre dos ladrones, rodeado de un pueblo que le mofa y escarnece; lívido el rostro, helada la sangre, empapados los labios en hiel y vinagre; levantando los ojos al cielo para decir no que el fuego divino consuma las ciudades de Pentápolis, sino: «Padre mío, perdónalos que no saben lo que se hacen»; grande es la religión del poder, pero más grande es la religión del amor; grande es Dios en el Sinaí dando un código a su pueblo, pero más grande es en el Calvario sellándolo con su sangre.

La fabulosa memoria de Castelar sacaba de las profundidades de sí mismo la brillante retórica con que anonadaba a sus enemigos.

Esta sesión parlamentaria no tuvo solo un efecto momentáneo, sino que su recuerdo perduró durante muchos años en la memoria de cuantos la presenciaron. En la correspondencia, en los libros de memorias, en el recuerdo de sus contemporáneos, quedó señal de la respuesta de Castelar a Manterola, y son muchos los que, como Posada Herrera, dirán que en cuarenta años de vida parlamentaria no habían presenciado un triunfo semejante. Incluso entre sus adversarios políticos e ideológicos se reflejó la conmoción que provocó el discurso. Menéndez y Pelayo criticó acerba y detenidamente el contenido de las palabras de Castelar, señaló los numerosos errores que, desde su punto de vista, contienen: Inocencio III no condenó a los judíos a perpetua esclavitud en una encíclica; Tertuliano no pudo morir en el molinismo porque esta es una doctrina del siglo XVI; San Vicente Ferrer convirtió a más de

4000 judíos, pero no predicó su exterminio; en el Vaticano no existía ningún cuadro representando la matanza de San Bartolomé; los papas no eran enemigos de la independencia de Italia, y España no había perdido a Spinoza por su intolerancia religiosa. Pero pese a todo Menéndez y Pelayo debió concluir: «Discursos mucho más elocuentes que aquél ha pronunciado luego el señor Castelar, pero ninguno ha causado tanta resonancia, ninguno ha hecho tanto estrago en la conciencia del país». Algunas de las afirmaciones de Menéndez Pelayo ya las había rebatido Castelar en la sesión del 14 de abril de 1869 contestando a Manterola:

> El sabio Valery, antiguo bibliotecario de Versalles, en su obra clásica *Viajes históricos, literarios y artísticos* libro XV, capítulo III, dice: «Entre los grandes frescos de la sala regia representando los hechos gloriosos de los papas, se nota "Carlos IX en medio del Parlamento aprobando la sentencia contra Coligny, el cuerpo de éste arrojado por una ventana y la matanza de Saint-Barthelemy", que produjo en Roma la embriaguez de una victoria, y obtuvo en pleno consistorio la aprobación de Gregorio III, papa letrado y virtuoso».

Castelar añade que el cuadro es obra de Vasari.

En el debate constitucional, la discusión sobre el problema religioso no terminó con esta sesión; el 5 de mayo Emilio Castelar volvió a defender la separación entre la Iglesia y el Estado. Una vez más sus palabras no irán contra el dogma ni la moral católica, sino contra la pretensión de la Iglesia de convertirse en una fuerza política con capacidad de presión sobre el Estado y la sociedad:

> ¿Cómo vais a evitar, por qué medios vais a evitar estas disidencias? Hay los medios antiguos; hay los medios que el señor cardenal arzobispo de Santiago llamaba el *statu quo*. ¿Podéis quemar a los disidentes como quemasteis a los filósofos y a los protestantes? ¿Podéis expulsar a los disidentes como expulsasteis a los judíos y a los moriscos? No podéis, pues, emplear los medios antiguos. ¿Podéis emplear los medios modernos, es decir, que el español que no sea cató-

> lico no pueda ser funcionario público, no pueda ejercer derechos civiles ni políticos? Entonces tenéis que poner en esa Constitución excepciones generales para aquellos que no profesan la religión del Estado.

Pidió además que se eliminara el presupuesto destinado al culto y al clero, ya que no hallaba justificación para ello y mucho menos aún se podía basar en la reparación por la desamortización eclesiástica, ya que, en ese caso, se pretendía indemnizar a la Iglesia por una propiedad que en realidad era del pueblo.

El 20 de mayo de 1869 Emilio Castelar pronunció otro de sus grandes discursos en el Parlamento, esta vez en defensa de la forma republicana de gobierno. Desde el comienzo de la revolución, el Gobierno Provisional pareció decantarse por una monarquía que alejara a la rama descendiente de Isabel II del acceso a la Corona. La desconfianza de Prim hacia la república, las presiones de los partidarios de los Montpensier y sobre todo la actuación de Rivero, hicieron que se perdiese la gran oportunidad democrática de haber instaurado la república en los primeros días de la revolución y legalizar su existencia de facto mediante la Constitución de 1869. Nicolás María Rivero, que tenía fuerza suficiente para haber dado este paso, no quiso por su odio hacia Pi y Margall y sus desavenencias con Castelar. Es posible que, si en la Francia de 1868 en vez del Segundo Imperio de Napoleón III hubiera regido una república, los hombres del 68 hubieran tomado una actitud bien distinta en cuanto a la forma de gobierno a implantar en España.

Con respecto a la cuestión de la república, Castelar ya se había preguntado en marzo: ¿no pueden gobernarnos el general Serrano o Prim, o Ríos Rosas o Rivero? ¿Por qué un rey extranjero? Y el 7 de abril reconoció que, «si nosotros hubiéramos podido fundar la república desde el primer día, la habríamos fundado; no trajimos la república porque no éramos lo bastante fuertes para traerla». En su discurso del 20 de mayo Castelar advirtió a los que se proclaman monárquicos que todo se podía improvisar menos la monarquía y dedicó gran parte de sus esfuerzos a convencer al general Prim de que proclamase la república, aunque fuera una república conservadora. Denunció que:

> La monarquía es para mí la injusticia social, y para mi patria, la reacción política. La monarquía va a vencer. La república, no puedo pronunciar esta palabra sin conmoverme profundamente, la república es para mí la justicia social, y para mi patria, la libertad política. Sin embargo, la república va a ser vencida. Jamás ninguna idea se planteó con tanta claridad ni se impuso con tanta fuerza como se ha planteado aquí y se ha impuesto la idea republicana.

Afirmó que la república era la idea del progreso que anunciaba el futuro y expuso los tres principios de la escuela democrática: 1. El derecho de los pueblos a gobernarse por sí mismos. 2. Los derechos individuales por encima de cualquier constitución. 3. El principio de la justicia.

Intentó demostrar la incompatibilidad profunda entre la monarquía y la democracia y recordó que la república era la fórmula más adecuada para conseguir la federación de pueblos europeos, la fórmula más eficaz para consolidar la conquista de las libertades democráticas y para mantener buenas relaciones con las repúblicas americanas que habían formado parte del Imperio español. Defendió la capacidad pedagógica de la república y cómo superaba a la monarquía en cuanto a voluntad de educación popular:

> Yo entre las grandes ventajas que encuentro en la República, la principal es lo mucho que educa y moraliza al pueblo. Yo, entre las grandes desventajas que encuentro en la monarquía, la principal es lo mucho que corrompe, y lo mucho que envilece al pueblo.

Explicó que los grandes hallazgos de la cultura habían sido obra de pueblos que tenían una estructura política federal:

> Señores, si en algo estimáis la idea de Dios, si estimáis en algo los mandamientos de la ley de Dios, ¿a quién se lo

debéis? A un pueblo federal, a una República, a las tribus de Israel. Si estimáis algo el alfabeto, ese gran invento que mató la aristocracia del pergamino, ¿a quién se los debéis? A ciudades federales. ¿Quién os ha enseñado el comercio? ¿Quién sembró de colonias las orillas del mar Mediterráneo? Una República: Cartago. ¿Quién cinceló la personalidad humana? Grecia, otra República. ¿Quién nos ha dado la libertad de conciencia? ¿Quién os ha dado la libertad de comercio? Una República, la Holanda. ¿De dónde viene el poder marítimo de Inglaterra? De una República. ¿De dónde proviene la influencia de Francia en todo el globo? De su República. ¿Quién ha enaltecido el género humano, quién ha enseñado la soberanía del pueblo? Ginebra. ¿Quién ha reconocido los derechos individuales? La República de los Estados Unidos.

Afirmó que la institución de una regencia no hacía sino añadir inconvenientes a los propios de la monarquía, por lo que anunció que estaría dispuesto a votar al general Serrano para presidente de la República, pero no para regente, y terminó su discurso diciendo:

> Pero el rayo ruge, derribará las encinas de las antiguas monarquías, vosotros tendréis que plantar con vuestras propias manos el árbol de la nueva nacionalidad, y en su tronco tendréis que grabar los 60 nombres que ahora van a votar contra los reyes, diciendo: «A los bautistas del porvenir, a los fundadores de la República».

En el debate que siguió a este discurso hubo de intervenir para una rectificación a las palabras de Sagasta, ministro de la Gobernación, que negaba la tradición de la corriente federalista entre los republicanos:

> Pues yo tengo que decir a su señoría que conozco en España la República federal desde 1848 por su fecha más próxima, porque no quiero hablar del partido republicano de Cádiz, ni de Alicante y Valencia, ni tampoco del partido republicano de Barcelona, que tenía su organización, sus periódi-

> cos y sus himnos... Voy a tratar del movimiento federal de los veinte o treinta años últimos y de la parte que en él me ha cabido, que era lo que el señor Sagasta me negaba.

Como resume Emilio Oliver, Castelar enumeró a continuación los periodos que jalonaban el comienzo del federalismo español y recordó que defendió las ideas federales en *La Soberanía* desde noviembre de 1854 y que en 1855 escribió un prólogo para una obra de Fernando Garrido titulada *La República Federal Universal.*

El 23 de mayo intervino en las Cortes para atacar el sistema de quintas. Aunque este era un procedimiento que teóricamente decidía por sorteo la marcha de los mozos a cumplir la permanencia obligatoria en las filas del ejército, como explica José María Jover, había pasado a constituirse en una auténtica plaga para las clases humildes. Dejando aparte la cuestión de las exenciones jurídicas que jamás alcanzaban a los mozos procedentes de las capas populares, la existencia de la redención a metálico y la sustitución de un mozo por otro hacían posible a las clases acomodadas eludir este problema ventajosamente al tiempo que se montaban auténticos negocios con los préstamos usurarios a quienes intentaban redimir a sus hijos sin disponer del dinero en efectivo necesario. Aunque la cuestión de las quintas forzosas era aparentemente un problema militar, Castelar, en su lucha por abolir aquel siniestro impuesto de sangre que afectaba a los campesinos pobres y las clases humildes de la ciudad, lo planteó desde el punto de vista de la defensa de la dignidad humana. Así argüía:

> Es tan grande la miseria que tienen los pueblos, que ayer me ha dicho un diputado por Galicia que se encuentran allí sustitutos por cuarenta duros, de suerte que por cuarenta duros podrá un rico, podrá un privilegiado libertar a sus hijos. Los sentimientos de madre y padre, los grandes sentimientos de familia, son sólo para aquel que tiene dinero.

Las quintas eran tan impopulares que todos los partidos que participaron en la Revolución de Septiembre se declararon en sus proclamas partidarios de su abolición inmediata. Entre los partidarios de su eliminación se encontraban incluso militares como el propio general don Juan Prim. Castelar reconocía la necesidad de un ejército, pero rechazaba que este ejército debiera de ser tan numeroso como era habitual y, en cualquier caso, afirmó que no podía reclutarse estableciendo privilegios entre los españoles por cuestiones económicas. Respecto al tamaño que debía tener un ejército nacional en un estado democrático, Castelar se expresó con claridad: «Conozco un axioma en política sencillísimo: donde quiera que hay mucho ejército hay poca libertad». Su ideal era el ejército de voluntarios, como se había establecido en la Suiza que conoció en el exilio; solo se movilizaba en tiempos de guerra y en época de paz estaba en reserva, en su casa, y era la Policía la que debía salvaguardar el orden interno. No se limitó Castelar a exponer en su ataque al sistema de quintas los factores de injusticia social, sino que también se refirió a los datos de desigualdad regional criticando que las provincias vascongadas no contribuyeran con sus mozos a la formación del Ejército español.

El 1 de junio de 1869 fue aprobada la Constitución por 214 votos a favor y 55 en contra, se promulgó solemnemente el 6 del mismo mes y fue publicada en la *Gaceta de Madrid* al día siguiente. Era el resultado de una rápida y prolija labor de la Comisión presidida por Olózaga que había iniciado sus trabajos en marzo. En su preámbulo se explica que

> Se necesitaban vivamente, en nuestro concepto, satisfacer tres exigencias en esta Constitución: primera, la de conservar la libertad y la democracia conquistadas por la gloriosa Revolución de Septiembre; segunda, la de indicar, sin perjuicio del derecho de las provincias, una división territorial que, derivada de nuestros recuerdos históricos y nuestras diferencias, asegurase una sólida federación, y con ella la unidad nacional; tercera, la de dividir los poderes públicos en tales términos y por limitaciones tan señaladas y claras que no pudiesen nunca confundirse ni menos concertarse para mermar un derecho o para establecer una dictadura.

Según el análisis de Jordi Solé Tura y Eliseo Aja:

> La Constitución de 1869 puede considerarse la primera Constitución democrática de nuestra historia, precediendo en varias décadas conquistas semejantes de otros países europeos... Efectivamente, los derechos contenidos en el título I comprenden casi la tercera parte del total de los artículos. Su regulación es minuciosa para impedir que puedan ser recortados por leyes posteriores, y contiene garantías importantes para su respeto: sanciones para los funcionarios que infrinjan los derechos e indemnización a los ciudadanos que lo sufran (arts 9 y 10), exigencia de ley para la suspensión temporal de ciertos derechos (art 31). Junto a la regulación exhaustiva de los derechos recogidos en otras Constituciones —especialmente en la no promulgada de 1856— el texto de 1869 consagra derechos hasta entonces desconocidos en nuestro constitucionalismo, como la inviolabilidad de la correspondencia, la libertad de trabajo para los extranjeros, la gran extensión de la libre emisión de pensamiento y sobre todo recoge por primera vez los derechos de reunión y asociación (art 17). La cuestión religiosa recibe también un tratamiento avanzado: libertad de cultos en privado y en público y mantenimiento por el Estado del culto y clero, sin ninguna referencia al valor religioso (art 21). Este artículo que los republicanos querían convertir en separación total de la Iglesia y el Estado, originó una fuerte polémica y sirvió de excusa para un nuevo levantamiento carlista.

El centro del poder reside, sin ningún género de dudas, en las Cortes formadas por el Congreso de los Diputados y el Senado. El primero es elegido por sufragio universal directo en razón de un representante por cada 40.000 personas, y los candidatos no precisan más condiciones que la de ser elector. El Senado es elegido también por sufragio universal, pero indirecto, y los candidatos deben tener 40 años y haber desempeñado funciones públicas importantes, o poseer titulación superior, o estar entre los grandes propietarios agrarios o industriales. Hay cuatro por provincia. El Senado tiene cierto carácter de representación territorial a la vez que una naturaleza conservadora evidente, tanto en las condiciones de los candidatos como en el sistema indirecto de elección. La independencia judicial había sido proclamada por casi todas las constituciones anteriores, pero la de 1869 es la primera en poner los medios para conseguirla, emancipando a los jueces de los designios gubernamentales a través del sistema de oposición para el ingreso en la carrera judicial y la creación del Consejo de Estado para los traslados y demás alteraciones que pudieran afectarles. Se establece además el juicio por jurados, y la acción pública contra los jueces por delitos que cometieran en el ejercicio de su cargo… Si unas Cortes declaran la necesidad de una reforma constitucional, son disueltas y se eligen otras que deciden sobre el proyecto, actuando como constituyentes para aquel tema y como ordinarias para todos los demás.

Para Joaquín Varela Suanzes-Carpegna, en esta Constitución es patente el influjo de la Constitución de los Estados Unidos y regulaba más restrictivamente que nunca la suspensión de las garantías constitucionales. La discusión sobre la libertad de culto no solo fue la más famosa, sino también la más trascendente del periodo constituyente, pues para los republicanos era no solo un derecho individual, sino que exigía la separación de la Iglesia y el Estado. A su vez, consagrar el sufragio universal en la propia Constitución encerraba un indudable valor jurídico y simbólico, ya que junto con la libertad de prensa y de asociación era un seguro para no legitimar un régimen despótico tipo Napoleón III. Hubo también llamativos silencios, pues no aparecía la abolición de la esclavitud, ni la de la pena de muerte, y no se incluía ningún derecho económico social para aliviar la situación de las clases populares. A su vez, consagraba dos deberes fundamentales: el de participar en la defensa armada de la patria y el de contribuir a los gastos del Estado en proporción a los haberes de cada ciudadano.

Esta Constitución no solo era la más liberal de las promulgadas en España, sino que en su momento estaba a la vanguardia de Europa. Pese a sus cualidades y la condición de ser un texto muy avanzado, no satisfizo prácticamente a nadie. Los católicos rechazaban la declaración de libertad religiosa, y los librepensadores, el mantenimiento del culto a cargo del Estado; para muchos monárquicos eran rechazables sus avanzados postulados liberales, mientras que para los republicanos el establecimiento de la monarquía como forma de gobierno la hacía inadmisible. Se dio así la paradoja de que los republicanos votaron en contra de una Constitución que en gran parte era obra de su ideario, mientras que muchos monárquicos que rechazaban de corazón los principios revolucionarios que contenía votaron a favor. De hecho, afirma Vilches, a la firma de la Constitución solo asistieron 39 de los 55 diputados republicanos, entre ellos, Castelar, pero no Pi y sus seguidores. Aparte de por la cuestión de la monarquía, los republicanos creían que la Constitución de 1869 no garantizaba debidamente los derechos individuales porque el artículo 31, en contradicción con el 22, permitía la suspensión de las libertades. Vilches explica que la minoría republicana votó en contra de la Constitución bajo la fórmula de Figueras de acatamiento sin aceptación. Según Castelar, se aceptaba lo que llegara del sufragio universal, pero no lo que viniera de la Corona. Para Carlos Seco Serrano:

> Don Emilio era decididamente partidario de respaldar desde el lado republicano aquel código político en que había culminado —o cristalizado— la Gloriosa. Pi se mostró radicalmente opuesto. «Bien, don Francisco, haremos lo que usted diga, pero esté usted seguro de que España no va a tener, en lo que queda de siglo, una Constitución más democrática que ésta», advirtió Castelar. Sin duda, don Emilio percibía en ella, muy claramente, su adecuación a cualquier forma de Estado, ya fuese la monárquica o la republicana.

Consecuentemente con lo establecido en la Constitución, el 15 de junio fue elegido el general don Francisco Serrano, duque de la Torre, para desempeñar el cargo de regente por 144 votos a favor y 45 en contra. Castelar comparó esta regencia del general Serrano como una jaula de oro que dejaba libre el campo para que el general Prim, el poder en la sombra de la revolución, formara Gobierno el 18 de junio y tomara así directamente las riendas del poder. A partir de este momento comenzaba una nueva era política que discurrió hasta la aceptación de la Corona de España por parte de Amadeo de Saboya en noviembre de 1870 y en la que Emilio Castelar prosiguió implacable su defensa de la república a través de la batalla contra la entronización de una nueva monarquía en España. En esta pelea centró sus ataques en el general Prim, verdadero hombre fuerte de la revolución. A su vez, Prim, conocedor de que el auténtico enemigo para sus planes de gobierno era el Partido Republicano, ofreció en el mes de julio las carteras de Hacienda y Fomento a Pi y Margall y Castelar, sin que ninguno de los dos aceptara la oferta.

El 28 de septiembre de 1869 los diputados republicanos Orense, Figueras, Castelar, Garrido, Sorni, Díaz Quintero, Berges y Rebullida firmaron un durísimo escrito de protesta contra los atentados del Gobierno a los artículos fundamentales de la Constitución y el desconocimiento de la soberanía de las Cortes. Castelar, Orense y Pi y Margall acusaron a Prim de tender hacia la dictadura, y la minoría republicana abandonó el salón de sesiones en protesta contra la suspensión de las garantías constitucionales, que por fin aprobó el Congreso el 5 de octubre. Días después Castelar en un durísimo discurso denunció la violación de la libertad de imprenta, la integridad del hogar y la anulación del derecho de reunión.

En septiembre de 1869 su amigo el marqués de Grijalba, preocupado por la situación económica en que se hallaba Emilio Castelar, ya que su dedicación al Parlamento le impedía continuar sus colaboraciones periodísticas con la prensa extranjera que eran la base de su economía, le ofreció un puesto en el Consejo de Administración del Crédito Comercial. Castelar se negó a la propuesta: no quiere un sueldo que no se merece por un puesto para el que no tiene conocimientos ni le va a poder dedicar un tiempo del que no dispone. Emilio Castelar ahora, como siempre, se negará a depender económicamente de la benevolencia de una persona o del favor de una institución, solo pide dos cosas: independencia y trabajo.

Por esas mismas fechas, el 20 de septiembre, pronunció un famoso y polémico discurso en Zaragoza contra el posible nombramiento de un rey extranjero que le costó no pocos problemas y muchos y enojosos malentendidos. El tono del discurso debió de ser muy exaltado, y en él, según algunos de sus coetáneos, Castelar hizo jurar a los asistentes al mitin que no consentirían la presencia de ningún rey extranjero y les dijo que él estaría junto a ellos a la hora de cumplir el juramento. A la salida del mitin se sucedieron los desórdenes y hubo un muerto, por lo que, según Morayta, Castelar fue procesado, ya que sus adversarios monárquicos achacaron el crimen a las exhortaciones hechas por Castelar en la reunión política donde pronunció el discurso. Según Andrés Sánchez del Real, cuando la elección de Amadeo como rey de España y como consecuencia de las palabras de Castelar, se produjo en Zaragoza una sublevación mal dirigida y peor organizada. En plena insurrección los republicanos se preguntaban: ¿ha llegado ya Castelar? Pero este no se movió de Madrid. Añade Sánchez del Real que algunos zaragozanos vinieron a Madrid a matar a Emilio Castelar y que este hubo de esconderse en su casa. No merece mucha credibilidad lo narrado por Sánchez del Real, pues su obra publicada en 1873 está condicionada por la polémica que azotaba en aquel año al dividido Partido Republicano. Castelar explicó en una sesión del Congreso el 8 de julio de 1873 lo ocurrido en aquella ocasión; afirmó que nunca llamó a la insurrección y que lo que dijo en el mitin fue que en el caso de que viniera un rey extranjero, sin necesidad de acudir a vuestro heroísmo, lo derribaremos con nuestros sentimientos cívicos y nuestros sufragios libres. La afirmación de Castelar de que no impulsó ninguna sublevación en Zaragoza es creíble. Partidario, como otros líderes republicanos, entre los que se encuentran Figueras y Pi y Margall, de la lucha legal en el Parlamento, desautorizó la sublevación republicano-federal de septiembre y octubre de 1869. Pero entre el federalismo de Castelar, que tenía su origen en la lectura de los textos de los ideólogos europeos de su tiempo y en sus viajes a la República Federal de Suiza, y el federalismo de los campesinos andaluces y de una gran parte de las capas populares urbanas, mediaba un abismo. La Revolución de Septiembre fue un movimiento dual a través de dos corrientes paralelas:

una propia de los acomodados propició una revolución moderada; la segunda corriente, propia de los ideales utópicos de grandes sectores de la pequeña burguesía y de un gran movimiento popular de masas, esperaba una revolución más radical y profunda. Pero por debajo de la pequeña burguesía y el artesanado se encontraban los desposeídos, grandes grupos de campesinos y masas urbanas desprovistos de todos sus derechos y al borde de la miseria, cuando no sumidos en la misma, por eso hay que considerar que las revueltas populares de la época isabelina y del Sexenio Revolucionario tienen una clara significación política: son la forma específica de actuar políticamente que les queda a unos grupos que están marginados de la vida política constitucional.

La fractura de la base social del Partido Republicano no comenzó el 11 de febrero de 1873 con la proclamación de la república, sino con los levantamientos federales en Andalucía en 1869. Pero no solo en Andalucía las bases del partido mostraban su desconfianza hacia la dirección y preconizaron la insurrección. La fallida sublevación de septiembre del 69, según Vilches llegó a contar con 40.000 sublevados armados muy desigualmente, pero fue un fracaso, aunque produjo incidentes importantes como el asesinato del gobernador de Tarragona en un levantamiento liderado por Pierrad. Ausentes Pi y Castelar de Madrid, Orense pareció avalar la sublevación, aunque luego rectificó tal apoyo. El Gobierno hubo de proclamar la suspensión de garantías constitucionales contra la que los republicanos protestaron en el escrito del 28 de septiembre. En Madrid, el 2 de junio de 1869, el día siguiente de aprobarse la Constitución, el Club Republicano de Antón Martín, en donde se daban cita los republicanos más exaltados de la capital, ya había acusado de desafectos al partido a Figueras, Pi y Margall, Castelar y a todos los diputados que, pese a haber votado en contra de la Constitución, la habían aceptado como texto legal. Esta radicalización de las bases republicanas que se negaban a aceptar la legalidad revolucionaria en base a un doctrinarismo intransigente irá minando la estructura del Partido Republicano, generando un distanciamiento entre sus bases y los dirigentes parlamentarios que agravará las tensiones que existían entre los propios líderes de la formación acerca de cuál era la mejor táctica política a aplicar una vez constituida la legalidad revolucionaria. Vilches expone que el comportamiento democrático de los republicanos en esta etapa fue muy discutible, acostumbraron a definir la Constitución del 69 como continuación de la tiranía, utilizaron las libertades para llamar a la insurrección y usaron la libertad para rebelarse contra lo que la aseguraba. Solo en 1873 Pi, Figueras y Castelar dijeron que era un crimen la insurrección con los derechos asegurados.

En realidad, el Partido Republicano, opina Esteban Navarro, había heredado íntegramente las viejas divisiones de los demócratas en cuyo seno existían numerosas diferencias respecto a la táctica y la estrategia para conseguir sus objetivos, pero también sobre el modelo de relaciones sociales que se aspiraba a establecer, aunque pese a estos problemas de carácter organizativo los republicanos ejercían una profunda influencia sobre la sociedad de la época revolucionaria. El partido tenía presencia activa en frentes como el de la lucha por la enseñanza laica; luchaba por la abolición de la esclavitud y de la pena de muerte; era partidario de la neutralidad de la política exterior española y de la paz internacional; batallaba contra las quintas, proponía la reducción de los ejércitos, y fue pionero en la tarea de dignificar y promocionar a la mujer. Todas estas actividades daban a los republicanos una presencia social muy superior a la representación política que habían alcanzado en el Congreso. Sabían también tocar la tecla sentimental del pueblo a través de simbologías tan emocionales como el gorro frigio, el himno de Riego, la composición de canciones populares, la utilización de la bandera tricolor con la franja morada en memoria de los comuneros castellanos, la plantación de árboles de la libertad, etc.

Simultáneamente a su actividad intrapartidista, Castelar siguió siendo uno de los portavoces del Partido Republicano en las Cortes. El 24 de febrero de 1870, pronunció un discurso defendiendo un proyecto de ley que impidiera el acceso a la Jefatura del Estado a cualquier miembro de la familia Borbón, en el que dijo que combatió a los Borbones cuando eran poderosos y los respetaba hoy, que eran desgraciados. Repasó la historia de la casa de Borbón en España y los daños que su política había causado; se detuvo especialmente en las crueldades de Fernando VII contra los que habían luchado por su vuelta, y propuso que, expulsados los crueles verdugos que habían sido los Borbones, no se podía consentir que uno de ellos volviera a reinar en España. En realidad estos ataques de Castelar iban dirigidos tanto contra el príncipe Alfonso y la rama carlista como, sobre todo, contra el duque de Montpensier, cuñado de la reina Isabel II y cuya candidatura era defendida por gran parte de los unionistas, y en especial por uno de los principales artífices de la sublevación de 1868, el almirante Topete. Cuenta Carlos Cambronero que argumentó Castelar:

> Yo recuerdo todavía que el señor presidente del Consejo de Ministros (el general Prim), en la primera sesión que aquí celebramos, se levantó, y hablando de la restauración de los Borbones dijo: «Jamás, jamás, jamás». Yo me preguntaba: «¿Cómo es que Su Señoría, de ordinario tan sobrio y conciso, usó tres veces el adjetivo jamás?». Pues yo me contestaba el primer jamás fue para la dinastía de don Carlos, el segundo jamás fue para la dinastía de doña Isabel II; el tercer jamás fue para la dinastía del duque de Montpensier.

Prim negó aquel mismo día la interpretación de Emilio Castelar, pero el efecto estaba logrado. Dedicó otra parte de su discurso a analizar la participación de Montpensier en la revolución que acabó con el trono de su cuñada Isabel II, y lo comparó con el duque de Orleans, el Borbón francés que dio su voto favorable a la muerte de Luis XVI en un gesto que la humanidad no perdonó.

> Yo os digo una cosa, señores; yo os digo que esos servicios prestados a la revolución de septiembre inhabilitan perpetuamente al duque de Montpensier para subir al trono de España. ¿Sabéis por qué? Aquí nadie puede comprender cómo un príncipe que debía ser en sentimientos superior a los demás hombres, va, después de aquella hospitalidad, de aquellos honores, de aquellas distinciones concedidas

> por la reina Isabel, a conspirar contra ella, su parienta, que había convertido en paraíso su destierro.

A pesar de que la propuesta fue rechazada por 151 votos contra 36, los argumentos de Castelar pesaron mucho en el estado de la opinión contraria al duque. La candidatura de Montpensier quedó definitivamente descartada a consecuencia del trágico suceso ocurrido pocos días después, el 12 de marzo de 1870. Influido por algunos republicanos, entre los que desde luego no estaba Castelar, el infante don Enrique de Borbón, liberal y próximo al campo revolucionario, había enviado a Montpensier una carta durísima criticando su actuación. Como consecuencia se concertó un duelo entre ambos, y el duque de Montpensier mató a don Enrique de Borbón. Como afirma Natalio Rivas, dadas las crueles condiciones que se fijaron para el duelo, la mera celebración del desafío acababa con las posibilidades de Montpensier, pues de él solo podía salir como muerto o como matador.

El 2 de abril de 1870 intervino Castelar en un debate sobre la enseñanza laica en respuesta a una intervención del diputado Moreno Nieto. Estaba de acuerdo en la necesidad de inculcar en los jóvenes resortes morales, tanto más necesarios cuanto que se vivía en un régimen de libertad que había aflojado los lazos existentes en el antiguo régimen, pero se negaba a que esta moral fuera impartida por el Estado. Por eso dijo al concluir su discurso: «Los sentimientos de amor hacia Dios son ideas individuales y pueden provenir de la inspiración del sacerdote, de la inspiración de la madre, de la inspiración de la conciencia; nunca de las leyes del Estado».

La unidad dentro del Partido Republicano seguía siendo sumamente difícil. Castelar y Figueras no estaban de acuerdo con el concepto de pacto federal desde abajo de Pi y propiciaron la publicación el 7 de mayo de la *Declaración de la prensa republicana de Madrid*, en la que se definía al Partido Republicano como partido de Gobierno, y la federación, como una mera descentralización, pues se propugnaba mantener la unidad legislativa y el poder político central. Sin embargo, Castelar podía ganarle la batalla a Pi y Margall en el grupo parlamentario y en la prensa de Madrid, pero en las provincias reinaba el federalismo de Pi, y en Andalucía, Valencia y Cataluña, federalismo y socialismo eran metas irrenunciables para los republicanos. El 11 y 12 de mayo se discutió sobre la ley municipal y provincial. Castelar afirmó que no quería la centralización política, económica ni administrativa, ya que era imposible fundar la libertad sin descentralización, y esta, sin autonomía del municipio, cuyos magistrados eran los representantes de la voluntad popular. El Ayuntamiento debía llevar el registro civil, las listas electorales, la designación de jurados, los matrimonios civiles, la Milicia Nacional y el orden público. Se necesitaba además una organización más amplia, llámese cantón o provincia.

El 20 de junio de 1870 pronunció uno de sus más grandes discursos, dedicado a defender la abolición inmediata de la esclavitud en las posesiones de ultramar; el discurso, impregnado de dignidad y humanidad, era plenamente coherente con su doctrina de libertad para todos los seres humanos. El debate había comenzado el 9 de junio con un discurso pronunciado por Romero Robledo, político conservador cercano a Cánovas, cuya familia tenía grandes intereses económicos en Cuba y era propietaria de esclavos. Entre otras cosas, Romero Robledo afirmó que:

> Los conservadores deseamos conciliar los intereses de la libertad con los intereses de la propiedad; el principio de emancipación es justo en sí mismo, pero de consecuencias funestas para otros no menos dignos de consideración como son los propietarios de esclavos, hasta ahora completamente legítimos.

En su discurso, Emilio Castelar se mostró partidario de la abolición inmediata y no gradual de la esclavitud; contestó airado cuando se quiso plantear la cuestión como un problema relacionado con la propiedad, negando que se pueda ser propietario de seres humanos. Como muestra de la inhumanidad con que procedían los esclavistas puso el ejemplo de un anuncio publicado en un periódico cubano: «Se venden dos yeguas de tiro, dos yeguas de Canadá, dos negras hija y madre; las yeguas juntas o separadas; las negras, la hija y la madre, separadas o juntas». Explicó que no había que tener miedo a la desproporción de razas en las Antillas, que era uno de los argumentos aducidos por los enemigos de la abolición inmediata, porque había más de un millón de personas libres frente a menos de trescientos cincuenta mil esclavos. Después de narrar algunos ejemplos de la crueldad de los traficantes de esclavos que dejaban morir de hambre a los esclavos o simplemente los arrojaban al mar cuando eran descubiertos, se preguntó Castelar: «¿Aún temeréis que nuestras leyes perturben las digestiones de los negreros cuando tantos crímenes no han perturbado sus conciencias?». Definió a continuación los males de la esclavitud: «Esclavitud y libertad, esclavitud y moralidad, esclavitud y religión, esclavitud y familia, esclavitud y conciencia, son términos inaceptables». Preguntó a todos los grupos políticos representados en las Cámaras que si no tenían sentimientos humanitarios:

> Ese sentimiento consiste en ponerse en la condición de aquellos que lloran, de aquellos que padecen. Acordémonos los que tenemos hogar de los que no lo tienen; acordémonos los que tenemos libertad de los que gimen en las cadenas de la esclavitud.

Dentro del tono humanitario que impregnaba su discurso, probablemente las palabras más duras y más encendidas estuvieron dirigidas a los sacerdotes que se hallaban presentes en las Cortes:

> Yo creo, señores diputados, que los sacerdotes han venido aquí para algo más, por mucho más que para pedir la resurrección de la Monarquía y la continuación de la intolerancia religiosa. Yo no disputaré sobre si el cristianismo abolió o no abolió la esclavitud. Yo diré solamente: diecinueve siglos de predicar la libertad, la igualdad, la fraternidad evangélica y todavía existen esclavos; y sólo existen en los pueblos católicos, sólo existen en el Brasil y en España. Yo sé más: yo sé que apenas llevamos un siglo de revolución, y en

> todos los pueblos revolucionarios, en Francia, en Inglaterra, en los Estados Unidos ya no hay esclavos... Sin embargo, si yo fuese sacerdote... me diría... levantaos esclavos, porque tenéis patria, porque habéis hallado vuestra redención, porque allende los cielos hay más que un abismo, hay Dios; y vosotros huid, negreros, huid de la cólera celeste, porque vosotros, al reducir al hombre a la servidumbre, herís la libertad, herís la igualdad, herís la fraternidad, borráis las promesas evangélicas selladas con la sangre divina del Calvario.

Como dice Emilio Oliver:

> Va a ser Castelar, el demócrata y republicano, quien defienda en aquella asamblea los derechos humanos, mientras los representantes del clero español —que allí se sientan— oyen y callan sobre la exposición máxima del Evangelio: «Amarás al prójimo como a ti mismo», hecha por el verbo castelarino.

Terminó su alocución exclamando: «Levantaos legisladores españoles y haced del siglo XIX, vosotros, que podéis poner su cúspide, el siglo de la redención definitiva y total de todos los esclavos. He dicho». Pese a su apasionada elocuencia, la propuesta fue rechazada por 78 votos contra 48.

Prim, Serrano y Topete subastan la Corona, *La Flaca* (1869).

11. Hacia la república. El reinado de Amadeo de Saboya

El 2 de noviembre de 1870 el Sexenio Democrático entraba en una nueva etapa política al aceptar el duque de Aosta ser presentado como candidato al trono de España. Cuando tuvo noticia de lo ocurrido, Castelar presentó una proposición a la Asamblea el día 3 de noviembre en la que pedía un voto de censura contra el Gobierno por la presentación de la candidatura de Amadeo de Saboya a la corona de España:

> Pedimos a las Cortes que en vista de la política interior y exterior del gobierno, y en vista de las facultades que sin debida autorización parlamentaria se ha arrogado el Presidente del Consejo de Ministros, ofreciendo la Corona de España a candidatos extranjeros desconocidos del pueblo e incapaces de representar su soberanía, se sirva manifestar su profundo desagrado por esta usurpación de sus atribuciones.

La proposición fue seguida de un durísimo discurso contra el general Prim y la nueva dinastía aún no entronizada. Narró la odisea de Prim por las Cortes europeas buscando rey que, en propias palabras del general, produjo la guerra franco-prusiana e hizo que España recibiera numerosos menosprecios, entre otros, los de la casa de Saboya. Afirmó Castelar que en el Congreso había monárquicos de don Alfonso, de don Carlos y del duque de Montpensier, pero ninguno de don Amadeo. La monarquía ni la podían aceptar los republicanos sin cometer un crimen de conciencia ni los monárquicos, que debían favores a la monarquía destronada o tenían otros candidatos; en cuanto a los radicales y los constitucionalistas, eran monárquicos solo de circunstancias. No tenía aversión a la persona de don Amadeo, sino a su condición de extranjero.

Castelar fue muy duro con Prim, pero siempre en términos correctos, a diferencia de otros republicanos más exaltados. Siempre había intentado atraer al conde de Reus hacia la república porque desde el principio sabía que, aunque el general Serrano presidiera el Gobierno, el alma de la revolución era Prim. En este brioso discurso, Emilio Castelar habló en contra de la elección de don Amadeo no ya en nombre del espíritu revolucionario, que sería definitivamente traicionado si se instalaba la monarquía, sino desde el punto de vista de la misma doctrina monárquica y de la dignidad nacional. Por eso afirmó que:

> Los reyes pueden salir de un templo, pero no de una asamblea; descender de una nube, de un misterio, pero no de una urna electoral. Convenid conmigo en que el rey necesita llevar en su frente el sello de la elección divina, y en sus manos, como un manojo de rayos, los timbres de la victoria.

Un sentimiento muy vivo de la historia de España le hizo decir a Castelar, dolido por la adjudicación del trono a un príncipe extranjero:

> De las migajas caídas de los festines de nuestros reyes se formaron cuatro o cinco reinos en Italia. La isla de Cerdeña apenas se veía en el mapa inmenso de nuestros dominios, y la isla de Cerdeña, se ha levantado, nos ha conquistado, no tanto por sus esfuerzos como por nuestra debilidad y nuestra miseria.

Cuando se sometió a votación la candidatura del duque de Aosta, el resultado fue que de los diputados presentes, 191 votaron a favor de don Amadeo, 60 por la república federal, 27 por del duque de Montpensier, 8 por el general Espartero (duque de la Victoria), 2 a favor de la república unitaria, 2 por Alfonso de Borbón, 1 por la duquesa de Montpensier y 19 votaron en blanco. Como cuenta Víctor Balaguer, miembro de aquella Asamblea Constituyente, al terminar la votación de este 16 de noviembre dijo Castelar, refiriéndose a los 191 diputados que habían votado por don Amadeo: «¡Están locos! ¡Están locos! ¡Están locos!» (según otras fuentes, lo que Castelar dijo fue: «¡Son idiotas! ¡Son idiotas! ¡Son idiotas!»). Se proclamaba así el reinado de don Amadeo de Saboya, uno de los periodos más agitados y turbulentos de la historia de España. En medio de grandes tormentas políticas se sucedieron tres parlamentos y seis ministerios presididos respectivamente por Serrano, Ruiz Zorrilla, Malcampo, Sagasta y, de nuevo, Serrano y Ruiz Zorrilla. En realidad el intento de crear una monarquía con una nueva dinastía no era absolutamente descabellado; en Bélgica, Grecia, Rumanía y Bulgaria, naciones de nueva creación, tuvo éxito, pero, como en España, fracasó en Francia y México, naciones consolidadas previamente.

Amadeo I revista de tropas en Madrid, dibujo de Daniel Urrabieta Vierge publicado en *Le Monde Illustré* el 9 de septiembre de 1871.

La monarquía de Amadeo nació, dice Bahamonde, con una debilidad manifiesta que se agravó por la pérdida progresiva de apoyos y el consiguiente aumento de la oposición y una continua inestabilidad política fruto en parte de la fragmentación y descomposición del antiguo Partido Progresista a la muerte de Prim. Amadeo se encontró con la oposición de la nobleza de sangre, el alejamiento y frialdad de las élites económicas, la hostilidad de los carlistas y los republicanos, el estallido de la guerra de Cuba, el pujante movimiento obrero y los numerosos conflictos sociales provocados en parte por la crisis económica, pero también como reflejo de las aspiraciones de las clases trabajadoras.

Esta nueva y agitada etapa política hizo ver a los republicanos que la posibilidad de un triunfo de sus ideas estaba cada vez más cercana; pero no por ello cesaron las divisiones internas y las turbulencias dentro del partido, en el que Castelar seguirá ostentando cargos de dirección, aunque su faceta más pública fuera la lucha parlamentaria. El 6 de marzo de 1870 se reunió en el salón Alhambra de Madrid la Asamblea Federal del Partido Republicano. De allí surgió un Directorio Federal en el que, entre otros, se encontraban, además de Emilio Castelar, Pi y Margall, Figueras y Orense. Según Hennessy:

> Durante la primera mitad de 1870, el partido federal estaba completamente reorganizado y a finales de mayo se aceptó a Pi y Margall como su jefe oficial. Fue él, como presidente del restablecido directorio, quien tuvo que hacer frente a la cambiante situación producida en la segunda mitad del año por la declaración de una república en Francia; por la elección de Amadeo de Saboya en las Cortes, como nuevo rey de España; por el incremento de la Internacional, que amenazaba quitar al partido partidarios potenciales, y por la reavivación, dentro del propio movimiento republicano de un ala extremista con una organización secreta y consagrada a la revolución violenta.

En 1870, uno de los graves problemas de los republicanos era que las bases del partido estaban siendo dominadas por los fanáticos y desbordaron a sus líderes, llegando incluso a desconocer su autoridad. Surgió así uno de los asuntos más desagradables de la historia del Partido Republicano: el asunto del *Tiro Nacional.* El *Tiro Nacional* era un diario republicano publicado en Barcelona en el que se difundió una circular que demostraba que dentro del propio partido había un tipo de organización muy parecida a las de los clandestinos internacionalistas rusos de la época, cuyo objeto era dominar por el terror a la sociedad, al partido y a los propios diputados republicanos en las Cortes. La violencia revolucionaria que preconizaba este grupo de exaltados encabezados por un expresidiario apellidado Viralta era alentada por Paúl y Angulo, y no fue claramente atajada por Pi y Margall, al que le interesaba contar con una extrema izquierda dentro del Partido Republicano que reforzara la posición centrista que él pretendía adoptar. En una de sus circulares, cuenta Carmen Llorca, se afirma que cumplían órdenes internacionales a fin de dominar por el terror a los representantes republicanos en las Cortes.

El propio Emilio Castelar calló durante un tiempo ante una situación que conocía. Los motivos de este silencio no están claros, pudo ser por temor, por debilidad o por no romper con Pi y Margall para no debilitar al partido, pero, al final, para terminar con el peligro que suponía esta semiclandestina organización, hizo intervenir a Pedro Moreno Rodríguez, uno de los más desconocidos pero influyentes dirigentes republicanos de aquel periodo. Moreno Rodríguez, desde su vida retirada en Jerez de la Frontera donde no levantaba sospechas, había financiado a gran parte de los dirigentes republicanos en el exilio de 1866, y durante la I República sería ministro tanto en el Gobierno de Salmerón como en el de Castelar, de quien era consejero e íntimo amigo. De la abundante correspondencia entre ambos puede deducirse que su amistad tuvo como antecedentes la relación entre Pedro Moreno y los padres de Emilio Castelar durante su estancia en Cádiz. En cualquier caso, en estos momentos la relación de los principales dirigentes republicanos con los grupos que predicaban la violencia era ambigua; tendrá que ocurrir el primer crimen político de España para que Castelar rompa definitivamente con estos grupos.

Coincidiendo con la disminución de su actividad parlamentaria, Castelar seguía preocupado por los asuntos europeos y sobre todo por lo que ocurría en Francia tras la derrota de Napoleón III. Sitiado París por los prusianos desde mediados de septiembre, marchó a Francia:

> Con el deseo único de aprender más vivamente el estado de Francia, he venido unos días a esta desgraciada nación, a Francia, que la naturaleza y el espíritu habían elevado tan alto y que han hecho caer bajo la tiranía y los crímenes.

Cuenta como Gambetta, que estaba encerrado en París, escapó audazmente en globo y con grave peligro para dirigirse a Tours, donde estaba el Gobierno francés. Hacia allí se dirigió Castelar pasando antes por Burdeos. De su ánimo da cuenta lo que escribe el 16 de octubre:

> Los periódicos monárquicos de España, al hablar de mi viaje a Tours, dicen que yo he venido desencantado, descorazonado de Francia, creyendo irremisiblemente perdida esta nación y su República. Es inexacto que yo haya venido descorazonado de Francia. Acostumbrado de antiguo a formar en las filas de un partido vencido, yo, que desde 1854 no me he descorazonado un momento, ni en la lucha ardentísima de la prensa, ni en la triste soledad del destierro, mal podría sentir esta afección de ánimo ahora que comienzan días mejores para la democracia.

Partidario de la paz, reconoce que no puede ser deshonrosa y lamenta los bombardeos a los que se ha sometido a París.

En Tours se reencuentra con viejos amigos de su etapa del exilio, pero el gran acontecimiento para él es su encuentro con Garibaldi, el gran ídolo de su infancia y juventud. En sus *Retratos históricos,* escribe:

> En octubre del 70 llegué por la noche a Tours, madrugué y al amanecer cuando oí aclamaciones, era Garibaldi que había ido de Caprera a Marsella y de ahí a Tours. Poco después llegó Gambetta de París y allí estaba José María Orense que había ideado una legión española para ayudar al pueblo francés a la que había apuntado a su hijo. Necesitaba ver al

gobierno francés y yo podía facilitarle la entrevista por mi amistad con Gambetta y otros representantes del gobierno. Fuimos a la Prefectura y la primera persona que nos encontramos fue Cremieux, ministro de Justicia, vimos luego a Gambetta y entonces un clamor en la calle demandaba la salida al balcón y se llamó a Garibaldi. Apareció apoyado en una muleta pues el tiro en el pie le hacía cojear un poco. Me pareció un Cristo de Juanes, más que un guerrero parecía un redentor. Habló Garibaldi, luego Orense y luego yo. El gobierno francés no se daba prisa en requerir sus servicios ni los del batallón español y Garibaldi me escogía como confidente de sus impaciencias. Yo tenía fácil acceso al gobierno por nuestro conocimiento mutuo en el café de Madrid y en la calle Bonaparte en los años de mi emigración. Al fin la legión española no se organizó y Garibaldi cogió el mando que le dieron. Viejo, enfermo, herido por la bala del rey ingrato, consagra a la democracia la última centella de su vida. Sus pies flaquean pero la cabeza continúa serena. En la guerra franco prusiana solo él obtuvo una victoria en Dijon.

Resuelta la venida a España de Amadeo de Saboya, las cortes clausuraron sus sesiones el 16 de diciembre mientras una comisión de diputados viajaba a Italia para ofrecer la Corona de España al duque de Aosta. Pero en aquellos días finales de 1870, se produjo uno de los más oscuros sucesos de la vida política española, el atentado contra el general Prim, que marcará trágica y definitivamente el todavía no comenzado reinado de don Amadeo. El atentado fue cometido el día 27 de diciembre y de suyo es posible que no fuera mortal, pero la falta de medios y la impericia de algunos de los médicos que atendieron al Jefe de Gobierno causaron la muerte del general Prim el día 30 de diciembre.

Sobre la autoría del crimen ha habido multitud de versiones y todavía hoy ninguna de ellas se puede mantener como definitiva. Las palabras del propio general Prim fueron aparentemente contradictorias, pues si bien afirmó: «No me matan los republicanos», también dijo que reconoció la voz de su antiguo amigo Paúl y Angulo, rabioso federal y encendido demagogo, como la que dio la orden de fuego. Si bien son muy altas las posibilidades de la culpabilidad de Paúl y Angulo, nada ha podido ser probado y él lo negó años después del asesinato. Es difícil saber la verdad porque el sumario fue objeto de numerosas manipulaciones, y la actuación del juez y los investigadores, sumamente discutible. Los autores materiales fueron republicanos alistados probablemente por Paúl y Angulo, pero las investigaciones más modernas no descartan la implicación como organizadores e inductores del duque de Montpensier e incluso del general Serrano.

Un testigo de la época, el republicano unitario Eugenio García Ruiz, afirmó:

> Sedujo el Paúl para llevar a cabo su crimen a ocho o diez liberales extraviados que se prestaron a ser instrumentos de sus iras, no por dinero, sino por fanatismo político, encrespado por las infames predicaciones de los clubs y reuniones públicas. Fue víctima Prim del partido federal, y puede asegurarse que la mitad de los diputados que profesaban la utópica idea federal tenían noticias anticipadas de la execrable maldad, sin embargo de lo cual no trataron de impedirla, antes estuvieron atisbando, con gentes perdidas, su ejecución en la calle de Alcalá y otras próximas, para ver si el sacrificio de la víctima producía una revolución. Ignoraban el abominable plan, y esto debemos decirlo en honor a la verdad, los principales jefes y Pi, Figueras y Castelar, miembros del llamado directorio federal, protestaron enérgicamente contra el asesinato, haciendo lo mismo ante el Congreso Cahao y otros dos o tres diputados de su partido.

Las palabras de García Ruiz parecen exageradas y posiblemente provocadas por su polémica permanente con los republicanos federales, pues no es creíble que a la conspiración perteneciera un grupo tan amplio como afirma. El propio Roque Barcia, federal extremado y encarcelado por infundadas sospechas sobre su participación en el crimen, escribió en su *Carta sobre el asesinato de don Juan Prim*: «Todos los partidos para lavarse de tal mancha, deben adoptar la siguiente fórmula: el que asesina no es isabelino, ni alfonsino, ni progresista, ni conservador, ni demócrata, ni republicano; es simplemente un asesino».

Una de las protestas más airadas fue la de Emilio Castelar, que se refirió al atentado como:

> Un crimen que indignó al espíritu público, un asesinato infame… Lo que yo condeno en aquel hecho es lo que entre muchas conciencias perturbadas lo atenúa, es su carácter de crimen político. Yo creo los crímenes políticos reprobables: primero, porque los reprueba con voz severa mi conciencia; segundo, porque violan las leyes de la moral y del derecho; pero, además, porque creyendo extirpar una idea, extirpando la persona que la representa, avivan esa idea.

Melchor Fernández Almagro escribió que Castelar siempre creyó que el asesino de Prim había sido Paúl y Angulo. Quizás por esta razón, cuando este intentó volver a España al proclamarse la república, Salmerón, Pi y Margall y Castelar lo impidieron, expresando su enérgica repulsa hacia su persona.

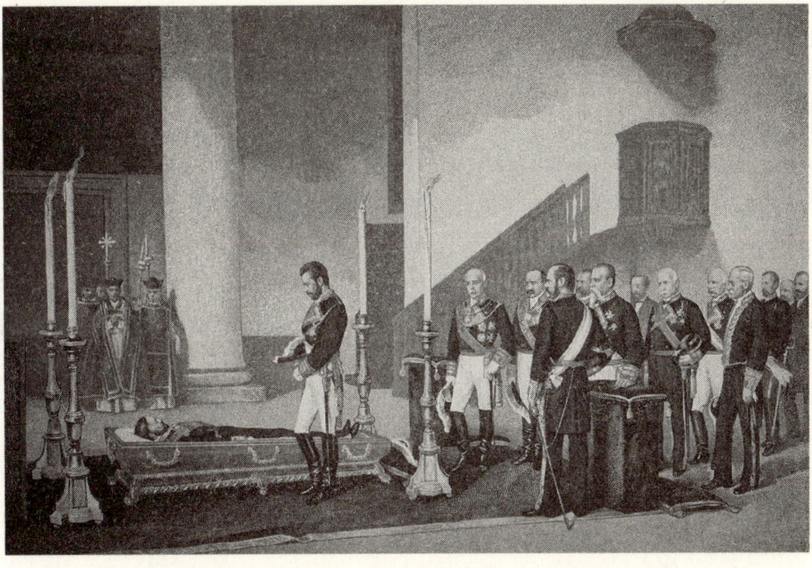

El rey Amadeo I de España contemplando el cadáver del general Juan Prim, que fue tiroteado en 1870 en la calle del Turco de Madrid. [Museo de historia de Madrid]

Castelar siempre desconfió de Prim pese a reconocer que era el auténtico motor de la Revolución Septembrina. Precisamente en los días de su asesinato estaba escribiendo su semblanza en la que señalaba que en Prim había algo misterioso, su personalidad, teñida de fatalismo, con gran amor por el fasto y la pompa, adoraba la violencia y menospreciaba los medios morales y las ideas, lo que explicaba sus cambios políticos. Tiempo atrás ya lo había hecho objeto de sus ataques por su oportunismo político: «¿Sabéis cuál es su religión? El fatalismo. ¿Sabéis cuál es todo su ideal? Lo presente. ¿Sabéis cuál es su objetivo para el porvenir? Vincular el poder a su partido. A esto lo sacrifica todo». Además del fatalismo, Castelar reconoció que Prim era valiente, ambicioso, amigo del combate y del poder, poco escrupuloso en los medios, muy amigo de sus amigos, y resaltó numerosas veces su indiferencia por las ideas traducida en ausencia de dogmatismo y sobre todo un carácter al que le gustaba someter, pero no someterse.

El asesinato de Prim hizo reflexionar a Castelar, quien a partir de entonces intentó desprenderse de los fanáticos y continuó luchando por imponer una república basada en las fuerzas políticas moderadas, incluidas aquellas que apoyaban por motivos tácticos la monarquía de Amadeo de Saboya, pero que en el fondo eran accidentalistas respecto a la forma de gobierno, con el fin de que no se apoderasen de los destinos del régimen republicano los extremistas de izquierdas que para él eran los peores enemigos del régimen que decían defender. Toda la actividad parlamentaria de Emilio Castelar durante esta época se dirigió a atacar la monarquía de Amadeo de Saboya, último obstáculo que se interponía ante el triunfo de las ideas republicanas. Aunque sus intervenciones parlamentarias fueron menos numerosas que en la etapa anterior, tuvieron gran relevancia las referidas a las prácticas electorales del Gobierno, las que expresaron su postura ante la I Internacional, las que reiteraron su actitud de condena ante la esclavitud en Puerto Rico y en general sobre la situación de las posesiones de ultramar y, por último, su contestación al discurso de renuncia a la corona española de Amadeo de Saboya.

Joaquín Costa con Miguel Morayta, Manuel Bescós, el doctor Calzada, la familia de este y otros amigos publicada en origen en la revista *Nuevo Mundo*, nº893, 16 de febrero de 1911, p. 17.

El 20 de abril intervino para hablar contra los procedimientos electorales utilizados por Sagasta como ministro de la Gobernación. Castelar se dolió de que la corrupción electoral, que era generalizada en el reinado de Isabel II, alcanzara también a los Gobiernos nacidos de la Revolución de Septiembre. Definió Emilio Castelar el mecanismo caciquil que tanta presencia tendrá durante la Restauración con palabras que parecen anticipar las escritas, años después, por Joaquín Costa casi en los mismos términos:

> Pero el alcalde puesto por el gobierno, y puede decirse que esta cuestión es más trascendental que todas las cuestiones políticas, el alcalde puesto por el gobierno —recalca Castelar— cree que todo se lo debe al gobierno, y es natural; hay que redactar listas, y las redacta a gusto del gobierno; hay que distribuir papeletas, y las distribuye a los amigos del gobierno; hay que repartir la contribución, paga más el que menos tiene si es enemigo del gobierno; se cierran los

> comicios para los electores de la oposición, y sólo se abren las cárceles; los guardias rurales conviértense en agentes de votos ganados por el garrote y el trabuco.

Denunció también cómo, habiendo cuatro días para las elecciones, ni uno solo se puso en día de fiesta, con la finalidad de perjudicar al Partido Republicano, que estaba formado en su mayor parte por miembros pertenecientes a las clases trabajadoras: «Hasta este punto es previsora la arbitrariedad», dijo Castelar. Cuando Sagasta le replicó que ahora hablaba mucho, pero que no lo hacía tanto en tiempos de los Borbones, Emilio Castelar le recordó en la réplica que la ruina de su periódico, el expediente universitario de expulsión de su cátedra, su presencia como acusado en numerosos juicios, su condena a muerte y sus dos años de exilio demostraban la falsedad de la afirmación de Sagasta.

Emilio Castelar, que llevaba el peso de la lucha antimonárquica, si bien es cierto que estaba apoyado dentro del grupo parlamentario tanto por Figueras como por Pi y Margall, pronunció el 23 de junio de 1871 el discurso de contestación a la Corona, más conocido como el discurso de la «benevolencia». Comenzó recordando el aniversario de la sublevación de los sargentos del cuartel de San Gil y a los mártires de aquel día, a los que la revolución no había honrado como merecían. Describió luego en durísimos términos el presente:

> Monarquía sin autoridad y sin prestigio; Iglesia ni dentro ni fuera del Estado; democracia tocando en los límites de la oligarquía; periódicos libres que tiemblan bajo el límite de la arbitrariedad judicial y gimen entre los cerrojos de las cárceles; derechos escritos con gran pompa y vulnerados con gran descaro; administración oscura y confusa que perturba la vida natural de los municipios y de las provincias. Tesoro exhausto; Hacienda en ruinas; partidos disueltos; colonias, o siervas, o rebeldes; ejército prepotente; los generales siempre en el poder; los pueblos siempre en la abyección y en la miseria.

Continuó diciendo que la monarquía era una mentira que no tenía con ella la aristocracia de sangre porque estaba con los reyes proscritos, ni la de la Iglesia alineada con los reyes tradicionalistas, ni la de la banca que apostaba por el duque de Montpensier, ni tampoco a las clases conservadoras que estaban con los alfonsinos, ni al pueblo que quería la república y, por tanto, era una monarquía paralizada que no podía ir ni hacia la izquierda ni hacia la derecha. Atacó el principio de la monarquía electiva por ser algo artificial y artificioso y defendió la separación entre la Iglesia y el Estado. Al final de este discurso en que tan duramente atacaba al general Serrano, Castelar expuso que los republicanos serían benevolentes en cambio hacia un Gobierno radical que estuviera más comprometido con los principios de la revolución. La consecuencia más importante de este discurso fue que un mes más tarde se formó el gabinete de Ruiz Zorrilla, hacia quien apuntaba expresamente la «benevolencia» de Emilio Castelar.

Pero las bases republicanas no quedaron muy contentas con la actuación de sus diputados y una vez más el partido se dividió en dos facciones, una intransigente representada por el periódico *La Igualdad* y otra benévola que defendía *La Discusión*. Desgraciadamente para el Partido Republicano, en lugares como Madrid los extremistas, ante la imposibilidad de derribar a los líderes del partido, comenzaron a manipular a las bases recurriendo al soborno y a la intimidación, atrayendo al movimiento revolucionario a tipos dudosos del hampa madrileña que podían utilizar igualmente contra sus jefes que contra sus adversarios políticos de otros partidos. Con su discurso del 22 de junio Castelar se había puesto a la cabeza de los benevolentes; Pi no estaba muy de acuerdo con esta postura que en algunos puntos iba contra sus propios principios, pero se alió con los benevolentes porque desaprobaba abiertamente la violencia y tenía puesta su confianza en que la república llegaría antes por la propaganda entre el pueblo que por la acción de los clubes y las sociedades secretas.

El triunfo de la revolución de septiembre trajo el auge del asociacionismo obrero. Los bajos salarios de los braceros agrícolas y los obreros industriales unidos a las penosas condiciones de las jornadas laborales de 10 a 14 horas diarias eran el caldo de cultivo para la agitación social. La legalidad, la libertad de asociación, de reunión y de expresión acentuaron el talante reivindicativo y pacífico de estas organizaciones que muchas veces, aunque no siempre, volcaban su activismo político en acciones vinculadas al Partido Republicano. Sin embargo, había una profunda diferencia entre la concepción social de los grupos federales y la de las asociaciones ligadas a la I Internacional, como puede verse repasando la prensa respectiva; mientras los primeros solo deseaban mejorar la suerte de los trabajadores, la Internacional tenía como objetivo derribar la vigente estructura social. Los comienzos del asociacionismo obrero ligado a la Asociación Internacional de Trabajadores fueron protagonizados por Fanelli, que contribuyó a formar los dos primeros núcleos, uno en Madrid en diciembre de 1868 y otro en Barcelona en mayo de 1869, con predominio del comunismo anarquista. La realidad creada por la implantación organizada de la Internacional en España alarmaba a mucha gente, lo que obligaba a plantear la cuestión del trato político y legal a que debiera ser sometida. Las posturas no admitían término medio, o se autorizaba a todo evento y con todas sus consecuencias, o se la excluía sin contemplaciones de la legalidad.

Según Oliver Sanz de Bremón, el debate sobre la Internacional fue sin duda el que más polvareda levantó en las Cortes de 1871; participaron en él diputados de todas las tendencias y se expusieron los puntos de vista más diversos y los argumentos más variados. Fue una auténtica batalla parlamentaria, pero la polémica no se desarrolló únicamente en el Parlamento, sino también en la prensa, donde estuvo ligada a la concepción de la propiedad. En el Partido Republicano las dos tendencias más representativas eran la de Pi y Margall, que no apoyaba la propiedad colectiva pero sí el acceso de los obreros a la propiedad, y la de Castelar, enemigo de toda tendencia socializante, pues creía que atacaba la libertad individual y, por consiguiente, iba en contra de la idea democrática.

Sobre todo este debate planeaban los acontecimientos vividos en París entre marzo y mayo de 1871 con el establecimiento de la Comuna. Para Álvarez Junco:

> A la larga la comuna representó en España algo más que el terror ante el peligro, representó un inicio de la toma de conciencia del sector más progresista de la burguesía ante el problema social. Los periódicos publicaron editoriales y artículos sobre el problema de la Internacional y la cuestión obrera, se publicaron libros y folletos, y los Ateneos discutieron sobre ello. Las Cortes que en 1869 habían hecho fracasar una investigación sobre la cuestión obrera aprobaron por unanimidad en junio del 71 una comisión para estudiar el estado moral, intelectual y material de las clases trabajadoras. Esta toma de conciencia no excluyó los mecanismos represivos, y las mismas Cortes declararon ilegal a la Internacional en otoño de ese año.

La Comisión de Información parlamentaria acerca del estado de las clases obreras agrícolas planteó en un escrito firmado por el presidente del Congreso Antonio Ríos Rosas, el 28 de octubre de 1871, 37 preguntas exhaustivas. Destaca la 16 sobre los efectos de la desamortización civil y eclesiástica y la venta de bienes propios y comunes de los pueblos, y es curiosa la 18, que pregunta por la influencia de los regímenes de herencia en el reino de Aragón y Castilla, o la 19, que pregunta si está implantada la Internacional. Al final proponía algunas reformas legislativas. Con la misma fecha se aprobó el *Cuestionario para obreros de fábricas*, en el que se preguntaba por el número de horas trabajadas y su distribución, la edad en que comienzan los niños a trabajar, la edad hasta la que trabajan hombres y mujeres, higiene, seguridad, enfermedades y accidentes, y, por supuesto, acerca de la implantación de la Internacional. La última pregunta inquiría sobre las medidas legislativas para mejorar su suerte.

El debate comenzó con la intervención del diputado de la fracción moderada Jove y Hevia, que atribuyó la crisis de España a la Internacional y dijo que estaba fuera de la ley y que tenía como fin la destrucción de las nacionalidades, de la religión de la familia y de la propiedad. Castelar intervino el

19 de octubre de 1871 para responder a Candau, ministro de la Gobernación, y siempre dejó muy clara su postura en dicho debate: «Yo no defendí los principios de la Internacional, antes los condené vivamente. Pero defendí el derecho de los internacionalistas a decir públicamente sus principios y a celebrar reuniones pacíficas». El discurso de Castelar sobre la Internacional era muy típico del sentimiento del tribuno hacia la libertad, pero estaba en desacuerdo con el fondo de la idea internacionalista, por lo que la prensa de esa tendencia atacó duramente las ideas de Castelar sobre la armonía de las clases que tenía como objeto únicamente mejorar las condiciones de vida de los trabajadores. Por eso pudo decir Castelar:

> No he extrañado nunca, señores diputados, que la Internacional me combatiera. De antiguo sabía que yo he defendido siempre estos principios; la emancipación económica y social de las clases trabajadoras, como complemento de su emancipación científica, de su emancipación política. Pero al defender esta emancipación económica les he dicho también que en esta emancipación no tengan pretensiones exclusivas; porque sean cualesquiera sus ideas, sean cualesquiera sus intereses, hay dos cosas que no pueden perecer nunca: el derecho individual en toda su extensión y la propiedad individual en toda su pureza.

Castelar continuó afirmando que hay asociaciones que no pueden prohibirse y, aunque en el ejercicio de una acción pueden cometerse delitos, para esto están los tribunales. Acusó al ministro y al Gobierno de reaccionarios, y si la Internacional era inmoral, como dice el ministro, ¿qué hacen los tribunales? Lleva ya 3 años de vida. Ha sido necesario un nuevo Gobierno radical para que la Internacional aparezca como inmoral. ¿Atenta a la seguridad del Estado, dónde están sus sublevaciones? Explicó que el Partido Absolutista y el Republicano atacaban más al Estado que la Internacional y que era necesario comprender que el advenimiento del pueblo a la democracia no puede ser completo sin reformas económicas y sociales. Explicó las razones de la obra de Marx e hizo referencia a su presencia en los Congresos de Berna y de Ginebra.

Reconoció que en los Congresos posteriores de Basilea y de Lausana se aprobó la propiedad colectiva con la que no estaba de acuerdo, pero ¿puede ser inmoral pedir que la propiedad, en vez de ser individual, sea colectiva? Si es así, se condena al Evangelio. Afirmó que no necesitaba compartir las ideas de una asociación para defenderla y puso como ejemplo la existencia de las órdenes religiosas. Aunque el Estado sea partidario de la propiedad individual, no puede poner el poder en su defensa. El ministro de la Gobernación alerta de los peligros de una asociación cuyos jefes residen en el extranjero, pero no son los únicos, y puso como ejemplos al pontífice y al mismo rey. Defendió que, del mismo modo que existía el comercio internacional, existía la solidaridad internacional del trabajo; afirmó que era falso también que la Internacional atacara a la familia, pues el divorcio sería inmoral, pero estaba permitido por las leyes. ¿Y no es más inmoral la prostitución y estaba permitida? Hay una diferencia entre la moral y el derecho, y, respecto a la propuesta de prohibición de la herencia, en todas las naciones existía la voluntad de testar y no era obligatorio dejarla al hijo. Tampoco era inmoral transformar la propiedad por métodos legales. Se preguntó: «¿Cómo cabe la Internacional en casi todos los países europeos y no en España?». Y terminó diciendo: «Atacáis algo que no puede morir, la utopía es eterna».

Replicó Alonso Martínez, afirmando que los derechos individuales no eran absolutos, que la Internacional era atea y contraria a la moral, que pedía la abolición de la herencia y quitar los hijos a sus madres y debía estar fuera de la ley. Nocedal pidió su persecución, aunque cupiera en la actual constitución, y afirmó que la cuestión social solo tenía dos remedios: don Carlos o el petróleo. En el debate, participaron también Salmerón, que mantuvo una postura muy próxima a la de Castelar, y Pi y Margall, que defendió la necesidad de la intervención del Estado para lograr un cambio del régimen de propiedad. En una nueva rectificación tras los discursos de Salmerón, Pi y Cánovas, insistió Castelar en su concepto de la moral, defendió el valor de los derechos individuales y que el Estado no tiene religión y es incompetente para definir la moralidad. Pidió el derecho de la Internacional a existir en nombre del mismo derecho y de la conciencia humana, criticó que su amigo Cánovas negara la existencia del problema social recordando la triste condición de los trabajadores. Esto no significaba que fuera socialista, significaba creer en la emancipación del pueblo. Ninguna idea se ha extinguido con la persecución de sus ideas y de sus seguidores, si creéis que vais a ahogar la Internacional en sangre, estáis equivocados.

Una gran parte de su intervención se basaba en la defensa de la libertad de asociación y la necesidad de su sometimiento a la legalidad fueren cuales fueren los principios a defender. Sin embargo, la Internacional se declaró fuera de la ley el 10 de noviembre, los progresistas de Zorrilla se abstuvieron, 101 diputados de las fracciones conservadoras dijeron sí y 37 republicanos no. La sección española de la Internacional publicó una protesta firmada, entre otros, por Paulino Iglesias y Anselmo Lorenzo.

Como hace notar Emilio Oliver:

> El sentir liberal de Castelar queda patente en la defensa que hace de asociaciones tan dispares como puedan ser la Internacional y las Órdenes Monásticas. Este respetar opiniones – que no son las suyas – y con su verbo hacer vibrar la igualdad de derechos que a cada asociación pueda corresponderle, sin más móvil que hacer justicia a todos, es, sin duda, su mayor timbre de gloria. Refiriéndose al debate promovido por el derecho de reunión a las Ordenes Monásticas, en la sesión del 17 de noviembre de 1871, Castelar, escribió: «Cuanto más se examinan estos debates, más se satisface el ánimo de haber en ellos intervenido. Mi lema de libertad he sabido llevarlo a todas partes y mantenerlo en todas ocasiones con una constancia que será la honra de mi vida». Al defender los derechos de asociación de las Ordenes Monásticas, Castelar expresaba la tradicional postura tolerante del partido republicano que ya las había defendido en las Cortes constituyentes. Para él el gobierno tenía la vida contada por no haber creído en la libertad: «Dejárais a la Internacional, a las órdenes religiosas; dejárais al pensamiento libre, libre la conciencia, y no os veríais en este grande conflicto vosotros».

De cara a las elecciones que habían de celebrarse en 1872, todos los partidos opuestos a Sagasta, desde los republicanos a los carlistas y los moderados, entablaron conversaciones para formar una coalición con el fin de derrotar al Gobierno. Dentro del Partido Republicano Salmerón estaba en contra de formar la coalición, pero triunfó la postura favorable a la misma que habían defendido Castelar y Figueras, quienes, alentados por la debilidad que mostraba la monarquía de los Saboya, veían cada vez más cerca la república y plantearon las elecciones como un plebiscito sobre don Amadeo. Sagasta vio claro que la permanencia en el trono de don Amadeo dependía del triunfo electoral en los próximos comicios, por lo que se propuso ganar aquellas elecciones a toda costa, aunque ello supusiese utilizar todos los medios, legales o ilegales, a su alcance. En su opinión, si accedía al Gobierno Ruiz Zorrilla, en aquellos momentos aliado a las fuerzas opositoras, no podía esperarse sino un aumento constante de la fuerza de los partidarios de la república. El fraudulento resultado dio 236 actas a los constitucionalistas de Sagasta, 42 a los radicales de Ruiz Zorrilla, 38 a los carlistas y 11 a los moderados. En el fondo la estrategia de Castelar y Figueras había fracasado, pese a sus 52 diputados, y para empeorar la situación, ante la derrota, los carlistas comenzaron una nueva guerra civil.

Según Vilches, Castelar en su afán de derribar la monarquía democrática no valoró un régimen que aseguraba los derechos individuales ni tuvo en cuenta la incongruencia de aliarse con los carlistas. Su actividad, como la de la mayoría de los republicanos, distaba mucho de asegurar en el futuro una república de orden, paz, libertad, progreso y democracia. Aunque con buenas formas contribuyó a crispar el ambiente, como cuando en un discurso del 8 de junio de 1872 llamó veladamente a la reina María Victoria la «loca del Vaticano» en desagradable alusión a la pobre Carlota, viuda del emperador Maximiliano. De todos modos, en el mes de junio entró en un silencio casi completo dedicado a sus estudios y a sus escritos convencido de que su política de benevolencia había triunfado y la república estaba cerca. Se apartó de su partido y de su grupo parlamentario, que había caído en todos los vicios de los viejos partidos: exclusivismo, radicalismo y derecho a la insurrección y pocas de sus virtudes, pero, aunque en desacuerdo, su silencio y su desidia lo hacían responsable de parte de sus problemas.

En la nueva legislatura, Castelar intervino en la discusión sobre la abolición de la esclavitud en Puerto Rico proyectada por el ministro de Ultramar, Tomás Mosquera, en diciembre de 1872. Castelar había pertenecido a la Sociedad Abolicionista Española desde su creación en diciembre de 1865 e incluso había colaborado con la revista *El Abolicionista español*. Pese al prestigio de esta sociedad, sus propuestas fueron eficazmente combatidas por los antiabolicionistas agrupados en el Centro Hispano-Ultramarino de Madrid con notoria presencia de miembros de la aristocracia, políticos alfonsinos y grandes propietarios de haciendas coloniales. Los abolicionistas se centraron en la abolición de la esclavitud en Puerto Rico, convencidos de que por el momento lograrla en Cuba era imposible. Castelar mantuvo lógicamente sus conocidas tesis abolicionistas y predijo, refiriéndose a los conservadores:

> Os anunciamos ahora y os decimos que la negativa de las reformas, que el mantenimiento de la esclavitud, que el imperio de vuestros capitanes generales y de vuestros burócratas perderán a Cuba y a Puerto Rico, y que solamente los conservaran nuestras reformas y nuestros principios.

Los dos puntos más controvertidos de la ley eran su entrada en vigor cuatro meses después de que fuera publicada por la *Gaceta de Puerto Rico* y la indemnización a los propietarios de esclavos contra la que estaban los abolicionistas, pues era premiar a los que estaban violando las leyes internacionales contra la trata. La inestabilidad política de la época provocó que la abolición definitiva tuviera lugar durante la república, el 22 de febrero de 1873, con 212 votos a favor y solo 12 en contra. En aquellos momentos la voz de Castelar era universalmente respetada, especialmente en América, donde su nombre era aclamado y se vendían de sus discursos millones de ejemplares. Este discurso sobre la abolición de la esclavitud fue transmitido íntegramente por telégrafo a los Estados Unidos de América a propuesta de su embajador y le costó al Gobierno de aquel país la fabulosa cifra de 50.000 pesetas.

Durante el último gabinete de Ruiz Zorrilla la minoría republicana en las Cortes estuvo sumamente blanda con el Gobierno, ya que veían acercarse la república y no querían obstaculizarla con iniciativas políticas que pudieran ser contraproducentes. Pero esta colaboración pasiva con el ministerio de Ruiz Zorrilla no fue entendida por gran parte del partido que se lanzó a la insurrección. En octubre de 1872 se produjo la sublevación de El Ferrol, que fue enérgicamente condenada por Castelar, Figueras, Pi y Salmerón. Pero, pese a esta actitud de sus dirigentes, las bases se lanzaron a la insurrección contra el Gobierno dirigidas por Estévanez en Sierra Morena, López Carra en Cáceres, Diego Carrasco en Paterna de Rivera (Cádiz), Cosme Echeverrieta y Nemesio de la Torre en Gorbea, Antonio Gálvez en Torre Higuera, Rispa y Perpiñá en Málaga, etc., lo que demuestra que no eran solo las bases, pues no menos de 15 diputados capitanearon alguna de aquellas partidas. Nicolás Estévanez escribió en sus *Memorias* que, salvo el antecedente de la sublevación de Loja mucho menos importante, este movimiento de insurrección era el primero que se producía entre las masas populares sin el concurso de ninguna fuerza militar.

La monarquía de la Casa de Saboya agonizaba. Los dos años y tres meses del reinado de don Amadeo fueron una tortura para el monarca, que, tras la muerte de su gran valedor, el general Prim, hubo de sufrir las rencillas entre Sagasta y Zorrilla, los hombres en quien debía apoyarse su corona. El detonante de la abdicación real fue el conflicto del Cuerpo de Artillería. Este choque lo provocó el nombramiento para la capitanía general de las Provincias Vascongadas del mariscal de campo Baltasar Hidalgo de la Quintana. Siendo capitán, había participado en la sublevación del cuartel de San Gil durante la que murieron algunos oficiales de la guarnición pertenecientes a la Artillería, pero sin que el capitán tuviera nada que ver en ello. Durante años las relaciones de Hidalgo con sus compañeros habían sido normales, pero a consecuencia de este nombramiento los artilleros se negaron a presentarse a él y pidieron masivamente la baja en el cuerpo. Ante esta situación el Gobierno de Ruiz Zorrilla propuso disolver el Cuerpo de Artillería. No es aventurado suponer que el conflicto fue provocado para forzar la dimisión de don Amadeo. Pi y Margall, que pudo tener motivos para estar bien enterado, reveló la hábil intriga de Rivero, presidente de las Cortes, para que la vidriosa cuestión de los artilleros, planteada a destiempo, surtiera su efecto. El conflicto colocó frente a frente al rey y al Gobierno de Ruiz Zorrilla, que estaba amparado por las Cortes con un voto de confianza que le permitía disolver el Cuerpo de Artillería, pero ese apoyo parlamentario suponía una coacción moral al monarca. Don Amadeo, en su papel de rey estrictamente constitucional, firmó la resolución de disolución de la Artillería, pero al terminar el Consejo de Ministros del día 8 de febrero comunicó confidencialmente a Ruiz Zorrilla su voluntad de abdicar. La noticia se filtró rápidamente y el plazo de veinticuatro horas que el jefe de Gobierno pidió al monarca para reflexionar no sirvió de nada.

Don Amadeo dio a conocer su renuncia en un documento cuya sinceridad y altruismo se ajustaba perfectamente a su conducta como rey y como hombre. En su renuncia decía, entre otras cosas:

> Conozco que me engañó mi buen deseo. Dos años largos ha que ciño la corona de España, y la España vive en constante lucha, viendo cada día más lejana la era de la paz y de ventura que tan ardientemente anhelo. Si fuesen extranjeros los enemigos de su dicha, entonces, al frente de esos soldados, tan valientes como sufridos, sería el primero en combatirlos; pero todos los que con la espada, con la pluma, con la palabra, agravan y perpetúan los males de la nación son españoles; todos invocan el dulce nombre de la patria, todos pelean y se agitan por su bien; y entre el fragor del combate, entre el confuso, atronador y contradictorio clamor de los partidos, entre tantas y tan opuestas manifestaciones de la opinión pública es imposible atinar cuál es la verdadera, y más imposible todavía hallar el remedio para tamaños males. Lo he buscado ávidamente dentro de la ley

> y no lo he hallado. Fuera de la ley no ha de buscarlo quien prometió observarla.

La respuesta a esta renuncia de don Amadeo fue encomendada a Castelar, quien dijo en ella:

> Bien puede vuestra majestad decir que si algún humano fuera capaz de atajar el curso incontrastable de los acontecimientos, vuestra majestad, con su educación constitucional, con el respeto al derecho constituido, los hubiera completa y absolutamente atajado. Las Cortes, penetradas de tal verdad, hubieran hecho, a estar en sus manos, los mayores sacrificios para conseguir que su majestad desistiera de su resolución y retirase su renuncia. Pero el conocimiento que tienen del inquebrantable carácter de vuestra majestad, la justicia que hacen a la madurez de sus ideas y a la perseverancia de sus propósitos, impiden a las Cortes rogar a vuestra majestad que vuelva sobre su acuerdo…

Por último, pronunció las palabras a las que fue fiel hasta el mismo momento de su muerte: «La República es para todos; la República es por todos; la República es de todos; la República, quedando la nación huérfana, es la nación misma, que recoge su soberanía sobre todos sus hijos».

Castelar, pues, contestó a don Amadeo con la misma nobleza que este mostró en su renuncia. Lo había combatido, pero no tenía ninguna aversión hacia su persona, antes bien supo reconocer las principales cualidades de un rey que respetó siempre el poder del Parlamento y del Gobierno, que no intrigó y que no intentó acudir a las bayonetas para apuntalar su tambaleante corona. Castelar demostró su respeto cuando, siendo ya ministro de Estado, ordenó a Fernández de los Ríos, embajador en Lisboa, que acudiera a recibir al rey ya destronado y se pusiera a su servicio para facilitarle su viaje en tan amargos momentos.

Alegoría a la proclamación de la Primera República Española. *La Flaca* vol. 2, No. 055 (6 March 1873). [Biblioteca de Catalunya]

12. *Proclamación de la Primera República*

El 11 de febrero de 1873 las Cortes españolas proclamaron la I República española por 258 votos a favor y 31 en contra. Comenzaba una nueva era política como consecuencia de una proposición presentada a la Asamblea por Pi y Margall que fue aprobada prácticamente sin debate:

> La Asamblea Nacional reasume todos los poderes. Y declara como forma de Gobierno la República, dejando a las Cortes Constituyentes la organización de esta forma de gobierno. Se elegirá por nombramiento directo de las Cortes un Poder Ejecutivo que será amovible y responsable ante las Cortes mismas.

Solo los diputados alfonsinos votaron en contra de esta proposición, que proclamaba la república como forma de gobierno por primera vez en la historia de España. Tras aceptar la renuncia de don Amadeo de Saboya, el Congreso había reanudado la sesión, y Rivero, su presidente, anunció que Congreso y Senado deliberarían conjuntamente. La inesperada abdicación de don Amadeo había determinado la aparición de una nueva fracción republicana al declararse Martos republicano mientras Ruiz Zorrilla proclamaba que ya no era monárquico, sin declararse por ello republicano. La situación política e institucional que se había producido permitía todo tipo de maniobras, como la intentada por Rivero desde la presidencia de las Cortes para hacerse con el poder, que fue rápidamente cercenada por Martos. La minoría republicana que hasta el día anterior contaba con 60 escaños se había convertido como por arte de magia en una mayoría de 258. Como señala Espadas, para proclamar la república la correcta práctica constitucional hubiera exigido la disolución de las Cortes, un Gobierno Provisional y la convocatoria de elecciones para unas Cortes Constituyentes. Pero, como dice López Cortón, lo comprometido de la situación hizo que todos estuvieran de acuerdo en evitar la interinidad.

Madrid, proclamación de la república por la Asamblea nacional, en la revista española *La Ilustración Española y Americana*. [Biblioteca Nacional de España]

Se eligió a Cristino Martos como presidente de las Cortes y seguidamente se procedió a elegir por voto directo y nominal a todo el Gobierno: Estanislao Figueras, republicano, presidente del Poder Ejecutivo; Emilio Castelar, republicano, ministro de Estado; Nicolás Salmerón, republicano, ministro de Gracia y Justicia; Francisco Pi y Margall, republicano, ministro de la Gobernación; el general Fernández de Córdoba, radical, ministro de la Guerra; el almirante Berenguer, radical, ministro de Marina; Manuel Becerra, radical, ministro de Fomento, y Francisco Salmerón, radical, ministro de Ultramar. De la popularidad de Emilio Castelar da prueba el que obtuvo 254 votos mientras Figueras solo obtenía 224. El nuevo Gobierno encontró problemas en todas partes. El primer obstáculo al que tuvo que enfrentarse fue la necesidad de reservar cuatro carteras, de las ocho del nuevo Gobierno, para los radicales, en las personas de hombres que habían sido ministros de don Amadeo de Saboya. Era una república proclamada por los que hasta el día anterior se reconocían como monárquicos, lo que obligaba al Partido Republicano a extrañas y comprometidas alianzas. La república recibía así en herencia todos los errores cometidos desde el 68 y se encontraba hipotecada por el apoyo de los radicales, que se aprovecharon de la debilidad de una república proclamada por los monárquicos. Inicialmente Pi y Margall se opuso al pacto con los radicales, pero al final se impuso la tesis de Emilio Castelar, que, llevado de su moderantismo, de su afán por querer la república para todos y de que fuera un régimen nacional aceptado por todos los partidos, se mostró favorable a esta alianza.

En su discurso de ese mismo día dijo Castelar:

> El partido republicano no reivindica la gloria que sería para él haber destruido la monarquía; la monarquía ha muerto sin que nadie, absolutamente nadie, haya contribuido a ello más que la Providencia de Dios. Nadie ha acabado con ella; ha muerto por sí misma. Nadie trae la República; la traen las circunstancias; la trae una conspiración de la sociedad, de la naturaleza y de la Historia.

Lo que dijo Castelar era cierto, pero también que la república llegaba con cinco años de retraso, durante los cuales España se había desangrado poco a poco, desprestigiando a sus hombres públicos, arruinando su economía, y no solo había perdido la fe en los principios bajo los que se inició la revolución, sino en la revolución misma. También Pi y Margall insistió en la misma idea, con cierto aire de resignación ante lo sucedido:

> La República vino por donde menos esperábamos. De la noche a la mañana Amadeo de Saboya, que en dos años de mando no había logrado hacerse simpático al país ni dominar el creciente oleaje de los partidos, resuelve abdicar por sí y por sus hijos la corona de España. Vacío el trono, mal preparadas aún las cosas para la restauración de los Borbones, sin más príncipes a que volver los ojos, los hombres políticos sin distinción de bandos ven casi todos como una necesidad la proclamación de la República. ¿Qué República era la proclamada? Ni la federal ni la unitaria. Había mediado acuerdo entre los antiguos y los modernos republicanos, y habían convenido en dejar a unas Cortes Constituyentes la definición y organización de una nueva forma de gobierno. La federación de abajo arriba era entonces imposible.

La imagen que la Primera República ha dejado en la bibliografía, como dice Juan Antonio Lacomba, es poco afortunada, pues se presenta siempre como un mito positivo o negativo según la ideología del autor, en vez de presentarse como lo que realmente fue, un proceso revolucionario burgués de largo arranque que en 1873 intentará consolidarse en medio de una crisis económica y de una crisis política en cuya cresta se sitúa la república. Hoy, como dice el profesor Jover, ya no hay lugar para la ingenua beatería ni para la condena total, aunque desgraciadamente se simplifique su visión de una forma más sutil, mediante el olvido, la trivialización y el menosprecio. Una parte fundamental de la imagen de la Primera República la dan los libros de historia escritos por los protagonistas, miembros del Partido Republicano fuertemente ideologizados que utilizaron estos escritos como medio de justificar su actuación en el periodo republicano. Entre estos autores destacan Castelar, Pi y Margall, García Ruiz, Morayta y posteriormente Blasco Ibáñez. Es difícil exagerar la importancia que tuvo la palabra de Castelar para consolidar una imagen negra del año 1873, ya que advirtió continuamente que el republicanismo español, al negarse a poner límites a su proyección utópica, estaba cegando los caminos de su consolidación. Fue también Castelar quien denunció desde el campo republicano la insensatez del movimiento cantonal y quien creó el estereotipo de que en la época republicana había que escoger entre ser cantonal y ser español. La visión de Castelar la reafirmó posteriormente en su *Historia de España* Miguel Morayta, amigo y seguidor suyo. Pero no se puede olvidar tampoco la mitificación heroica de la extrema izquierda, la justificación de su más que discutible gestión gubernamental y la exculpación de su postura irreductible al final de la república, que elaboró Pi y Margall, *a posteriori*, en una obra histórica en la que la verdad está sometida a la justificación de la actuación del autor. Esta visión fue recogida posteriormente por Blasco Ibáñez, que la impuso, incluso entre los propios republicanos, frente a la visión que habían proclamado Morayta y Castelar.

Entre septiembre del 68 y febrero del 73, el número de republicanos había aumentado en toda España e incluso en Madrid, donde, a pesar del ruido que organizaban, los progresos del partido eran menores que en el resto de las provincias. Pero, pese a que el crecimiento republicano era evidente en algunas regiones, no había llegado a ser un movimiento mayoritario ni entre la opinión ni entre los españoles. Además, las bases del republicanismo eran socialmente heterogéneas al mezclar a gente procedente de la clase media y de las clases trabajadoras cuyos objetivos últimos y las tácticas políticas para lograrlos diferían radicalmente. Mientras unos creían en la legalidad y en la consolidación de una república que mantuviera el orden social establecido, los procedentes del cuarto estado, creyendo encontrar en la república federal la panacea de sus males, llevaron a cabo numerosos intentos de revolución cantonal y social dirigidos por el sector intransigente de los federales. Como dice Antoni Jutglar, la injusta distribución de la propiedad a causa, entre otras cosas, de las desamortizaciones y la cuestión obrera eran problemas gravísimos en la España de 1873 que generaron rápidamente contradicciones entre los republicanos. El proletariado agrícola e industrial, al no sentirse ligado a las reglas del juego liberal, trató de ensayar por su cuenta caminos diferentes buscando la organización de una sociedad nueva sobre bases sociales y económicas diferentes. En este camino fueron animados tanto por la Internacional como por los cantonalistas. Inmediatamente estallaron algunos motines campesinos, especialmente en Montilla; levantamientos que eran reflejo de la situación general del campo español, donde el 53 % de los campesinos carecían de tierra. A estos movimientos de carácter social se unieron muy pronto los primeros signos de indisciplina militar, el envalentonamiento de los carlistas y el recrudecimiento de la guerra en Cuba y Filipinas.

Para Miguel Artola:

> La proclamación de la república supone la aparición de nuevas líneas de fricción política y social. En primer lugar, se plantea el conflicto entre una asamblea dominada por los recién convertidos radicales y los que, por el cambio de régimen, acababan de adquirir la condición de partido gubernamental. El 11 de febrero, la Asamblea dejó sin definir el carácter unitario o federal de la República, por cuanto decidir entre los diversos proyectos implicaba nuevos enfrentamientos entre sus partidarios. Finalmente, el gobierno se verá superado en todos los momentos por las iniciativas revolucionarias de nuevos centros de poder, que se crean en virtud de una libre interpretación del supuesto federal del régimen —cantonalismo— o de una total negación de éste, que podrá manifestarse a través del retraimiento de todas las tendencias monárquicas o por la lucha abierta, como en el caso del carlismo.

La república no fue una simple continuación de la etapa política anterior, sino que, como explica Jover, existían siete planos de discordancia con respecto al contexto histórico precedente: república frente a monarquía; federalismo frente a centralismo; Estado neutro en materia religiosa frente a Estado confesional o tutelar; régimen de intelectuales frente a régimen de generales; desorden y utopía frente a un orden identificado con la eficacia administrativa al servicio del poder; religación entre ética y política frente al pragmatismo de la tradición moderada, y revisión crítica del régimen de propiedad resultante del proceso desamortizador frente a la tendencia sacralizadora del mismo. Todos estos planos de discordancia y ruptura con lo anterior surgieron además en el marco de un insólito aislamiento internacional, de una situación de guerra civil y de una fáctica compartimentación regional que no tenía precedentes desde la época de la guerra de la Independencia contra los franceses.

Para Miguel Morayta la república tuvo el apoyo inicial de los radicales, el respeto de los conservadores y la unanimidad de los republicanos, pero lamentablemente en el transcurso del tiempo los fue perdiendo. Importaba la continuación de la Asamblea para que los vencedores reconocieran la impureza de la realidad política y se sometieran a ella. En su papel de opositores se habían manifestado de una intransigencia absoluta respecto a algunas de las decisiones que necesariamente debe de tomar quien gobierna y habían además proclamado programas tan excesivos, muchas veces solo para fundar su oposición a los actos del Gobierno, que muchos de sus correligionarios no iban a dar crédito a la realidad de que entre la monarquía de don Amadeo, gobernada por Ruiz Zorrilla, y la república de Figueras no podía verse inmediatamente más diferencia política esencial que la carencia de rey, puesto que las reformas políticas, administrativas, sociales y económicas, por radicalísimas que fuesen, no podían lucir sus efectos y consecuencias sino a costa de tiempo.

El problema clave de la república en aquellos momentos era intentar hermanar la concordia, la libertad y el orden sobre un panorama de gran desigualdad social y económica como el que había en España. A causa de la grave crisis económica el crédito estaba sumamente debilitado, la fuente financiera básica la constituía no el cobro de impuestos, sino la venta de bienes nacionales y de las minas, la situación social era caótica, y los problemas políticos, múltiples, complejos y agudos. El propio Engels, al analizar la realidad española de aquellos años, dio este pesimista juicio:

> España es un país tan atrasado desde el punto de vista industrial que es imposible hablar siquiera en ella de una eman-

> cipación inmediata de la clase obrera. Antes de que pueda llegarse a ello tiene que atravesar España un desarrollo de varios estadios y superar una serie de obstáculos.

Para hacer frente a esta crítica situación, escribe María Victoria López-Cordón, el programa económico de los hombres de la Revolución de Septiembre podía resumirse en tres puntos: establecer el librecambio, resolver los problemas presupuestarios y llevar a cabo una reforma monetaria. Solo el último punto se cumplirá plenamente con el establecimiento de la peseta como unidad monetaria y la adaptación de la economía española al patrón bimetálico.

El profesor Juan Antonio Lacomba, en su obra *La primera república. El trasfondo de una revolución fallida*, afirma que, pese a lo que a veces se ha dicho, no es cierto que las urgencias políticas hicieran olvidar a los dirigentes republicanos los problemas de la economía nacional. Pero no hubo una adecuada estimación de los problemas económicos, reduciéndose en verdad las preocupaciones a la Hacienda y a las cuestiones sociales. Por eso, los males de fondo apenas si fueron abordados, y todo el desfalleciente tinglado vino a agravarse por la sobreimpresión de dos acciones corrosivas: de un lado, la guerra carlista, que creó estrangulamientos a la economía y dificultades supletorias al Tesoro; de otro, la rebelión cantonalista, desarticuladora, onerosa y sembradora de caos en la vida del país. Por eso ha podido escribir el profesor Vicens Vives que la Primera República se descompuso «como consecuencia de la secesión carlista y de la insurrección cantonalista».

Los republicanos tuvieron conciencia de la necesidad de efectuar una reforma agraria para modificar la propiedad de la tierra con el fin de mejorar la condición de los más desfavorecidos gravemente perjudicados por el proceso desamortizador, pero no lograron mejorar el rendimiento para evitar hambrunas. La industria metalúrgica fue favorecida por el librecambismo y emprendió un desarrollo acelerado, aunque fue perjudicada por la guerra carlista en el País Vasco. También la guerra perjudicó notoriamente la industria catalana, pues, por las dificultades que creó a los transportes, las mercancías sin salida se acumularon y algunas empresas se vieron en trance de cerrar. Lo más significativo fue sin embargo que, si bien la política librecambista del arancel Figuerola favorecía a algunos sectores e hizo posible una modernización del utillaje industrial, creó problemas en el mercado interior a las manufacturas españolas, especialmente a las catalanas, generándose así un ambiente hostil a la república entre la burguesía industrial de Cataluña. La minería alcanzó una expansión muy fuerte gracias fundamentalmente al aumento de las exportaciones, generalmente de mineral de hierro, que dieron origen a un importante proceso de acumulación de capital en la provincia de Vizcaya. Pero simultáneamente a este auge, los apuros del Tesoro Público obligaban a seguir enajenando bienes nacionales. Así el 17 de febrero, en una operación que ya estaba prevista por la Ley de Presupuestos de 1872, se vendieron las minas de Río Tinto a Mathenson y Compañía de Londres por la cifra de 92.800.000 pesetas. Fue un flaco negocio muy criticado, pero la república se encontró el Tesoro exhausto y, para hacer frente a los gastos generados por la guerra carlista y los problemas de orden público planteados por la insurrección cantonal, hubo de embarcarse a veces en operaciones sumamente onerosas. Para hacer frente a los gastos no disponía de más recursos que las aduanas, las rentas y las contribuciones transitorias.

Desde el punto de vista social, por tímida que fuera la labor de la república y por moderada que consideremos su legislación, fue la primera vez que un Gobierno se preocupaba de tomar medidas para mejorar la situación de las clases jornaleras y poco o nada más se hizo en este campo hasta los comienzos del siglo XX. La prensa republicana, sin dejar de reconocer las dificultades con que se encontraban sus gobernantes para desarrollar su programa, insistió en la necesidad de las reformas e incluso señaló las más importantes, las que pedían reiteradamente las bases del partido: jornada laboral de nueve horas; salario mínimo de seis reales; prohibición del trabajo a los niños; suspensión del trabajo de las mujeres en los talleres donde haya hombres; jurados mixtos; reforma de la legislación sobre la herencia; acceso a la propiedad del arrendatario; revisión de las ventas ilegales de bienes comunes y propios; propiedad colectiva de bosques, dehesas y pastos; creación de barriadas obreras y asilos; enseñanza primaria obligatoria y gratuita, y fundación de bancos de crédito obrero. Las conquistas fueron mucho menores. Por la Ley del 24 de julio de 1873 se prohibió el trabajo en fábricas, talleres, fundiciones o minas a niños menores de 10 años; se limitó a cinco horas la jornada para niños menores de 13 años y niñas menores de 14; se decretó obligatoria la escuela a cargo del Estado en las fábricas de más de ochenta trabajadores situadas a cuatro kilómetros de lugar poblado; se declaró obligatoria la existencia de botiquín y asistencia médica para los accidentados, y se establecieron jurados mixtos para controlar el cumplimiento de las normas dictadas. Desgraciadamente, señalan Catalinas y Echenagusía, estas medidas, al igual que las que fijaban horarios de trabajo para todos los obreros con el fin de acabar con la competencia entre fabricantes y localidades, no se cumplieron, y de hecho hasta 1900 no estuvo regulado el trabajo de los niños. En cuanto al campo, se buscó acabar con dos grandes males: los foros y la *rabassa morta*, que arruinaban a los pequeños campesinos de Galicia y Cataluña respectivamente, si bien las medidas republicanas fueron anuladas posteriormente por el gabinete del general Serrano. La brevedad del período republicano no permitió más avances; poco era, pero hay que tener en cuenta que hasta la llegada de la república la preocupación social en los Gobiernos había brillado por su ausencia.

Respecto a las colonias, como escribe Isabel Roldán,

> Rafael María de Labra, Francisco de Pi y Margall y Castelar fueron las figuras del republicanismo español más preocupadas por el tema colonial. Prestaron especial atención, al problema de la abolición de la esclavitud y al de la autonomía colonial, elementos esenciales de una forma de colonialismo reformista propuesto por el republicanismo español. Y es que el republicanismo del XIX no fue anticolonialista ni denunció la existencia de las colonias, pero no dejó tampoco de buscar alternativas, no siempre expresadas con precisión, a la política colonial de los gobiernos monárquicos

denunciada sistemáticamente por su carácter opresor y su rapacidad.

Al contemplar el problema colonial el republicanismo caía pues en una contradicción, reconocían a largo plazo la independencia de las colonias, pero mantenían, y especialmente Castelar, que formaban parte de España.

Estanislao Figueras y Moragas fue el primer presidente del Poder Ejecutivo republicano. Prestigioso abogado de larga trayectoria republicana, era respetado por su bondad y austeridad, pero su falta de entusiasmo y su debilidad de carácter no eran las características personales más apropiadas para desempeñar ese puesto en momentos tan críticos. El mando le agobiaba y le abrumaban las responsabilidades, por lo que en los escasos cuatro meses de presidencia fue incapaz de ejercer el liderazgo sobre un Gobierno en el que participaban los primeros espadas del Partido Republicano. Constituido el Gobierno Figueras, los desórdenes públicos, la delicada situación creada en Cataluña por grupos federalistas que desconocían el poder central, la indisciplina militar y el auge del cantonalismo no contribuyeron precisamente a la estabilidad de una república que estaba en manos de una Asamblea de mayoría radical. La preocupación principal era el orden público, Castelar había afirmado: «El primer tiro que se dispare en España herirá la república», y fue uno de los líderes que intentó convencer a los republicanos de que el triunfo de sus ideas a través de la legalidad, a través de las elecciones, era el medio más seguro para imponerse, pero no se había dado cuenta todavía de que en España los partidos políticos estaban organizados para la pelea, pero desorganizados para la legalidad. Figueras, Pi y Margall, Salmerón y Castelar hicieron un llamamiento para el mantenimiento del orden público que fue desoído por sus seguidores; nadie sabía muy bien qué significaba la república federal, pero en todas partes se generalizó la pelea entre los radicales y los republicanos que pretendían desalojar a aquellos de sus puestos en la administración del Estado y en los ayuntamientos. En pocos días Pi y Margall logró el restablecimiento del orden y la disolución de las Juntas, que fue bien vista por todos, pero la reposición de los ayuntamientos radicales disgustó a los republicanos.

La situación contradictoria que se vivía en España con motivo de la proclamación de la república con sectores de la población aterrados ante la proliferación de rumores sobre desórdenes y la euforia de los republicanos que habían conseguido su objetivo, después de décadas de durísima lucha clandestina, la refleja bien la anécdota que relata Enrique de Tapia:

> La euforia de los admiradores de Castelar es tan grande que deciden darle una serenata. El 15 de febrero, a las once de la noche, una banda de ingenieros, a la puerta del domicilio del tribuno en la calle de Serrano, le agasaja con piezas escogidas. Castelar se asoma al balcón del piso segundo y obsequia a la muchedumbre con un discurso inconfundible, centelleante, verdadero regalo para la plebe, que no tiene ocasión de oírle. ¡Qué lejos estamos todavía de la radiodifusión! Finaliza la banda con la Marsellesa, y don Emilio distribuye entre los amigos que, suben a felicitarle, dulces y cigarros. Se asegura que allí había personajes distinguidos, aunque esto no se ha podido comprobar.

Castelar, en calidad de ministro de Estado, escribe Maisonobe, tuvo, como su admirado Lamartine en la Francia de 1848, la misión de notificar a las potencias extranjeras la llegada del nuevo régimen que España se había dado. Había sonado la hora del triunfo para Emilio Castelar, pero se acercaba también la hora de las desilusiones. Como ministro de Estado, escribe Hennessy, vio como el fracaso de la república en encontrar pronta solución al problema del orden público tuvo un efecto desastroso en la opinión diplomática y el capital extranjero. Fue precisamente esta experiencia la que le despertó el sentido del realismo político, confirmándole su creencia en la política moderada y en la necesidad de restablecer la disciplina en el ejército como requisito previo para el reconocimiento por las potencias extranjeras y la atracción del tan necesitado capital extranjero. Pero en el exterior y pese a sus esfuerzos no consiguió que la república fuera tomada en serio en Europa, donde solo la reconoció Suiza, sin que lograra borrar las reticencias de Francia.

Castelar respondió al reconocimiento por parte de Suiza con una emocionada carta dirigida al presidente de la Confederación, cuyo manuscrito se conserva en la Biblioteca Nacional:

> A su excelencia el Presidente de la Confederación Suiza. He recibido con la más viva emoción el despacho de V E fechado en Berna el día 24 de febrero en que me anunciaron el reconocimiento solemne de la República Española por ese Consejo Federal y lo he comunicado al Poder ejecutivo. Por su expreso encargo os digo que podéis estar seguro de que el gobierno español sabrá corresponder a vuestra preciada amistad. Nuestro pueblo al entrar en la forma política que consagra y asegura su soberanía, siente el más vivo afecto por los pueblos que han sabido establecerla con decisión y conservarla con gloria. La grandeza e nuestras instituciones su ejercicio regular y pacífico acabaron por darnos esa moderación que necesitan los pueblos destinados a gobernarse a sí mismos y que unida a las altas cualidades y a las preciadas glorias de nuestra raza alcanzarán que al pie de los Pirineos como al pie de los Alpes se levante una República tan sólida y tan duradera como nuestro sacratísimo suelo. La actividad que habéis desplegado para reconocernos y el celo para comunicarnos este reconocimiento me dicen que participamos y que participan vuestros conciudadanos de estas mismas esperanzas. Contad con que no perdonaremos medio alguno de confirmarlas y de continuar en las más estrechas y cordiales relaciones con la Federación Suiza. El Ministro de Estado aprovecha esta formidable ocasión para ofrecer al Consejo Federal y al Sr Presidente de la Confederación el testimonio de su vivo aprecio y de su más profundo respeto. Madrid.

En América, salvo el consuelo de que los Estados Unidos, modelo de república para los republicanos españoles, fuera el primer país en reconocer la república española, solo se unieron al reconocimiento Guatemala y Costa Rica. Fue Castelar quien recibió el día 15 de febrero la visita del embajador estadounidense Sickles, quien le comunicó el apoyo de su país al nuevo régimen y le aconsejó reformas políticas en Cuba y la abolición de la esclavitud. Pero, pese a esta visita, bien pudo decir Castelar: «Estamos solos».

Castelar disolvió, por decreto, las Órdenes Militares de Santiago, Alcántara, Calatrava, Montesa y San Juan, y las reales Maestranzas de Sevilla, Granada, Ronda, Valencia y Zaragoza, ya entonces reducidas a recuerdos arqueológicos. También terminó con el cuerpo de Hijosdalgo de Madrid, las Reales Órdenes de Carlos III y de Isabel la Católica y los títulos nobiliarios. Suprimió también la inútil y dispendiosa Comisaría de los Santos Lugares. En el preámbulo del decreto se afirmaba que:

> En una República bien organizada debe el hombre fiar sus recompensas más a la virtud intrínseca de sus méritos y al aprecio moral de sus conciudadanos que al brillo de las áureas y diamantinas placas. En una República la libre asociación y no el poder debe ofrecer en certámenes, en oposiciones, en concursos sus premios a la inteligencia y el trabajo que honran toda una vida y se transmiten como vínculo de honor a toda una familia.

Exponía que esas distinciones eran incompatibles con el Gobierno republicano y criticaba además su desmesurado aumento y el comercio que se realizaba con ellas, poniendo como ejemplo que en 1819 los frailes de Atocha recibieron del rey autorización para vender en almoneda grandes cruces de Isabel la Católica y reparar con el producto su convento. Terminaba el decreto afirmando que:

> A un pueblo de ciudadanos le basta con que todos los cargos públicos desde el cargo de jefe de un municipio hasta el cargo de jefe de un Estado, sean electivos y se deban al aprecio universal. En virtud de estas consideraciones el Ministro que suscribe propone al Poder ejecutivo el siguiente decreto: Artículo 1. Se declaran extinguidas las órdenes de Carlos III, María Luisa e Isabel la Católica. Artículo 2. Quedan disueltas las Asambleas de estas órdenes. Artículo 3. Los

> dignatarios de ellas entregarán sus archivos al Ministerio de Estado. Artículo 4. Este Ministerio recogerá a medida que vaquen las insignias pertenecientes a condecorados en España y en el extranjero que son propiedad del Estado y las distribuirá entre los diversos museos arqueológicos de la nación. Madrid 29 de marzo de 1873.

Una de sus acciones más recordadas fue la creación, desde su puesto de ministro de Estado, de la Academia de Bellas Artes de Roma, institución que todavía subsiste, que se financió inicialmente con los fondos sobrantes de la obra pía de Santiago y Montserrat, y luego con presupuesto del Ministerio de Estado. La plantilla prevista para dicha institución era de un director, ocho pensionados de número y cuatro de mérito escogidos mediante concurso público entre músicos, pintores, escultores, arquitectos y grabadores. Las pensiones duraban tres años. Como consecuencia de la lentitud de los trámites burocráticos, el decreto se publicó el 8 de agosto y lo firmaron Salmerón como presidente del Poder Ejecutivo y Santiago Soler y Pla como ministro de Estado, ya que Castelar había pasado mientras tanto a la presidencia de la Cámara, pero la idea de la creación de la Academia y el preámbulo del decreto fueron obra de Castelar, como atestigua Miguel Morayta. Este cuenta que paseaba una tarde con Castelar y hablaron de las cuantiosas rentas que España tenía retenidas en Roma y de las cuales alguna, como las de la obra pía de Jerusalén, se gastaba muy mal, poniendo como ejemplo que con cargo a esas rentas en tiempos de Narváez hubo una bailarina pensionada. Habló entonces Castelar de fundar con aquel dinero una escuela de escultores, grabadores, pintores y músicos, y encargó a Morayta que estudiara la viabilidad del proyecto. Castelar reunió a artistas y críticos de bellas artes de algún renombre, expuso su idea en un brillante discurso, todos aplaudieron su propósito y se formó una comisión bajo la presidencia de Miguel Morayta, de la que formaban parte Jareño, Ponzano, Haes, Balart, Martínez, Arrieta, Cañete, Fernández y González y Gisbert. Apremiada por Castelar, la Comisión se reunió, nombró ponentes, y la presidencia redactó los estatutos y reglamentos, a los que dio la última mano Balart. Morayta escribió el proyecto de decreto al que Castelar puso brillante preámbulo.

El 24 de febrero se planteó la primera crisis en el Gobierno republicano a causa de una maniobra de Martos desde la presidencia de las Cortes que trató de expulsar del Gobierno a los cuatro ministros republicanos para hacerse con el poder en la solución de continuidad impuesta por la crisis. Hizo ocupar por la Guardia Civil el Palacio del Consejo y los Ministerios de Gobernación y Hacienda; nombró capitán general de Madrid a Moriones, y, de acuerdo con el alcalde marqués de Sardoal, aprestó a algunos batallones de la Milicia Nacional para que salieran a la calle en el momento preciso. Según Pi, que se impuso a Martos gracias a una fulminante visita y un violento diálogo, este pretendía constituir una república unitaria con zorrillistas y sagastinos bajo la presidencia de Serrano. El primer Gobierno republicano estaba salvado, pero, cuando se fueron los radicales del gabinete, los republicanos se quedaron solos, aislados en una cámara de mayoría radical, sagastina, alfonsina y carlista, y con graves fracturas internas en el partido.

La Diputación de Barcelona, presidida por Baldomero Lostau, proclamó el 9 de marzo el Estado catalán y se dispuso a licenciar las tropas y sustituirlas por milicias alistadas por la propia Diputación. La situación era realmente grave, pero el presidente Figueras viajó a Barcelona y acertó a sofocar mediante la persuasión aquella aventura cantonal. Castelar hubo de intervenir el 15 de marzo en respuesta a una interpelación sobre los sucesos de Barcelona:

> Señores representantes: la verdad es que una cámara no hace lo que está haciendo esta Cámara; no crea un gobierno, no le nombra para luego escupirlo, denigrarlo, abofetearlo y envilecerlo. Si no os gusta este gobierno, señores representantes, si este gobierno no os inspira confianza, si creéis que sus ideas no pueden aplacar las tormentas y si sus personas no os ofrecen las garantías necesarias para conservar el orden, derribarle, pero no le quitéis autoridad y luego pidáis energía.

Ese era el clima al que debía hacer frente el gabinete Figueras, y eso que, consolidado el Gobierno, a pesar de algunos incidentes aislados, se vivía con tranquilidad en la mayor parte del país, aunque la prensa mantuviese lo contrario haciendo una guerra implacable al Gobierno, de la que algunos echaban la culpa a Pi y Margall por haber suprimido las subvenciones a muchos diarios tanto amigos como enemigos. Solo *La Discusión* y de vez en cuando *La Igualdad* defendían al Gobierno, el resto lo atacaban con maneras que no eran en ninguna forma corteses.

Pese a la difícil situación, Solé Tura y Aja reflejan que:

> El primer gobierno, dirigido por Figueras, adopta las medidas populares que la monarquía democrática había negado: promulga una amplia amnistía, suprime los consumos y establece la desaparición de las quintas (ley de febrero de 1873), de manera que en adelante el ejército estará integrado sólo por voluntarios. El gobierno intenta además mejorar la situación de las clases populares, apoyando la creación de comisiones paritarias de fabricantes y obreros.

El 21 de marzo, antes de que se disolvieran las Cortes al día siguiente para convocar elecciones, se cumplió un gran anhelo de Castelar, la abolición de la esclavitud en Puerto Rico que había defendido en un gran discurso desbloqueando la obstrucción que ejercían los enemigos de la abolición inmediata. Tuvo el honor de firmar como ministro de Estado el decreto de abolición. Esta medida abolicionista no se pudo extender a la isla de Cuba, en donde se encontraban el mayor número de esclavos por la situación de guerra civil que allí se vivía y por la fuerza política y económica de la oligarquía azucarera criolla y española.

El 25 de marzo se hizo público un escrito, titulado *El Poder ejecutivo a la Nación*, redactado por Castelar y firmado también por Figueras, Salmerón, Acosta, Pi, Chao y Sorni en el que se alertaba de los daños que provocaba la sublevación carlista pese a la acción de los soldados del ejército republicano que demostraban su eficacia gracias a las reformas emprendidas, se anuncia la creación de cuerpos de francos y se apelaba a que

> ... los ciudadanos armados mantengan la paz pública, el hogar, la propiedad a fin de disponer de los soldados para caer con fuerza y rigor sobre las facciones. Sólo así podremos demostrar que merecemos la libertad reservada a los pueblos capaces de redimirse y salvarse por sí mismos. Sólo así con esfuerzos heroicos podremos salvar la República y con la República la libertad de la patria.

Tras la disolución de las Cortes, el 22 de marzo se nombró una Comisión Permanente que reflejaba la composición de la Asamblea recién disuelta, formada por 22 miembros de los que solo cinco eran republicanos históricos, razón por la que los radicales conservaban la mayoría en la Comisión Permanente, que era el órgano supletorio de la soberanía nacional hasta la reunión de las nuevas Cortes. Entre sus funciones estaba la de proponer al Gobierno la reapertura de la Asamblea en circunstancias extraordinarias. Martos recurrió a esta facultad de reabrir las Cortes para intentar impedir que se eligiera una nueva Asamblea y dar un golpe que hiciera caer al Gobierno de Figueras. Estaba de acuerdo con Serrano y un grupo de generales, y posiblemente con Sagasta y gran parte de la derecha de la Cámara recién disuelta. Ante la situación que se planteó, Pi, que se había hecho cargo del Gobierno, pues Figueras, deprimido por la muerte de su mujer el día 20 de abril, se había retirado temporalmente, actuó con energía, lanzó las milicias a la calle y dominó una situación muy peligrosa. El alcalde de Madrid, Juan Pablo Marina, de acuerdo con los conjurados radicales, había citado a los milicianos monárquicos para una revista en la plaza de toros, mientras los generales Caballero de Rodas y Serrano y el almirante Topete aguardaban el aviso para ponerse al frente de los 4000 insurrectos, pero la rápida reacción del Gobierno abortó este intento de golpe de Estado.

Ante el peligro de que las enfurecidas masas republicanas asaltaran el Congreso y lincharan a los miembros de la Comisión Permanente, desde el Ministerio de la Gobernación, donde estaban reunidos con Pi y Margall, se dirigieron al Congreso Salmerón, Sorní y Emilio Castelar. Como cuenta Morayta:

> Trabajo les cuesta, por la multitud de gentes que pueblan la Carrera de San Jerónimo, llegar al fin de su camino. En él penetran desafiando la actitud de las turbas, que no los conocen; mostrando este hecho de qué suerte no dominaban en ellas los republicanos. Hallan a los miembros de la Permanente, ya pocos en número a la sazón, y dándoles el brazo para defenderlos con su cuerpo, salen a la calle. Cerrada la puerta que da a la calle del Florín, mandan abrirla; al estrépito acuden buen número de tumultuados, que instintivamente se echan el fusil a la cara, y Castelar les grita: «¡Matadme, si queréis matar a un republicano de toda la vida, pero respetad a quienes vienen conmigo!». Y la turba abre paso, y Castelar y luego Salmerón y después Sorní, ponen en salvo a Echegaray, a Rivero, en suma, a toda la Comisión Permanente; sólo Sardoal y Becerra, contra quienes convergían todas las iras de la muchedumbre, creyeron indispensable tomar algunas precauciones para abandonar el Congreso.

Reflejo de lo ocurrido es la carta que Echegaray envió a Castelar pocos días después:

> Querido Castelar, no le he escrito a V antes por ser tema personal y le llegase la carta y pudiera perderse entre tantas otras como llegarán al Ministerio. No le diré a V nada de lo que siento por V, porque no faltan palabras aunque tuviera su elocuencia, para expresarlo. Me ha salvado V la vida y me la ha salvado V con peligro inminente de la suya, estuvo V admirable, ya se lo dije a V entonces mismo porque casi pensaba más en V que en las gentes que nos rodeaban. Era su amigo de V y su admirador, desde la madrugada del 24 crea V que soy su hermano. Sean cuales sean las vicisitudes políticas del porvenir, será V para mí algo sagrado y podrá V siempre disponer de mi vida he al fin es disponer de lo suyo. Le abraza a V de corazón. Echegaray. ¿Salvará V la República? Crea V que lo deseo tanto como lo dudo.

El Poder Ejecutivo triunfó el 23 de abril e inmediatamente se planteó la disolución de la Comisión Permanente. Salmerón y Castelar se opusieron a la disolución diciendo que suponía en la práctica la disolución de la Asamblea Nacional, y que eso era un acto ilegal que no estaba amparado por la Constitución del 69. Pero el rechazo a la desleal actuación de los radicales era tal que la mayoría de los dirigentes republicanos opinaron en contra de Castelar, y el día 24 de abril se publicó el decreto de disolución de la Comisión Permanente. Castelar se indignó, pero no pudo hacer nada porque tenía las manos atadas por la mayoría que amparaba a Pi y Margall y Figueras; ese día se abrió un abismo entre Pi y Margall y Castelar que tuvo funestas consecuencias para la república.

Dos de la madrugada, 23 de abril de 1873, el señor Castelar defendiendo con su poderosa elocuencia la salida del Congreso de la Comisión Permanente, 23 de abril, Madrid, en la revista española *La Ilustración Española y Americana.* [Biblioteca Nacional de España]

El 23 de abril Martos quedó fuera de juego como Rivero el 11 de febrero, y como habían desaparecido los radicales del Gobierno el 24 de febrero. Pero esta fue otra victoria pírrica para los republicanos, que se quedaban cada vez más solos ante la triste realidad de que carlistas, alfonsinos, conservadores y radicales juntos eran muchos más y comenzaban a desertar de la república. Pi y Margall salió muy fortalecido de esta crisis en la que incluso Figueras le presentó la dimisión con la idea de que se hiciera con la presidencia del Poder Ejecutivo, pero Pi se negó incluso a abrir el sobre que había recibido, adivinando su contenido, y la crisis quedó abortada. Era el momento del triunfo de los intransigentes. Aunque la emigración al extranjero de algunos líderes conservadores y radicales no estuvo justificada por una persecución desde el poder, era deprimente que dos meses después del 11 de febrero, Serrano y Topete, héroes del 68, y Rivero y Martos, sin quienes no se hubiera implantado la república, estuviesen perseguidos y emigrados.

Pi y Margall intentó hacer unas elecciones limpias, algo sin precedentes en la historia de la política española hasta el momento, y prefirió poner en peligro la mayoría republicana antes que falsear el sufragio, pero la oposición no quiso aceptar el reto republicano de participar en unas elecciones limpias y practicó el retraimiento. Esta actitud, junto con la falta de interés y la apatía de los electores, hizo del nuevo Parlamento una cámara escasamente representativa de la realidad nacional. Las elecciones a las Cortes Constituyentes se celebraron entre el 10 y el 13 de mayo de 1873. El sufragio universal se había ampliado por la ley de convocatoria de marzo a los varones mayores de veintiún años. Salieron electos una abrumadora mayoría de diputados federales, 341, pero la característica dominante de las elecciones fue la elevada abstención que llegó al 60 %. Con estos resultados se podía proclamar legítimamente la república federal, pero el amplio retraimiento de los radicales, los conservadores constitucionalistas de Sagasta, los alfonsinos y los carlistas, expresaba una mayoritaria indiferencia o rechazo del régimen. Además de los federales solo obtuvieron acta un diputado republicano unitario, veinte de procedencia radical, siete conservadores-constitucionalistas y tres alfonsinos, todos ellos presentados como independientes.

Francisco Pi y Margall. [Biblioteca Nacional de España]

13. La república federal

El 1 de junio se reunieron las Cortes, las sextas con carácter de constituyentes en el siglo XIX; eligieron como presidente al histórico republicano José María Orense, marqués de Albaida, y a propuesta de este proclamaron, inmediatamente, la república federal por 218 votos a favor y 2 en contra.

El 7 de junio se encomendó la formación de un nuevo Gobierno a Pi y Margall, pero inesperadamente fue rechazado por las Cortes. Tuvo Figueras que regresar al banco azul, y, como consecuencia de un malentendido por una frase de Pi y Margall, se produjo un incidente entre este y Figueras, quien en muy mal estado de ánimo por la reciente muerte de su mujer, rebasado por los acontecimientos y por su falta de autoridad, decidió inopinadamente abandonar España. Mientras Castelar trabajaba para conseguir formar un nuevo gabinete Figueras, según afirmó posteriormente, llamó a su cuñado Rafael Serrano y Magriñá, le dijo que pusiera algunos efectos en una maleta y que se los enviara a la estación del Mediodía. En absoluta soledad se fue a pasear por el parque del Retiro y, a la hora en que iba a salir el tren correo, entró en la estación por la parte trasera de las habitaciones del jefe de estación, ocupó un coche reservado y, en compañía de su sobrino, se dirigió por Aragón a Francia, sin que de su salida tuvieran noticia más que su cuñado, su ayudante Cortés, el padre de este, el jefe de estación y un inspector de Policía a quienes exigió palabra de no decir nada a nadie. La ausencia de Figueras no causó al principio inquietud, pues se acostaba habitualmente muy temprano, por lo que su fuga no se conoció hasta la mañana siguiente por medio de una carta que había enviado al vicepresidente de las Cortes, Eduardo Palanca.

Esta huida sin explicaciones causó estupor, y sus motivos no se conocieron hasta meses después, cuando dirigió una carta el 3 de septiembre desde Hendaya a un amigo residente en La Habana. En ella reconoce que todavía no había comprendido con exactitud lo ocurrido, afirma que tomó la decisión espontáneamente, sin presiones de ningún tipo. Hace referencia a que la república se proclamó ilegalmente por una asamblea que se debió haber disuelto, aunque en su momento no esgrimió este argumento y aceptó la presidencia del Poder Ejecutivo. Dice que solo quería estar en el Gobierno hasta la elección de las Cortes Constituyentes, y que su decisión se reafirmó con la muerte de su esposa y que no estaba dispuesto a aplicar la política conservadora y de represión que las circunstancias exigían. Acusa a Pi y Margall de que, después de su derrota en el intento de formar Gobierno el día 7, se encastilló en su ministerio como un mero empleado administrativo. Aceptó entonces permanecer diez o quince días más al frente del Gobierno mientras se encontraba una solución gestionada por Castelar, pero, al producirse el incidente con Pi y Margall, vio que ambos quedaban incapacitados para gobernar y que tampoco Castelar ni Salmerón podían formar Gobierno. Ante esta situación Figueras decidió sacrificarse:

> Con la resolución que tomé me perdí yo pero se salvó la República. Mi reputación ya la había sacrificado yo de antemano cuando acepté el difícil puesto de Presidente del Poder Ejecutivo. ¡Cuántas veces dije a mis compañeros!: «Mi reputación quedará triturada y hecha menudo polvo; pero no me importa si llegamos a las Constituyentes sin sangre y sin trastornos». El ministerio Pi pudo formarse sin inconveniente por la fuerza misma del estupor e indignación que produjo mi repentina marcha. No me importa que mi reputación padezca por mi tenaz silencio; mi conciencia me lo impone y a ella obedezco.

Figueras justificó su silencio inicial para no suscitar dificultades a Pi y Margall y luego posteriormente por no echar más fuego a la sublevación cantonal. En esta carta a quien ataca realmente es a Pi, del que dice que costó mucho hacerlo presidente, pero que el 7 de junio se comportó como un empleado administrativo sin ocuparse de la política ni del Gobierno. Añade que, cuando le pidió explicaciones por las palabras de su hermano Joaquín con una frialdad inmutable en su rostro, le dijo que su hermano no hablaba con él y que además el que a Figueras le concedieran facultades que a él se le habían negado le hacía quedar desairado y en ridículo, en un tono que denotaba una irritación profunda. Cuando «le tendí la mano y vaciló en recibirla, fue solo un momento, pero vaciló, yo lo vi y lo aseguro». Esas eran las relaciones entre los grandes líderes republicanos.

Serenata de apoyo a Emilio Castelar, ministro de Estado, en la revista española *La Ilustración Española y Americana*. «Los republicanos madrileños han tributado en estos días señaladas muestras de aprecio a casi todos los hombres públicos que hoy se hallan al frente de los destinos de la nación…». [Biblioteca Nacional de España]

Mientras se sucedía la inestabilidad en el ejecutivo republicano, a finales de mayo de 1873 habían comenzado a organizarse en grupos las diversas facciones federales. La derecha la formaban los moderados, que compartían la desilusión de Emilio Castelar ante lo que estaba ocurriendo. En esta facción se integraba el grupo de los antiguos benevolentes que veía en Castelar o Salmerón su posible jefe. Se añadieron también un grupo de republicanos que se declaraban federales más por costumbre que por convicción, y que estaban a favor de un Gobierno fuerte que reprimiera los desórdenes públicos y creían en el federalismo, siempre y cuando no significara la revolución social. En la izquierda estaban los intransigentes dirigidos por el general Contreras y por Roque Barcia que agrupaban a las bases más radicalizadas y los sectores desposeídos, para los que la calma y la legalidad que reclamaban otros líderes republicanos no significaban sino permanecer en una situación insostenible. Entre los dos extremos se encontraba un centro fluctuante que incluía desde intransigentes como Estévanez y García López, que habían sido comprados con puestos oficiales, hasta otros como Orense, Benot y Cala, que, si bien simpatizaban con los intransigentes no se decidían a incorporarse al activismo revolucionario. Este era el grupo en el que se apoyaba Pi y Margall, pero, como no representaba ningún interés particular fuera de su adhesión al federalismo dogmático, tenía poca fuerza en el Parlamento y escasos partidarios populares.

La situación en las filas republicanas no inclinaba al optimismo, y su desorganización afectaba tanto a las bases como a sus diputados. Una vez más describe la situación la expresiva prosa de don Benito Pérez Galdós al referirse al desfile celebrado por la milicia el 1 de junio:

> Se dijo, yo no lo vi, que ciertos oficiales y voluntarios intransigentes de la milicia, al aclamar frenéticamente la república federal, se pasaban la mano extendida por el cuello mirando a los ministros, como si recordaran el uso de la guillotina para castigar la debilidad, la cobardía o la traición. De esta insolencia no bien comprobada se habló toda la tarde, y alguien aseguró que tendría castigo severo. Pero

Figueras y Pi quitaron importancia a la broma descortés y nada se hizo.

En el campo internacional se produjo un hecho que Castelar detectó inmediatamente como de graves consecuencias para España, la sustitución en Francia de Thiers por el derechista MacMahon, enemigo de la república española, quien mostró una gran benevolencia hacia las actividades carlistas en Francia con los perjuicios correspondientes en la lucha que se mantenía en el norte de España. Castelar veía cada vez con más claridad que la falta de arraigo y reconocimiento de la república por las potencias extranjeras contribuía a la debilidad del régimen.

El 8 de junio formó Gobierno Pi y Margall, aunque en realidad fue el día 11 cuando comenzó su mandato como presidente del Poder Ejecutivo. Don Francisco Pi y Margall nació en 1821 en Barcelona y murió en 1901. Aunque su vida pública comenzó en 1869, era ya un veterano militante del Partido Demócrata, en cuyo seno defendió las doctrinas republicanas y federales y el intervencionismo del Estado en materia social. Fue la contrafigura y el gran rival de Emilio Castelar, y su forzada convivencia en el mismo partido y sus divergencias ideológicas contribuyeron no poco a las crisis republicanas. Las opiniones sobre su figura son muy variables, unas favorables y otras no, pero todas coinciden en el importante papel que desempeñó y en su rigidez ideológica. Para Castelar, Pi y Margall representa al hombre que cree que no se equivoca jamás. En una semblanza publicada en *El Globo* el 22 de junio de 1882, dijo de Pi:

> Hay que cuidarse mucho de este orador que se os presenta de perfil, cubierta la mirada con el cristal de las gafas, echando atrás el brazo izquierdo, en guardia el derecho, rígido el índice, esgrimiendo como para perforaros el cráneo con un golpe recto y meteros dentro toda su ciencia y todo su pacto.

Los dos rivales gozaron de gran popularidad, pero, si bien Pi y Margall alcanzó mayor predicamento entre los obreros,

Castelar tuvo mayor aceptación en el conjunto de la sociedad española de la época. Pi y Margall tenía un gran prestigio basado en su fama de hombre austero, pero Ortega piensa que «la popularidad de Pi y Margall, hombre excelente, pero de dotes escasísimas, se nutría de los ridículos desplantes de ascetismo a que solía entregarse». Cuando Valentí Almirall se queja del fracaso de la Primera República, dice: «Si Pi era tan honrado, tan honrado como decían, debieron quitarlo de la Presidencia y hacerlo cajero de la República». Incluso entre sus admiradores se reconocía que su rigidez e inflexibilidad, buenas virtudes personales, fueron las raíces de su fracaso político. Pi era ante todo un ideólogo y un político de probado desinterés personal, pero siempre le faltó capacidad de mando y habilidad para realizar e imponer su pensamiento. Como ejemplo de su actuación en política podemos traer aquí una frase de su discurso al presentar el Gobierno a las Cortes: «¿A qué viene aquí el actual ministerio? No puedo decirlo hoy, porque es necesario que antes nos pongamos de acuerdo los ministros». Esta frase retrata bien su carácter de falso enérgico que en realidad no manda cuando es más necesario. Fue víctima del alzamiento cantonal, pero para sofocarlo le estorbaba su federalismo, la misma doctrina que alentaba las subversiones locales generadoras del cantón.

Pi y Margall recibió, escribe Oliver, una herencia muy negativa, con los federales divididos en tres fracciones y unas Cortes llenas de parlamentarios inexpertos, de los cuales apenas si se reunían contadas veces la mitad de los 406 que eran. Formó además un Gobierno de segundones, con personajes desconocidos, oscuros, y, entre otros nombramientos, hizo ministro de Marina a Anrich, que luego sería carlista, y de la Guerra a Estévanez, muy mal visto por el Ejército. Según Morayta, el nombramiento del ministro de Marina fue uno de los actos más absurdos de la actuación de Pi y Margall. Federico Anrich, barón de Bretanville, no era diputado, ni republicano, ni conocido por nadie solvente; nadie se hizo responsable de haberlo recomendado, aunque parece ser que su protector fue José Prefumo, diputado por Cartagena, donde Anrich era capitán de navío. En cualquier caso, cuando cesó como ministro, se incorporó inmediatamente a las huestes de don Carlos, donde fue nombrado comandante general de la costa cantábrica. En cuanto a Estévanez, sus conflictos con el general Socías, capitán general de Castilla la Nueva, fueron continuos, y su autoridad en el Ejército, nula. A Pi y Margall no le había sido fácil formar Gobierno, ya que, si bien Castelar y Salmerón se ofrecieron para apoyarlo con todas sus fuerzas, se negaron en redondo a formar parte de su ministerio, pues opinaban que, ya que el Gobierno Figueras había caído por las discrepancias internas, formar otra vez un Gobierno heterogéneo no era la solución. Pese a que esta postura era razonable, no le faltaba razón tampoco a Pi y Margall al preguntarse: «¿Por qué no vivimos unidos si no hay causa fundamental que nos separe?». Años después se defenderá Pi y Margall preguntándose: ¿qué Gobierno se había de constituir negándose a formar parte del mismo Castelar, Salmerón y Figueras?

Jorge Vilches en *Pi y Margall, el hombre sinalagmático* dice de él que nos ha llegado una imagen de santo laico; según hagiógrafos y panegiristas, un hombre superior, honrado, sencillo, inteligente, recto, y el único defecto era el de adelantarse a su tiempo. Siempre se sintió eximido de responsabilidad política, y la culpa de los fracasos y de los errores siempre era de los otros. La república llegó contra su opinión, pues siempre creyó que la federal debía nacer de las bayonetas del pueblo y no de una asamblea. Pese a la petición de Castelar no firmó la Constitución, y la limpieza electoral de sus elecciones es un mito, en sus circulares dijo que solo era posible el voto republicano y que las oposiciones debían quedar en notable minoría.

Galdós sintetiza perfectamente el programa expuesto por Pi el 11 de junio:

> La síntesis era esta: no podían de ningún modo emprenderse las reformas económicas mientras no estuviera hecha la constitución federal a que había de ajustarse el nuevo presupuesto; las políticas de más importancia serían consignadas en la Constitución; mas era necesario ir derechos a separar la Iglesia del Estado, establecer la enseñanza gratuita y obligatoria, reorganizar el régimen colonial y abolir

la esclavitud en Cuba. Respecto a cuestiones sociales afirmó la necesidad de implantar las mejoras ya realizadas en otros países, y las que fueran necesarias para proteger a las mujeres, regular el trabajo de los niños y vender los bienes nacionales en beneficio de los proletarios.

La política social fue efectivamente una de sus preocupaciones, e intentaba mejorar las condiciones de vida de las clases trabajadoras. Por otro lado, intentó tomarse en serio la reforma agraria y en junio de 1873 presentó un proyecto de ley al respecto, criticó la desamortización y propuso la venta de la tierra a plazos a los campesinos.

Las cuestiones financieras fueron un desastre, entre otras cosas, por la falta de prestigio del Gobierno. Pronto se produjo un enfrentamiento entre los distintos grupos de diputados que apoyaban a Pi; los andaluces querían primero reformas políticas y administrativas y luego la subida de impuestos, mientras los diputados catalanes querían que se abordara de forma inmediata el aumento de la recaudación para hacer frente a los costes de la guerra. Mientras tanto, el marasmo en el país era completo. Los diputados catalanes amenazaron con constituirse en cantón independiente si el Gobierno no imponía el orden. En julio solo Madrid y algunas regiones estaban de hecho ligadas al Gobierno de la república. La mayor parte de las provincias iban a su aire, y parte de los diputados habían huido del hemiciclo para ponerse al frente de los cantones. La indisciplina militar iba en aumento hasta el punto de que Estévanez, que tanto elogió el Gobierno de Pi y Margall años después, dimitió de ministro de la Guerra porque el gabinete no reprimía con suficiente energía los desmanes de la tropa. Pi entregó armas al pueblo en algunos lugares para defender sus derechos y a la república, y la realidad es que sirvieron para armar a los sublevados contra la misma república. El Gobierno tenía miedo a un pronunciamiento monárquico, pero lo cierto es que se enfrentaba a una sublevación carlista y a una insurrección cantonal que iba en aumento. Los incidentes cantonales más graves se produjeron en Málaga, en Sevilla y, sobre todo, en Alcoy, donde murió, entre otros, el alcalde republicano y fueron incendiados el ayuntamiento, el juzgado y muchas de las fábricas.

A pesar de la significación radical de Pi, por más que él quisiera situarse en una posición centrista, el nuevo Gobierno fue combatido desde el primer momento por la extrema izquierda republicana que pretendía que las Cortes se erigieran en convención y se nombrara en sustitución del Gobierno una Junta de Salud Pública. A Pi se le censuró casi unánimemente porque no quiso aplicar las facultades de que gozaba en momentos tan críticos. Ante la pavorosa insurrección cantonal, limitábase a dirigir por telégrafo a los gobernadores y alcaldes amonestaciones patrióticas o saludables máximas de buen gobierno y de respeto a la ley. Pensaba que la razón y el tiempo, dos fuerzas eternamente disciplinadas, reducirían a los rebeldes a la obediencia. Pero, cuando el 29 de junio recibió facultades extraordinarias para acabar con la guerra carlista, los intransigentes lo obligaron a declarar que nunca utilizaría estas facultades contra los federales alzados en armas. Mientras tanto su gobierno se deshacía; el 28 de junio, menos de quince días después de su presentación, hubo de sustituir el primer gabinete por otro que en parte era hechura de Castelar, con lo que este se reforzaba y Pi se debilitaba. La vacilante política de Pi provocaba la continua inestabilidad de su gabinete, de forma que en cincuenta días tuvo que nombrar un tercer Gobierno.

Fue precisamente Castelar el que acudió en socorro de Pi el 21 de junio al plantear y ganar, pese a la oposición de la izquierda del partido, una proposición que permitía a Pi y Margall resolver por sí mismo las crisis ministeriales sin necesidad de que cada cambio en el gabinete hubiera de pasar por el Congreso. En un discurso que causó gran repercusión dijo Castelar:

> Yo, que estoy acostumbrado a los sacrificios, porque los he hecho, debo hacer el de sostener un gobierno y apoyar a un republicano, a pesar de no hallarme conforme con varias de sus ideas sociales. En algunos momentos me parece que he perturbado mucho a mi patria, y quiero en los años que me restan de vida, asentarla en sólidas bases de estabilidad,

> de orden, de gobierno. Y señores, la misma campaña que desinteresadamente he hecho desde la prensa, desde la tribuna, desde la cátedra, por la libertad y por la democracia, la voy a hacer ahora por la autoridad, por la estabilidad, por el gobierno.

Ante las acusaciones de ser reaccionario contestó que seguía siendo federal y demócrata y que no temía que la república pereciera por las asechanzas de sus enemigos, mientras temía mucho que se perdiera por las imprudencias y por la temeridad de los republicanos. Castelar, convertido por propia voluntad en simple diputado durante el Gobierno de Pi y Margall, al contacto con la realidad social que vivía España vio fundirse sus ilusiones y sus sueños, y en su mente empezaron a dibujarse las soluciones para que la sociedad española pudiera desarrollarse en paz y en orden. Esta evolución de su pensamiento fue la que reveló a las Cortes el 21 de junio; Castelar había unido a su idealismo el pragmatismo necesario para poder desarrollar una acción política eficaz, y lo había logrado sin abdicar de sus principios éticos. En realidad en este magnífico discurso Castelar estaba anunciando al Parlamento las medidas que pensaba adoptar cuando fuera presidente.

Tuvo Emilio Castelar una última deferencia hacia quien muy pronto sería expresidente y redactó en poco más de veinticuatro horas un proyecto de constitución que fue presentado a la Cámara en la sesión del 17 de julio. Se había creado semanas antes una comisión para la redacción de la nueva Constitución que estaba formada por veintiséis diputados. Pero en realidad la Comisión apenas si avanzó en su trabajo. El 17 de julio se leyó el proyecto que Castelar había redactado atendiendo más a las ideas dominantes que a los inexistentes acuerdos adoptados. El proyecto no fue firmado por los diputados de la izquierda que se habían retirado de la Comisión. Los 17 firmantes fueron Castelar, Palanca, Soler, Chao, Gil Berges, Pedregal, Labra, Guerrero, Montalvo, Maisonnave, Revullida, Del Río. Paz Novoa, Cervera, Martín de Olías, Moreno Rodrígez y Canalejas.

Pese a lo que muchas veces se dice, los republicanos federales estaban sustancialmente de acuerdo sobre lo que se entendía como república federal, como lo prueba el proyecto de Constitución Federal en el que las discrepancias no eran sobre la doctrina, sino sobre el proceso de realización del federalismo: los moderados lo pretendían organizando desde arriba y los intransigentes desde abajo. La *non nata* Constitución de 1873 se presenta como el desarrollo progresivo de los principios de la Revolución de Septiembre, recoge en gran parte la Constitución del 69 y en su preámbulo declara:

> Se necesitaban vivamente, en nuestro concepto, satisfacer tres exigencias en esta Constitución: primera, la de conservar la libertad y la democracia conquistadas por la gloriosa Revolución de Septiembre; segunda, la de indicar, sin perjuicio del derecho de las provincias, una división territorial que, derivada de nuestros recuerdos históricos y de nuestras diferencias, asegurase una sólida federación, y con ella la unidad nacional; tercera, la de dividir los poderes públicos en tales términos y por limitaciones tan señaladas y claras que no pudiesen nunca confundirse ni menos concertarse para mermar un derecho o para establecer una dictadura.

La Constitución que preconizaba Castelar no hablaba de cantones, sino que fundamentaba la federación sobre los Estados regionales compuestos por los antiguos reinos. Así el Artículo Primero decía: «Componen la nación española los Estados de Andalucía Alta, Andalucía Baja, Aragón, Asturias, Baleares, Canarias, Castilla la Nueva, Castilla la Vieja, Cataluña, Cuba, Extremadura, Galicia, Murcia, Navarra, Puerto Rico, Provincias Vascongadas y Valencia». Era muy extraña la ausencia de León en esta relación en la que las islas Filipinas, Fernando Poo, Annobón, Corisco y los establecimientos de África quedaban formando territorios que en su momento podrían constituirse en Estados. Los municipios, autónomos, constituían el Estado regional, y la reunión de Estados regionales, el Estado federal o nación. El Poder Legislativo, elegido por sufragio universal, estaría formado por dos Cámaras: Senado y Congreso. Los diputados percibirían dietas y no podrían ser ministros; estos no asistirían a las Cámaras salvo por autorización especial de las mismas, el presidente de la República Federal ejercería su cargo por cuatro años y nombraría al presidente del Poder Ejecutivo. Habría un Tribunal Supremo Federal, independiente de todos los poderes. Cada Estado tendría su propia constitución, que debería recoger los derechos individuales y la separación de la Iglesia y el Estado. Habría unidad de los códigos, de moneda, de pesas y medidas, y un régimen aduanero común. Se creaba una universidad y cuatro escuelas superiores de agricultura federales.

Para Jover, la Constitución *non nata* redactada por Castelar comparece en nuestra historia constitucional como una especie de cuerpo extraño, precisamente por su significación predominantemente utópica, proyectada hacia el futuro más bien que instalada en una cadena de precedentes. Su genealogía no retrocede en el tiempo más allá de la Constitución de 1869, en cambio, por más de un título resulta precursora de las constituciones españolas del siglo XX: la de 1931 y la de 1978. En el largo camino recorrido por el Estado español entre los Decretos de la Nueva Planta y el Estado de las Autonomías, el constitucionalismo federal del Sexenio viene a situarse, con sus tradiciones externas e interiores, con su falta de definiciones categóricas, con su generosa capacidad de utopía, con su inmadurez, en un crítico punto intermedio de su trayectoria.

La incapacidad para hacer frente al desorden y a la guerra acabó con Pi y Margall, quien dimitió el 18 de julio. Su principal defecto fue la falta de decisión en los momentos cruciales. La caída de Pi la provocó uno de sus ministros, Suñer y Capdevila, con un acto demagógico de apoyo a los sublevados contra el propio Gobierno del que él formaba parte. Lo absurdo de la situación rebasaba todos los límites cuando había que escuchar:

> Yo me hallo dispuesto, yo estoy dispuesto, a combatir hasta con uñas y dientes a los carlistas; yo me hallo dispuesto a castigar de un modo rudo, de un modo inexorable a los asesinos de Alcoy y a cuantos como ellos se presenten en otros puntos; pero, señores diputados, cuando se trata de derramar la sangre de mis amigos y de mis correligionarios,

> declaro que hasta aquí no llega mi heroísmo. (Un diputado: «¿Y si son facciosos?») Para su señoría serán facciosos. Acaso para mí lo son también y, sin acaso, para mí lo son también; pero una cosa es considerarlos como facciosos y otra cosa es luchar con ellos. Aquí no hay más que dos políticas con relación a nuestros correligionarios. O la política de resistencia y ataque o la política de concesiones y consideración. Yo creo que agradeceréis la franqueza con que os hablo; pues bien, yo declaro desde aquí, yo declaro desde este banco, que soy partidario con mis correligionarios levantados en Cartagena y en cuantos puntos puedan levantarse de la política de concesión. Yo no he de poner mi firma a ningún documento en el que se diga que las tropas atacarán a tiros y balazos a mis correligionarios levantados en armas.

En la votación que siguió al debate Pi y Margall logró 93 votos, pero los 119 obtenidos por Salmerón, representante con Castelar de la derecha el Partido Republicano, denotaban un viraje de las Cortes hacia el principio de autoridad. En el apoyo al nuevo Gobierno coincidió con los republicanos moderados la minoría monárquica de Ríos Rosas.

Con su dimisión terminó prácticamente la carrera política de Pi y Margall. Durante el resto de su vida fue simplemente el jefe de un grupo de republicanos y no de los más grandes. Hizo esfuerzos por volver al poder durante el período republicano, pero no pudo alcanzarlo a pesar de que se echó en brazos de la extrema izquierda, pero, cuando le disputó la presidencia del Poder Ejecutivo a Emilio Castelar el 6 de septiembre, obtuvo solo 67 votos, veintiséis menos que los obtenidos en julio, lo que corrobora que su influencia en el partido iba disminuyendo. De aquí en adelante, en su lucha contra Castelar no renunciará a ningún arma, e incluso estableció contactos con los rebeldes cantonales de Cartagena para animarlos a resistir frente al legítimo Gobierno republicano que ostentaba Castelar. En esta pelea se mostró rencoroso, vengativo y torpe y volvió a la primera línea política para vengarse de Castelar y pactar con Salmerón y Figueras la caída de su Gobierno, y con él, la de la república federal.

El sector del Partido Republicano que lideraban Castelar y

Salmerón se había concertado para arrebatarle el poder a Pi y Margall con un programa basado en el restablecimiento del orden público y en la suspensión de sesiones de la Asamblea durante unas semanas. A este grupo le parecía inconcebible que Pi buscara apoyo para gobernar en los mismos diputados que se habían separado de las Cortes y favorecido la insurrección. Frente al desarrollo del federalismo y el mantenimiento de las Cortes hasta la aprobación de la Constitución que defendía Pi y Margall, Salmerón y Castelar proponían que lo más urgente era someter al imperio de la ley tanto a la fracción insurrecta del Partido Republicano como a la extrema derecha carlista que había provocado la guerra civil.

Con Salmerón llegó al poder el ala derecha del Partido Republicano. Filósofo de formación krausista colaboraba con la prensa demócrata desde 1858 y alternó sus enseñanzas en la Universidad de Madrid como catedrático primero de Filosofía y luego de Metafísica, con la actividad revolucionaria, que lo llevó a la cárcel en 1867. Desde 1868 quedó adscrito al ala derecha del partido y participó en el gabinete Figueras como ministro de Gracia y Justicia. En protesta por la elección de Salmerón para la presidencia del Poder Ejecutivo, la extrema izquierda del partido se levantó en gran número de ciudades desde Castellón hasta Cádiz en lo que se conoce como la insurrección cantonal que, además de en esta franja costera, tuvo lugar también en ciudades como Salamanca, Andújar, Algeciras y Bailén. Mientras la sublevación cantonal se extendía por gran parte del este y del sur de España, la guerra carlista se hallaba considerablemente agravada en el Maestrazgo, en Cataluña y sobre todo en las Provincias Vascongadas, extendiéndose además a zonas levantinas, castellanas y cantábricas antes inmunes a un conflicto que mantenía sus características de lucha en frentes muy discontinuos y desiguales. Carlos VII se afianzaba en el norte y, como hiciera también el cantón de Cartagena, llegó a acuñar moneda propia en Oñate.

El centro más importante de insurrección contra el Gobierno fue el cantón de Cartagena, ciudad de gran importancia estratégica y económica en la que se encontraban abundantes pertrechos militares. Allí se concentraron importantes líderes federales, como los generales Contreras y Ferrer, el escritor Roque Barcia y Antonio Gálvez, Antoñete, un dirigente con gran carisma popular que fue el auténtico dirigente de la sublevación. Lo más preocupante fue la sublevación de la flota a la que Salmerón declaró pirata, por lo que las escuadras inglesa y alemana pudieron capturar algunas de las embarcaciones cantonales y dirigirlas a puerto neutral. La sublevación no se limitó a encastillarse en la ciudad de Cartagena, sino que sus tropas conquistaron parte de la región levantina incluyendo la importante ciudad de Orihuela y llegaron hasta La Mancha.

Antes de que se votara una república federal se declararon repúblicas independientes: Cataluña, Málaga, Cádiz, Sevilla, Granada, Jaén, Valencia, Castellón, Alcoy, Algeciras, Almansa, Andújar, Bailén, Motril, Salamanca, Tarifa y Torrevieja. Algunas se declararon la guerra. Camuñas, entre Toledo y Ciudad Real, se declaró independiente. Según Vilches, Cartagena tenía orden de resistir hasta el día 3, en que, derrotado Castelar, un Gobierno intransigente legalizaría su situación y cantonalizaría España. Ante esta situación Salmerón emprendió una política de firmeza apoyado por Castelar, aplicando las mismas medidas que luego él no apoyará cuando gobierne Castelar. La realidad fue que Castelar apoyó políticamente a los tres primeros presidentes del Poder Ejecutivo, incluso cuando no coincidían con sus propios principios políticos, y fue luego atacado por sus tres predecesores cuando él llegó al poder. La república no se pudo consolidar porque se había perdido en España la idea de legalidad y, mientras la sublevación cantonalista y la guerra civil carlista avanzaban, los diferentes dirigentes republicanos se peleaban en una inextricable polémica sobre el concepto de república federal a la que eran ajenos la mayoría de los españoles. Un hecho que mediatizó mucho la historia del republicanismo español fue la incapacidad de los republicanos para controlar los resortes del poder que eran imprescindibles para implantar una sociedad democrática, pero, además, España distaba mucho de ser republicana y el partido no supo ampliar su base social con la incorporación de núcleos significativos de obreros y campesinos.

El 30 de julio de 1873 pronunció Emilio Castelar un importante discurso en defensa de Salmerón que provocó su ruptura definitiva con sus antiguos compañeros federales. En él afirmó una vez más que el peligro carlista era evidente, pero que su triunfo, casi imposible, si se producía, obedecería a la insensatez y demencia de los propios republicanos. El motivo del debate fue el alzamiento cantonal, y en él Castelar lanzó un discurso patriótico que hacía pública, con todas sus consecuencias, la actitud que había tomado contra la doctrina federal y el cantonalismo, inducido por un españolismo que siempre había sentido, pero que la situación actual estaba robusteciendo:

> Yo amo con exaltación a mi Patria, y antes que la libertad, antes que la república, antes que a la federación, antes que a la democracia, pertenezco a mi idolatrada España, y me opondré siempre, con todas mis fuerzas, a la más pequeña a la más mínima desmembración de este suelo que íntegro recibimos de las generaciones pasadas, y que íntegro debemos legar a las generaciones venideras.

Había un punto en el programa del Partido Republicano que a la luz de la experiencia se mostró como origen de innumerables conflictos: el carácter netamente federal de la república. Esta concepción venía marcada por los ejemplos de Suiza y de los Estados Unidos de América, y, con ella, los republicanos creían que se ponía fin a dos males que gangrenaban la vida pública en España: el desmesurado costo del Estado y las sublevaciones militares. En el momento en que los republicanos llegaron al poder, la tendencia al regionalismo se había consolidado entre el pueblo español. Como dice Vicens Vives: «El regionalismo expresa la realidad de la divergencia social, ideológica y económica entre la periferia y el centro, manifestada desde fines del siglo XVIII y durante el XIX». Existía una tensión entre el Estado unitario y centralizado y el Estado federal, bien fuera en su versión carlista o republicana, y a esta lucha contra la centralización contribuyó la ruptura simultánea de las ataduras religiosas y monárquicas que habían logrado la unidad de España.

El Ejército, escribe Carmen Llorca, era para los republicanos su verdadero campo de batalla, tanto en el orden económico, puesto que se llevaba la mayor parte del presupuesto nacional, como en el político, ya que los republicanos consideraban que estaba tan ligado a la monarquía que no creían que se consolidara la república si no se acababa con él. Por esa razón lo debilitaron, pero no lo reformaron, por lo que en realidad no disponían de Ejército, y no solo por la desconfianza mutua entre los mandos y los republicanos intransigentes, sino por la degradación de la disciplina. Ningún entendimiento podía conseguirse con el Ejército mientras no se resolviese la cuestión del Cuerpo de Artillería. Ningún federal auténtico toleraba su readmisión y, aunque tanto Figueras como Castelar se dieron cuenta, por consejo del general Serrano, de la importancia de reintegrarlos al servicio, la opinión mayoritaria entre los republicanos lo impedía. Con el carlismo y el cantonalismo en plena actividad y creciendo al son de los reveses republicanos, la única columna de la república la constituía ese Ejército que en gran parte era monárquico. Los generales Pavía, Martínez Campos y López Domínguez fueron los encargados de poner fin al cantonalismo en Andalucía, Valencia y Cartagena respectivamente, y en agosto estaba derrotado salvo en Cartagena.

Para consolidar la situación Castelar propuso cerrar las Cortes entre el 1 de septiembre y el 3 de noviembre, maniobra que fue inexplicablemente boicoteada por los amigos de Salmerón, en cuyo apoyo iba dirigida. Estaba pendiente el cumplimiento de una sentencia de muerte contra un cabo y un soldado, y Salmerón dimitió antes que firmar las penas de muerte. Sobre esta decisión de dimitir Salmerón de la presidencia del Poder Ejecutivo se ha desatado siempre una gran polémica. En opinión de Álvaro de Albornoz los principios de Salmerón quedaron a salvo, pero se perdió la república, con lo que es posible que Salmerón contrajese una gran responsabilidad, pero quizás consideró que una república como la que quería la oficialidad del Ejército no valía ningún sacrificio. En opinión de Miguel Morayta, Salmerón hizo caso de sus amigos krausistas, quienes le aconsejaron que no cediera en la cuestión de las sentencias de muerte, ya que así su sucesor Emilio

Castelar, al ejecutarlas, salvaría la disciplina y la patria, pero quedaría manchado con la sangre de los fusilados y tan desprestigiado en la opinión de los republicanos que estos volverían sus ojos hacia Salmerón para llevarlo de nuevo al ministerio y mantenerlo por tiempo ilimitado. En cualquier caso, decidió aferrarse a sus principios contra la pena de muerte, presentar la dimisión pasando a ocupar la presidencia de las Cortes y dejar que el problema lo resolviera Castelar.

14. *Emilio Castelar, presidente del Poder Ejecutivo*

El 6 de septiembre de 1873 fue elegido Emilio Castelar presidente del Poder Ejecutivo por 133 votos a favor, 67 en contra y 5 en blanco. El resultado de la votación, comparado con el obtenido por los presidentes anteriores, demostraba que se estaba produciendo entre los diputados que asistían al Parlamento un corrimiento de votos hacia las posiciones de la derecha del Partido Republicano. Castelar tenía 40 años, pero, aunque joven, llegaba a la presidencia demasiado tarde para salvar la república, pues el descrédito en que el régimen había caído era superior a su voluntariosa labor para salvarla. Su acceso a la presidencia del Poder Ejecutivo está ligado al gesto de Salmerón de dimitir antes que firmar una pena de muerte, pero conviene hacer alguna precisión al respecto. A Castelar, como a Salmerón, no le gustaba la pena de muerte, pero la exigían las circunstancias del país y la presión del Ejército. ¿Obedeció la dimisión de Salmerón exclusivamente a su oposición a la pena de muerte? Parece demostrado que en su proceder, más que la repugnancia a aplicar la disciplina militar, pesó el motivo de no ceder a sus principios, pero su actitud fue muy contradictoria, ya que políticamente consideraba necesaria la pena de muerte, pero ante la eventualidad de firmar la sentencia dimitió, echando sobre otro la responsabilidad de ejecutarla. Sus sentimientos repugnaban la pena capital, pero su conciencia la admitía, y apoyó al Gobierno que lo sucedió cuando este decidió aplicarla. Como de él dijo

Castelar, su soberbia hundió la república. Castelar firmó únicamente dos penas de muerte. Según Morayta, los condenados por delitos de deserción ante el enemigo, el soldado Cirilo Rodríguez y un cabo llamado Carlos Pérez, fueron fusilados aquel en Vitoria y este en Tarragona; ambos se habían pasado a los carlistas, hecho fuego contra sus antiguos compañeros de armas y caído luego en poder de estos. Para Castelar, como enemigo de la pena de muerte fue una tragedia autorizar la ejecución de estas sentencias, aunque tuviera que reconocer que políticamente eran imprescindibles para restablecer la disciplina en el Ejército.

El gabinete Castelar, refleja Romanones, no estaba compuesto de hombres notables, pero sí de absoluta lealtad hacia su jefe. En Estado, tomó posesión José Carvajal, excelente orador y persona de gran competencia profesional; en Gracia y Justicia, un desconocido, Del Río y Ramos; en Marina, el contraalmirante Oreiro; en Hacienda, Manuel Pedregal, excelente ministro, pero cuyas dotes de hombre competente tardaron en ser reconocidas; Eleuterio Maisonnave, hombre de total confianza de Castelar, en Gobernación; el abogado aragonés Joaquín Gil Berges, en Fomento, y el catalán Soler y Pla, en Ultramar, primer ministro de esa cartera que visitó las colonias. Tardó algunos días en cubrir la cartera de Guerra, para la que al final fue designado el general Sánchez Bregua, tachado de monárquico, que en el momento de su nombramiento se encontraba al frente del Ejército del Norte. Era un militar poco práctico en achaques de campaña, pero considerado un gran conocedor de los trámites burocráticos y de la organización y administración de los negocios militares.

La fuga de Figueras, la debilidad de Pi y Margall y la inexperiencia de Salmerón, que desconocía el mundo real por vagar en el mundo de la filosofía abstracta, escribe González Araco, obligaron a recoger las riendas del poder a Castelar, pero en ese momento crucial se encontró solo, sin el apoyo de muchos de los que habían sido sus compañeros, hasta el punto de que Pi y Margall afirmó entonces que, antes que renunciar a los principios, era preferible que llegara al poder otro partido. Su gobierno significó una rápida evolución a soluciones de orden y unidad. Pero para hacer frente a la guerra carlista, a la cantonal y a la de Cuba, para restablecer la disciplina militar, para reanudar las relaciones con la Santa Sede, en el grado en que sus ideas y las circunstancias lo permitían, para respetar la unidad nacional, sanear la hacienda y dar sensación de Estado organizado, tuvo que ejercer poderes casi dictatoriales. Sin embargo, pese a lo que se ha afirmado, no tuvo que renunciar a ninguno de sus principios básicos. Previó las vacilaciones de Salmerón, por lo que, días antes de tomar el poder, afirma Varagnac, en una reunión con los miembros de la mayoría, Castelar ya había enunciado sus condiciones:

1. Suspensión de las sesiones de las Cortes.
2. Facultad de emplear a los militares conservadores para luchar contra los carlistas.
3. Restablecer el Código Militar.
4. Derecho a suspender las garantías constitucionales.
5. Derecho a disolver ayuntamientos y diputaciones.
6. Poderes para allegar recursos financieros.

Coherentemente con aquellas condiciones fijó seis puntos básicos en su programa de gobierno:

1. Indulto a cargo del ejecutivo.
2. Eliminar la desconfianza entre el ejecutivo y los militares.
3. Aumentar el Ejército.
4. Establecer milicias ciudadanas y comprar 500.000 fusiles para armarlas.
5. Empréstito forzoso de 400 o 500 millones de pesetas.
6. Suspensión de garantías y destitución de ayuntamientos y diputaciones carlistas.

En la presentación de su programa de gobierno gran parte de su discurso lo dedicó a atacar la postura de Salmerón, que, estando de acuerdo con su política, se había negado a aplicarla. Por eso le dijo, proféticamente, que ya no podrá volver el poder a su persona, porque él, Castelar, restablecerá la disciplina militar, alistará 100.000 soldados y hará la guerra con energía, y entonces le dirán que no es republicano, lo echarán y con él derribarán a la república. Salmerón no le perdonó sobre todo el tono irónico de sus ataques, como cuando dijo:

> Muchas veces he dudado, muchas veces he estado perplejo cuando he visto al íntegro, al probo, al ilustre tribuno que me ha precedido en este sitio luchar contra estas dudas y quedarse él con su conciencia íntegra y absoluta; le he admirado y siento envidia por él y lo declaro muy alto en este punto, no he tenido el valor que se necesitaba para seguirle.

Castelar expuso con crudo realismo lo que era la almendra de su programa de gobierno:

> Yo que siempre he defendido la libertad; yo que siempre he defendido la democracia; yo que siempre he defendido la república federal; yo que siempre he tenido en mi corazón un culto religioso a todos estos principios, yo os digo ahora que lo que necesitamos en este momento, porque la política no es nada o es la transacción entre el ideal y la necesidad, lo que necesitamos es orden, autoridad y gobierno.

Emilio Castelar quiso una república de todos, para todos y por todos, a sabiendas de que, infundiendo al régimen ese aliento nacional, se jugaba su prestigio personal y el crédito ante la opinión republicana perteneciente al ala izquierda del partido, que ya lo tildaba de inconsecuente e incluso lo acusaba de traición. Pero tal y como se encontraban las cosas en septiembre de 1873, la necesidad de una política enérgica era evidente. Descontando lo que tiene de justificación política y de visión interesada, es esclarecedora la *Memoria* presentada el 2 de enero de 1874 a las Cortes Constituyentes por el ministro de la Gobernación de la República, Eleuterio Maissonave:

> No hay provincia en la cual la perturbación no haya echado raíces; no hay localidad que no hayan azotado los vientos del desorden, y si sobre la faz de las unas pasó el absolutismo destruyéndolo y saqueándolo todo, sobre la superficie de las otras se desató el huracán de la demagogia entregándolo todo también al incendio y la muerte.

El 20 de septiembre de 1873 se suspendieron las sesiones de las Cortes hasta el 2 de enero de 1874. La proposición de suspensión fue defendida por Miguel Morayta y aprobada por 124 votos a favor y 68 en contra. Previamente, el 13 de septiembre ya habían aprobado las Cortes por 115 votos a favor y 72 en contra una proposición de Martínez Pacheco poniendo en vigor las Ordenanzas Militares, y el día 18 el Gobierno disolvió los Voluntarios de la República, cuerpo armado ciudadano que había participado activamente frenando los intentos de golpe del Partido Radical al comienzo del régimen, pero que ahora apoyaba la sublevación cantonal. El 21 de septiembre se publicaron los primeros decretos: el primero suspendía las garantías individuales consignadas en la Constitución; el segundo declaraba caducadas todas las licencias de armas; el tercero establecía que todo ciudadano mayor de 18 años que debiera ausentarse del término municipal donde estuviese domiciliado debería proveerse de una cédula de empadronamiento que acreditase su personalidad. El último establecía rigurosas medidas en materia de prensa cuyo cumplimiento estaba encomendado a los gobernadores civiles. Las cuatro prohibiciones básicas afectaban a las excitaciones a la rebelión, a defender los actos sediciosos, a publicar noticias de la insurrección que no fueran las oficiales y a dar cuenta de los movimientos de las tropas de la república. Los periódicos de todas las tendencias protestaron ante estas medidas y con diversos matices de indignación le recordaron a Castelar su trayectoria democrática como defensor de la libertad de expresión por encima de todo.

Según Fernández Vilaplana, entre 1868 y 1875 aparecieron en España cerca de 600 periódicos y la prensa nunca fue tan libre porque, además de la falta de control sobre ella, se fomentó su difusión con medidas económicas, como el abaratamiento del precio del papel y de los derechos de timbre y la supresión del depósito previo. Esta situación convertía a los diarios en portavoces de los partidos, y a los periodistas, en protagonistas y artífices de la revolución. En la prensa informativa dominaba *La Correspondencia de España*, de mentalidad conservadora, con más de 50.000 ejemplares, pero también *El Debate*, que llegó a ser dirigido por Galdós, y *El Imparcial*, que llegó a tirar 40.000 ejemplares en 1874. En el sector republicano destacaban *La Igualdad*, órgano de los federales con 36.000 ejemplares, y *La Discusión*, portavoz del republicanismo más moderado. Pese a las acusaciones, la actuación de Castelar fue sumamente moderada, ya que solo se impusieron diez multas y se cerraron tres periódicos. El 22 de diciembre un nuevo decreto agravaba las medidas, según Gómez Aparicio, pues los gobernadores pudieron suspender en determinadas condiciones periódicos. Los dos primeros suspendidos fueron de ostensible y subversiva orientación cantonalista: *El Justiciero* y *El Segundo Reformista*.

Retrato del político republicano español Emilio Castelar (1832-1899) de Sorolla, 1901. [Palacio de las Cortes]

Los poderes extraordinarios que obtuvo los había solicitado el propio Castelar para Pi y Margall y para Salmerón, y no tenían en apariencia otros límites que los de su voluntad, aunque públicamente se reconocía su honradez, su moderación y su respeto a la ley; esto último, gran novedad en un país donde la legalidad no era sino una palabra sonora. En ese régimen cuasidictatorial que implantó, irónicamente no tenía más arma que la magia de su palabra. Los acontecimientos, más fuertes que los hombres, lo obligaban a aplicar una política contraria a los ideales que había preconizado durante toda su vida; así, el gran defensor de los derechos individuales tenía que suspender las leyes que los garantizaban. Jamás fue tan completa la revancha de los hechos contra las doctrinas. Lógicamente la suspensión de las sesiones y de las garantías constitucionales no agradó al ala más intransigente del partido, y así, Enrique Rodríguez Solís, uno de los federalistas más exaltados, que había estado envuelto en variados movimientos cantonales, escribió que, con el nombramiento de Emilio Castelar el 6 de septiembre y la suspensión de las garantías constitucionales el 20 del mismo mes, había muerto la república, tomaban el poder los monárquicos y se perseguía toda libertad, como lo probaba el acoso a periódicos como *El Federalista.*

Como consecuencia de las medidas tomadas por el Gobierno de Castelar comenzaron a regresar uno tras otro los revolucionarios emigrados voluntariamente a causa de los sucesos del 23 de abril. Las divisiones que existían entre los constitucionalistas favorecían al gabinete de Castelar que procuró atraerse al directorio del partido formado por Serrano, Topete y Sagasta que, en el fondo, favorecían la república. Castelar no ocultaba que los fines de los constitucionalistas diferían bastante de los suyos, pero confiaba en que, mientras lograra tenerlos alejados del alfonsismo, podían ser considerados republicanos y para él hubiera sido un gran éxito integrar en la república a muchos de los revolucionarios que en 1868 habían gritado «¡Viva España con honra!». Los radicales apoyaban también a Emilio Castelar y, aunque eran accidentalistas en cuanto a la forma de Gobierno, por oposición a los Borbones eran partidarios de la república, eso sí, unitaria, pues no transigían con el federalismo. El Gobierno de Castelar había arrebatado a los alfonsinos, liderados por Cánovas, muchas de sus armas políticas preferidas al restaurar la disciplina en el país y en el Ejército. Aquella política de ancha base que se había puesto en marcha destruyó una dorada ilusión que mantenían los alfonsinos: integrar a Serrano, Sagasta, Rivero y Martos, en la conspiración contra la república. Regresaron también del exilio Topete, Echegaray, Manuel Silvela y Figueras, aunque este no se puede decir que estuviera propiamente exiliado, sino más bien huido.

Al constituir Castelar Gobierno y nombrar ministro de la Guerra a Sánchez Bregua, sustituyó a este en el Ejército del Norte el general Moriones, cuyo primer hecho de armas fue la liberación de Tolosa, sitiada por los carlistas. Continuó luego por Navarra, donde se enfrentó al ejército del general carlista Ollo cerca de Estella, que había sido abandonada por la corte de don Carlos. En los meses anteriores los carlistas habían hecho muchos avances y llegaron incluso a merodear cerca de Madrid en los alrededores de El Escorial, pero comenzaban a agotarse en la dura lucha contra las fuerzas del Gobierno. El invencible carlismo del norte del Ebro no triunfaba ni se consolidaba al sur de dicho río, y, si en las Vascongadas y especialmente en Navarra era muy extensa la zona carlista, los mayores núcleos urbanos eran islotes liberales que siempre se habían mostrado inaccesibles a los partidarios de don Carlos. En Cataluña también dominaban el campo, pero, aunque amenazaban las capitales, no pudieron jamás conquistarlas. El tiempo pasaba y no se producía en ningún momento el hecho decisivo que pudiera dar el triunfo al carlismo, cuya derrota se labraba en la gran parte de España que se mantenía ajena a la guerra. Fue la falta de ambiente nacional lo que acabó de asfixiar a las huestes de don Carlos.

Otro problema que heredó Castelar fue el de Cuba. La insurrección en la isla había comenzado a los pocos días de triunfar la Revolución de Septiembre y se mantenía todavía a finales de 1873 entre combates constantes que generalmente favorecían a las tropas del Gobierno, pero que no por ello eran capaces de acabar con la insurrección, refugiada en terrenos poco accesibles para las acciones del Ejército español. El problema era que los conservadores españoles no querían ni abolir la esclavitud ni aplicar las reformas políticas que la isla necesitaba, y, aunque Castelar era sinceramente autonomista, ya era tarde para contentar con la autonomía a la gran mayoría de negros y mulatos partidarios de la independencia. La república no pudo nunca controlar la situación en la isla, pues, ya desde la monarquía de Amadeo de Saboya, los hacendados cubanos se habían convertido en un foco de actividades conspirativas y de ayuda económica a la causa alfonsina y, cada vez más, las autoridades de la isla actuaban con un gran margen de independencia respecto al poder central que era incapaz de hacerse obedecer en Cuba.

Una vez que Salmerón lo apoyó para cerrar las Cortes, durante el interregno parlamentario Castelar contó para gobernar con el apoyo del Ejército. Consiguió la colaboración de Serrano y Topete, nombró a Pavía, que había conquistado Málaga, capitán general de Madrid, envío a Moriones a luchar contra el ejército carlista, ordenó el bombardeo de Cartagena, sustituyó al ineficaz almirante Lobo por el contraalmirante Chicharro, le dio mando de tropa a López Domínguez, reclutó un ejército de casi 100.000 hombres, suprimió la redención a metálico y reorganizó el Cuerpo de Artillería. La izquierda le echó en cara su confianza en generales monárquicos como Pavía, Martínez Campos, Jovellar o el conservador López Domínguez; algunos de ellos, heredados de Salmerón. Pero, si no confiaba en ellos, ¿en quién iba a confiar?, ¿en los militares federales como Contreras y Ferrer, que habían levantado sus tropas contra el Gobierno? Consiguió la leal colaboración del Ejército y, aunque no consiguiera acabar con los levantamientos cantonalista y carlista, puso las bases para su derrota.

El 9 de enero de 1873 el general Córdoba, ministro de la Guerra en el último Gobierno de don Amadeo, había disuelto el Cuerpo de Artillería a causa de la actitud de desobediencia adoptada por los artilleros al sentirse unánimemente ofendidos por el nombramiento del general Hidalgo como capitán general de una región militar. En aquella ocasión y por razones políticas, con el fin de debilitar la monarquía de los Saboya,

Castelar, como el resto de los republicanos, había votado a favor de la medida. Pero la necesidad de reorganizar el arma de artillería venía obligada porque los sargentos que habían sustituido a los oficiales en el mando no tenían los conocimientos necesarios y estaban más acostumbrados a obedecer que a mandar. El conflicto con la artillería era un grave problema que se arrastraba desde muchos años atrás, ya que era un arma aristocrática con una casta cerrada de oficiales totalmente distante del resto. En la artillería, tenida como arma sabia, los suboficiales no podían ascender a la escala superior, y este privilegio lo defendían los oficiales cerradamente. El descontento de los suboficiales, condenados a su rango de por vida, fue una de las causas que provocó en 1866 la sublevación de los sargentos del Cuartel de San Gil.

El 21 de septiembre se publicó el decreto reorganizando el Cuerpo de Artillería como lo estaba el 7 de febrero último; en él se determinaba cómo podían incorporarse los antiguos jefes y oficiales, que los que prestaban servicio entonces serían colocados según su procedencia y que los sargentos segundos y primeros ascendidos a oficiales conservarían sus empleos, regulándose sus estudios en la academia. El conflicto estaba resuelto, y los buenos oficiales no se podían improvisar; además, en la opinión de Castelar, aunque el tiempo había demostrado que la causa alegada de la participación de Hidalgo en los sucesos del cuartel de San Gil no tenía razón de ser, los sinsabores sufridos por la oficialidad de la artillería y el concepto que la opinión pública tenía sobre ellos era suficiente castigo a su falta. Pese al agradecimiento que debían a Castelar, los artilleros participaron en las sublevaciones del 3 de enero y del 28 de diciembre del 74, borrando así su fama de disciplinados. Años más tarde, los oficiales de artillería regalaron a Castelar una hermosa obra de arte fabricada en Toledo, pero más les habría agradecido este que no hubieran apoyado la sublevación de Pavía.

Cartagena fue una obsesión para Emilio Castelar. La cuestión del cantonalismo es todavía uno de los fenómenos más complejos de cuantos ocurrieron en el Sexenio Democrático. Coincidieron, aunque no siempre, las aspiraciones autonomistas con los intentos de transformación social, amparado todo ello bajo el mito de la federación. Como escribe Ángel Bahamonde:

> La sublevación cartagenera, aunque partió de la iniciativa federalista local en la noche del 11 al 12 de julio, capitaneada por Manuel Cárceles, formaba parte del proyecto de insurrección generalizada. Allí se desplazaron inmediatamente para dirigir el movimiento y organizar la resistencia el diputado Antonio Gálvez, y el general Contreras, militar de agitación y presidente de la Comisión de Guerra del Comité de Salud Pública formado en Madrid. Las condiciones de defensa en Cartagena eran propicias, una fortaleza amurallada y una privilegiada situación orográfica, a lo que se sumó la adhesión de la marinería a la sublevación, lo que significaba contar con parte de los barcos de la Armada. El objetivo revolucionario era esencialmente político, la descentralización, a través del federalismo frente al poder central, acompañados del ideario de reformas y medidas humanitarias defendidas por el federalismo durante el sexenio. El 27 de julio se constituyó en Cartagena un Gobierno Provisional de la Federación española presidido por Roque Barcia. Se convertía, así, en la sede de un movimiento que trascendía del localismo, para intentar articular el Estado federal de abajo a arriba.

A partir de agosto la actitud de los cantonales es claramente defensiva, pero, aunque Castelar ordenó apretar el cerco, la ciudad resistía porque las masas luchaban contra el Gobierno central por lo que ellas entendían por república federal y por la eliminación de las quintas al grito de «¡Antes morir que rendirnos a Castelar!». Además, tenían el apoyo de Pi y Margall, que hizo lo imposible para que la ciudad resistiera hasta la apertura de las Cortes dando por segura la derrota de Castelar.

Castelar tuvo que dedicar una parte importante de la energía de su gabinete a resolver los problemas financieros que desde el principio habían acosado a la república. Las dificultades a que se enfrentó eran idénticas a las de sus predecesores, pero su actitud coherentemente conservadora hizo que los banqueros adoptaran una postura más propicia con el nuevo Gobierno. Para dirigir la política financiera del gabinete, Castelar había nombrado como ministro de Hacienda a don Manuel Pedregal, hombre desconocido hasta entonces pero que desempeñó su cometido con gran eficacia. Dos eran los objetivos que había de conseguir: el primero, lograr dinero para atender con premura y éxito las necesidades que exigían las guerras cantonalista y carlista; el segundo, mantener en lo posible el crédito del Estado, para lo que era necesario hacer frente a las obligaciones contraídas anteriormente y, al mismo tiempo, buscar la manera de que para resolver las necesidades más inmediatas no se agravase, a largo plazo, la situación financiera del Estado. Hubo de recurrir necesariamente tanto al dinero nacional, a través de empréstitos forzosos y la emisión de billetes hipotecarios, como al capital exterior, mediante operaciones que, dadas las condiciones existentes, no fueron excesivamente onerosas.

Durante el periodo que ejerció la presidencia del Poder Ejecutivo desarrolló Castelar una eficaz política exterior que le permitió apuntarse algunos éxitos significativos, en parte gracias al conocimiento personal y la consideración que le dispensaban algunos de los más importantes líderes mundiales, como Gladstone o el general Grant, pero sobre todo por el enorme prestigio de que disfrutaba tanto en Europa como en América. Así consiguió, a través de su amigo John Bright, que era miembro del Gobierno de Gladstone, que Inglaterra devolviera las fragatas de las que se habían apoderado los sublevados cantonales de Cartagena, y que, declaradas piratas, habían sido apresadas por los ingleses como corsarias; negoció fructíferamente con la Santa Sede y resolvió de manera muy favorable el asunto del *Virginius*, que estuvo a punto de abocar a España a un conflicto con los Estados Unidos de América.

En noviembre de 1873, la misma mañana en que se celebraban los funerales de Estado por Ríos Rosas, llegaron a Madrid las noticias de la captura del *Virginius* y de los sucesos ocurridos con motivo de dicha captura. Este vapor que enarbolaba fraudulentamente el pabellón de los Estados Unidos, ya que era propiedad de la Junta insurrecta cubana con sede en Nueva

York, quien lo había comprado tres años antes, hacía expediciones a las costas de Cuba con tal publicidad, que en alguna ocasión un periódico de Jamaica hizo saber que por las calles de su capital, Kingston, habían paseado de uniforme varios filibusteros antes de embarcar con destino a Cuba para participar en una acción de apoyo a los rebeldes. La falta de precauciones con que operaba había puesto sobre aviso a las autoridades españolas, y el 31 de octubre lo avistó la corbeta española *Tornado* al mando de Dionisio Castilla, quien, tras ocho horas de persecución, y después de lanzarle cinco cañonazos, lo capturó. La tripulación fue llevada a Santiago de Cuba a bordo del *Tornado* y, una vez allí, se comprobó que en ella había varios cabecillas cubanos, entre los que se encontraba Bernabé Varona. Sin ninguna orden ni comunicación con Madrid y tras un juicio sumarísimo, los detenidos más importantes fueron fusilados y más tarde los días 7 y 8 de noviembre también fueron ejecutados otros tripulantes hasta hacer un total de 53. Entre los fusilados había varios ingleses y americanos, algunos menores de edad según las leyes de sus países.

Míster Sickles, ministro plenipotenciario de los Estados Unidos de América en Madrid, hizo entrega a Castelar de un despacho de su Gobierno protestando por el apresamiento del barco y por los fusilamientos posteriores a su captura. A requerimiento de Castelar, Jovellar, capitán general de la isla de Cuba, contestó con un telegrama confirmando que el mismo día 4 de noviembre habían sido fusilados los llamados generales Bernabé Varona (alias Varam Bembeta), Pedro Céspedes, Juan del Sol y Wahington O'Rian. Posteriormente comunicó que el día 7 habían sido fusilados 37 tripulantes y el día 8 doce pasajeros. La actuación de Jovellar fue en todo momento poco clara, pues, aunque adujo, y era cierto, que el telégrafo entre Santiago y La Habana no funcionaba, al menos, consintió en lo sucedido, pues, si bien no pudo evitar los fusilamientos del día 4, sí debió hacerlo con los ocurridos los días 7 y 8 de noviembre. Por su falta de diligencia, Jovellar se enteró de estas últimas ejecuciones el día 11, cuando Castelar ya le había comunicado que el Gobierno español no quería más muertes. Mientras tanto, mal informado y peor obedecido en Cuba, el Gobierno de Castelar tuvo que responder a las cada vez más apremiantes peticiones del representante estadounidense Sickles.

La tensión entre ambos países seguía subiendo, y los Estados Unidos enviaron a Santiago el buque de guerra *Kansas*. Mientras tanto, en Madrid Castelar consultó con todos los líderes políticos, incluido Cánovas, representante de los alfonsinos, que coincidieron unánimemente en evitar el conflicto por todos los medios razonables. Era inconcebible que la imprevisión, la crueldad y la desobediencia de las autoridades españolas en Cuba provocaran un conflicto con una primera potencia como eran los Estados Unidos, que, además, había sido la primera y más importante nación que había reconocido a la república española. En Cuba, mientras tanto, la colonia española, intransigente, pedía que se aplicasen represalias a los tripulantes que seguían con vida; simultáneamente en España iban subiendo de tono las notas que se intercambiaba el ministro de Estado Carvajal con el representante norteamericano general Sickles, nada inclinado a la avenencia, pese a su antigua amistad con Castelar. Tras un vivo diálogo telegráfico el Gobierno comunicó a Jovellar la necesidad de devolver el *Virginius* y su tripulación, a lo que este se opuso y presentó la dimisión presionado por la oligarquía de hacendados cubanos; Castelar se negó a admitirle la dimisión en tanto no cumpliera con las órdenes emanadas de Madrid y le reiteró que se mantuviera en contacto con Soler y Pla, el ministro de Ultramar que se encontraba en La Habana y cuya presencia fue fundamental para conseguir la obediencia de las autoridades de la isla a pesar de las afrentas que se le hicieron.

En este conflicto las autoridades norteamericanas tenían la razón, pues, aunque el *Virginius* era un barco filibustero, navegaba con bandera norteamericana y en alta mar. Además, los fusilamientos del *Virginius* iban contra el tratado de 1795 entre Estados Unidos y España, que decía que a los respectivos ciudadanos no podía condenárseles a muerte sino previas todas las formalidades establecidas por las leyes y comunicación a la otra parte. Lo que había ocurrido era que el partido español en Cuba, llevado de su inconsciencia, veía la posibilidad de una guerra con los Estados Unidos sin temor y aun con júbilo. Gracias a los contactos casi diarios de Castelar con Fish, secretario de Negocios Extranjeros de los Estados Unidos, a su amistad con el general Ulyses Grant, presidente de los Estados Unidos, y a la favorable coyuntura de que el Congreso estadounidense, que tenía la capacidad para declarar la guerra, estuviera cerrado, las hostilidades pudieron evitarse. Los principales obstáculos para el acuerdo fueron la opinión pública norteamericana y el partido español en Cuba, pero, bajo la presión del hecho irreparable de los fusilamientos y ante la indefensión militar de España, era sumamente difícil que Emilio Castelar consiguiera un acuerdo más honroso del que con su sola autoridad personal consiguió en nombre de un país destrozado por tres guerras civiles.

El 16 de diciembre el comandante de la goleta *La Favorita* entregó el *Virginius* a los Estados Unidos, del que se hizo cargo el barco *Ossipee*, mientras el *Juanita*, otro navío americano, recogía el día 18 en Santiago de Cuba a los supervivientes. Entregados el *Virginius* y su tripulación a los Estados Unidos, aquella cuestión tuvo un larguísimo epílogo, y las reclamaciones llegaron hasta la etapa del gabinete Serrano. Inglaterra, que reclamó en los primeros momentos por haber sido fusilado uno de sus súbditos, insistió en su demanda, que se satisfizo en parte meses más tarde. El comandante general de Santiago, general Burriel, principal causante con su actitud del choque con las autoridades norteamericanas, fue separado de su cargo y no volvió a prestar servicio activo. En la bahía de Santiago de Cuba, los cañones de España saludaron con veintiún cañonazos la bandera norteamericana izada en la corbeta *Canaindagua*, allí llegada para representar a su nación. Míster Sickles, ministro norteamericano en España que se excedió en su actitud patriotera ante Carvajal y el propio Castelar, fue sustituido inmediatamente por míster Caleh Cushing como satisfacción debida a España. El caso de a quién pertenecía el *Virgnius* acabó en tablas porque, al dirigirse a los Estados Unidos después de ser entregado, se fue a pique, quizá intencionadamente, para evitar así futuras reclamaciones españolas. A causa de la actitud de las autoridades españolas en Cuba estuvo a punto de haberse producido un conflicto absurdo, pues si no hubiesen procedido de modo intemperante, probablemente los Estados Unidos no habrían tenido motivo ni razón para reclamar en la forma que lo hicieron, pues el Virginius era un barco pirata. El prestigio internacional de Castelar y su firme actitud tanto ante el partido español de Cuba como frente a los Estados Unidos fueron afortunadamente suficientes para evitar una guerra catastrófica.

Desde la abdicación de Amadeo de Saboya la Iglesia vivía de hecho separada del Estado y se producían fenómenos que incomodaban tanto a Pío IX como al Estado español. Estaban vacantes las sedes de Tarragona, Toledo, Santiago, Mondoñedo, Plasencia, Teruel, León, Lérida, Huesca, Barcelona, Pamplona, Astorga, Jaca, Orense, Vich, Almería y Mallorca. Ante esta situación, el Vaticano estaba dispuesto a nombrar obispos carlistas con las consecuencias de todo tipo que esa decisión acarrearía, pero Castelar vio el peligro y se dispuso a negociar para conseguir de la Curia romana el nombramiento de obispos de conciliación. Cuando Castelar actuaba así estaba intentando restablecer fórmulas y prácticas ordinarias de Gobierno con el fin de no ceder los derechos que asistían a la República en cuanto al nombramiento de los obispos. Pero el republicanismo español no estuvo de acuerdo y acusó a Castelar de haberse vuelto clerical. Como prueba del nivel intelectual de parte del anticlericalismo republicano, valga la anécdota contada por la princesa Ratazzi: cuando se produjo el nombramiento de los obispos se expresó en el decreto que la designación se hacía «por su virtud y su ciencia». Un político republicano de los más influyentes se entrevistó con Castelar en la presidencia y le reprochó la fórmula. «¿Qué había de decir?», preguntó Castelar. Y su interlocutor le respondió: «Por su ignorancia y sus vicios».

Las medidas tomadas por Castelar para cubrir las sedes vacantes toparon con el anticlericalismo del Partido Republicano y de sus líderes principales, como Figueras, Pi y Margall y, especialmente, Salmerón. Sin embargo, como dice Antonio Morales, la legislación anticlerical de los Gobiernos republicanos durante sus presidencias fue mínima. Quizás la más importante y la que más llegó a preocupar a Roma, la supresión de las Órdenes Militares por el decreto del 9 de marzo de 1873, había sido precisamente obra de Castelar como ministro de Estado. La iniciativa de mayor envergadura como fue la separación de la Iglesia del Estado y la secularización total de la vida civil, prevista en la redacción de la Constitución Federal de 1873, quedó en un simple proyecto. Castelar, que era católico, aunque en ningún caso practicante, defensor de la clásica tesis de una Iglesia libre en un Estado libre, no compartía ni la intolerancia religiosa ni la anticlerical y, cuando buscaba el entendimiento con el Vaticano, no lo hacía por motivos religiosos, sino políticos. Comenzaron pues unas difíciles negociaciones con la Santa Sede, que no había reconocido al régimen español, y que estaba sometida a una masiva influencia carlista en la Secretaría de Estado Pontificia. El apoyo del Vaticano al carlismo era impresionante y suponía para él un fortísimo respaldo internacional, por lo que era más inexplicable la ceguera de la izquierda republicana, y en especial de sus dirigentes, ante una realista gestión diplomática de Emilio Castelar que en realidad buscaba el debilitamiento del principal enemigo de la república. Defendía también el gabinete que se reconociese a la república el derecho de presentación de prelados que figuraba en el concordato todavía vigente. El Vaticano cedió, aunque no la izquierda republicana, y el 19 de diciembre se llegó a un acuerdo entre el Estado Pontificio y la República.

El 20 de diciembre de 1873 aparecieron en la *Gaceta* tres decretos refrendados por el ministro de Gracia y Justicia, nombrando arzobispo de Toledo a don Mariano Barrio Fernández, hasta entonces arzobispo de Valencia; arzobispo de Santiago a don Miguel Payá y Rico, obispo de Cuenca, y arzobispo de Tarragona a don Esteban José Pérez, hasta entonces obispo de Málaga. El hecho causó sensación y comentarios variados, pero entre las opiniones más desfavorables se significó la de Salmerón, que hasta entonces aparentemente había apoyado a Castelar. No era la primera vez que la república designaba obispos, pues anteriormente había nombrado a tres sacerdotes progresistas: a José Alcalá Zamora, para una sede filipina; a Pedro Llorente, para arzobispo de Santiago de Cuba, y a don Benito Isbert, patrocinado por el ateo Suñer y Capdevila, ministro de Ultramar con Pi y Margall, obispo de Cebú. Los nombramientos fueron probablemente legales, pero, al no haber sido consensuados, Roma no los reconoció. Isbert nunca fue a su diócesis, ya que no se movió de Madrid, pero Llorente y Alcalá Zamora tuvieron serios problemas en las suyas, y el último, según Morayta, murió repentinamente y de forma tan sospechosa que se llegó a decir incluso que había sido envenenado.

Castelar hacía bastantes años había llamado a Pío IX la loca del Vaticano y le había acusado de causar la locura de la infeliz emperatriz Carlota de México, pero lo cierto es que él no había cambiado en sus convicciones de tolerancia religiosa y el Vaticano cambiará tiempo después, por lo que, cuando se entrevistó el 10 de octubre de 1894 con León XIII en el Vaticano, el papa reconoció la hábil y tolerante gestión de Castelar en el 73. La impresión producida por el *modus vivendi* con Roma fue extraordinaria: los carlistas la consideraron muy perjudicial para sus intereses y fruto de un capricho senil de Pío IX; los alfonsinos no daban crédito a lo ocurrido, pues pensaban que, si el Vaticano retiraba su apoyo a una causa imposible como el carlismo, era a ellos a quienes debía de favorecer; los monárquicos revolucionarios la consideraban fruto de la debilidad de Roma; para los republicanos unitarios y la derecha federal, el acuerdo obtenido era un éxito, y los federales de izquierda pusieron el grito en el cielo, por más que también Pi y Margall y Suñer y Capdevila hubieran nombrado obispos. Salmerón, llevado de su anticlericalismo, lo consideró tan desacertado que decidió ponerse en contra de Castelar, sin considerar el apoyo que el acuerdo restaba a la insurrección carlista. Motivado por su realismo político, la separación entre la Iglesia y el Estado era considerada por Emilio Castelar un principio irrenunciable, pero que debía llegar a su debido tiempo, pues en aquel momento el acuerdo con Roma equivalía a disponer de un ejército de 50.000 hombres.

Previendo su derrota en la apertura de las Cortes el día 2 de enero tan pronto compareciese ante ellas, consideró Castelar que necesitaba de un civil para que formase un nuevo gabinete, pues siempre pensó que la única forma de consolidar la democracia en España era apartar a los militares de los puestos de Gobierno; de hecho, el sector político en el que militó

Castelar fue el único de la España de su tiempo que jamás se acercó a un espadón con ánimo de ganarlo para su causa y aprovechar así su posible fuerza entre la tropa. Para la eventualidad de la necesidad de su recambio estableció contacto con Ríos Rosas, político de diferente ideología a la suya, pero con quien tenía buena amistad desde la defensa que aquel hizo de él ante Narváez. El objetivo era establecer un Gobierno de carácter nacional que impidiera el acceso a la presidencia del Poder Ejecutivo de Pi y Margall, que se apoyaba en el ala extremista y anarquizante del republicanismo. Pero el 3 de noviembre murió Ríos Rosas, y el plan urdido por Castelar se malogró. Una muestra de la generosidad de Castelar fue el hecho de que decretó funerales de Estado tanto para Ríos Rosas como para Salustiano Olózaga, dos políticos que sin ser republicanos habían ocupado lugares institucionalmente relevantes en el Gobierno de España.

La hipótesis de la derrota de Castelar en la reapertura de las sesiones de las Cortes no era descabellada, ya que había quedado muy a la derecha de los republicanos intransigentemente federales que preferían la muerte de la república a la continuidad de Castelar, por lo que, si le fallaba el sector republicano que representaba Salmerón, dado el inestable equilibrio de fuerzas que había en la Cámara de 1873, su caída era cuestión de tiempo. Salmerón estaba dando muestras cada vez más patentes de que se había colocado en una posición antiministerial desde que se negó, como presidente de las Cortes, a la petición de Emilio Castelar de convocar elecciones para cubrir los 18 distritos vacantes, elección con la que Castelar creía reforzar la mayoría de la que todavía disponía en el Congreso. El periodo de su presidencia del Poder Ejecutivo fue para Castelar un largo calvario; entre los dirigentes republicanos no encontró más que miserables rivalidades, y los mismos líderes que él había apoyado cuando desempeñaron el Gobierno lo atacaban ahora sin piedad; entre las masas que había contribuido a emancipar ya no encontraba comprensión, sino incertidumbre, y entre la prensa por cuya libertad tanto había luchado y que él había ennoblecido e ilustrado, una difamación, a veces, organizada.

Cuando Castelar fue elegido presidente del Poder Ejecutivo, era el único jefe republicano capaz de dotar a la república de sentido de la responsabilidad, aunque fuera tardíamente. Ante la disyuntiva golpe de Estado o Gobierno de izquierdas, lo que en cierto sentido venía a significar lo mismo, Castelar buscó constantemente soluciones intermedias, pero no pudo hallarlas. Figueras regresó del exilio, reunió en su casa a Pi y Margall y Salmerón y decretaron la muerte política de Castelar. La empresa era sencilla desde el momento en que Salmerón, olvidando sus compromisos públicos con Castelar a causa del *modus vivendi* con el Vaticano, rompió con él y añadió sus votos a los de la izquierda del partido. De esta concertación de líderes republicanos para acabar con Castelar, ya que preferían la monarquía a la permanencia de una república liderada por él, da fe el federal intransigente Rodríguez Solís:

> Vuelto a España el señor Figueras, celebraron una reunión en su casa, él, Salmerón y Pi, reconociendo que Castelar perdía la República y era necesaria su caída, insistiendo el señor Pi en la necesidad y conveniencia de votar la Constitución Federal. Castelar quiso entrar en inteligencias con Salmerón sin lograrlo, y al saber que Moriones había llegado con su ejército a Miranda, dispuesto a caer sobre Madrid, y al oír en boca de Pavía el 20 de diciembre que si al abrirse las Cortes le derrotaban las disolvería, nada hizo para conjurar tan grandes peligros. Figueras y Pi aunque habían recibido aviso de tales intentos, no creían que Castelar los consintiera. Los periódicos republicanos, cual centinelas avanzados, dieron la voz de alerta en sus números de 31 de diciembre y 1 de enero.

En estos días finales de 1873 la posible derrota de Castelar y sus catastróficas consecuencias no eran un secreto para nadie, aunque la prensa de la época no manejó la hipótesis de un golpe militar. *La Discusión*, órgano muy cercano al castelarismo se preguntaba si una cuestión nimia como el nombramiento de los obispos iba a dar el poder a la izquierda cantonalista. Tras días de optimismo, el 31 de diciembre publicó que las esperanzas de acuerdo entre Castelar y Salmerón habían desaparecido y que este acusaba al presidente de nombrar militares no republicanos cuando él mismo había nombrado a Pavía y Martínez Campos. *El Imparcial* achacaba la ruptura entre Salmerón y Castelar a motivos personales y a la imposición de Salmerón de votar ya la Constitución y proceder a la sustitución de ministros como Sánchez Bregua, que había reorganizado el Ejército después de que lo desorganizaran Pierrad, Estévanez y Contreras. El 31 refleja también que la ruptura es definitiva y que Salmerón va a entregar el poder a Pi, de quien hablaba pestes en julio.

Todo el mundo conocía la existencia de la posibilidad de un golpe de Estado, pero nadie intentó evitarlo, por eso uno de los mayores enigmas del periodo republicano es el motivo que llevó a Salmerón a preferir que la república se hundiera a que la salvara Emilio Castelar. Vista desde fuera, la maniobra de Salmerón era clara: votó el 20 de septiembre el Gobierno para Emilio Castelar, asumió la presidencia de las Cortes, votó la pena de muerte y después de responsabilizar a Castelar de los acuerdos votados con su apoyo en la Asamblea retiró su aval al Gobierno, sabiendo que su traición significaba la caída de la república. En realidad, parece que lo que Salmerón no podía permitir es que el Gobierno de Castelar hubiera sido un éxito y que contara con el apoyo de los militares, de los monárquicos y aun de la Iglesia. Salmerón sabía que, si Castelar seguía en el poder, podría fundar su propio partido y poner así en jaque a la izquierda y al centro republicano.

Todas las fuerzas políticas y los distintos grupos de presión, comenzando por el Ejército, tenían su mirada puesta en el día 2 de enero de 1874, ya que su estrategia futura dependía de lo que fuese a pasar en ese día al producirse la reapertura de las sesiones de las Cortes. En los últimos días de diciembre los oficiales y jefes de la guarnición madrileña se reunieron en el Teatro Capellanes en una clara demostración de fuerza, había peligro de golpe de Estado, pero ante una amenaza tan pública Castelar creyó que al final Salmerón, pese a todo, lo apoyaría, pues se negaba a admitir que se fuera a aliar con los federales intransigentes para provocar su caída. Se equivocó y todos avanzaron hacia el desastre, pues a estas alturas del año los líderes republicanos están cansados, desprestigiados y, en el fondo, vencidos. Pavía dedicó todo el mes de diciembre a preparar el golpe de Estado. ¿No se enteró Castelar o fue un ingenuo? Ni lo uno ni lo otro. Más bien pensó que, mientras él fuera presidente, Pavía no daría el golpe y que al final se entendería con Salmerón. Ante los rumores de sublevación Castelar llamó a su despacho al capitán general de Madrid, quien negó que intentara levantarse. Castelar le exigió su palabra de honor y Pavía se la dio. Ante eso y pese a las noticias que tenía, Castelar solo tenía la opción de destituirle o dejar seguir la situación, pues no podía cesar a Pavía, que era un republicano, que había sido ayudante de Prim y desempeñado cargos de gran importancia en las presidencias de Pi y Margall y de Salmerón.

En esta versión de los hechos, aunque Pavía negara después haber dado su palabra de honor a Castelar, coinciden testigos solventes de la época. Escuchemos a Galdós:

> Martínez Pacheco, uno de los políticos más ligados al jefe de la situación, nos contó sigilosamente que Castelar había conferenciado con Pavía en el despacho de la Presidencia para informarle de los rumores por todos oídos de que intentaba sublevarse contra las Cortes soberanas. El general lo negó en redondo. Don Emilio entonces le exigió palabra de honor de que decía verdad. Pavía, dando su palabra, dijo textualmente: «Jamás, jamás me sublevaré yo ejerciendo mando». Oído esto convinimos todos en que no había peligro por aquel lado. Don Manuel Pavía y Alburquerque, ayudante de Prim, tuvo siempre estrechas relaciones con los republicanos y era el general que más confianza podía inspirar a todos.

A su vez Miguel Morayta cuenta que Pavía le dijo a Castelar que no intentaría nada jamás contra aquel Gobierno, ni contra las Cortes, al punto de que su honradez militar lo obligaría, caso de no pensar así, a pedir el relevo para obrar libremente de toda imposición del deber. Castelar le dio crédito y con razón, pues quizá ningún general tenía más estrechos deberes para con la república.

De seguir en la presidencia Emilio Castelar, ni Pavía ni ningún otro militar se habría sublevado. Aunque los generales eran monárquicos, en la etapa de gobierno de Castelar el Ejército parecía republicano. Como dice Stanley Paine: «Al acabar 1873 (Castelar) estaba en mejores relaciones con los militares que ningún otro jefe de gobierno desde Prim». Los militares estaban con Castelar dando ejemplo de un republicanismo casi colectivo, ya que el ejército no quería alterar el orden, sino mantenerlo. Del mismo modo que Pavía había declarado su apoyo a Castelar se manifestó Fernando Primo de Rivera desde el frente del norte, y Castelar intentó tranquilizar por carta a López Domínguez indicándole que no se debía salir nunca de la legalidad, que había que acabar con los golpes militares, a lo que aquel le respondió que estaba con él, pero que no tolerará la ignominia de ver triunfar a los criminales que hacía más de cinco meses que combatían al Gobierno de la nación. Del respeto que había ganado Castelar entre los jefes militares da ejemplo esta carta que le envió el general Espartero, fechada en Logroño el 27 de diciembre 1873, en la que le daba las gracias por los términos con que lo había felicitado el día 24 por el aniversario de la batalla de Luchana. Concluía Espartero:

> Han transcurrido 37 años y nuestros propios desaciertos han resucitado una causa que creíamos muerta para siempre. De nosotros depende que no llegue a triunfar. Continúe V por la senda de hermandad el orden con la libertad y alcanzará el aplauso de los buenos y la historia le hará justicia. Así hará la felicidad de la patria único anhelo de este veterano, cuya norma de conducta ha sido siempre el cumplimiento de la voluntad nacional. Con el mismo entusiasmo y fe mi corazón joven como entonces confía en el triunfo definitivo de la libertad y si los michos años y los achaques de mi edad han podido debilitar mi brazo mi espíritu acompaña a cuantos españoles de liberales se precien. Hago a V intérprete de mis sentimientos para sus dignos compañeros y crea en mi afecto y aprecio. La duquesa agradece las felicitaciones. Baldomero Espartero.

La última semana de diciembre de 1873 Castelar intentó por todos los medios llegar a un acuerdo con Salmerón. El 25 de diciembre comunicó al Consejo de Ministros su creencia de que Salmerón al final apoyaría al Gobierno. El 26 de diciembre se reunieron Castelar y Salmerón para intentar acercar posturas. El 27 de diciembre hubo un nuevo Consejo de Ministros en el que Castelar explicó sus negociaciones con el centro republicano. El 29 de diciembre Salmerón exigió a Castelar que cambiara los ministros, a lo que este se negó diciendo que no lo iba a hacer antes del 2 de enero. El 31 de diciembre un grupo de diputados republicanos intentó por todos los medios que pactasen Castelar y Salmerón, pero fracasaron en su empeño; cuando la Comisión de Parlamentarios visitó a Salmerón, este les dijo que, de la misma forma que había dejado el poder por la inflexibilidad de sus principios, votaría en contra de Castelar por la cuestión del *modus vivendi* con el Vaticano, aunque esto significara la caída de la república. Cuantos intentos se hicieron de convencerlo fueron vanos. La discordia entre los distintos sectores republicanos era violentísima, y como expresión clara del odio que se tenían valga la frase de un federal intransigente: «Entre una república que no sea auténticamente federal y la Monarquía, preferimos la Monarquía». Lo cierto es que la inquina y el rencor entre los dirigentes republicanos era enorme, uno de los motivos de distanciamiento entre Salmerón y Castelar fue tan absurdo como la discusión por quien había de presidir el entierro de Ríos Rosas, que Salmerón consideraba le correspondía a él como presidente de las Cortes.

En la situación política que se vivía en el tránsito entre los años de 1873 y 1874 si en la *Gaceta* hubiera aparecido un decreto prorrogando la suspensión de las sesiones de las Cortes durante uno o dos meses más, habría sido acogido con satisfacción por amplios sectores de la población y de la clase política. Incluso algunos militares como el general Pavía sugirieron al presidente del Poder Ejecutivo que tomara esta determinación, pero Castelar siempre se negó a una medida de este carácter, no solo porque hubiera sido la ruina definitiva de su carrera política, sino porque hacía muchos años que defendía el principio de respeto a la legalidad como único remedio a los males de España, y esa legalidad no estaba dispuesto a conculcarla, pues ya se había opuesto a la disolución de la Comisión Permanente de las Cortes el 23 de abril por creer que constituía un golpe de Estado encubierto.

Con la derrota de Castelar y el golpe de Pavía se cumplía así uno de los hechos más tristes de la historia española, pero también de los más previsibles. Como afirma Morayta:

> Agradecido el ejército a un ministerio que había restablecido la disciplina y devuelto los cañones a los artilleros y colocado a su frente a generales de prestigio de uno y otro partido, nada más imposible que una sublevación armada contra Castelar; pero en cambio nada más seguro que esta sublevación, si los diputados, desconociendo la realidad, se empeñaban en poner de nuevo el gobierno en manos de quien sacrificó todas las conveniencias políticas en aras de un escrúpulo.

Es posible que alguien pensara en un golpe, pero tal rumor no aparece en la prensa y sí, como dice Vilches, que los gorros colorados, los voluntarios federales de Madrid, fueron movilizados por si ganaba la votación Castelar, pero no para oponerse a un posible golpe; de hecho, producida la votación se retiraron de las calles.

Pese a esta evidencia, desde el mismo momento en que se produjo el golpe de Estado de Pavía se sembraron dudas sobre la posible complicidad de Emilio Castelar en lo ocurrido en aquella jornada. ¿De dónde vinieron las acusaciones de que Castelar estaba en connivencia con Pavía? De Salmerón y sobre todo de su entorno; fue tan incomprensible su conducta y tan grave su responsabilidad en el acoso y derribo a una forma de gobierno que tardaría más de cincuenta años en tener otra oportunidad en España, que le convenía desviar la polémica hacia una posible complicidad de Castelar con el golpe de fuerza que significó el final de la república. Todo parece indicar que por parte de Pavía hubo un gran malentendido al pensar que, puesto en la disyuntiva, Castelar aceptaría el poder, lo que refuerza la tesis de que no hubo complicidad previa, como Castelar siempre defendió enérgicamente.

El mismo día 3 de enero del 74, Castelar dirigió un manifiesto a la nación protestando contra el acto de Pavía y recordando lo que siempre había dicho a cuantos intentaban levantarse contra la república: «Me encontraréis entre los vencidos». En dicho manifiesto se decía: «Protesto con toda la entereza de mi alma contra el atentado que ha herido de una manera brutal la Asamblea Constituyente. De la demagogia me separa mi conciencia; de la situación que acaban de levantar las bayonetas, mi conciencia y mi honra». En la misma fecha, los 100 diputados que votaron a favor de Castelar publicaron otro manifiesto: «Los diputados que suscriben conformes en todo con la política del señor Castelar se adhieren en todo a la protesta formulada por dicho señor contra el atentado de que ha sido objeto la Asamblea constituyente».

Entrada de las tropas del general Pavía en el Congreso de los Diputados el 3 de enero de 1874. Grabado aparecido en *La Ilustración Española y Americana*. [Biblioteca Nacional de España]

El 17 de marzo de 1876, en las primeras Cortes de la Restauración alfonsina, se celebró un debate sobre el golpe de Estado del 3 de enero del 74 en el que participaron, entre otros, Pavía y Castelar, pero que no hizo cambiar de opinión a nadie sobre lo ocurrido aquel día. Pavía afirmó en la sesión que aceptó venir a Madrid nombrado por Castelar porque con él estaban tanto los monárquicos como los republicanos; que no le fue posible averiguar quién iba a sustituir a Castelar por más que lo indagó (a pesar de esta afirmación de Pavía hay quien dice que el general sabía que Palanca sería el sustituto de Castelar porque le había ofrecido días antes la cartera de la Guerra); que habló con Castelar para que este mantuviera la suspensión de la Asamblea y que este se negó a hacerlo; que consultó a los comandantes de los Ejércitos del Centro, Norte y Cataluña, quienes le aseguraron que solo apoyarían a Castelar y que por esa situación decidió su actuación el día 3 de enero. Castelar aclaró que Pavía se había olvidado de relatar una conversación mantenida en su casa entre ambos en la que él le dijo que la insurrección no era el camino para la salvación del país y que este afirmó que le seguiría a todas partes. Recordó que él había disciplinado el Ejército para que obedeciera siempre al poder establecido y por tanto no iba a destruir la obra que tanto le había costado. Si hubiera sabido lo que intentaba Pavía, sin dudar lo habría fusilado. En su réplica Pavía aceptó reconocer que no contó nunca a Castelar lo que estaba dispuesto a hacer. Que no hubo acuerdo entre Pavía y Castelar es seguro, piensa Carmen Llorca, pero que Castelar conocía las intenciones de Pavía, también. Lo más probable es que Pavía se alzara a pesar de su promesa a Emilio Castelar de no hacerlo pensando que este ante los hechos consumados aceptaría el Gobierno. Más de un siglo después de lo ocurrido no hay nueva luz sobre estos sucesos, como ocurre con tantos lances de esta época revolucionaria. No hay pruebas documentadas que aclaren el papel que cada uno desempeñó.

En la sesión del 2 de enero Castelar propuso cerrar para siempre la era de motines populares y de los levantamientos militares. Salmerón proclamó que, si no era posible gobernar con los principios, medios y procedimientos del partido republicano, obligado era confesar el fracaso del régimen a la faz del país y dejar el puesto a otros hombres con otras ideas. Contestó a Salmerón con el discurso más ceñido y descargado de retórica que pronunciara jamás. Se defendió contra la inconsecuencia que se le reprochaba, alegando sus antecedentes, a partir de los días juveniles como redactor de *La Discusión*; recordó que la república había sido traída por los radicales, no por los republicanos propiamente dichos; aseguró que solo serían estables los Gobiernos que respetasen la fe religiosa y dispusieran de un Ejército disciplinado; propugnó la república «posible» a base de abnegación por parte de todos y afirmó que el instinto de conservación social se rebela contra la anarquía y crea, por necesidad, la dictadura. En el momento de aludir a la federación, un diputado interrumpió: «¿Y el proyecto?», contestándole rápidamente: «Lo quemasteis en Cartagena». Con esta réplica Castelar demostraba como le había afectado el movimiento cantonal.

Mucho se ha escrito sobre la actitud de Castelar en aquel día y muy contradictorio es el juicio sobre su presidencia. Pi en su obra exculpatoria naturalmente echa la culpa de lo ocurrido a Castelar:

> El día 2 de enero ya había comprendido la mayoría de las Cortes el grave riesgo que la situación corría en manos de un dictador que había empleado sus poderosas armas contra sus correligionarios, más que contra sus enemigos, y a manos enemigas había confiado las fuerzas del ejército. Resolvió quitarle el poder; más no, como se ha dicho, para entregarlo a los hombres de la izquierda ni aún a los del centro, sino para confiarle de nuevo a diputados de la derecha que estaban también por una política vigorosa, aunque no por la del suicidio. Por los siniestros rumores que circulaban, conocía la nueva mayoría de las Cortes la necesidad en que estaba de quitar pretextos a los conspiradores; y a una designó y votó para la Presidencia del Poder Ejecutivo al Sr. Palanca, que había figurado siempre como uno de los hombres más sensatos del partido y no había dejado nunca de prestar su apoyo a la fracción conservadora.

La realidad es que Pi, ni el 2 de enero del 74 ni *a posteriori*, explicó nunca una alternativa política a la labor de gobierno de Castelar y escribió sobre las causas de la caída de la república en términos que Castelar podía haber suscrito en su totalidad:

> Aun estando abiertas de par en par a todos los españoles las puertas de la prensa, la tribuna y los comicios, republicanos impacientes han ido a buscar en las armas el triunfo de su causa. Su insurrección, como todo crimen, ha engendrado el mal y franqueado el paso a una reacción que no podía menos de ser origen de otros males. Han sucumbido y han arrastrado en su caída a la República. Aprendan ahora a ser más prudentes. Convénzase de que el derecho de insurrección acaba donde el reinado de la libertad empieza. Vean como no se falta nunca impunemente a las eternas leyes de la justicia.

Para Carmen Llorca a Castelar le faltó el valor de la acción, concretamente la responsabilidad de la audacia. 1874 fue el año más decisivo de la vida de Castelar y no lo aprovechó. A los quince días del golpe de Pavía es posible que ya estuviera arrepentido de no haber aceptado el Gobierno. Si un año después Cánovas se hubiese enfadado con Martínez Campos como Castelar con Pavía, es posible que no hubiese habido Restauración; pero lo que le pasó el 3 de enero a su íntimo amigo Castelar le sirvió de lección a Cánovas para cuando le llegó su momento. Si Pi y Margall creyó factible seguir con sus teorías de antaño y renunció al poder para seguirlas manteniendo, en Castelar encontramos la postura opuesta; aunque cambió de ideas antes de llegar al poder, es verdad lo que dijo: que muchos habían cambiado de ideas para aferrarse al poder y que él había cambiado para perderlo. Si Salmerón creyó más importantes los principios que la propia república, Emilio Castelar prefirió la república a mantener algunos principios que la lastraban gravemente, la hacían vulnerable e impopular y la dejaban a merced de sus enemigos. Discutible será su postura, pero no tanto como la de Salmerón, el único líder republicano que actuó con total inconsecuencia gravemente destructiva y que con su aleve actuación frente a Castelar la noche del 2 de enero puso el epílogo a la república.

Muy positivo es el juicio que esta etapa de Castelar merece a Varagnac, quien afirma que en el corto periodo de su presidencia se reveló como otro hombre. A fuerza de destreza, de buen sentido, de patriotismo, fue capaz de mitigar la terrible crisis que atravesaba España y hubiera sido capaz de salvar la república, si los republicanos hubieran dejado que la salvara. Su presidencia es el periodo heroico en que su historia y la de su patria se confunden, y saldrá vencedor, aunque derrotado, de tan trágica prueba. Quedará engrandecido y transfigurado y durante los veinticinco años de oposición que va a vivir, conseguirá el respeto universal y será la más brillante y alta personificación de España en el extranjero. Nicolás Estévanez, un republicano que nunca perteneció al bando de Castelar, escribió: «Se ha reprochado a Emilio Castelar ser un apóstata por haber renegado del federalismo el 3 de enero. No se lo reprocho, sino que se lo aplaudo, hay que reprocharle su anterior propaganda diciendo que era un federal». Muy significativa de la opinión que mereció Castelar a la derecha conservadora es la del periodista y político, seguidor de Serrano, Andrés Borrego:

> Al señor Castelar, que sucedió en la jefatura del gobierno al señor Salmerón, estaba reservada la gloria de dar el ejemplo de anteponer el interés de la patria a los de partido que tan calurosamente había servido hasta aquel momento; y en su consecuencia no perdonó medio para dar al orden y al restablecimiento de la disciplina del ejército cuantas garantías le fueron pedidas por los hombres que estaban en el caso de cooperar con éxito a su noble propósito de combatir vigorosamente al carlismo, de tener ejército y de que hubiese gobierno.

Juan Ferrando destaca su coherencia en la defensa de los principios republicanos durante toda su vida, mientras que muchos de los hombres que habían sido los elementos de acción del federalismo y que ensangrentaron las presidencias de Salmerón y Castelar acabaron claudicando.

El propio Castelar, en el programa dirigido a los electores de Barcelona y Valencia en enero de 1879, justificó su actuación durante su etapa de gobierno en los siguientes términos:

> Cuando ya teníamos conseguidos los principios esenciales a la democracia, nos consagramos a defenderlos y a salvarlos por medio de un gobierno que impusiera la obediencia en nombre del derecho de las leyes. Debilidades incomprensibles habían traído una anarquía lamentable. Veinte cantones se levantaron en España, y los sometimos. La mitad de nuestra escuadra estaba en poder del extranjero y la otra mitad en poder de la anarquía; y la rescatamos. El Tesoro se encontraba exhausto; y le dimos recursos permanentes. El desorden imposibilitaba el reclutamiento del ejército, y sacamos con firme voluntad las reservas y opusimos un ejército, casi improvisado, a D. Carlos. Cartagena se defendía con tenacidad, la sitiamos y la combatimos hasta rendirla. El desorden había penetrado en todos los cuerpos armados; los disciplinamos y restablecimos la ordenanza a costa de sacrificios grandes, pero aceptados con la estoica firmeza del deber. La artillería faltaba al ejército; se la dimos sin vacilaciones y sin reserva. Una cuestión internacional formidable se presentó amenazándonos con terrible guerra extranjera; la resolvimos sin curarnos de nuestro nombre ni de nuestra popularidad, entregados completamente los que entonces gobernamos, a un culto tan desinteresado como fervoroso a nuestra patria, y resueltos a sacrificarlo todo en sus aras.

En realidad, como escribe Carmen Llorca, en las horas previas a la sesión del 2 de enero de 1874, todos se equivocaron y contribuyeron al desastre. Los dirigentes republicanos estaban cansados, desprestigiados, con profundos rencores entre ellos y, en el fondo, vencidos.

Fotografía del general Serrano, alrededor de 1861.
[Nadar /Museo J. Paul Getty, Los Ángeles]

15. La república autoritaria: el Gobierno de Serrano

El golpe de Estado de Pavía cerró el periodo republicano dirigido por Figueras, Pi y Margall, Salmerón y Castelar, y volvieron al poder los amigos y colaboradores de Prim, es decir, Serrano, Sagasta y Topete. Pese a la agitación de la vida política y a los numerosos cambios institucionales, el Sexenio Democrático fue durante el siglo XIX el periodo más largo en el que predominó la ideología liberal y, de cara al futuro, no podrán ser negadas las ideas que durante esta etapa predominaron, ideas que encontraron en Emilio Castelar su mejor defensor en el último cuarto de siglo, pues, como escribió, Burell:

> Castelar no representaba las ambiciones ni los apetitos de una burocracia cesante, ni de una oligarquía fuera de turno: invocaba la causa justa de los oprimidos, de los que han sed y hambre, no sólo de libertad y justicia, sino también de misericordia. Para la conciencia pedía luz; para las masas populares, intervención en el Estado; para los negros de Cuba, el derecho de los blancos; para el municipio y para la región, autonomía; para las madres, la abolición de las quintas; y lo pedía con la unción del apóstol y con la indignación del tribunado plebeyo. ¿Cómo no había de arrastrar muchedumbres?

Sin embargo, como afirma Maissonobe, con la caída de la república federal y la instauración de un régimen autoritario bajo la presidencia de Serrano el horizonte político no era tranquilizador para las doctrinas políticas que Castelar siempre había defendido. Había intentado conciliar la república con la conciencia nacional y hacerla asumible para la mayoría, pero había fracasado en la imposibilidad de luchar simultáneamente contra sus enemigos políticos y contra los que deberían ser sus partidarios, lo que al final había producido inevitablemente una reacción. Pero, como dice Vilches, fue incapaz de modernizar el republicanismo impidiendo las ideas insurreccionales y la expansión del pimargallismo. En su aplicación mecanicista de la ley del progreso no valoró la monarquía democrática de Amadeo que combinaba libertad y democracia y puso la consecución de la república por encima de esos principios fomentando, aun sin querer, el exclusivismo y el revolucionarismo.

Fernández Almagro escribió que el 3 de enero Pavía se encontró con el poder en las manos, pero, como no tenía nada de político, no supo cómo resolver el problema que el mismo había creado; citó a los militares Serrano, marqués del Duero, Zavala, Topete y Beranguer, junto con los políticos Sagasta y Alonso Martínez por los constitucionalistas, Martos, Rivero, Becerra y Montero Ríos por los radicales, el republicano unitario Eugenio García Ruiz y los alfonsinos Cánovas y Elduayen. Emilio Castelar, que también fue citado por Pavía, ni quiso ir ni envió representante, pues por medio de un comunicado ya había dejado clara la imposibilidad de colaborar con la nueva situación nacida de un golpe de fuerza. Gran parte de los reunidos por Pavía habían participado en los cabildeos previos al golpe. Serrano, Topete, Balaguer y otros estaban reunidos en la noche del 2 al 3 de enero en casa de don Gregorio Zabalza, sita en la calle del Sordo, muy cerca del Congreso. También habían acudido a otra casa, la de don Juan de Ulloa, Martos, Echegaray, Fernández de las Cuevas y Rivero, entre otras personas, todos a la expectativa de lo que pudiera hacer esa noche el capitán general de Madrid. El candidato de Pavía a presidir el Gobierno era Serrano, tanto por sus servicios y su talla política como por la fuerza que le daba su entendimiento con los radicales. Cánovas, en coherencia con sus ideas, propuso la constitución de un Gobierno Nacional para empezar legalmente un proceso que abriera la puerta a la Restauración de los Borbones en el trono de España. No se aceptó su propuesta y en el nuevo gabinete solo participaron los constitucionalistas y los radicales, y se mantuvo en teoría el Gobierno republicano, que ayudaba a solventar los apuros del presente.

Serrano gobernó a base de decretos, es decir, dictatorialmente sin pensar nunca en reabrir las Cortes disueltas por Pavía. Continuó la lucha contra cantonalistas y carlistas, disolvió la sección española de la Internacional de Trabajadores, creó el Banco de España siguiendo los pasos previos de la república y ejerció con dureza la censura de prensa. Durante este gobierno el único republicano que siguió defendiendo la vía legal de acceso al poder fue Castelar, ya que tanto Pi como Salmerón se concertaron con el hasta entonces monárquico Ruiz Zorrilla, instalado en la vía de la insurrección.

El 12 de enero de 1874 entró López Domínguez en Cartagena; los cantonales animados por Pi y Margall y la izquierda del Partido Republicano, confiados en la caída de Castelar, habían resistido hasta el límite de sus fuerzas, pero este aguante había sido inútil porque a Castelar no le había sucedido un Gobierno más favorable para sus intereses, sino una dictadura militar. Cartagena cumplió su objetivo de resistir hasta que Castelar saliera del poder, pero su caída fue causada por el propio Castelar, que había acumulado todos los medios posibles para acabar con el levantamiento cantonal, aunque se consumara bajo el gobierno del general Serrano. Medioni explica la evolución de los más intransigentes cantonalistas: Barcia abandonó la política tras exiliarse y en 1884 se reconcilió con Castelar, que le prologó una de sus obras, *El catón político.* Los generales Contreras y Ferrer aceptaron la monarquía de Alfonso XII y Gálvez trabajó para los conservadores murcianos en la Restauración. Opina que:

> El Cantón de Cartagena, como las demás insurrecciones cantonales, representa un intento de oposición al centralismo asfixiante de Madrid. Los republicanos federales, valiéndose de la Constitución de 1873, ven la posibilidad de

> tomar el poder y realizar la Federación como anhelan. Sin embargo, el levantamiento cantonal causa la muerte de la Primera República, que coincide con el fracaso del último Cantón, el de Cartagena.

A consecuencia de los importantes reveses sufridos por el ejército en la lucha contra los carlistas para levantar el sitio de Bilbao, Serrano decidió hacerse cargo personalmente del Ejército del Norte y consecuentemente desglosó la presidencia del Poder Ejecutivo de la del Consejo de Ministros y nombró el 26 de febrero para esta al general Zavala, al que se le suponían inclinaciones alfonsinas. Al reservarse para sí la presidencia del Poder Ejecutivo se colocaba al margen de los cambios de gobierno y, como dice Tuñón de Lara, Serrano ocupaba la Jefatura de un Estado que tenía vergüenza de decir si su apellido era monarquía o república.

Después de publicar su comunicado protestando del acto del general Pavía, Castelar, enfermo y desanimado, creyó que su vida pública había terminado; incluso las alabanzas que el nuevo Gobierno le dedicó el 8 de enero al mismo tiempo que criticaba la actuación de Salmerón le produjeron malhumor, por lo que tenían de intento de implicación con los que actualmente detentaban el poder, en su opinión, ilegítimamente. Pero, pese a lo negro de la situación, Castelar se resistió a arrojar la toalla y, partidario siempre del sufragio universal porque creía que gracias a él se implantaría la república, se decidió a actuar no a corto, sino a largo plazo, y se dispuso a organizar un partido que defendiera sus principios de siempre, salvo el de la república federal, pero apartándose de muchos de sus correligionarios de antaño. El 14 de enero de 1874, bajo la presidencia de Justo Zavala, se reunieron en la Fonda Española los 56 diputados republicanos que vivían en Madrid y dieron un voto de confianza a Castelar, al que designaron como jefe de su grupo; para Carmen Llorca se puede decir que en este sentido este fue el primer acto del futuro Partido Posibilista, nombre por cierto acuñado por sus correligionarios y que muy poco le agradaba a Castelar. El 20 de enero apareció un nuevo periódico titulado significativamente *El Orden*; dirigido por el incombustible Moreno Rodríguez, el diario vendría a convertirse en una especie de órgano del castelarismo que hasta entonces solo contaba con la tribuna de *La Discusión*, que no siempre coincidía con sus ideas.

Durante este periodo se entabló una sorda lucha entre Sagasta y Castelar para conducir la situación política cada uno a su terreno. Mientras Sagasta instigaba a los partidarios de Castelar a que se unieran a la nueva administración, Castelar laboraba para lograr la celebración de un plebiscito para designar a Serrano presidente de la República y a él como jefe de Gobierno. Incluso visitó, acompañado de su hermana Concha, a la duquesa de la Torre, quien tenía fama de manejar a su marido, para convencerlo de que proclamara la república mediante este plebiscito. Mientras tanto Sagasta se dedicaba con todas sus fuerzas a boicotear los intentos de Castelar. Cuando el 26 de febrero la presidencia del Consejo de Ministros fue ocupada por el monárquico general Zabalza, mientras Serrano se reservaba la presidencia del Poder Ejecutivo, Castelar supo que había perdido esta partida, aunque todavía conservaba la esperanza de que la caída de Bilbao, que se produjo el 2 de mayo, moviera a Serrano a obrar en su favor.

El 21 de abril de 1874 rompió públicamente con Pi y Margall mediante una carta publicada en *La Discusión.* Nunca habían sido amigos y raras veces coincidieron en el mismo sector dentro de los partidos Demócrata y Republicano, pero a partir de ahora el trato personal será inexistente, y las recriminaciones mutuas, muy ásperas. Afirmaba Castelar que se había impuesto el silencio por patriotismo y que lo único que debía ocupar a la opinión pública es la guerra del Norte, de la que depende la suerte de nuestras libertades y que:

> Además en el verano último, cuando apenas se columbraban esperanzas en nuestros horizontes, rota la nación española en cien fragmentos, incierta la suerte de las armas, declaré con los ojos fijos en mi conciencia que no volvería jamás a perturbar a mi patria y no la perturbaré; que serviría la causa del orden, la causa de la paz, con el mismo

> empeño que había puesto durante dieciocho años en servir la causa de la libertad, la causa de la democracia, y no faltaré a mi palabra.

Anunció que cuando se despejara la suerte de las armas el Partido Republicano Histórico, denominación con la que se refiere a sus partidarios, dirigirá un manifiesto a la nación en el que dirá que no está arrepentido de una política en la que debe insistir y recordará con orgullo su obra que ahora se lanza como agravio. Insistió en que la república debía de ser una amplia fórmula de armonía entre la libertad y la autoridad, entre el orden y la democracia, entre la estabilidad y el progreso. El pueblo español no puede dudar de que es imposible la república, la libertad y la democracia sin orden. El orden solo se puede fundar en la república y no en la monarquía restaurada.

> El partido republicano a su vez debe renunciar a toda utopía que se proponga cambiar en un día la obra de los siglos; a todo intento que pueda ceder en daño de la patria unida, demostrando con sus idas y con sus actos que está en su convicción y en su interés el ser desde ahora el más sensato, el más moderado y el más prudente de todos los partidos españoles. Solo así podremos salvar la libertad, la democracia y la República.

El 11 de mayo de 1874, Castelar que había dado por perdida la partida a corto plazo realizó una gira de propaganda por Granada y Portugal. El viaje fue un éxito y resultó ser un tónico para su alicaído ánimo; el recibimiento fue realmente triunfal y miles de personas acudían a escucharlo. El 26 de mayo en la reunión celebrada en Granada hizo pública una afirmación cuasiprofética al decir que en 1873 el peligro mayor para la república fue la demagogia, pero que en 1874 el peligro grave era la Restauración, que, si se producía, impediría la democracia durante largos años. En este discurso, uno de los más importantes pronunciados por Castelar, justificó su actitud durante su etapa de gobierno diciendo: «Nuestro gobierno, señores, no pudo ser un gobierno reformista; cercado por todas partes de enemigos, en formidable guerra con las facciones y con los demagogos, nuestro gobierno fue, y no pudo menos de ser, un gobierno de combate». Sus palabras sentaron las bases de su futura acción política:

> Señores, en todas partes la legalidad es un bien grande, esa regla que liberta a las naciones de lo arbitrario, pero es un bien supremo en España. Nuestros males provienen de dos cosas: de que el poder, cuando tiene fuerza, sólo piensa en los golpes de Estado; y el pueblo, cuando tiene fuerza a su vez, sólo piensa en las revoluciones. Aquí nadie piensa en la legalidad. Y los golpes de Estado forman gobiernos que son obedecidos, pero no respetados; y las revoluciones a su vez promulgan reformas que son fáciles, pero no duraderas.

Justificó también la necesidad de que se clarificase la situación en el campo republicano:

> Para procurar la conservación de la forma republicana, se necesita deslindar a toda costa y a toda prisa dos partidos que representen las dos tendencias propias de las sociedades modernas: la tendencia de conservación y la tendencia de progreso dentro de la República. Los partidos no son agrupaciones fortuitas y arbitrarias, nacidas de la voluntad o el capricho de los hombres; los partidos son manifestaciones de varias ideas, de los diversos intereses.

Defendió el orden público como primera garantía de la libertad y la unidad de España como valor indiscutible ante los intentos de ruptura y terminó fijando su objetivo político inmediato: «Hoy debemos contentarnos con la Constitución de 1869, completada y perfeccionada en la forma republicana».

El 15 de junio regresó a Madrid, pero el 27 de julio salió hacia Alicante y el 1 de agosto embarcó en Barcelona camino de Italia y Francia mientras la prensa adicta anunciaba reiteradamente su vuelta a Madrid; en agosto viajó por Francia y Suiza, y en septiembre, por Italia, país que le seguía maravillando; se detuvo en Niza, Florencia y Génova, donde se entrevistó con

Garibaldi y Mazzini. Aprovechó este viaje para explicar su postura y pulsar el apoyo que tenía en Europa y especialmente en Francia. De la talla política que se le concedía en Europa es una muestra el desmentido que se vio obligado a hacer en una carta a su amigo Adolfo Calzado, fechada el día 8 de agosto:

> Leo en el *Diario de Ginebra* que *El Bien Público*, órgano de la fracción Thiers anuncia mi llegada a Versalles para agenciar el reconocimiento de nuestro gobierno. Los hechos desmentirán la noticia, pero no su sentido político. Y si puede usted, diga confidencialmente a los amigos de la Prensa, a quienes tantas atenciones debo, que ni el Gobierno actual me hubiera confiado ese encargo, ni yo hubiera podido aceptarlo.

Sigue confiado en que la situación de Serrano no se sostendrá y solo le alarman las noticias que le llegan sobre los movimientos de los alfonsinos en favor de la Restauración y sus posibles apoyos.

Cuando regresó en el mes de noviembre a Madrid a relanzar su actividad política ya sabía que desde el 9 de septiembre Sagasta era jefe del Gobierno. Dada la capacidad de maniobra de este y su inclinación cada vez más clara hacia la monarquía alfonsina, su nombramiento perjudicaba gravemente las aspiraciones de los republicanos. Pese a la insistencia de sus amigos, Castelar seguirá trabajando dentro de la legalidad porque está convencido de que Cánovas ha escogido también la vía legalista para la Restauración alfonsina y que esta decisión le permitirá a él llegar primero al poder a través de las urnas. Sin embargo, durante este periodo su actuación política es exasperantemente lenta, como dice Llorca, parece que ha perdido el impulso que hasta aquí le había movido y de hecho había terminado su vida política activa. Mientras tanto dedicaba gran parte de su tiempo a la edición de sus obras, después de un tiempo en que había tenido algo abandonada su carrera literaria.

Esa lentitud se trasluce en una carta a Rivero del 27 de diciembre de 1874 pocos días antes del golpe que dará origen a la Restauración alfonsina:

> V sabe que tengo mucho gusto siempre en departir con V pues ni el tiempo ni los sucesos han disminuido una amistad y una admiración que han sido de toda la vida y de todo el corazón. Pero me dicen que trata V de provocar una reunión política. Yo sentiría que contase V conmigo para esta reunión, pues un sentimiento que V comprenderá fácilmente me impediría asistir. Cuando, después del malhadado tres de enero, se congregaron mis amigos, los setenta u ochenta diputados de la minoría vencidos, diéronme autorización para citar a los notables del partido y darles mi opinión sobre los asuntos políticos y consultarlos, quedando, es verdad, a mi arbitrio las supremas resoluciones. Pero en un año no los he citado ni una sola vez, no he tenido ni una sola conferencia con ellos. He creído que un largo reposo convenía para recobrar fuerzas y para hacer olvidar tantos y tantos días nefastos y tantos y tantos irreparables errores. ¿Qué se diría de mí si fuese a una reunión de otros partidos sin haber antes tenido ni una sola por lo menos con el mío con los que me han acompañado lo mismo en la próspera que en la adversa suerte? Para mi hoy es precedente indispensable a toda otra reunión una larga con mis amigos.

Una prueba de la ambigua actitud de Castelar ante el Gobierno de Serrano fue el discurso pronunciado el 23 de diciembre con motivo de haber aceptado la presidencia de la Comisión Española para la Exposición de Filadelfia. Aceptó la propuesta, aunque provenía de un Gobierno conservador por la misma razón que un grande de España aceptó representar a la Revolución del 68 en Viena, por patriotismo. Reflexionó sobre sus experiencias en la Exposición de París de 1867 que había visitado en su exilio y valoró el hecho de que los EE. UU. representaban en el mundo la gloriosa epopeya del trabajo. España iba a la Exposición a enseñar nuestros productos y a intentar mejorar la balanza del comercio con el Nuevo Mundo y con el país anfitrión con el que teníamos un balance negativo de un millón de pesetas. Anunció además cuál debía ser nuestra actitud hacia los países americanos:

Al presentarnos en su propio continente con los instrumentos pacíficos de la industria, con las obras luminosas del trabajo, les demostraremos que todo ensueño de reconquista se ha desvanecido que toda reacción hacia las antiguas dominaciones se ha borrado; que somos como ellos una democracia pacífica y que conservando la diferencia y la división de Estados debemos unirnos moral y económicamente en la industria, en el arte en la ciencia, para sostener el nombre de nuestra raza en la tierra y ser dignos miembros de la humanidad en la futura historia.

Tras el golpe de Estado de Martínez Campos, Castelar renunció a esta presidencia como lo había hecho con la cátedra.

TARRAGONA.—ENTRADA DEL GENERAL MARTINEZ CAMPOS EN EL CASTILLO DE MIRAVET AL FRENTE DE LAS TROPAS, EL 24 DE JUNIO.

Entrada del general Martínez Campos en el castillo de Miravet al frente de las tropas, el 24 de junio de 1975. *La Ilustración Española y Americana.*

16. *La Restauración*

La lucha contrarreloj entre republicanos y alfonsinos, más concretamente entre Castelar y Cánovas, por imponer la república o la monarquía alfonsina por medios legales, terminó bruscamente el 28 de diciembre de 1874 con la sublevación de Martínez Campos y la proclamación del príncipe Alfonso de Borbón como rey de España. La mecánica del golpe fue muy parecida a la del 3 de enero y en verdad los únicos que parecían estar en las nubes fueron precisamente Cánovas, según confesión propia, y sobre todo Castelar, que, respecto a lo que iba a ocurrir, estaba realmente despistado, como demuestra este párrafo de una carta escrita el 24 de diciembre: «Acepté la Presidencia de la Exposición de Filadelfia por no dejar nunca de servir a mi patria en la medida de mis fuerzas. La situación no es tan mala como antes. Cánovas conoce que está en ridículo». Si el 3 de enero se había roto una serie de sublevaciones militares progresistas y comenzaba una etapa conservadora, con el golpe de Martínez Campos va a comenzar un periodo francamente reaccionario.

La posición de Cánovas respecto a la proclamación de la monarquía alfonsina era clara, pero el golpe de Martínez Campos cumplía dos condiciones que el propio Cánovas consideraba imprescindibles para su éxito. Primera, que ningún movimiento militar podía triunfar nunca sin que estuviera organizado por una importante fuerza dirigida y capitaneada por sus jefes naturales. Segunda, que una monarquía legítima y restauradora del orden social no podía ser levantada sobre la base de motines desorganizadores y acaso sangrientos. La oposición del gobierno al pronunciamiento de Martínez Campos fue muy leve y cesó inmediatamente que se supo que Jovellar y Primo de Rivera apoyaban el movimiento pese a que el 29 de diciembre Castelar, en compañía de Topete y de Ruiz Zorrilla, intentó convencer a Sagasta de que, si resistía, la proclamación de Alfonso XII podía evitarse, pero todo fue inútil, Sagasta no estaba dispuesto a provocar un enfrentamiento armado con los sublevados.

Retrato del político e historiador español Antonio Cánovas del Castillo (1828-1897) de Ricardo de Madrazo. [Palacio del Senado]

La restauración canovista significó el fin del impulso revolucionario que había renovado la sociedad y la política española durante el siglo XIX; Cánovas era un buen gendarme, le gustaba mandar, pero no gobernar. Es indudable que la Restauración impuso el orden en España, pero no es menos verdadero que significó el triunfo de la reacción, la resurrección de un pasado que Emilio Castelar odiaba a muerte. Sin embargo, el ambiente social la favoreció, ya que los militares y los políticos conservadores y liberales la apoyaron y, si bien era verdad que a los intelectuales no les gustaba y que los republicanos que no habían sabido gobernar para la república, pero estaban dispuestos a morir por ella, no la aceptaban, lo cierto es que el pueblo español permaneció indiferente, y esta pasividad propició el triunfo de la monarquía.

Ante la llegada del nuevo régimen, lo primero que pensó Castelar fue en alejarse de España antes de que pisara suelo español el que iba a ser Alfonso XII. Pero la sorpresa por lo ocurrido lo mantuvo indeciso, molesto con la obsequiosidad hacia la dinastía de los nuevos monárquicos. Ante la nueva situación Castelar se encontraba solo, no podía contar ni con Pi y Margall ni con Salmerón; de Rivero, con quien seguía manteniendo una buena relación personal, en cuestiones políticas no se fiaba, y Ruiz Zorrilla era un dirigente honesto, pero dogmático y desequilibrado. Su estado de ánimo lo expresó en una carta a Calzado el 9 de enero:

> Por fin se perpetró la grande infamia. La Restauración ha venido y con la Restauración toda suerte de males sobre nuestra patria sin ventura. Yo dejo esta para trasladarme a Ginebra y decir la verdad de cuanto he hecho en toda Europa. Es de necesidad. Luego me trasladaré a París haciendo venir a Concha y a Tono. (Su primo Antonio del Val).

La restauración de Cánovas le pareció no solo una desgracia, sino también una deshonra, y perseveró en sus posiciones ideológicas: «Yo soy republicano histórico, republicano intransigente, republicano de toda la vida, republicano por convicción y conciencia; por consecuencia, yo no quiero ser nada de ninguna monarquía». Se preguntaba además, irónicamente: «Si una generación como la nuestra no pudo soportar a los Borbones, ¿cree usted que los soportará una generación venidera?». Ante la Restauración, dice Maisonobe, su posición era bastante delicada: por un lado, su razón le hacía ver que, aunque él pudiera no estar de acuerdo, quizás era la única solución, pero su pasado lo llevaba a luchar contra ella; como dice Benoist, nadie luchó tanto contra la Restauración como Castelar, si exceptuamos a Ruiz Zorrilla, siempre embarcado en estériles, y a veces sangrientas, asonadas que más consolidaban que perjudicaban la monarquía.

A comienzos de 1875 los amigos de Castelar llegaron a estar preocupados por sus achaques físicos, pero sobre todo por su estado de ánimo, que, contradiciendo su permanente carácter optimista, era ahora pesimista respecto a su futuro y el del pueblo español. Pero muy pronto volvió a comenzar su tarea política, bien es cierto que con un carácter netamente distinto del resto de los dirigentes republicanos; mientras Castelar se dedicaba a la labor de sembrar a largo plazo, Ruiz Zorrilla se decantó por la revolución, Salmerón por el desorden y Pi y Margall por la amargura. Si Castelar había dimitido de todas sus ambiciones, nunca declinó las responsabilidades que tenía como hombre y como ciudadano. Con la caída de la república el horizonte político que se presentaba ante la ideología a la que Emilio Castelar se mantuvo siempre fiel no era tranquilizador, pues se acercaba un periodo inevitable de reacción política derechista. La experiencia del 73 dejó a los republicanos, como explica Artola, profundamente divididos tanto por cuestiones doctrinales —unitarios frente a federales, individualistas contra socialistas— y de procedimiento —reformistas o revolucionarios— como por las diferencias personales entre sus líderes. El republicanismo, cuya importancia como movimiento de masas no podemos estimar con exactitud por falta de trabajos concretos sobre su implantación, y cuyas posibilidades de acción durante los primeros años de la Restauración fueron muy limitadas, se encontró en una excesiva dependencia de sus divididos líderes del año 1873, dedicados, fundamentalmente, a pelearse.

Pero, como indica Carlos Dardé, durante los últimos veinticinco años del siglo XIX el republicanismo fue una fuerza mucho menos marginal de lo que indican sus resultados electorales. Compartido por amplios sectores de la población era un mundo complejo en el que había muchos elementos comunes y muchas diferencias internas. Los principales partidos fueron el Posibilista de Castelar, el Progresista de Ruiz Zorrilla, el Centralista de Salmerón y el Federal de Pi y Margall. El grado de personalismo e identificación con los líderes de estos partidos era muy fuerte y además se produjo una larga continuidad marcada por la persistencia de sus dirigentes hasta su muerte a finales del siglo XIX y principios del XX. La triste realidad del republicanismo español de la Restauración fue que contaba con cuatro líderes: Castelar, Salmerón, Pi y Margall y Ruiz Zorrilla, y los tres primeros no se hablaban entre sí. El Progresista era el único partido que confiaba en el recurso al Ejército para alcanzar el poder, los demás preconizaban exclusivamente medios civiles y democráticos. El Posibilista era el más conservador al acentuar la necesidad de mantener el orden y la autoridad, pero ninguno cuestionaba el orden económico vigente y para resolver el problema social proponían medidas reformistas y, en algún caso, la intervención del Estado. Su implantación fue fundamentalmente urbana y su organización era variada y compleja, a medio camino entre los partidos de notables y los partidos de masas. El Comité era su base fundamental especialmente entre los partidos más elitistas. Un elemento muy importante para la organización de sus militantes fueron los casinos, que bien eran de un solo partido o bien de varios. La prensa fue su medio fundamental de presencia en la sociedad, y diarios madrileños como *El Globo*, *La Justicia*, *El País* o *El Nuevo Régimen* y el barcelonés *La Publicidad* tuvieron mucha influencia en la creación de la opinión pública.

Durante años muchos republicanos, especialmente los pertenecientes al partido de Castelar, conservaron la ilusión de que el sufragio universal acabaría por traer la república. Pero, como recuerda Dardé, la situación de la sociedad rural española y la red caciquil que la oprimía hacía ilusoria esta posibilidad y dejaba a los republicanos solo la posibilidad de obtener alguna victoria moral en zonas urbanas. Ruiz Zorrilla, que intentó un acercamiento a Castelar en 1875 que no prosperó, no paraba de conspirar pensando siempre en que la solución estribaba en una sublevación militar y la asistencia de muchos generales a las reuniones celebradas en su casa le hizo concebir grandes ilusiones en el apoyo del ejército a la conspiración que tenazmente estaba organizando, pero, cuando el Gobierno de la Restauración supo lo ocurrido, dictó orden de destierro contra Ruiz Zorrilla, y este hubo de expatriarse, y, pese a sus esperanzas en el estamento militar, su exilio no provocó reacción alguna entre la oficialidad supuestamente comprometida en sus planes. El ambiente social y político era claramente adverso a los grupos republicanos que además no podían hacer propaganda.

Javier Moreno Luzón recuerda que el sistema político de la Restauración recibió durante décadas juicios negativos de la mayoría de los historiadores, heredando las críticas contemporáneas, especialmente las pronunciadas por Costa. Hoy las posiciones son mucho más matizadas y se considera a la Restauración un régimen comparable a los de Portugal e Italia en Europa y México y Argentina en América, que estabilizaron la vida política tras décadas de violencia arbitrando pactos entre élites antes enfrentadas, sustentados por el falseamiento electoral y la existencia de partidos clientelares.

En la Constitución de 1876 predominan los rasgos conservadores, aunque incluyó también elementos progresistas procedentes de la de 1869. Su principio fundamental era la cosoberanía entre el rey y las Cortes, que daba al rey la ventaja de disolver el Parlamento y nombrar y despedir libremente a los ministros. Las Cortes estaban formadas por dos Cámaras: un Congreso de los Diputados elegidos por los ciudadanos y un Senado con una parte elegida y otra nombrada por el rey entre la aristocracia, la Iglesia y el Ejército. No era una monarquía parlamentaria, sino una monarquía constitucional con grandes poderes en manos del rey y con la asunción de derechos y libertades básicas como los de propiedad, derechos del detenido y libertades de prensa, reunión y asociación. En el terreno religioso, siempre problemático en España, adoptó una posición intermedia entre la unidad religiosa que exigía la derecha y la libertad religiosa auspiciada por la izquierda. Era una constitución flexible que permitía por ejemplo pasar del voto censitario al sufragio universal sin necesidad de reformarla, lo que explica su larga permanencia. Definido el marco constitucional el sistema político se basó en la construcción de dos grandes partidos, el Conservador liderado por Cánovas del que solo se excluyeron los carlistas y el Liberal, construido con más dificultad por Sagasta del que solo se excluyeron los grupos estrictamente republicanos.

El ministro Orovio, un ultramontano que ya había intervenido represoramente, en la exclusión universitaria de Castelar, publicó el 26 de febrero de 1875 un decreto que afectaba gravemente a la libertad de cátedra. Como consecuencia de las protestas formuladas fueron separados de sus puestos Salmerón, González Linares, Azcárate, Giner de los Ríos, Montero Ríos y Calderón. Además, fueron desterrados, Giner de los Ríos a Cádiz, Salmerón a Lugo y Azcárate a Cáceres. Las críticas se sucedieron y entre las más enérgicas estuvieron las de Castelar, que renunció a su puesto de consejero de Instrucción Pública, al de presidente de la Comisión para la Exposición de Filadelfia y, naturalmente, a su puesto de catedrático en la Central, expresándose en estos términos:

> V. E. I. sabe que yo he consagrado todos mis desvelos a la defensa de dos libertades fundamentales; de la libertad religiosa y de la libertad científica, necesarias a todas las naciones, indispensables a nuestra España. Pues yo creo que estas dos manifestaciones de la libertad han sido vulneradas al poner como límite de la ciencia, no sólo ciertas instituciones sino también los dogmas de la religión del Estado... Mientras no tenga esta libertad plena, entera, no volveré a sentarme en una Cátedra amenazada en sus bases inconmovibles por la autoridad administrativa de cualquier pasajero ministro.

Lógicamente, Orovio hubo de aceptar la renuncia, pero en el seco decreto en el que le fue admitida, señala Morayta, no apareció, como la cortesía académica hubiera exigido, ni una sola frase de consideración y de respeto a tan destacado remitente. Castelar explicó su actitud en las *Cartas sobre política europea* publicadas en 1876:

> Tenía derecho por mi larga docencia a pedir un año entero de que me sustituyera un profesor nombrado por el claustro. Pensé ejercer se *(sic)* derecho pero las últimas disposiciones tomadas por la superioridad me han decidido de manera irrevocable a mantener mi renuncia. Dos necesidades imprescindibles. La científica y la religiosa sin ellas no puede explicar un profesor que siga las doctrinas de Darwin, o las de Kant o Hegel. Mi cátedra de Historia de España supone exponer conflictos de ideas. Mientras no tenga la libertad plena no volveré a sentarme en la cátedra.

Pese a su amistad con Cánovas, este impidió editar *La Discusión* y *El Orden*, que eran los órganos de expresión pública a través de los que se manifestaba Castelar. Tras su prohibición se fundó *El Globo*, periódico ilustrado de carácter cultural que comenzó su publicación el día 1 de abril de 1875 bajo la dirección del periodista Pedro Avial. En su prospecto de presentación, forzado por las circunstancias, afirmaba: «Respetamos todas las opiniones y nuestro periódico estará abierto a la discusión de todas las doctrinas. Sólo proscribiremos de nuestras columnas la política, motivo constante de división y ocasión perenne de discordias». Se subtituló desde su aparición *Diario ilustrado* y fue el primer periódico diario que incorporó el grabado como elemento a la vez ilustrativo e informativo. *El Globo* se mantuvo en sus primeros años fiel a su apoliticismo, y las frecuentes colaboraciones de Castelar se ciñeron estrictamente a temas culturales, filosóficos e históricos. Su línea política no siempre responderá a los deseos de Emilio Castelar, que no pudo controlar este nuevo periódico de la misma forma que lo hizo con *La Democracia*. Cuando accedió en 1876 a la dirección Martín de Olías, comenzó a romperse su apoliticismo y se subtituló *Diario ilustrado, político, científico y literario.*

Cánovas suspendió en Madrid *El Imparcial, El Correo, El Pueblo, La Bandera Española, El Cencerro, La Prensa, La Iberia, El Gobierno, La Igualdad, El Orden, La Discusión* y *La Civilización.* Para los periódicos no republicanos la suspensión fue solo temporal, pero, para el resto, definitiva. La política de prensa de Cánovas quedó plasmada en el Decreto de 29 de enero de 1875.

Se prohibía atacar directa o indirectamente el sistema monárquico constitucional y sostener otra forma de gobierno, criticar el ejército o la religión. El artículo 13 de la Constitución del 76 proclamó la libertad de imprenta y eliminaba la censura, pero el control gubernamental seguía vigente.

Para Andrés de Blas, tras la experiencia del Sexenio, Castelar elaboró una reflexión teórica socialmente conservadora compatible con sus convicciones liberal-democráticas. Enemigo de la intolerancia y entusiasta de la libertad de expresión, convencido de que la soberanía nacional era la cifra de la democracia, y que el sufragio universal no era la antesala de la temida revolución socialista, sino garantía suficiente de un orden económico liberal, fue enemigo del proteccionismo y radicalmente opositor al colectivismo. Organizará un partido de notables bajo estricto control personal y representará un sector del republicanismo español reconciliado con un *statu quo* económico y social que parece dispuesto a abrirse a formas liberal-democráticas y que dan por bueno el canovismo, sin exagerar sus exigencias de ortodoxia democrática, y no practican la intransigencia política de Ruiz Zorrilla, la doctrinal de Salmerón o la filorrevolucionaria de Pi y Margall. Esta actitud sintonizaba con la práctica europea del momento que él conocía privilegiadamente gracias a su amistad con Hugo, Gambetta o Faure, su correspondencia con Gladstone, su comparación con Garibaldi o Bismarck y su traducción a tantos idiomas.

Castelar marcó el camino del republicanismo moderado ante la cuestión nacional. La clave estaba en la lealtad sin fisuras a una nación española ante cuya solidez quedaba deslegitimado cualquier intento no ya de construir un nacionalismo periférico, sino una alternativa política de signo regionalista. Para él el nacionalismo español no era un programa político ni un medio para alcanzar el poder, sino una vivencia con fuerte carga emocional basada en tres argumentos: el mito de la esencialidad democrática española, el papel desempeñado por España en defensa de la libertad de los modernos y la aventura americana y la obra colonial de España.

Conseguido su primer objetivo de organizar lo que será la base de su futuro partido político, tarea que en realidad había comenzado el 14 de enero de 1874 cuando se reunieron en la Fonda Española 56 diputados bajo la presidencia de Justo Zavala que dieron un voto de confianza a Castelar, y disponiendo ya de un órgano de opinión, a los pocos días de la salida de *El Globo*, el 13 de abril Castelar marchó a Cartagena y desde allí el 17 del mismo mes al extranjero. No deseaba quedarse en España, ni comprometerse con la obra de la Restauración, ni participar en los mil cabildeos inútiles que organizaron los distintos sectores republicanos; prefirió reanudar sus relaciones con los líderes políticos europeos, explicar su política y dejar pasar el tiempo. Aunque su cautela desconcertó casi siempre a sus seguidores, Castelar sabía que, llegada la Restauración, el camino de lucha por la república iba a ser largo y áspero. Durante esta especie de exilio voluntario lejos de España, Castelar viajó por Francia e Italia, visitó Normandía y vivió durante algún tiempo en el pueblecito de Etretat. Posteriormente residió en París, donde escribió *Un año en París* y la segunda parte de *Recuerdos de Italia*, además de sus numerosas colaboraciones con la prensa, pues durante el período de la Restauración volvió a escribir asiduamente en diversos periódicos y revistas, labor que había abandonado casi por completo durante el Sexenio Democrático. Publicó habitualmente en *El Globo* de Madrid, en *Le Temps* de París, *Harper* de Nueva York, *La Publicidad* de Barcelona, *La Nouvelle Revue* de la princesa Rattazzi y *La Ilustración Española*, amén de reanudar su asidua presencia en las publicaciones hispanoamericanas. Castelar en este verano del año 1875 parece que no tenía otro objetivo que dedicarse a la literatura y preparar pacientemente su labor de oposición al régimen canovista.

Se hallaba en París consagrado a los trabajos literarios cuando recibió la noticia de que se iban a convocar elecciones para las nuevas Cortes Constituyentes. Vilches cuenta que en julio de 1875 se había reunido de nuevo con Ruiz Zorrilla en París, por mediación de su amigo Calzado. Uno esperaba que el otro se incorporara a la insurrección, y el otro, que lo hiciera a la legalidad. Gambetta le dijo a Castelar que Zorrilla le había dicho que él no era republicano, y Castelar le contestó, poniendo el ejemplo de sus amigos y correligionarios europeos, que los partidarios de la insurrección no eran mejores republicanos ni facilitaban la llegada de la república. Desde París envió una carta a sus seguidores madrileños acompañada de un cuestionario, lo que provocó una reunión en la que participaron entre otros Carvajal, Pedregal, Prefumo, Soler y Pla, Abárzuza, Morayta y Oreiro, que, según González Araco, optaron por el retraimiento. Las respuestas le fueron llevadas a París por Celleruelo y Benigno Revullida, quienes a su vuelta dieron cuenta de que Castelar estaba firmemente dispuesto a luchar en las próximas elecciones. Todos, entonces, estuvieron de acuerdo con la postura expresada por Castelar, mientras el resto de los republicanos encabezados por Pi y Margall, Salmerón y Ruiz Zorrilla optaron sin ninguna duda por el retraimiento, Castelar al decidir participar en las elecciones, establecía en cierto modo una forma de colaboración con el régimen de la Restauración, presentándose con la bandera de la defensa de los derechos individuales hollados por el Gobierno. Pese a todos los obstáculos, Castelar, que día a día ganaba en autoridad y prestigio, aun consciente de que el Gobierno había hecho las cosas de tal modo que era segura su derrota, se presentó no para vencer, sino para afirmar su política.

El 11 de enero, dirigió desde París, un manifiesto a sus electores de Valencia y Barcelona donde les decía:

> Me persuadí de la imposibilidad de establecer las libertades modernas en España sin establecer los antiguos procedimientos parlamentarios y juré no ausentarme de ningún parlamento, no abstenerme de ninguna elección, considerando uno y otra como laboratorios de la opinión ilustrada en lo presente y como escuelas prácticas de progresiva educación para lo porvenir.

Castelar, de acuerdo con sus correligionarios, redactó un programa electoral que en esencia era la Constitución del 69 sin el artículo 33 (el de la monarquía) y la toma de distancia respecto de federalistas y demagogos. Dentro de este programa se proponía también la abolición de la esclavitud en Cuba, el servicio militar sin redención a metálico y el pago de los maestros a cargo del Estado. Castelar había eliminado de su credo el federalismo, la supresión del Ejército, el retraimiento y todo tipo de intransigencia. El concepto que vertebraba el programa era el respeto absoluto a la legalidad. Por eso atacó a los alfonsinos fundándose en que no solo fue ilegal el golpe de Estado de Martínez Campos sino las medidas cotidianas que tomaba el Gobierno; por la misma razón de defensa de la legalidad estaba en contra de las conspiraciones de Ruiz Zorrilla. Este mismo programa lo expuso en una entrevista al diario madrileño *La Época* en el que hizo balance de la revolución y la defendió de los ataques de sus adversarios.

El anuncio de la candidatura de Emilio Castelar a las primeras elecciones de la Restauración indujo al Gobierno a proclamar, a través de fuentes oficiales, su neutralidad ante un político que deseaba ver en las Cortes. Pero por ejemplo en Valencia, donde parecía que Castelar tenía más posibilidades, no lo entendieron así el gobernador y sus subordinados que hicieron todo lo posible para derrotarlo, luchando contra él por todos los medios. Fue elegido diputado por Barcelona pese a la animadversión de algunos grupos republicanos y fue el único electo por su grupo. Unos dicen que salió gracias al apoyo oculto de Cánovas; otros, que pese a la hostilidad del Gobierno, también se dijo que lo votaron masivamente no los republicanos de Barcelona, sino los radicales, los carlistas y hasta los artilleros. Morayta, compañero de partido, dice que estuvo a punto de quedarse sin acta, pero que llegó al parlamento gracias a que un liberal no aceptó un acta falsificada descaradamente. En 1888 el propio Castelar contó pormenorizadamente lo ocurrido:

> En Barcelona se agotaron todos los medios imaginables de impedir nuestra elección; el gobernador, que fuera un tiempo amigo mío, y que de amigo mío murió, estaba en la desesperación por no haberme derrotado: se llevó una guarnición entera sin derecho de voto, por faltarle tiempo de residencia, en correcta formación a las urnas; se prendió a una gran parte de mis electores, encerrados en cárceles y cuarteles durante tres días; se halagó primero y se

intimó después a un secretario escrutador para que alterase la suma de votos; al señor Baró, candidato fusionista, pero candidato monárquico puesto enfrente de mí, se le ofreció el acta falsificada, pues hubo dos actas, y la rechazó con grandísima nobleza el señor Baró, quien de seguro no me dejará mentir; se trató de recurrir a la Comisión de Actas para que impidiese mi entrada en el Congreso, a lo menos en la sesión de juramento, y los señores Gamazo y Esteban Collantes resistieron a estas manipulaciones.

En cualquier caso, el esfuerzo que hicieron los posibilistas en estas elecciones fue enorme, pero la maquinaria puesta en marcha por Cánovas era de tal calibre que el conjunto del republicanismo quedó reducido a cuatro diputados: Castelar, Anglada, Sardoal y Olavarrieta.

Retrasó su vuelta por motivos familiares e hizo su entrada por Barcelona para agradecer su confianza a los electores; tenía previsto llegar a Madrid justo a tiempo para la apertura de las Cortes, pero pronto empezaron las arbitrariedades y el desánimo de Castelar ante ellas; en un banquete celebrado en Barcelona fueron detenidos los asistentes al mismo, como explica el propio Castelar en una carta de 23 de febrero:

> El viaje fue enteramente feliz, a pesar de que el Gobernador de Barcelona nos prendió a todos, sin excluir a Concha, para que no fuéramos al teatro y no tuviéramos una gran ovación. Me han hecho lo siguiente desde que llegué a España: 1. Me falsificaron el acta. 2. Me detuvieron en Barcelona. 3 me obligaron al juramento. 4 Me amenazaron con herir mi inviolabilidad parlamentaria. 5 recogieron mi último discurso que publicaba íntegro *El Solfeo*, cerrando por 3 meses la imprenta y prendiendo a expedidores y repartidores. Además, el señor Cánovas ha pronunciado un discurso violentísimo dando la razón contra mí a Figueras, Salmerón y Pi y Margall.

Cánovas, fiel al espíritu de continuidad, en la medida de lo posible, había decidido que las Cortes se eligieran por sufragio universal, previsto por la Constitución del 69 y articulado por la ley de 1870, sistema que le repugnó siempre, pero que a su juicio, convenía aplicar en las primeras elecciones generales de la monarquía restaurada, para hacer más irrecusable su advenimiento. Así mismo, decidió que estas Cortes Constituyentes de la Restauración tuvieran un mandato de tres años, como marcaba la Constitución del 69 bajo cuyos preceptos habían sido convocadas y reunidas. De todos modos, en estas elecciones no llegaron a participar, afirma Fernández Almagro, ni siquiera un millón y medio de ciudadanos y hubo un 45 % de abstención. Así que 874 votos bastaron para que Sardoal obtuviera acta por Madrid y Castelar fuera diputado por Barcelona con 2041 votos.

El 15 de febrero de 1876 se inauguraron las primeras Cortes de la Restauración. Pero estas Cortes eran bien distintas de las anteriores y las minorías estaban casi a título de favor real. Había temor por el pasado de cada uno de los presentes y casi todos deseaban silencio sobre la historia más reciente. Cuando Alonso Martínez el 7 de abril llame inconsecuente a Castelar, este le tiene que recordar que también él fue ministro de la república y que podrá llamarlo inconsecuente cuando lo vea de ministro de la monarquía. El único que no tenía miedo de su pasado, junto con Cánovas, era precisamente Emilio Castelar. La primera intervención de Castelar en estas Cortes fue con motivo de las discusiones de las actas de los diputados, sesiones que siempre eran tormentosas por las denuncias de abusos del poder en el falseamiento de las elecciones. Cuando se discutió el acta de Fabra por el distrito 4 de Barcelona, denunció que contra el candidato de su partido se habían usado todos los medios, incluso los más violentos por el Gobierno y la administración, se ha impedido el derecho de reunión, no han podido publicarse periódicos que eran legales, se apresaron los agentes electorales y miembros de las mesas sin que hubieran cometido delito alguno, hasta 150 personas. Todavía más esclarecedora acerca de las prácticas de manipulación electoral, especialmente en distritos rurales, fue su intervención al día siguiente sobre el acta de Gaucín. Castelar denunció que se había usado el terror, se habían cambiado los ayuntamientos y amenazado a los jornaleros, pero como pese a todo el candidato liberal tenía arraigo fueron detenidos los mayores contribuyentes para que el pueblo viera que, si se hacía eso con los ricos, qué no se haría con los pobres. En un pueblo de 900 electores se instalaron 300 carabineros, el juez municipal fue apresado y los amigos del señor Carvajal decidieron que ante la situación no había que ir a votar. Los 900 electores de Gaucín votaron al candidato contrario, incluidos los muertos. En Igualeja se desterró a los que votaban al candidato liberal. Dijo que había docenas de testigos de estos hechos. Al cura de Benarrabá lo obligaron a votar al candidato conservador después de haberlo detenido. En Estepona se amenazó con la deportación a África o Filipinas en un buque que iba a llegar. En otros pueblos se impidió la votación y se falsearon los resultados.

La Junta de Diputados optó por regirse por el Reglamento de 1847 que exigía el juramento al monarca. Castelar quiso combatir este requisito y habló por primera vez el 24 de febrero. El 26 de febrero fue obligado al juramento, que era un acto totalmente anacrónico:

> ¿Juráis guardar y hacer guardar la Constitución de la monarquía española? ¿Juráis fidelidad y obediencia a la reina legítima de las Españas doña Isabel II (o al rey que legítimamente le sucediere)? ¿Juráis haberos bien y fielmente en el encargo que la nación os ha encomendado, mirando en todo por el bien de la misma nación?

Los monárquicos no cabían en sí de gozo al obligar al antiguo presidente de la República a prestar acatamiento a Alfonso XII. Había previsto abstenerse, pero no le fue posible y pidió la palabra para protestar:

> Me habéis hecho pasar por las horcas caudinas del juramento; pero yo os digo que al extender la mano sobre los Santos Evangelios, allá en el fondo de mi conciencia, puesto el pensamiento en Dios, sólo he jurado serles siempre fiel a la libertad y a la patria.

Al oír estas palabras estalló furiosa tempestad y Castelar tuvo un serio incidente con el vicepresidente de las Cortes, Elduayen, que le retiró el uso de la palabra. También se enfrentó con Cánovas, quien le dijo que no tenía derecho a hacer protestas facciosas, pero Castelar le recordó que todos sus cargos los había recibido de unas Cortes democráticas de las que formó parte Cánovas y que la esencia de la democracia era el respeto a las minorías. Años después, en 1883, explicó Castelar su actuación de aquel día:

> Yo de mí sé decir que si la libertad de nuestra gloriosa tribuna y la tolerancia de nuestras arraigadas tradiciones parlamentarias no me hubieran permitido en su amplitud dar por nulo y no advenido el juramento a don Alfonso XII, jamás lo hubiera prestado, porque yo puedo acatar y obedecer al rey, pero no puedo servirle y mucho menos exaltarle con homenajes internos tan extraños a la naturaleza de mi derecho como a la naturaleza de su autoridad.

El 16 de marzo de 1876, en el discurso sobre el mensaje de la Corona explicó, además de su protesta contra el juramento y el sinsentido del mismo, ya que las Cortes Constituyentes del 69 no lo prescribieron porque creían que la soberanía entera estaba en la nación y las posteriores tampoco, y lo han vuelto a imponer, los que, a diferencia de los republicanos, no respetan la libertad de conciencia. Proclamó: «Yo he jurado, pero el Dios que me habéis obligado a invocar sabe que no he renunciado a mis principios». Condenó que Ruiz Zorrilla estuviera en el exilio, mientras Lizárraga se paseaba por España y a Cabrera se le recibía con honores y a ese hombre que tantos crímenes cometió se le encontraba en la guía de generales de España. No han dado la libertad religiosa, mientras los curas cabecillas de la rebelión del norte campan por sus respetos, pero han echado a los profesores de la Universidad violando la libertad de conciencia y la razón científica. Utilizando palabras de Rivero y Donoso Cortés bajo Isabel II, condenó a la dinastía de los Borbones, de los que dijo han consumido sus vidas luchando contra las libertades. Cánovas al día siguiente replicó que «la profesión de doctrinas, de principios y de aspiraciones contrarias a la monarquía constitucional de don Alfonso XII constituye un crimen». Ante esta tesis Castelar protestó firmemente y dijo que le asistía todo el derecho a intentar restaurar la república por medios legales, volviendo a resaltar el absurdo de dividir a los partidos en legales e ilegales.

En estas primeras Cortes de la Restauración volvió a ser Castelar el gran orador de 1869 y se constituyó en un peligro para Cánovas, con el que mantuvo numerosos enfrentamientos dialécticos. Cuando Cánovas lo acusó de haber cambiado de ideas, dijo: «A otros alterar sus creencias les ha valido subir al poder; el alterar las mías, me ha costado bajar del poder». Proclamó que estas Cortes estaban dominadas por una sola figura que era Cánovas y de rebeldes se habían tornado en sumisas. Pese a la presencia de Castelar, ninguna discusión pudo emular los torneos oratorios de las Constituyentes del 69.

El 7 de abril afirmó en un discurso pronunciado en relación con la resolución de que no había lugar a deliberar sobre los títulos de la Constitución relativos a la monarquía y a sus atributos, que la deliberación era la tarea esencial de las Cortes y que no había partes de la Constitución más sagradas que otras.

> Cuando se equivocaban los reyes lo pagaban los ministros o los favoritos. Ahora se equivocan los ministros y lo pagan los reyes. (Risas). Y por eso un monárquico de veras hubiera dicho: para aumentar la inviolabilidad de los reyes quitémosles facultades; y para quitarles facultades, dejémosles sin veto y sin el derecho de abrir las cortes.

Las tribunas se seguían llenando para escuchar a Castelar, y uno de los debates más esperados fue el relativo a la libertad religiosa, pero en estas Cortes del 76 la extrema derecha, netamente católica, carecía del tribuno que por sus conocimientos históricos y su elocuencia pudiera dar la réplica a la posición avanzada en esta materia de Emilio Castelar, quien dijo:

> Esta exigua minoría no puede votar la unidad católica, porque considera esa unidad una utopía reaccionaria tan fuera de las leyes de nuestro tiempo, tan contraria a las exigencias de nuestra política como cualquier utopía socialista. Esta minoría no puede votar, no votará tampoco el dictamen de esa Comisión, porque el dictamen de esa Comisión es la

> tolerancia; y nosotros no queremos deber a la tolerancia de nadie aquello que nos toca y pertenece por el derecho natural de todos.

La postura intermedia que mantuvo Cánovas, la tolerancia, fue la refrendada, como era lógico, en el texto constitucional.

Causó gran conmoción el 29 de mayo al defender el sufragio universal con una frase contundente: «Creéis indignos e incapaces de dar un voto por la patria a los mismos que dan por la patria toda su existencia». El 20 de junio defendió la libertad de enseñanza:

> Lo que nosotros defendemos, lo que nosotros apoyamos, lo que han defendido y apoyado dignamente esos catedráticos en las protestas y en las manifestaciones objeto de tantas censuras, ha sido que, así como el legislador es libre e inviolable en el Parlamento, así como el sacerdote es libre e inviolable en el templo, es libre e inviolable en su cátedra ese gran legislador de los espíritus, ese sacerdote de la razón humana, el profesor que revela y difunde la ciencia... Lo que hay de verdad es que aquí se discute un derecho esencialísimo a la libertad del catedrático: el derecho al libre pensamiento.

Mientras tanto había ocurrido un hecho que no por esperado fue menos importante: el final de la guerra carlista el 3 de marzo de 1876 con la publicación de la proclama de Somorrostro. En esta ocasión Castelar expuso que todos estaban de acuerdo en el júbilo por el fin de la guerra civil y recordó sus esfuerzos para reintroducir la disciplina en el ejército para acabar con la guerra. Añadió que a la felicitación al Ejército por este hecho era imprescindible unir la felicitación al pueblo, que era en definitiva quien había conseguido la victoria. La liquidación de la guerra civil obligaba a plantear y resolver un delicado problema, el de los fueros vascos, cuya conservación y defensa se habían vinculado a la causa carlista. El 21 de julio de 1876 se publicó la Ley de Abolición de los Fueros Vascos; para muchos de los habitantes de las Provincias Vascongadas que amaban sus fueros y para la opinión tradicionalista de otras regiones, esta ley de Cánovas implicaba un despojo, ya que las Provincias Vascongadas se verían en la obligación de participar en las quintas del Ejército y en las contribuciones, rentas e impuestos ordinarios y extraordinarios, obligaciones de las que estaban exentas hasta el momento.

El 30 de junio de 1876 se aprobó la nueva Constitución. Durante todo el periodo constituyente Castelar había tenido una gran actividad política en el Congreso con intervenciones de gran repercusión pública y gracias a su esfuerzo no se perdió totalmente la obra del Sexenio y muchos de los derechos individuales conquistados por la revolución tuvieron, aunque diluido, reflejo en el nuevo ordenamiento legal. Castelar nunca había logrado llegar a un acuerdo con Ruiz Zorrilla, entre otras razones, para no ser acusado de conspirador, pero lo que alejó definitivamente a los dos dirigentes fue el acuerdo alcanzado entre Salmerón y Ruiz Zorrilla en agosto de 1876, de los que dirá Castelar que ambos con sus borricadas estaban impidiendo el triunfo del republicanismo. En una carta escrita a Ruiz Zorrilla el 11 de septiembre, Castelar, además de mostrar un deslizamiento hacia posiciones políticas y sociales cada vez más conservadoras, explicaba las razones de la ruptura en que aquel había aceptado un vago socialismo y un federalismo incierto, lo que refleja que, mientras las discrepancias se limitaron únicamente a un problema de estrategia (legalidad frente a insurrección), Castelar creyó poder atraer a su campo a Ruiz Zorrilla y fue la asunción de principios de otros sectores del Partido Republicano lo que los separó definitivamente.

En septiembre de 1876 fundó Castelar el Partido Republicano Posibilista, cuya actividad durará hasta 1888, aunque, una vez disuelto, Castelar nunca renunció a sus ideales ni a la lucha por los mismos. Durante la Restauración hubo, pues, dos etapas en la vida política de Emilio Castelar: en la primera, de 1876 a 1888, organizó el Partido Posibilista; en la segunda, entre 1888 y 1898, lo desorganizó. El Posibilista era un partido de románticos y no de ambiciosos, dadas sus escasas perspectivas de llegar algún día al poder; su lentitud alejaba a los más jóvenes e irritaba a los revolucionarios impacientes como los que estaban con Ruiz Zorrilla. Castelar percibió el cambio generacional y consideraba que los jóvenes eran más liberales y democráticos que sus antecesores, pero habían perdido en cambio el impulso revolucionario. Nunca fue un partido de raigambre popular y sus adversarios le reprocharon un cierto elitismo reflejado en su composición social. A corto plazo el partido luchaba por el restablecimiento de los derechos individuales y el sufragio universal al mismo tiempo que denunciaba la política pesimista de Cánovas y el inmovilismo que mostraba la Restauración en su supuesta marcha hacia la democracia. La misión que el posibilismo se había impuesto a largo plazo era modificar el pensamiento español de tal forma que el cambio supusiera un campo abonado para la instauración definitiva de una verdadera democracia en España. Entre los adictos al partido se encontraba su núcleo de amigos de siempre: Moreno Rodríguez, Maisonnave, Carvajal, Martín de Olías, Abárzuza, Morayta, Aura, Almagro, Pedregal, Gil Berges, Prefumo, Soler y Pla, Oreiro, etc., a estos se añadió Manuel Camo, el cacique de Huesca que proporcionó el acta parlamentaria a Castelar hasta 1899; estaban además, como siempre, los fieles castelaristas de su reducto de Murcia. Durante todo el periodo de la existencia del partido los posibilistas se encontraron entre dos frentes, el de los conservadores a los que irritaba su defensa irrestricta de los derechos individuales de la persona y el de los republicanos cuya infecunda política revolucionaria contrariaban. Sus dos principales órganos de prensa fueron *El Globo* en Madrid y *La Publicidad* en Barcelona, que tuvieron una considerable repercusión en la opinión pública, pero además contaban con *La Campana de Gracia, La Imprenta* y la *Gaceta de Cataluña, El Graduador* en Alicante, *El diario de Huesca* y *La Derecha* en Zaragoza. Sin embargo, como organización política el posibilismo adoleció de graves enfermedades, ya que fue incapaz de ajustarse a las exigencias del sufragio universal aferrado al encasillamiento y a una estructura regional basada en los notables de la formación.

Durante muchos años Castelar soñó con un cambio de régimen gracias a la implantación del sufragio universal, pero no consideró que la situación social de la España de su tiempo y el entramado caciquil que falseaba el sufragio hacían inviable dicha meta. Por otro lado, el acuerdo que logró Cánovas con Sagasta para integrar dentro del sistema a la izquierda que todavía se mantenía dubitativa en cuanto a su participación eliminó definitivamente las posibilidades de cambio de régimen acariciadas por Castelar. Contra sus previsiones, su estrategia fortaleció la monarquía alfonsina, aunque, eso sí, al precio de una cierta democratización. A pesar de todo mantuvo sus convicciones y así pudo llamar desencantados y arrepentidos a muchos compañeros de viaje que vio sentados en el banco azul, pues él podría ser un desencantado, pero nunca un arrepentido.

El 17 de noviembre volvió a hablar sobre un tema clave para la estructuración política de España: las leyes municipales y provinciales. Explicó que, aunque hubiera modificado sus ideas sobre el federalismo, seguía considerando las libertades municipales y provinciales la base de las libertades políticas. Clamó contra los ayuntamientos de Real Orden, afirmó que el ayuntamiento era una organización secular y denunció que se invocaba la unidad nacional para eliminar la autonomía municipal. España era muy diferente del centralismo francés y no se podía hacer una nación cesarista de un país descentralizado históricamente, y menos aún cuando el motivo de ello era controlar las elecciones y excluir a las clases bajas no de los deberes, sino de los derechos. En diciembre defenderá el servicio militar obligatorio para todos los españoles, sea cual sea su riqueza, afirmando que era la compensación por el sufragio universal.

Durante esta etapa no dudó en luchar contra el Gobierno en todos los campos en los que fuera posible y así en 1877 derrotó al compositor Emilio Arrieta, candidato ministerial, en las elecciones para la presidencia de la *Asociación de Escritores y Artistas*, organización de gran trascendencia social dedicada a velar por los intereses de escritores y artistas, de la que Castelar había sido uno de sus socios fundadores en 1871. También en la apertura de las nuevas Cortes, al comienzo de la legislatura del año 1877 hizo Castelar una defensa del sufragio universal y formuló una advertencia contra la cerrazón de la Restauración para incluir las reformas que la sociedad pedía.

El 12 de noviembre intervino en la discusión de la ley electoral denunciando que en España el único elector era el ministro de la Gobernación mediante el falseamiento de las elecciones. En 1878 en el debate sobre la Ley de Imprenta expuso su postura liberal frente a la actitud claramente intervencionista y censora del Gobierno conservador:

> Señores, restringidos los delitos de imprenta a la seguridad directa del Estado, a impedir todo ataque a consecuencia del cual resulte un acto contra esa seguridad; restringidos los delitos de imprenta a la injuria y la calumnia, no hay inconveniente alguno en admitir las penas personales existentes en el Código, aplicadas por los procedimientos ordinarios, teniendo siempre en cuenta que para nosotros el tribunal administrador por excelencia de la justicia humana es el jurado.

Criticó también la ambigüedad de algunos artículos de la ley en los que se enunciaba que no se podía atacar a la monarquía, la propiedad y la religión ni siquiera indirectamente.

A partir de 1877 Castelar, ya en la plenitud de su vida, vio la progresiva desaparición de muchos de sus compañeros, que a veces fueron rivales políticos y a veces aliados, en el largo camino de la lucha por la democracia. En 1878 murió Nicolás María Rivero, de quien le separaban las ideas políticas, pero a quien le unía una gran amistad forjada en los numerosos avatares políticos que vivieron juntos y para quien pidió el 6 de diciembre al presidente de la Cámara que se le rindieran los honores debidos a su significación política e institucional. Sin abandonar su actividad política dedicó una mayor atención a su producción intelectual y a los viajes por Europa. En estos años se editaron muchas de sus obras en forma de libro, fue reclamado para dar conferencias en numerosas ciudades europeas, entre otras en las Universidades de Oxford y Cambridge, y leyó el 25 de abril de 1880 su discurso de Ingreso en la Real Academia, para la que había sido elegido en 1871, que fue contestado por su amigo Francisco de Paula Canalejas. Pero este, como todos sus actos, tenía una gran implicación política, como expresa en la carta dirigida a Cánovas pidiendo su asistencia:

> Y quisiera que tu asistencia recordase a nuestra patria tan necesitada de tolerancia como nuestros disentimientos políticos y nuestra opuesta historia no empecen a que nos apreciemos y nos queramos mutuamente como nos queríamos y nos apreciábamos en nuestros juveniles años con una amistad que ha confirmado el tiempo y que ha salido ilesa de todos nuestros combates.

Como prueba de la popularidad y prestigio de Castelar, este discurso fue traducido inmediatamente al inglés, francés, italiano y alemán. En carta a Calzado narra su euforia por el éxito de la sesión y porque Víctor Hugo le haya felicitado por el discurso y por las frases dedicadas a él. Durante esta misma época mantiene una asidua correspondencia, desgraciadamente perdida, con un buen número de intelectuales europeos entre los que destacan Renan, Max Muller, Víctor Hugo, Thiers, Garibaldi, Rostchild y Jules Simon.

En 1879 existió la posibilidad de unir las tres tendencias republicanas que representaban la derecha radical, el centro republicano y el posibilismo, pero, como de costumbre entre los republicanos, muy pronto comenzaron las disputas por la jefatura entre Salmerón, Ruiz Zorrilla, Martos y Castelar, agudizadas por las discrepancias ideológicas y las malas relaciones personales entre Salmerón y Castelar. Este fracaso marcó su separación definitiva del resto de los republicanos y le confirmó en la necesidad de levantar la bandera posibilista, lo que él llamaba la democracia histórica republicana y seguir por la senda electoral por muy problemática que fuera la posibilidad de llegar al poder por esa vía. Una vez más combatirá el retraimiento y seguirá solo en las Cortes de la Restauración, pero pese a ello de legislatura en legislatura adquirió más autoridad y crédito hasta el punto de que era una potencia política con la que los Gobiernos monárquicos debían contar.

El 13 de febrero de 1880, dos años después de la Paz de Zanjón que puso fin a la guerra de los diez años que se había desatado a los pocos días de la Revolución de Septiembre, el Congreso aprobó la Ley de Abolición de la Esclavitud en Cuba, abolición que Castelar llevaba solicitando desde el principio mismo de la Restauración y que fue una de las conquistas de las que más orgulloso se encontraba. Como muestra de la actitud de la oligarquía cubana y del partido español en la isla hay que señalar que tanto los diputados como los senadores electos por la isla de Cuba se abstuvieron de votar la ley y, atentos a la repercusión que tuviera tan humanitaria reforma en los intereses del capitalismo isleño, incluso se plantearon el derecho de volver a resucitar la cuestión en el Parlamento para revocarla si la consideraban perjudicial.

El 2 de octubre de 1880 pronunció un importante discurso en la ciudad de Alcira que marcará las líneas maestras de su actuación pública durante los próximos años. Afirmó que la democracia no prospera sin sufragio universal, libertades y jurado y él ha podido contribuir a fundar la democracia en la oposición, dirigirla en el Parlamento, moderarla en el Gobierno y rehacerla en la desgracia. Los republicanos crearon un partido grande pero intransigente, triunfaron, pero como siempre habían sido oposición, la ejercieron contra ellos mismos, como demostraba que la sublevación cantonal se hizo contra Pi, lo que demostraba que el pacto con el federalismo y el socialismo era nefasto. Criticó al Gobierno de la Restauración que restringe las libertades del pueblo y reclamó una apertura liberal. Afirmó que exponía un programa de gobierno públicamente conocido en defensa de las libertades y deseaba gobernar para poder cumplirlo, pero con una condición indispensable para lograrlo: llegar por el voto público en unas elecciones libres. Advirtió que organizar un partido para la revolución y no para la legalidad le parecía una demencia, y que hacer a fuerza de arengas exaltadas y de organizaciones violentas a un partido como el demócrata, de carácter puramente revolucionario, es dar muestra de una imprevisión que se paga, y muy caro, el día de la victoria. Defendió la vigencia de los principios que siempre había mantenido y explicó que la sociedad iba cambiando de tal forma que ideas que antes parecían utópicas eran ahora realidades y puso como ejemplo la nueva actitud del Vaticano ahora que el pontificado lo ostentaba León XIII, que hacía posible lograr la separación entre la Iglesia y el Estado conservando al mismo tiempo el presupuesto para el culto en las cuentas del Estado. Propugnó también la necesidad de tranquilizar al Ejército.

El 8 de febrero de 1881, Cánovas en una habilísima maniobra para integrar a la izquierda liberal dentro del sistema monárquico eliminando veleidades conspiradoras, entregó el poder a Sagasta, de cuyas intenciones desconfiaba con cierta razón, por su hambre de poder. La maniobra de Cánovas obligó a Castelar a replantear su política, ya que, si luchaba contra Sagasta y contribuía a su caída, lo estaba haciendo para que volviera la derecha más conservadora al poder:

> Así el gobierno de Sagasta no puede temer a la libertad, y los demócratas, mientras el gobierno sea liberal, no deben tener escrúpulo alguno en apoyarlo. Por de pronto la política ministerial resulta de una grande amplitud. La prensa, por virtud de una circular del ministro de Justicia, entra plenamente en su derecho. Los partidos merced a otra circular del ministro de la Gobernación, recobran su legalidad. La Universidad, merced a disposiciones del ministro de Fomento, podrá consagrarse con autonomía entera a la ciencia. Por consiguiente, la libertad vuelve a recobrar todo su vigor, y esta su vigorización vuelve a traer esperanzas a todos cuantos, la creemos y la consideramos el mayor bien de la vida.

Efectivamente, como primeras medidas liberalizadoras el Gobierno permitió la celebración pública del 11 de febrero y el nuevo ministro de Fomento, Albareda, derogó la circular de Orovio, lo que permitía la reincorporación a sus puestos de los catedráticos expulsados de la Universidad. Sagasta ofreció a Castelar la posibilidad de entrar en el Gobierno, pero este la rechazó como lo hizo igualmente con la invitación a ocupar el puesto de embajador de España en París, pues para él la libertad y la democracia estaban unidas a la república. La estrategia de Castelar tras llegar el fusionismo al Gobierno era separarlo de su fracción derecha dirigida por Martínez Campos, modificar la ley electoral y preparar el camino hacia la república a través del rompimiento entre la monarquía y los liberales.

Sagasta, en gran parte incitado por Castelar, que lo forzaba a aplicar los principios democráticos, liberalizó el sistema hasta el punto de que Pi y Margall decidió abandonar el retraimiento electoral que practicaba. Sin embargo, Martos y Ruiz Zorrilla, partidarios de la política de, cuanto peor, mejor, se radicalizaron y expulsaron a Castelar de las filas republicanas. Como dijo *El Globo*: «He ahí la tarea de los monárquicos progresistas, echar de la república a los republicanos». Castelar tenía razón y poco después el furibundo Martos hizo profesión de fe monárquica y aceptó la presidencia del Congreso de los Diputados. La división de los republicanos en esta época era de tal calibre y los ataques entre ellos tan desaforados, afirma Morayta, que *La Discusión* llegó a escribir que en las anteriores elecciones Castelar se había entendido con Cánovas a cambio de sacar 40 escaños y cobrar de los fondos secretos del Ministerio de la Gobernación. La realidad de que en aquellas elecciones solo salieran 13 diputados posibilistas no impedía que en sus ataques el periódico siguiera afirmando lo mismo. El abandono de la teoría de los partidos ilegales permitió a los republicanos recuperar su identidad y celebrar reuniones, sin embargo, dice Artola, durante toda esta década el republicanismo estaba sumido en una tremenda crisis doctrinal y de esperanza. Durante la campaña electoral de 1881 pronunció Castelar un discurso en Huesca en el que formuló sus aspiraciones políticas a corto plazo:

> En este instante, nuestras pretensiones se encierran en las siguientes: Hacienda nivelada, administración inteligente y pura, elecciones desasidas del gobierno, libertad de imprenta, extensión del sufragio, ampliaciones de la libertad religiosa, matrimonio y registro civil, ayuntamiento de origen popular en su totalidad, instrucción primaria universal y gratuita, Universidades independientes, jurado, servicio militar obligatorio, abolición de la esclavitud directa y de la esclavitud indirecta en todas nuestras colonias.

En las elecciones de 1881 obtuvieron acta 42 diputados republicanos, cuando habían sido 13 en las anteriores y 4 en las Cortes del 76. En 1881 Castelar abandonó la tradicional circunscripción de Barcelona para presentarse definitivamente por Huesca. Sus ideas librecambistas estaban en contradicción con las de sus electores de Barcelona, pero, según Sánchez Ortiz, este cambio también fue como consecuencia de haber conocido a un curioso personaje, Manuel Camo, farmacéutico de Huesca, fogoso revolucionario de joven, fundador de *El diario de Huesca*, el periódico más influyente de la provincia, opuesto al cantonalismo, entusiasta del ferrocarril de Canfranc, a los 32 años presidente de la Diputación y siempre dueño del distrito electoral de Huesca contra quien nada podía el encasillado practicado por los ministros de la Gobernación. Cuenta García Mongay que en 1879 Martínez Campos había convocado las segundas elecciones de la Restauración y Castelar, que se presentaba por Barcelona y Huesca, al dirigirse a Barcelona acompañado de unos amigos, en la estación de Tardienta «un joven de mirada enérgica, frente espaciosa, bajo de cuerpo, enjuto de carnes, de constitución no muy robusta» se dirigió a él: «Si usted se compromete a aceptar la representación de Huesca, respondo del triunfo». «Me es imposible —dijo Emilio Castelar—, tengo el compromiso moral de aceptar la representación de Barcelona». «Pues entonces, anuncio que su nombre será derrotado en Huesca por muy pocos votos», dijo enérgico Manuel Camo (resultado: el conservador Barón de Alcalá, 976 votos [entre ellos, 5 o 6 muertos], y Castelar, 971). A partir de este momento confió en Camo. En las elecciones del 81 Camo reunió a los principales electores republicanos en casa del rico propietario Antonio Vallés para informar a Castelar de cómo iba la campaña. Oídas distintas opiniones Camo anunció una ventaja de Castelar de 150 votos. Obtuvo 144 votos de mayoría, y en 1886, 1891,1893 y 1896 Castelar fue diputado por Huesca. En las elecciones de 1886 Castelar obtuvo 974 votos sobre un total de votos emitidos de 1546, sacando una diferencia de más de 400 votos al candidato republicano Fernando González, el segundo más votado. Pero no porque Sagasta hubiera conseguido la adhesión de destacados republicanos desaparecía de la España de la Restauración la amenaza de la revolución. El republicanismo burgués de Ruiz Zorrilla seguía adelante con sus planes y la revolución social no dejaría de intentarse allí donde la propaganda de la Internacional encontrase terreno abonado por razones económicas, sociales e históricas, como era el caso del campo andaluz. En cambio, por la derecha no había peligro de que retornase la guerra civil, ya que la derrota había sumido al carlismo en una serie de discordias intestinas que inutilizaban su anterior poder insurreccional.

Práxedes Mateo Sagasta en su casa de Ávila, de una fotografía de Christian Franzen, grabado de Laporta, recogido en la revista española *La Ilustración Española y Americana* de 22 de septiembre de 1897

Emilio Castelar creyó que con Sagasta en el poder se acercaba más la república. Sagasta en cambio pensaba que haciendo suyos los principios democráticos de los republicanos la república se alejaba y la monarquía se consolidaba. Dardé afirma que el Partido Fusionista de Sagasta dio un enorme impulso a la Restauración con su política de integración y de defensa de los derechos individuales y los antiguos radicales acabaron fundando con Sagasta el Partido Liberal en 1885, y entre este año y el de 1890 recuperaron gran parte del contenido democrático de la Constitución del 69. La misma plana mayor del Partido Posibilista que no quería eternizarse en la oposición presionaba a Castelar para que les dejara libertad de dar el paso hacia la monarquía. Fueron momentos duros para Castelar cuando vio que la presencia en el poder de Martos, Becerra, Montero Ríos y otros, no lo acercaba al triunfo de sus ideas, sino que lo alejaba cada vez más. Emilio Castelar, como Ruiz Zorrilla, pertenecía a un grupo de hombres que se sentía desperdiciado para España, miembros de una generación de héroes que fueron al mismo tiempo mártires y víctimas de la libertad. Castelar era un desengañado, no de las ideas, sino de los hombres, y no le quedaba, como dice Carmen Llorca, más que la amargura del declive, el orgullo de no claudicar, la pureza de sus principios. Comprendió que todos iban a alcanzar otra vez el poder menos él y se dio cuenta de que, sin este poder, sus huestes se le escapaban de las manos.

Castelar condenó la sublevación republicana del año 1883 que había provocado levantamientos y grandes disturbios en Badajoz, Santo Domingo de la Calzada y La Seo de Urgel, y explicó, una vez más, que una sublevación sin civiles conducía a la dictadura. El propio Pi y Margall que había abandonado el retraimiento y optado por la lucha legal, fue mucho más duro que Castelar cuando afirmó que la intentona de 1883 malbarató el caudal de la revolución que no era escaso y que la sangre de las víctimas revolucionarias sacrificadas restó a la revolución muchos adeptos. Salmerón no estuvo de acuerdo con sus palabras y su ruptura con Pi acabó por desorganizar el republicanismo, del que ya se había alejado Castelar. Las clases trabajadoras, permeables a la propaganda socialista o anarquista, no se mostraban inclinadas en absoluto hacia la aventura de una república burguesa como la que preconizaba Ruiz Zorrilla. El zorrillismo había perdido definitivamente el tren de la historia, y las fantásticas listas de la Asociación Republicana Militar no tenían realidad en el seno de las guarniciones, mientras sus movimientos se desarrollaban en medio de la indiferencia general del país.

Gran repercusión pública tuvo la sesión parlamentaria en la que Menéndez Pelayo respondió por alusiones a Emilio Castelar el 13 de febrero de 1885. Todo había comenzado, escribe Vilches, por las palabras de Miguel Morayta en la inauguración del curso escolar 1884-85 que dieron lugar a los incidentes de la noche de Santa Isabel. La lección era sobre la civilización egipcia, pero al final Morayta hizo una alusión a Darwin y al concepto de la evolución y defendió la absoluta libertad de los catedráticos. Luego habló el ministro de Fomento Pidal para defender la libertad de ciencia dentro de los márgenes de la monarquía católica de la Restauración. Se generó una gran polémica en la prensa y una ofensiva de los obispos liderada por el de Ávila, que denunciaba, entre otras cosas, las dudas sobre la existencia del diluvio universal. Ramón Nocedal organizó una recogida de firmas contra Morayta que provocó la movilización de los estudiantes en su defensa, intervino la Policía en la Universidad con el resultado de 30 heridos y 60 detenidos, la dimisión del rector Pisa, el nombramiento del neocatólico Creus, la dimisión de decanos y la suspensión de las clases.

El 12 de febrero intervenía sobre esta cuestión Castelar en el Congreso cuando casi al final de su discurso, manteniendo la absoluta necesidad de la libertad de ciencia y de cátedra, dijo tras múltiples elogios a Menéndez Pelayo:

> Un catedrático, presente aquí, entre nosotros, verdadero asombro de unos por su saber, y verdadera tristeza de otros por su pensar, quien ha escrito en cierto libro teorías sociales verdaderamente reprobables, pues llama a la desamortización y a sus derivaciones, o séase la propiedad moderna, inmenso latrocinio.

Este interrumpió: «Y lo sigo afirmando. Pido la palabra», y pese a que sus escasas condiciones oratorias le retraían de intervenir en público, contestó a Castelar al día siguiente en lo que fue su primer y último discurso en el Parlamento.

Pero, como explica detenidamente Marta Campomar, la cosa venía de lejos. Su intervención, pese a ser una réplica a Castelar, formaba parte de una larga controversia que tuvo como eje central la incorporación de la Unión Católica dentro del Gobierno de turno de Cánovas. El debate duró prácticamente dos años y fue una síntesis de las grandes cuestiones que sacudieron a la generación de la Restauración: la Constitución liberal y su ambigüedad, las amenazas del carlismo, el control de la Instrucción Pública, las subvenciones estatales, la libertad de ciencia y de cátedra, la seguridad del Estado y especialmente la cuestión religiosa. El debate se centraba, sobre todo, en el control de la enseñanza pública. Sobre su secularización, las posturas eran variadas: Sagasta y Castelar eran decididos partidarios de la misma; Cánovas, más cauteloso, pero con matices liberales; Pidal, más ultramontano que liberal, y, para el integrismo, todos los anteriores eran cómplices de la secularización. Cánovas causó el malestar de los liberales porque para cimentar su alianza con Pidal, impulsada desde Roma, le entrega la más codiciada de las carteras, la de Fomento, de la que entonces dependía la educación, a pesar de que es consciente de que para los liberales la enseñanza era un tema clave para el entendimiento y reconciliación de los españoles.

Castelar se había dedicado en el Congreso a afirmar insistentemente que la raíz de todos los males era la presencia en el Gobierno de la Unión Católica, se declaró demócrata cristiano, defendió la armonía entre religión y ciencia y en la cuestión educativa sostuvo una posición templada: la Iglesia debe enseñar sus dogmas y su moral desde el púlpito, y la Universidad, gozar de plena voluntad para exponer su ciencia, pues se necesita un catolicismo que no excomulgue a los demócratas y a los intelectuales. Le parece mal haber dado la cartera de Fomento a la Unión Católica porque el Partido Conservador tiene la obligación de defender la tolerancia religiosa y la libertad de los textos en la enseñanza pública, cosas en las que la Unión no cree.

En su intervención del 12 de febrero de 1885 en el Congreso, Castelar culpó de los sucesos a los obispos, que con sus ataques encubiertos a Pidal provocaron la reacción de los íntegros, pero opinaba que la cuestión universitaria era de raíces más hondas y universales, formaba parte del conflicto entre ciencia y fe, si la libertad de ciencia cedía ante el clero estaríamos en una teocracia dirigida por los obispos, y por ello lamentaba que todavía hubiera catedráticos que defendieran la Inquisición y la ciencia sometida a la teología, y no aludía a Ortí Lara, sino a Menéndez Pelayo y a su *Historia de los heterodoxos*. Castelar continuó el día 13 diciendo que, al entregar Cánovas el Ministerio de Fomento a Pidal, ponía en peligro los avances de la anterior legislatura relacionados con la enseñanza, pues el nuevo ministro había quitado la subvención a la Escuela de Institutrices de la Institución Libre de Enseñanza, que fomentaba la educación femenina, favorecía las escuelas religiosas contra las civiles e impedía avanzar en la secularización de la enseñanza.

Cuando Menéndez Pelayo pidió la palabra para intervenir, estaba irritado por las múltiples alusiones en la prensa a su persona respecto a la actitud que había adoptado ante los sucesos universitarios, que ciertamente no había sido demasiado airosa. Después de lamentarse de que la ocasión para él era triste y angustiosa por su poca capacidad oratoria y por hablar después de la palabra tropical de Castelar y antes de la elocuencia acerada de Pidal, atacó la concepción castelariana de la libertad de ciencia, afirmando que la ciencia se basa en el determinismo científico y por tanto en ella no puede existir la libertad. No contesta a Castelar, esto lo hará Pidal, habla porque ha sido aludido. Le da las gracias por la apología de la Universidad a la que se hallan unidos ambos, por eso es doloroso escuchar de él frases referidas a los tumultos escolares y a su represión, que parecían una incitación a la revuelta y le duele ver así extraviado el espíritu de la juventud. Más que libertad de ciencia hay que buscar ciencia verdadera: «Para mí, la frase libertad de la ciencia, ni en el terreno filosófico, ni en el terreno legal, ni en el terreno histórico, puede racionalmente legitimarse», pues no aceptaba el derecho al error y de hecho en Europa no existía la libertad de ciencia, salvo en las universidades libres de Bélgica. No podía haber conflicto entre las ciencias exactas y las naturales y la religión, por eso el papa León XIII había dicho que los primeros capítulos del Génesis era lícito tomarlos en sentido alegórico. El pueblo católico quería defenderse con el Concordato, la Constitución y el Código Penal, y no pretendía la dominación de la Iglesia en la enseñanza, salvo en lo relativo a la vigilancia del dogma. Sobre la alusión que motivó su intervención, dijo que Castelar denunció que él definía la tesis de la desamortización como un inmenso latrocinio, pero tenía este derecho porque era historia verdadera y lo mismo habían dicho Ríos Rosas y Pi y Margall.

Castelar en su réplica afirmó que Menéndez Pelayo en *La Historia de los heterodoxos* defendió al carlismo y combatió a todos los que contribuyeron a derrotarlo, por lo que exonera a los carlistas y acusa a los liberales de la guerra civil. «En verdad os digo que la política de los neo católicos derribó antes el trono de doña Isabel II y ahora derribará el trono de Alfonso XII», frase que causó una gran conmoción y escándalo, y obligó a Castelar a matizarla posteriormente en el sentido de que, simplemente, quería decir que causaría la caída del Partido Conservador. Pero siguió manteniendo que, en el fondo, la crítica a la desamortización era hacer el caldo gordo al carlismo y además, como afirmaba Sagasta, fue el Partido Conservador quien se aprovechó del gran negocio de la desamortización y si consideraban que fue un latrocinio, que devolvieran los bienes que compraron sus padres a la Iglesia.

En 1885 Castelar se presentó como candidato a concejal del ayuntamiento de Madrid en una lista en la que figuraban entre otros Sagasta, Montero Ríos, Martos, Moret y Figuerola. Según Vilches, de los 28.000 electores madrileños votaron 21.495, 13.000 por la coalición y 8000 por los ministeriales conservadores, Fue investido concejal, pero invalidaron su elección debido a un error en las listas del censo, ya que no figuraba completa la *E* de elegible al lado de su nombre. En este mismo año en un discurso en Orense el 21 de septiembre explicó con claridad su visión de la situación internacional con motivo de los intentos de Alemania de apoderarse de las islas Carolinas, una posesión española en el Pacífico. Denunció la política de la Restauración y el viaje de Alfonso XII a Alemania cuando lo que quería esta nación era apoderarse de nuestro patrimonio colonial y no solo en el Pacífico. Afirmó que en la Conferencia de Algeciras hicimos concesiones a Alemania en Marruecos y luego asistimos a la Conferencia de Berlín, donde nada se nos había perdido, que las islas Carolinas eran nuestras y, si bien es cierto que no las habíamos cuidado mucho, no por eso habíamos perdido los títulos de posesión. Se oponía en principio al arbitraje papal ante lo que es un acto de pura fuerza, aunque reconocía que una guerra en solitario contra Alemania era un suicidio. El arbitraje de León XIII emitido el 17 de diciembre de 1885 reconoció la soberanía de España sobre las islas, pero a cambio de concesiones en la libertad de comercio y navegación y el establecimiento de una base alemana.

El último intento revolucionario, realizado con una inconcebible improvisación por el general Villacampa en Madrid el 19 de septiembre de 1886, probó definitivamente la esterilidad de la línea insurreccional y hasta el terco Salmerón, diputado desde ese mismo año, rompió definitivamente con los progresistas. La condena de Castelar a la sublevación de Villacampa en un telegrama dirigido a la dirección de *El Globo* fue durísima: «Cualesquiera sea importancia sucesos mantenga principios orden procedimientos legales disciplina militar. Por pronunciamientos sólo seremos la Bulgaria o la Turquía de occidente. Repita que no queremos gobiernos forjados en los cuarteles». Valorando excesivamente las fuerzas de la sublevación, le dijo a Pedro Moreno Rodríguez que, si llegaba esa república, sería la dictadura de la cobardía y la barbarie y que en ella no habría sino víctimas y verdugos. La participación de Salmerón en esta intentona, escribe Vilches, irritó a Castelar, quien afirmó que el filósofo de pega que era aceptó la criminal oferta y se puso a conspirar de lo lindo sin considerar que estas insurrecciones impedían que calase en la sociedad el republicanismo moderado.

En 1887 con motivo de la muerte de Figueras hubo un último intento de conseguir la unidad republicana al calor de la emoción por la muerte de este dirigente histórico. No prosperó porque Pi y Margall no contestó a la invitación y Salmerón y Castelar lo hicieron negativamente. A estas alturas Castelar se encontraba cada vez más identificado con Sagasta, aunque, como dice Álvaro de Albornoz, quizás se mostraba demasiado entusiasta con la labor de este, que, si bien era verdad que aprobaba leyes democráticas, las falseaba inmediatamente en su aplicación práctica. Castelar había alcanzado cierta tranquilidad pública, comenzaba un leve declive biológico y era famoso y respetado en España y en el mundo entero, por lo que no estaba dispuesto a embarcarse en más aventuras con unos líderes republicanos de los que desconfiaba. Como muestra de su pensamiento he aquí un párrafo de la carta que envía a Adolfo Calzado en noviembre de 1885:

> El derecho de reunión se practica cuál en Suiza, como puedes ver en las actas de las recientes reuniones zorrillistas, y tendremos pronto sufragio universal en toda su extensión. Si con todos elementos queremos aún guerras, es porque debemos estar locos. Cuanto había que hacer antes del 68, merecía cien revoluciones; cuanto está por hacer, no vale un motín. Tardaremos indudablemente más; pero llegaremos sin sacudidas ni zozobras.

Con motivo del viaje de Alfonso XII a Alemania en septiembre de 1883, Castelar criticó tanto su oportunidad como lo ocurrido con motivo del citado viaje, y censuró la política exterior española que en su opinión no debía estar al servicio de terceros países, sino de los intereses de España. Con ocasión del viaje, el emperador Guillermo concedió a Alfonso XII el nombramiento de coronel en propiedad del regimiento de Hulanos número 15, que se había distinguido en la guerra franco-prusiana y que a la sazón guarnecía la plaza de Estrasburgo arrebatada a los franceses. Con una sinceridad peligrosa Alfonso XII exteriorizó el entusiasmo que le producía el Ejército alemán, vistió públicamente el uniforme del regimiento de Hulanos y con una notable falta de cautela llegó a prometer en un brindis el apoyo de España a Alemania en caso de una nueva guerra. La imprudencia era tan notoria que fue el propio emperador Guillermo quien le llamó la atención sobre un ofrecimiento de tan notoria ligereza. La actitud del rey era tanto más incomprensible cuanto que su vuelta a España estaba prevista con una escala en París donde fue objeto de numerosas muestras de desagrado. Castelar había criticado sistemáticamente la política de aislamiento internacional que Cánovas había impuesto durante la Restauración y que había dejado a España en la soledad más absoluta como se vio, desgraciadamente, el año 98. Solo el camino de la preocupación por el norte de África y por el reparto de Marruecos llevó a la recelosa cancillería española a establecer contacto con las demás de Europa. Pero con motivo de la organización de la reunión de Madrid en 1880, escribió Albert Mousset que:

> Tan apartado estaba entonces el gobierno español de la diplomacia europea, que el Ministro de Estado, José de Elduayen, hubo de pedir al embajador en París que enviase referencias acerca de la organización y el funcionamiento de las Asambleas análogas celebradas en Londres, París y Berlín, para no faltar, por inexpertos, a las exigencias del protocolo.

17. 1888. Retirada de la vida pública

El 7 de febrero de 1888 Emilio Castelar, a través de un discurso en el Congreso, licenció sus huestes, disolvió el partido Posibilista y renunció al activismo político como protagonista, pero sin alejarse del todo de la vida pública. A partir de este momento se dedicará a sus tres grandes pasiones: viajar, la vida social y escribir. Creyó que había conseguido la mayoría de sus objetivos, excepto la proclamación de la república que supuso no había de contemplar él, aunque sí los republicanos más jóvenes. En ese mismo año de 1888, en el mes de junio, se aprobó la Ley del Jurado, una de las reivindicaciones de Castelar desde que militaba en el Partido Demócrata hacía más de 30 años, y en 1890, la Ley del Sufragio Universal, que, aunque suponía un indudable avance legislativo, no sirvió para regenerar la vida política nacional, porque en la España de aquella época las leyes no se cumplían, sino que se interpretaban; el sufragio se falseaba sistemáticamente por procedimientos caciquiles de soborno y violencia, lo que conducía a que siempre ganaran las elecciones quienes ocupaban el poder en el momento de convocarse, por lo que la alternancia política no estaba sustentada por el voto, sino por los deseos de la Corona. Castelar siempre basó sus esperanzas políticas en el sufragio universal y consiguió que el proyecto de Sagasta, extendiendo el derecho de voto a mayores de 25 años, fuera más amplio que en Inglaterra, Alemania o Italia, pero Castelar no participó en la discusión, pues, decidida su aprobación, consideró que su presencia ya no era necesaria y se fue a dar una conferencia en la Sorbona. El 24 enero se votó el artículo primero, que era fundamental; los conservadores no se opusieron en el Senado, y la ley salió adelante, no sin que Robledo Romero se permitiese la chuscada de escribirle diciendo que gracias a él se había aprobado la ley que Castelar abandonó por sus placeres.

Llevaba preparando su retirada desde hacía algún tiempo según se puede deducir del análisis de su correspondencia, por lo que es muy poco creíble la afirmación de la princesa Rattazzi de que, después de la muerte de Alfonso XII, Castelar soñó con instituir por segunda vez la república, para lo que reunió en su casa a Pi y Margall y a Salmerón con el objeto de celebrar conservaciones secretas, aunque el intento quedó frustrado por la llegada al poder del Partido Liberal. La propia princesa recibió una carta de Castelar en 1888 en la que este afirmaba: «Yo no formaré parte del gobierno de la monarquía; mi honor me lo impide. Yo no puedo hacer ningún esfuerzo a favor de la República; mi patriotismo me lo prohíbe».

El discurso que pronunció el 7 de febrero de 1888 tuvo una gran repercusión. Sobre su programa tradicional solo hizo dos rectificaciones: la primera afectaba a la cuestión de la separación de la Iglesia y el Estado, y la segunda, a su concepto de la monarquía; si bien durante muchos años había considerado incompatibles la monarquía y la democracia, advirtió a los monárquicos que, igual que la república pudo ser el sistema político de su generación si hubieran sabido hacerla conservadora, la monarquía podía ser la fórmula de esta generación si sabían hacerla democrática. Pero en este discurso en el Congreso habló de muchos más temas. Respecto a la política internacional dijo que los pueblos conquistadores gastan y destruyen, mientras los industriales ahorran y construyen, y puso el ejemplo de EE. UU. Sostuvo que en los conflictos europeos y sobre todo en las disputas por las colonias debíamos permanecer neutrales y no querer una pulgada más de tierra en el estrecho o en Marruecos, ni ir a los Congresos en donde se repartían territorios. Respecto a nuestro papel en África, no se le ocultaba la ley por la que los pueblos superiores dominan a los inferiores y que África estaba muy cercana a nosotros y a nuestra cultura, pero no debíamos tener ninguna impaciencia en poseerla, pues han concluido las colonizaciones militares y empiezan las científicas e industriales. Coherentemente con el pensamiento tradicional de los republicanos se manifestó contra el proteccionismo. Era cooperador de la política liberal pero no ministerial; era republicano, pero no federal, y había rectificado sus principios sobre las relaciones Iglesia y Estado. La libertad religiosa ya la reclamó desde su primer discurso, pero la Restauración dejó una tolerancia religiosa bastante aceptable, aunque no se aplicó inicialmente ni al matrimonio ni a la cátedra, pero los liberales han rectificado y la han aplicado en la cátedra. Recordó que en el destierro tuvo que mantener a tres editores responsables que estaban en la cárcel por las leyes sobre la prensa isabelina, habló de la recuperada libertad de imprenta y asociación gracias al Partido Liberal y recordó las peripecias sufridas en esos campos. Anunció que se iban a plantear las leyes del jurado y del sufragio universal y criticó que para muchos fuera un delito haber querido trocar la revolución en evolución, pero él, que podría ser muchas cosas en la monarquía, no quiere ser ninguna, es republicano histórico e intransigente. Ni puede combatir la monarquía democrática ni apoyarla. El discurso fue recibido con enormes aplausos y tuvo una gran repercusión. El 11 de febrero de 1888 los republicanos históricos de Madrid, para conmemorar el aniversario de la proclamación de la república, acordaron hacer una tirada conmemorativa del discurso con las adhesiones recibidas: 106 firmas encabezadas por Miguel Morayta y 978 comités de más de 800 pueblos y ciudades mandaron escritos de adhesión.

Para Manuel Suárez Cortina Castelar representa el ejemplo más claro por parte del republicanismo de conciliar república-democracia-religión-catolicismo. Considerado, como escribió Carmen Llorca, precursor de la democracia cristiana, trató de hacer compatibles realidades que eran aparentemente contrapuestas, como religión y ciencia, Iglesia y libertad, el papado y la república. El punto de partida para la conciliación de opuestos era la dialéctica hegeliana aplicada a la historia de la humanidad. Mantuvo que la Iglesia católica se oponía a la democracia por el jesuitismo y su influencia sobre el papado, pero que a partir de *Inmortali Dei* la Iglesia expresó la compatibilidad de cualquier clase de régimen con las doctrinas eclesiásticas, como demostraba la transacción entre la república francesa y el Vaticano. Toda su vida fue un radical antijesuita, elemento básico en su discurso al permitirle afirmar a la vez los valores democráticos inherentes a la doctrina de la Iglesia con la existencia de épocas antagónicas con los valores de la libertad. Era un anticlericalismo limitado que permitió un funcionamiento ecléctico de difícil equilibrio entre liberalismo y catolicismo. Fue una actitud coherente toda su vida. Sin embargo, era una postura muy alejada de su propio partido que veía en la Iglesia un elemento de la reacción; por ejemplo, Martín de Olías decía que la Iglesia negaba los valores de la familia por el celibato y del patriotismo por depender de una autoridad fuera del país. Castelar se lo refutó en las *Consideraciones Críticas* a su obra.

Jura de la Constitución por S.M. la Reina Regente Doña María Cristina el día 30 de diciembre de 1885. Frente a la reina está el presidente del Gobierno, Antonio Cánovas del Castillo, con el libro abierto. [Palacio del Senado]

Castelar seguía manteniendo fluidas relaciones con figuras europeas y así el 13 de febrero recibió una carta de monseñor Freppel en la que lo felicitaba y le daba las gracias por su iniciativa de resolver pacíficamente la cuestión de Alsacia y Lorena y ceder a Francia Metz y Estrasburgo. En su respuesta Castelar, el 20 de febrero, precisó que era tan partidario de la devolución de Alsacia y Lorena como de la unidad e independencia de Alemania. Recibió también con el mismo motivo una carta de la Asociación General de Alsacia y Lorena el 21 de febrero a la que respondió en términos similares.

En el fondo su retirada fue una claudicación, sabía que no era gloriosa, sino amarga, una demostración de inseguridad e incertidumbre, nacida de la convicción de que el destino le había dado mucha más gloria de la soñada, pero mucho menos poder del apetecido, como afirma Carmen Llorca. Deseaba retirarse a escribir la historia de España, tarea que nunca culminará porque, aunque abandonó aparentemente la vida política, la seguía afanosamente y al menos hasta 1893 siguió orientando los pasos de sus antiguos correligionarios y seguirá hablando en el Parlamento hasta 1891.

En ese mismo año de 1888 con motivo de la gran Exposición Universal de Barcelona pronunció un discurso ante sus correligionarios el 22 de octubre al final de un banquete de 3000 comensales. Le daba grima oír propaganda republicana que afirmaba que una república sensata y conservadora no era más que una especie de monarquía disfrazada, limitada al cambio de poderes, cuando no de personas, y no entendía tanto acento en lo que es el contenido social ni la destrucción de la nación, ya que para él el sufragio universal y la libertad eran lo esencial. Hay que sentar bases como el sufragio y el jurado para que la república, cuando llegue, se conserve. El pueblo español quiere su propiedad secular, su religión tradicional, su ejército disciplinado y su unidad nacional, no se puede fundar una república contra esto. Explicó también las razones por las que dejó de ser diputado por Barcelona, puesto que dimitió porque el tratado con Francia les parecía mal a sus electores, pero no a él. Si Barcelona quería un diputado republicano proteccionista, él no podía ser ese diputado. Él era por convicción librecambista, pero con el librecambismo absoluto le sucedía lo mismo que con la pena de muerte y la separación de la Iglesia y del Estado, estaban en sus convicciones teóricas, pero no en su programa político. Justificó su evolución política explicando que todos los que los acusaron de traidores por no retraerse habían hecho al final lo mismo. Se vanaglorió de haber trabajado para que el poder parlamentario se impusiera a todos los poderes, incluida la Corona, y el pacto del Pardo confirmaba su tesis de que el país se había salvado por las leyes y no por los reyes. Reconoció que se falseaba el sufragio universal, pero que eso no era motivo para abominar de él, sino, antes al contrario, para luchar por su ejercicio sin trampas ni presiones caciquiles.

El triunfo de la evolución predicada por el posibilismo no admitía duda; los republicanos de todas las tendencias, abandonando las veleidades insurreccionales, hacían lo normal en todas las latitudes, esto es, luchar con todas las armas legales para combatir al poder e intentar conservarlo, aunque tuvieran que entablar la lucha en un sistema vaciado de legitimidad por el caciquismo y el falseamiento del sufragio. Pero los militantes del Partido Posibilista en estos años pertenecían a una clase burguesa y capitalista, nada tenían que ver con el sector popular que apoyaba la república a mitad de siglo y habían perdido ya el ardor necesario para la pelea política de oposición. Además, los posibilistas estaban cansados de apoyar al Gobierno y no gobernar, por lo que a Castelar, que coherentemente se negaba a integrarse en la monarquía, solo le quedaba la salida de retirarse y dejar a sus seguidores que escogieran la opción que cada uno deseara. Cuando Castelar licenció a sus partidarios el Comité de Madrid del Partido Posibilista acordó por unanimidad seguir siendo republicano, pero de los 14 diputados posibilistas solo 3 se declararon republicanos irreductibles. En mayo de 1893, conseguidos los objetivos por los que había luchado, su antiguo partido se integró en el Partido Liberal bajo la jefatura de Sagasta, y el 5 de noviembre del mismo año Buenaventura Abárzuza, uno de los líderes posibilistas, fue nombrado ministro de Ultramar en el gabinete Sagasta.

Escribió Romanones:

> Extrañará que situemos entre los hombres que más influyeron en la marcha de la Regencia a Castelar, que se mantuvo constantemente alejado de la monarquía… así en toda la Regencia se señala de modo inconfundible la huella de la garra del gran tribuno… Castelar, caminaba quedo, con paso menudo, deslizándose en la enmarañada red de la política con cautela, unas veces calándose el gorro frigio para que nadie olvidara su representación republicana, y otras hurtándolo a las miradas de las gentes para que se sospechara su inclinación a la monarquía. Sagasta, no muy entusiasta de los derechos individuales, cedió a la tenaz presión de Castelar, convirtiendo el sufragio universal y el jurado en principios fundamentales de su programa y el antiguo presidente del Poder Ejecutivo de la república se esforzaba en apoyarle para que se mantuviera en el poder, con tal de que gobernara realizando la obra democrática. En una carta de 1895 afirma Castelar, sin ambages ni rodeos, que le fue ofrecida la jefatura del partido liberal, y escribe: «Cómo creer que nadie podrá imputarme un propósito tan vano e inferior a mis títulos y a mis posiciones, en el mundo, pues el primero en proponérmelo fue Martínez Campos, después me lo propuso Palacio mismo, enviándome una persona de toda confianza y muy cercana a la Reina y muy de mi cariño, y diciéndome que no había otra salvación sino que me encargara yo de la jefatura del partido liberal». Hemos necesitado tener el autógrafo a la vista para creer cosa tan inédita y peregrina, y aún después de leeerlo sólo lo aceptamos con reservas; la posición política de Castelar en 1895, fecha de la carta y todas las circunstancias de la vida política en aquellos momentos, nos llevan a dudar de que la Reina tuviera tal propósito ni realizara gestión alguna para ponerlo en práctica. No sería extraño que a Martínez Campos, que soñaba en vano por derrocar a Sagasta de la jefatura, le pasara por el magín tal invento.

Mantiene Romanones que a partir de la crisis de la corazonada, la admiración de Castelar por la regente se convirtió en encono, como se mostró claramente en los años inmediatos a la pérdida de las colonias y que murió, como se había propuesto, republicano, pero republicano en el que habían perdido la fe cuantos lo eran de antiguo y de buena cepa.

Las repercusiones de la retirada de Castelar fueron en general adversas a su gesto, destacando lógicamente en sus críticas las procedentes de sus antiguos correligionarios. En cuanto a los periódicos republicanos, no fueron menos duros. *El País*: «Ya no es republicano, ya no es benévolo; es un monárquico más». *La Justicia*: «El señor Castelar ha licenciado sus tropas, plegado su bandera y entregado sus armas en manos de la monarquía borbónica restaurada en Sagunto». *La República*: «Huye del pueblo como se huye de un remordimiento; y huyendo, no se detiene ni aún al borde del abismo monárquico». Pero no solo lo criticaron los republicanos. Cánovas se enojó cuando supo que Castelar se había aproximado a Sagasta prometiéndole la incorporación del posibilismo a la monarquía, reconociendo ahora que solo por fanatismo podía creerse en la incompatibilidad de la monarquía con las libertades públicas. ¿Pero no era eso lo que Cánovas pretendía?

Posteriormente, muchas opiniones. Pío Baroja en *Bagatelas de otoño* escribió: «Castelar, sin embargo, creo que tuvo más sentido político que los correligionarios suyos cuando quería que los hombres de su partido entraran a colaborar con la Monarquía para darle a ésta una tendencia más liberal y humana». José Antonio Piqueras dice que el posibilismo era un partido de profesionales, industriales, comerciantes y artesanos, y que entre 1874 y su muerte Castelar representa un conservadurismo social y un pactismo con la Restauración que lo alejan de los republicanos. Más que su contribución a la liberalización del régimen canovista importa su conciliación de la cosmovisión conservadora de la sociedad con la idea de instituciones democráticas. La escasa tradición democrática del conservadurismo español del XX ha contribuido al olvido de Castelar, en quien la derecha española podía haber encontrado un antecedente democrático y no en Cánovas y Maura. Sánchez Andrés opina que el proyecto de Castelar era constituir el posibilismo como alternativa al conservadurismo canovista para impulsar desde el poder la modernización de la sociedad española. La aceptación por el Partido Liberal de la mayoría de los puntos del posibilismo lo dejó sin espacio propio y se convirtió en una figura decorativa cuya reputación, lo quisiera o no, concedía prestigio internacional a la Restauración. Permaneció al margen del azaroso proceso de reunificación de los grupos republicanos durante la Restauración, aunque el 98 propició un reencuentro de Castelar y los antiguos republicanos.

Para Vilches el triunfo de la crisis de la corazonada reforzaba la posición de Castelar de criticar el sistema de doble confianza de las Cortes y del rey y aumentaba la desconfianza de la posibilidad de una monarquía democrática. En realidad, Castelar no había abandonado la política, sino cultivado un alejamiento para aparecer más tarde como única solución, como hombre de orden y consenso y pretendiente a la Jefatura del Estado si se producía el colapso de la monarquía. Castelar había puesto en marcha las relaciones con personas influyentes como Camo en Huesca o Castejón en Lérida para asegurar actas en los distritos pequeños pero en los grandes los posibilistas tenían que ir a la suma de votos. Castelar no pudo adaptar el Partido Posibilista a las nuevas normas que exigía el sufragio universal y al final comprendió que, pese a todo, el Partido Liberal no quería poner en cuestión la monarquía, quería llevarse bien con los conservadores y asegurar el turnismo. Por otro lado, las intransigencias y vaguedades de Salmerón irritaban a Castelar: «Nunca he podido averiguar lo que piensa», pero Salmerón iba adquiriendo presencia participando en muchos mítines y su política de unión con las clases populares demostró su eficacia. En conclusión, tras las elecciones del 91 Castelar se volvió a sumir en el silencio y a escribir. Como dice Morayta, la resolución de Castelar de abandonar el Partido Posibilista causó alarma en las filas conservadoras, griterío en las republicanas y alguna satisfacción en las liberales. Abárzuza, su sucesor, estaba mal visto, pues todos estaban convencidos de que acabaría en las filas de Sagasta, como así ocurrió, aunque una mayoría de las bases y dirigentes del Partido Republicano histórico no siguieron a Abárzuza. La posición de los posibilistas era desairada, pues no podían dar fuerza al liberalismo sagastino ni tenían ellos medios para llamar la atención sobre sus personas, por lo que mendigaron de Castelar una carta autorizándoles a integrarse en el partido de Sagasta.

Pese a todo siguió manteniendo una presencia pública, como muestra la conferencia que dio en la noche del 31 de mayo de 1890 en el Círculo de la Unión Mercantil de Madrid acerca de *La cuestión social y la paz armada en Europa.* El Círculo se había convertido en un grupo de interés de primer orden, situado conscientemente al margen de los partidos políticos, pero en contacto permanente con ellos. El discurso de Castelar es muy significativo de su evolución ideológica a estas alturas. Comenzó recordando que se presentó a Concejal en las municipales de mayo del 85 junto con Sagasta por el distrito centro y ganó gracias al apoyo del comercio de Madrid. Confiesa que es viejo y se ha hecho conservador. Cree que el error moderno más grave es el socialismo que ataca a la clase trabajadora a la que él ha dedicado su vida a emanciparla y predice que el socialismo acaba en el comunismo, que resucitará los procedimientos del régimen absoluto y que limitará los derechos del individuo y que dañará al jornalero. Sería el auténtico estado absoluto. Reconoce que su inflexibilidad contra los comunistas hubo de ceder en la emigración, pues la desgracia común une, y partidario de la unidad firmó manifiestos cuyas ideas no compartía. Concluye que el comunismo no es el futuro, es el pasado, y él cree en la emancipación económica y social del pueblo, pero, si el Estado ha de cubrir las necesidades de todos, el Estado se hará con los derechos de todos, y el socialismo precede al acabamiento de las democracias. Traza la historia universal del fracaso del socialismo desde la Antigüedad, ya que la idea de propiedad es connatural a nuestra especie, los hombres trabajan para la herencia. Junto con Bakunin, el otro gran apoyo del socialismo es Marx, cuya obra es pesada y da fatiga leerla, pero no puede negarse que ofrece una cantera inacabable para cortar en ella utopías socialistas y que no se ha escrito jamás una tan abrumadora fiscal acusación así contra los capitalistas como contra los capitales. Termina recordando que el socialismo resulta menos temible en Europa occidental que en Berlín, Moscú o los pueblos eslavos donde nunca ha habido ni libertad ni democracia.

Durante toda su vida había mantenido Castelar una activa vida social que va a incrementarse en estos años especialmente a través de la frecuentación de los salones de la aristocracia y de la gran burguesía. Los salones, reseña Velasco Zazo, además de simbolizar una forma elevada de sociabilidad entre los miembros de la reducida élite capitalina de nobles, profesionales y burgueses, constituían un espacio político de cierta importancia. En el de la duquesa Ángela María Pérez de Barradas se reunían, además de escritores y artistas, liberales de primera fila, como Alonso Martínez, que introdujo a su yerno (Romanones), y el republicano Emilio Castelar, aunque también asistía el carlista marqués de Cerralbo. Castelar fue contertulio habitual de los salones de María Buschental, de la duquesa de Denia, de la condesa de Pardo de Bazán y de la duquesa de Medinaceli. También frecuentaba el domicilio de Cánovas, a cuya casa acudía a comer al menos una vez por semana. En su domicilio de la calle Serrano era habitual la presencia de la duquesa de Medinaceli, la marquesa de La Laguna, la marquesa de Villanueva y la Geltrú, la de Sofraga, la Del Valle, la de Cuba, la condesa de Peñalver. Pero, a pesar de este trato habitual con algunos grupos aristocráticos, nunca fue cortesano, y se negó sistemáticamente a conocer a Alfonso XII, quien por su parte mostró gran interés en entrevistarse con él. Lo invitó a palacio, pero Castelar siempre rehusó la invitación; medió también el conde de Morphy, secretario particular del rey y amigo y discípulo de Castelar, pero este tampoco cedió. Nuevamente lo intentó mediante una añagaza, asistiendo a un baile que daba la duquesa viuda de Medinaceli, amiga íntima de Castelar, al que también este estaba invitado, pero advertido de la llegada del rey, huyó por la escalera de servicio. Los neocatólicos lo acusaron de ser un palaciego, cosa absurda por la animosidad que siempre tuvo contra los monarcas y en general con toda la dinastía borbónica, aunque mantuviera un tono cortés en sus palabras hacia las personas incluso en los tiempos en que mayor fue su lucha contra la institución. Durante los años de la regencia corrió por los mentideros madrileños el rumor de que Cánovas, Sagasta, Castelar y la reina regente actuaban de común acuerdo y que el dirigente republicano había celebrado algunas conversaciones con la reina, en La Granja según unos, en la Casa de

Campo según otros. Nunca habló con la regente a pesar de las buenas relaciones que, a distancia, mantuvieron entre ambos, relaciones que se establecieron cuando la reina María Cristina le dio el pésame por la muerte de su hermana y Castelar lo agradeció a través de una tercera persona. Según Melchor de Almagro San Martín, quien reconoce las peculiares relaciones que mantuvo Castelar con la regente, solo se saludaron una vez en San Sebastián, donde ambos veraneaban, cuando coincidieron en un paseo, pero pese a todo Castelar ejerció una poderosa influencia en la corte.

Las relaciones entre Castelar y su amiga Ratazzi eran, además de amistosas, gastronómicas. En marzo de 1876 al regresar a España Castelar organizó un banquete en Fornos en honor de la princesa, que a su vez cada año dedicaba uno a Castelar en París. Con su gran estómago de avestruz y su facilidad para la conversación, Castelar disfrutaba en los banquetes de lo lindo, en 1887 en una excursión de San Sebastián a Bermeo le dieron siete banquetes y criticaba a los que solo fingían comer. Era también muy popular en París, donde Calzado le organizaba conferencias y recepciones. En el salón de la princesa Cernuski alternaba con grandes figuras políticas y republicanas de toda Europa. La Rattazzi dio una vez en su honor un banquete de 100 cubiertos y los jueves iba a las comidas en casa de Víctor Hugo.

La impresión que ha dejado a sus biógrafos Castelar es la de un hombre con escasa vida íntima, como si se confundiera su vida con la vida exterior, con su acción política e intelectual. Desde su retirada de la vida política vivió un ocaso espléndido y suave en el que seguía gozando de una innegable popularidad. Tenía un sentimiento de hondo españolismo y con un sentido absolutamente tradicional de los usos familiares y domésticos, dedicado a la escritura y a un ejercicio nunca dimitido de la política menuda. Porque, aunque afirmara haberse retirado de la vida política, nunca lo hizo del todo, pues siempre fue su resorte vital que tenía como secuela no solo los halagos del poder, sino los más embriagadores de la popularidad.

Sin embargo, la principal ancla vital de Castelar fue siempre su familia. Como él mismo confesó alguna vez, los grandes amores de su vida fueron su madre y su hermana Concha, que catorce años mayor que él fue en realidad una segunda madre. En la función social que desempeñaba y en el gobierno de su casa, lo ayudaron siempre su hermana Concha y su primo Antonio del Val, que fueron el núcleo familiar en el que se apoyó Castelar durante la mayor parte de su vida, pero Antonio murió en Zamora el 7 de marzo de 1886, y Concha, en Madrid el 25 de enero de 1889. Para evitar la soledad, Rafael y Virginia del Val, respectivamente sobrino y prima de Castelar, se trasladaron a vivir con él y fueron desde entonces su familia cercana. No se casó nunca y no se sabe de mujer alguna que se adueñara de su corazón con posterioridad al noviazgo frustrado en la década de 1850 con su prima Benita Guijarro, pese a los rumores acerca de su matrimonio inminente con alguna de sus amigas más íntimas como la princesa Rattazzi o el muy absurdo, recogido por Romanones, con la reina regente. No tenía vocación de casado, pero el influjo de la mujer no dejó de penetrar en su vida y, si no se sometió a mujer extraña, lo hizo a la influencia de su madre y de su hermana. Ellas lo guiaron: una, la primera, en la primera mitad de su vida, y la otra, en la segunda. Ellas le dieron una vida arreglada y metódica.

Con Concha mantuvo permanente contacto incluso durante el exilio y sus numerosos viajes por Europa a través de una nutrida correspondencia, pero también como acompañante en muchos de ellos. Eran inseparables tanto en los viajes como en las salidas en Madrid a casa de los amigos y sobre todo a los teatros, a cuyas funciones eran asiduos. El único hombre con quien mantuvo una relación duradera fue injusto con ella, y Concha murió soltera el 25 de enero de 1889 tras una rápida enfermedad causada por un enfriamiento derivado en pulmonía tras asistir una gélida noche a la función de *Aída* en el Real. Por cierto que esta enfermedad provocó un fuerte enfado de Castelar con Pidal, quien le informó de que iba a mandar un sacerdote y le pedía que no se opusiera. La ira de Castelar no tuvo límites: ¿cómo iba él a oponerse a que su hermana muriera cristiana y católica, como había vivido siempre? En cambio agradeció siempre el pésame que la regente le hizo llegar. Tras esta muerte el carácter de Castelar se agrió y aumentó su desconfianza hacia la gente, una vez desaparecida la capacidad mediadora de Concha. En carta a Calzado del 21 de febrero de 1889 le cuenta que no puede acostumbrarse a carecer de la compañía de Concha, era su asidero a la vida individual de quien a todas horas estaba inmerso en la vida colectiva. Le falta su elevado afecto, las ideas claras, la dignidad de mujer, el intuitivo conocimiento de la verdad, la práctica del bien y sus caridades. La casa es un triste sepulcro y el luto trastorna su vida social, e informa de que come la noche del sábado en casa de los Bauer, pues el luto le impide ir los días de solemnidad, como jueves y domingo. Tras la muerte de Concha se refugió en Sax y en Elda, y le horrorizaba la posibilidad de pasar el verano con los viejos amigos a los que arruinaría las veladas con el recuerdo de Concha, que le hace llorar a gritos como en la noche de su muerte. Desde Denia escribe que no ha podido pasar su primer verano de luto en un sitio tan alegre como San Sebastián y que se ha refugiado en Dolz, donde nunca había estado con Concha. La muerte de su primo Antonio del Val en marzo de 1886 le afectó mucho, pero la de su hermana Concha fue para él devastadora.

El carácter sencillo y amistoso de Castelar y la cortesía con que siempre trató a sus conocidos, ya fueran correligionarios o rivales, le proporcionó numerosos amigos y en verdad eran pocos sus enemigos, aunque lógicamente los hubo y en la mayor parte de los casos fueron antiguos compañeros políticos con los que se peleó posteriormente. Tuvo, eso sí, numerosísimos admiradores, como se desprende de su correspondencia y del testimonio de los que fueron sus secretarios y quizás más en Europa y América que en la propia España. Disfrutó de gran éxito en la vida social, pues gozaba de dos cualidades para ello: tenía un buen estómago y era un excelente conversador. En los grandes ágapes tenía el arte de comer mucho sin dejar de hablar y era tan solicitado como temido, pues a su arte de narrador de anécdotas unía el de contar chistes sobre personas conocidas, chistes, a veces, sumamente sangrientos. Con respecto a su gusto por conversar en la mesa, se cuenta de él una anécdota relacionada con otro buen conversador como era Gambetta. Coincidieron ambos en un banquete en París y en cuanto se sentó, Castelar rompió a hablar por los codos en un francés exuberante, aunque algo adulterado en su pronunciación. Gambetta intentó hablar en varias ocasiones, aunque no pudo, porque Castelar lo atajaba al punto y seguía con la palabra. Hubo un momento, sin embargo, en que Castelar se descubrió, como dicen en esgrima, y al beber agua de su copa calló unos instantes; Gambetta, que acechaba, comenzó a hablar y don Emilio intentó recuperar varias veces el uso de la palabra, pero inútilmente porque Gambetta era también un conversador entusiasta. Al final Castelar murmuró con desaliento a su vecino: «Cómo se conoce que este hombre es un verdadero charlatán».

El doctor Pulido, uno de sus más grandes amigos y admiradores, describe una de sus principales peculiaridades, su facilidad para el llanto, tenía el don divino de las lágrimas, y cita varios ejemplos. En un banquete en Jerez en 1891 improvisó tan hermoso canto de amor a su Cádiz natal que, ganando las más sublimes regiones de la ternura y de la pasión, provocó en su espíritu un sentimiento intenso, el cual, por deshacerse en torrente de lágrimas y fuertes sollozos, lo obligó a suspender el brindis, entre exclamaciones delirantes de los que lo escuchaban. En Valencia en 1888 visitó la Casa de la Misericordia, escuchó el examen a los niños y detalles del centro, los niños formados para ir al comedor, y la banda de los asilados tocó un pasacalle, y los niños comenzaron a desfilar, y Castelar rompió a llorar. El 13 de junio de 1897, día de la Santísima Trinidad, en la última visita a la catedral de Toledo, mientras explicaba a los amigos las maravillas de la ciudad y de la catedral hasta que comenzó la Misa Mayor, en la consagración se le vio anegado de lágrimas, presa su alma de un estallido de emociones sublimes. Rodríguez de la Borbolla contó que en Sevilla una vez tuvo una crisis de llanto en las procesiones al paso de la Macarena, que se paró y se volvió en homenaje a él.

Una de las peculiaridades del hogar de Castelar era la de ser centro de recepción de los más diversos productos de todas las regiones que compartía con sus invitados en las comidas en las que el gusto por los platos se completaba con el brillo e ingenio de las sobremesas. Sus íntimos llamaban a su casa el

Portal de Belén, por las ofrendas que se recibían, y la relación que hace Pulido merece ser reproducida:

> Café a sacos enviado por don Rafael Zaldívar presidente de la República del Salvador, champán francés, Justo Martínez, Pérez Costales y el general Comerma le enviaban ostras y lampreas de La Coruña; la viuda y los hijos de Tapia, pescados de Vigo; Wandosel y Jorquera, pescados del Mediterráneo y el mar Menor; Hilario Lunnd, los bacalaos y vinos del norte; Secundino Senabre, Ramón Cepeda, Melchor Almagro y José San Martín, los jamones de Trevelez, Extremadura y Sax; José Lázaro de Pamplona, corderos recentales; de embutidos de todas las clases lo surtían Ramón Vidal, Salvino Sierra, Enrique Soller y quien esto escribe; de chocolates y patatas inglesas, Sánchez Villora de Albacete; la duquesa de Denia, leche de Navas; la marquesa de Laguna, cebadas aves; Francisco Galván, pollos y pavos de Aspe; Juan José Paz de Ávila, garbanzos y judías; Carmelo Sánchez de Aranjuez, espárragos y fresas; Bruno Ruilópez, bizcochos borrachos de Guadalajara y miel de la Alcarria; José Farrés, quesos de Cabrales y sidra de Llanes y Gijón; Camilo Dolz de Alcira y muchos otros paisanos, frutas y verduras; Rodríguez de la Borbolla y Luis Palomo, dulces de pastelerías y conventos de Sevilla, especialmente yemas de San Leandro; Fermín Herrán, dulces secos y almíbares de Vitoria; Juanito Echevarría, almíbares de las monjas de Granada, mazapanes y otros dulces de Toledo, de Alcoy y de Valencia; Aura Boronat, Esteban Martínez y otros, vinos de todas clases, incluido *champagne* varios amigos; aunque no fumaba, Tiburcio Castañeda le proveía de tabaco, y Santiago Núñez de leña, carbón y mantequilla de Soria. De ello se nutría un ejército de amigos y gorrones.

Pese a todos estos regalos entregaba a su hermana Concha 2.500 pesetas mensuales para los gastos de su mesa que era famosa en Madrid, siempre dispuesta para sus numerosos invitados y en la que se mezclaba gente procedente de todas las clases sociales y todos los ambientes. Echegaray, Zorrilla, Balart, Ayala, Sagasta, Moret, Albareda, Benlliure, Madrazo, Encianas,

Arrieta, Palacio Valdés, entre otras personalidades nacionales, junto con muchísimos extranjeros de paso por Madrid, figuraban entre los que frecuentaban su casa y su mesa. También frecuentaba la casa la marquesa de Laguna, cuya voracidad, notoria en la sociedad madrileña, hacia tabla rasa de la bien surtida mesa del orador e incluso se llevaba como recuerdo algunas cosas a casa. Entre broma y broma, tenía un ingenio majo y descarado, ensilaba bocadillos, jamón, dulces, gelatinas, almendras y todo tipo de platos. Su hija Gloria dijo de ella en una ocasión, a modo de justificación: «Es que mamá tiene un apetito enciclopédico».

Presumía de que en su casa se comía muy bien a la española. Su cocinera hacía perfectamente el arroz a la alicantina, la menestra, los guisos de carne, los callos, bacalao, etc. Tres criados lo sirvieron desde su juventud hasta la muerte: Carmelo, Ramón y Esteban. En Navidad invitaba a los amigos y colocaba brillantemente los más de 50 postres que reunía. Los periodistas Abascal, Troyano y Mellado compartían muchas veces sus comidas. La etiqueta era sencilla y muy pocas veces se vestía frac, alternaban damas y caballeros y nunca había brindis. Comía asombrosamente y monopolizaba la conversación con gran éxito, y solamente cuando estaban Cánovas, Moret, Balart, Castro Serrano o la Pardo Bazán se entablaban diálogos. Los temas eran variados y, entre ellos, recuerdos de sus amigos más allá de los Pirineos y abundantes chascarrillos donde fustigaba a amigos y sobre todo enemigos. Era una mesa democrática y universal.

Estimaba en poco el dinero, pero le gustaba gozar de todos los sibaritismos. Excelente gastrónomo, prefería la cocina española a la italiana o la francesa, y era además un gran comilón con fama de tener estómago de avestruz. Gustaba mucho del arroz valenciano, del que se decía que en su casa se cocinaba de veintidós maneras diferentes, y repetía a menudo que gran parte de su indudable patriotismo residía en el paladar, ya que era un incansable defensor de la cocina basada en el aceite de oliva frente a la mantequilla que la moda empezaba a importar de Francia. Era un consumidor extraordinario de café, del que afirmaba que en su casa se elaboraba con tal calidad que solo otras tres en Madrid podían compararse. No bebía fuera de las comidas no ya licores ni vino, ni siquiera agua, pero en la mesa amaba los vinos generosos, aunque los bebía con moderación y sobriedad. Emilio Castelar no fumaba, pues siempre tomó las necesarias precauciones para cuidar su voz; tampoco le gustaba el juego, ni como participante ni como espectador; era reconocida su castidad, y, cosa rara en la sociedad madrileña de la época, no decía palabras obscenas ni malsonantes. Su único entretenimiento era leer y escribir, por lo que poco le faltaba para ser el prototipo de santo laico.

Pese a lo que se ha dicho, vigiló y cuidó con gran escrupulosidad su economía y, aunque sus gastos fueron muchos, especialmente los ocasionados por su lucha política y el mantenimiento de su hogar, también sus ingresos fueron abundantes y en general estuvieron equilibrados. Siempre fue generoso con el dinero y, por ejemplo, dotó de pensiones que oscilaban entre 75 y 250 pesetas mensuales a las antiguas criadas de su casa, pero nunca tuvo arraigado el sentido de la propiedad hasta el punto de que, salvo sus efectos personales y sus libros, nunca poseyó nada que pudiera decir propiamente que era suyo. En los asuntos económicos era muy ordenado y, aunque a la hora de su muerte dejó deudas, no podía decirse que murió en «honrada pobreza», como afirmaba el mezquino decreto de Silvela. De las relaciones económicas que mantuvo con la banca Tutau que durante muchos años gestionó sus asuntos podemos extraer que, junto con los gastos de la política y del mantenimiento de la prensa del partido, Castelar gastó también mucho dinero en los interminables viajes que emprendía por Europa. Sin embargo, su distracción le causaba a veces malas pasadas, como cuando en 1870, viviendo una crisis económica porque no recibía con regularidad sus ingresos por las publicaciones americanas, llegó a casa y sacó una letra de un sobre de algunos miles de reales y sin darse cuenta la tiró al fuego y se quemó. Hubo de esperar tres meses a que le llegara una nueva.

Castelar no quiso ser rico, aunque la fantasía popular no comprendió nunca que un hombre tan famoso y eminente fuera pobre y no tuviera ninguna propiedad, pero siempre renunció a ingresos que no le correspondieron o que no consideró legítimos, y su lema era: «Vivir honrado aunque muera pobre». Sobre esta actitud, ya expresada cuando rehusó la consejería de una entidad de banca que le ofreció el marqués de Grijalba en 1869, valgan dos anécdotas. Don Telesforo García, un indiano que vivía en México y era correligionario y admirador de Castelar, propuso y consiguió que una docena de amigos crearan un fondo de 100.000 duros para que Castelar pudiera cobrar una renta anual de 30.000 pesetas para no depender del albur de entregar cuartillas a la imprenta, pero este se negó a aceptar tal donación. La otra revela su nulo sentido de la propiedad: Castelar siempre había deseado tener una casita en la huerta de Alicante, y cuando era presidente del Poder Ejecutivo le ofrecieron una. Encargó a su íntimo amigo desde la infancia Secundino Senabre que se la comprara; este le dijo que pedían 9000 pesetas, pero que podía obtenerse una rebaja. Cuando Castelar dijo que no tenía ese dinero, su amigo quiso comprarla y dejársela en usufructo, pero Castelar también se negó.

El que fuera su secretario, Ginés Alberola, nos dejó una visión desde dentro de cuáles eran las finanzas de Castelar: no tenía más patrimonio que su pluma y pocos habrán ganado con ella más dinero de lo que él ganó. Las colaboraciones en la prensa americana, como *El Monitor Republicano* de México, *El Siglo de Montevideo*, *La Nación* de Buenos Aires, *La Raza latina* y otras, le proporcionaban 3000 pesetas mensuales. De la *Ilustración Española y Americana* y otros periódicos españoles sacaba 1000 pesetas mensuales. Vendía además artículos sueltos en el extranjero y por uno escrito con motivo de la Exposición de Chicago recibió 3000 dólares. Cobraba 2500 pesetas anuales en concepto de derechos de autor del editor Jaquinetto y tenía derecho a la cesantía de 7500 pesetas que le correspondían como exministro, aunque, como Pi y Margall, renunció a su percepción; tampoco cobraba de la cátedra porque renunció al comienzo de la Restauración y nunca quiso volver a ella. En total, sus rentas no bajaban de 60.000 pesetas anuales, pero siempre estaba en una situación económica apurada por los gastos que la política le ocasionaba. Su mayor ingreso venía de sus publicaciones, auténticos *best sellers* de la época: Montaner y Simón le abonó 160.000 pesetas por las 64.000 cuartillas de la *Revolución religiosa*. Faquinetto, por 12 tomos de *Mujeres célebres*, 60.000 pesetas; *El suspiro del moro* le dio 50.000 pesetas. *La historia del descubrimiento de América*, 75.000. También dio mucho dinero *Recuerdos de Italia*.

En su casa gastaba mucho dinero y su mesa era una mesa de Estado donde casi todos los días concurrían políticos, artistas e intelectuales, algunos venidos de otros países ex profeso. Sin sus amigos hubiera debido declararse en quiebra y alguna vez hubo de pedir préstamos con la garantía de su espléndida biblioteca, pero pese a todo no se puede decir que viviera en la pobreza. A su muerte dejó deudas por valor de 100.000 pesetas y sus acreedores se las perdonaron. Para no vender en pública subasta su biblioteca se la quedó su amigo Calzado, que pagó por ella 60.000 pesetas que fueron a manos de su prima Virginia del Val y su sobrino Rafael del Val.

Mellado confirma que, pese a su fama, cuidaba su economía y cuenta que al final de su vida formó parte del Consejo de Administración del Ferrocarril Bobadilla-Algeciras, por lo que percibía 7.500 pesetas al año, y perteneció también al de la Compañía Francesa del Ferrocarril de Puerto Rico. Pese a todo sus enemigos políticos republicanos intentaron manchar esta imagen de honradez y austeridad. Ramón y Cajal se hizo eco de un rumor que corría de boca en boca entre sus enemigos, cuenta que J. Gimeno Vizarra, catedrático de la Universidad de Zaragoza y director del posibilista *Diario de Avisos*, le decía:

> Aquí nadie juega completamente limpio, ni siquiera nuestro jefe que, por vivir de su trabajo, pasa por ser de los menos contaminados por las flaquezas del compadrazgo y del favoritismo. Castelar, duéleme reconocerlo, es derrochador irrestañable, vive roído de deudas y asediado por gente sin escrúpulos. Hace poco, para cancelar un fuerte débito, interpuso su valiosa influencia cerca de las autoridades, para que cierto acreedor, dueño de suculenta chirlata y acusado de homicidio, pudiera fugarse impunemente al extranjero. Y callo otras cosas para no desalentarle por completo.

Juan de la Cierva en sus *Notas de mi vida* confirma que efectivamente al final de su vida Castelar intervino activamente en facilitar negocios privados mediante la influencia política probablemente inducido por su amigo Calzado:

> En el congreso me dieron una carta de Castelar. Yo no le había tratado hasta entonces. Me rogaba, en nombre de Cánovas, que presentara una proposición de ley que adjuntaba, y que hablara con don Antonio. Venía la carta escrita de su puño y letra, y no podía dudar que el Presidente había indicado a Castelar que la escribiera. Se trataba de conceder una prórroga de construcción a la Compañía francesa concesionaria de los ferrocarriles de Puerto Rico. La proposición quedó presentada. Vi a Cánovas. Le encontré preocupadísimo. Me dijo que Castelar era como un hermano suyo. Que, además, le prestaba grandes servicios en aquellos momentos utilizando sus prestigios para la campaña de prensa en EEUU, contraria a las tendenciosas de su gobierno. Que era presidente del Consejo de Administración de la Compañía indicada, obligado por la necesidad de emplear su actividad en algo que le permitiera vivir, y que le había pedido que se otorgara la prórroga. Que lo intentó, pero el Ministro de Ultramar, Tomás Castellano, se había negado en absoluto y Cánovas, indagando supo que el suegro del Ministro Intendente General en Puerto Rico, tenía un interés personal en el asunto, tal vez el propósito de sustituir los concesionarios.

Emilio Castelar habitó durante muchos años el primer piso de una casa en la calle de Serrano, número 40, que entonces era un sitio lejano del centro de Madrid a donde se llegaba en un tranvía de mulas. El propietario era Roberto Robert, un inglés casado con una española, admirador de Castelar y que nunca tuvo prisa por cobrarle el alquiler, ya que, según un amigo, lo cobraba en tres plazos: tarde, mal y nunca. Según la princesa Rattazzi, la planta que ocupaba Castelar tenía a la entrada el recibidor y el gran salón; a la derecha, el cuarto de baño y el dormitorio y, a la izquierda, el despacho y la salita de recibir a los amigos. En el piso tenía una gran acumulación de muebles, cuadros y obras de arte del mejor gusto, todas ellas regalos de sus admiradores. Cuando a la muerte de su hermana pasó a ocupar el segundo piso, se instaló por suscripción un cuarto de baño valorado en 100.000 francos. Sus salones estaban decorados con cuadros, muebles del siglo XV, porcelanas de Sajonia, vidrios de Murano, platos hispano-árabes de la colección de Fortuny, sedas de China, etc. Pero destacaba sobre todo el gran retrato de su hermana Concha pintado por Domínguez. Lugar preferente ocupaba también la bandeja regalada por el cuerpo de Artillería en 1876 por restablecer el cuerpo. Obra de la Fábrica Nacional de Armas de Toledo lucía en el centro un medallón con la efigie de Castelar y la leyenda A don Emilio Castelar, el Cuerpo de Artillería y otros cuatro medallones: Bailén de Casado del Alisal, la procesión cívico militar del 2 de mayo de 1814 para depositar en San Isidro los restos de Daoiz y Velarde según grabado de Ameller, una vista del Alcázar de Segovia y una vista de la fábrica de Armas de Trubia. En cambio su dormitorio era muy austero y solo la cama, de estilo italiano del XVII, era una auténtica joya.

También describe la casa con motivo de una visita que le hizo de muy joven acompañado de su madre, que había quedado viuda recientemente, Melchor de Almagro San Martín, hijo de un compañero político de don Emilio:

> El salón era una pieza que parecía más pequeña por el agobio de muebles, enseres y adornos, butacas y sofás tripudos con forros de damasco o raso de estilo capitoné, alternando con sillones fraileros. Muchos de estos caros muebles se los había regalado el indiano Telesforo García. En las paredes había de todo, en su mayoría regalos que se habían amontonado al azar, como exvotos a un Dios milagroso. Había de todo, cuadros de pintores modernos menos que medianos, pero protegidos de Castelar, encajados en hojarascosos marcos de pasta dorada, retratos de amigos, parientes y conocidos, álbumes sobre las consolas, ristras de platos de Talavera, Alcora o arábigos, botijos de Manises, reproducciones de la Alhambra en yeso policromado, armaduras, incrustaciones de Eibar, bordados en cañamazo de alguna abuela antañona, y por doquiera, firmas, dedicatorias, epitafios de los donadores que se lucían presentes en aquel

> cementerio de recuerdos. Presidía, majestuoso, el conjunto un retrato de Concha Castelar. El sentido aburguesado del saloncito donde estábamos se completaba con el lustre de los suelos encerados, el orden de simetría en que estaba dispuesto el menaje, los brillos sin veladuras del brasero de aljófar, la diafanidad de los cristales de los espejos, la limpieza sin mácula, la media luz agradable que evita estragos del sol a telas y alfombras.

El que fue su secretario, Ginés de Alberola, retrata el mismo cuadro cuando describe que la casa de Castelar parecía un museo gracias a los regalos de sus admiradores, concretando que la cama de ébano macizo con columnas salomónicas era una ofrenda símbolo de la amistad del escritor vasco Fermín Herrán; el lavabo de jaspe y plata, regalo de unos amigos de Bilbao, y que, como fundador de la Academia de Bellas Artes de Roma, los pensionados que allí estudiaban le enviaban bocetos y cuadros. En su despacho, en cambio, no tenía ni un cuadro, pero las paredes estaban llenas de libros en varios idiomas, el pavimento lleno de folletos, libros, revistas y periódicos, las mesas llenas de cuartillas en blanco, escritas o a medio escribir y el mobiliario era muy simple: un canapé, dos butacas de terciopelo verde, varias sillas de rejilla y las mesas. Entre los objetos que más apreciaba, tenía en su dormitorio un gran cuadro en el que a través del cristal, se podían leer autógrafos de Thiers, Víctor Hugo, César Cantú, Pío IX, León XIII, Bismarck, Gambetta, Garibaldi, Cavour, Mazzini, etc., y sobre su escritorio el tintero de plata legado de su apreciado amigo el poeta Zorrilla.

Siempre dispuso de la figura de un secretario particular, imprescindible para la vida de galeote de las letras que desarrollaba, aunque hay numerosas discrepancias sobre quienes ocuparon este puesto. Uno de los más importantes fue su sobrino Rafael del Val que tuvo hacia su tío una auténtica adoración filial y que, en frase de Almagro San Martín, andaba casi de puntillas sobre la alfombra como un camarero secreto del Vaticano. Otro personaje que fue durante 12 años secretario suyo, desde 1877 a 1889, tras la boda del anterior Guillermo

Solier, y dejó escrita una interesante biografía fue Ginés de Alberola, quien narró cómo eran sus tareas, desde escribir al dictado 100 cuartillas diarias en las ocasiones en que Castelar dictaba, hasta atender a su abundante correspondencia y copiar los originales para los distintos periódicos de América y España. Además de sus secretarios, Castelar contó siempre con la ayuda de muchos de sus más íntimos amigos para el desarrollo de su vida diaria, como el doctor Ángel Pulido, Juan Alvarado, Antonio Galdó, Tomás Abad, Miguel Tato, Joaquín Martín de Olías y otros, que colaboraron con él en sus tareas políticas y, en general, en todos los aspectos relacionados con la vida pública. También amigos como Joaquín Ferrer, acompañante asiduo en su casa y en sus viajes y que lo acompañó a San Pedro del Pinatar en su última estancia. Otros como Sánchez, Lafuente, O'Neill y Lizcano estuvieron siempre a su lado. Mella incluye en la lista de secretarios a Guillermo Soler, Ginés Alberola de 1877 a 89, Enrique O'Neill hacia 1893 y a Joaquín Ferrer. Alberola matiza que, a pesar de lo que dice Castrovido, ni Pulido, ni Juan Alvarado, ni Antonio Galdó, ni Tomás Abad, ni Miguel Tato, ni Joaquín Martín de Olías fueron secretarios. Como tampoco Ferrer, Sánchez Lafuente, O'Neill, Lizcano y otros que eran amigos. González Araco confirma entre los secretarios a Solier, Alberola, O'Neill, además naturalmente de Rafael del Val, y afirma que Castelar escribía siempre las cartas, lo hacía en castellano y se las traducían al francés, pese a que lo hablaba y escribía, como prueban sus discursos en París y Burdeos. Don Juan Valera en su malévola correspondencia con Narciso Campillo contribuyó a expandir los rumores de que la relación de Castelar con algunos de sus secretarios iba bastante más allá de lo profesional.

Almagro San Martín, nos ha dejado un animado retrato del Castelar de aquellos años:

> El tribuno entró vestido de levita, chalina flotante al cuello. Quevedos de oro sujetos con ancha cinta negra. Mirada chispeante y penetrante. Frente abombada que se prolongaba en la calva que brillaba tersa. Pequeño y ventrudo, con gran cabeza apoplética, corto de cuello. Triple aro de papa-

> das tan grasientas como sus mofletes rosados de angelote barroco, donde las largas quías de un bigote de carabinero trazaban brochazos blancos chamuscados de amarillo junto a los labios. Se sentaba en un sillón frailero sobre la pierna izquierda doblada y la derecha sin llegar al suelo por su corta estatura; esta posición le permitía saltar de inmediato. Era entonces un anciano gordinflón, de rostro inflado, párpados carnosos, calva zapateril, voz chillona, bracitos cortos y manos gordezuelas que aleteaban nerviosamente. Me dijo: trabajo mucho, como mucho, duermo mucho. Trabajo mucho, escribo para vivir, gano mucho, pero soy como la cigarra que no sabe guardar para el invierno. La política me ha quitado mucho tiempo, pero si hubiera dejado a Sagasta sin mi estímulo, hubieramos retrocedido a la época de Pidal, en cuanto a la Regente la respeto, pero republicano fui toda mi vida y republicano moriré, eso sí, republicano creyente en Dios, en la Patria, en el orden, en la autoridad.

Alberola cuenta que su despacho era de un orden desordenado. Desordenado en sus papeles, desaliñado en su persona, manirroto, no podía confiársele un vaso de agua sin que lo vertiese ni un objeto frágil sin que lo hiciese añicos, pero resultaba para el trabajo metódico y ordenado como nadie, y escribir 100 cuartillas de su puño y letra era su tasa. Era torpe y zarrapastroso escribiendo; escribía con la pluma, con los dedos, con las manos, con los puños de la camisa, y se ponía perdido de tinta. Muchas veces las cuartillas quedaban convertidas en auténticos jeroglíficos por su torpeza para las cosas manuales. Abría los pliegos con los dedos, no con la plegadera, y los libros los llenaba de acotaciones al margen. De entre los más de 10.000 volúmenes que poseía, los que había encuadernados eran regalos recibidos, pues solo compraba libros en rústica y no gastaba en hacerlos encuadernar. Si cuando estaba escribiendo recibía una visita o salía a atender un recado, lo hacía de mal humor por la interrupción, con el gorro torcido, los pantalones arremangados, el nudo de la corbata deshecho, las lentes caladas y las manos llenas de tinta. Detrás de él, jugando con el cordón de la bata que arrastraba, un gato maltés al que llamaba

Literato. Atendida la visita, volvía al despacho y sin vacilaciones seguía con la frase que había interrumpido.

Jamás escribía en un papel que no estuviera totalmente libre. Cada párrafo lo corregía *in continente*, huía de los asonantes y consonantes, de las cacofonías, de los relativos, de los hiatos, de cuanto pudiera quitarle ritmo a su prosa. Amaba el trabajo intensamente y lo ejercía como un jornalero. Se levantaba todos los días a las cinco, tanto en invierno como en verano; se ponía a trabajar hasta las doce en que almorzaba con sus invitados. A la una y treinta minutos despachaba la correspondencia y leía los periódicos, y a las tres de la tarde volvía al trabajo. Después de las cinco de la tarde se entregaba a la vida social por completo, pasear, visitar a los amigos y los salones de sus amigas, cenar fuera de casa, los teatros, la Academia y el Ateneo. Los domingos, según Ricardo Palma, oía misa en las Calatravas a las dos de la tarde y después, como dijo un aristócrata, se «encanallaba», es decir, visitaba hasta las cinco de la tarde a los artesanos y los jornaleros, sus correligionarios en la idea de esa república en cuyo triunfo confiaba. Si no salía a la ópera o a cenar atendiendo alguna invitación, se acostaba a las diez de la noche. Nunca tuvo coche, aunque sí muchos a su disposición, pero prefería ir a los sitios a pie o en coche de punto.

Las charlas en las comidas eran una delicia, junto a grandes pensamientos, pronunciaba críticas acerbas, frases ingeniosas, agudos epigramas en castizo castellano. Tras los desengaños sufridos se le agrió el carácter, pero no se le había perdido su antigua jovialidad, de dulce y benévolo volvióse maledicente y mordaz, aunque se desahogaba en conversaciones íntimas donde manejaba la sátira con tal arte que hasta los objetos de sus dardos la celebraban. Tenía gran habilidad para los chistes y no se privaba ni siquiera cuando afectaban a sus amigos. Salpimentaba la conversación con frases epigramáticas, anécdotas agridulces, cuentos intencionados, pero no cultivaba el género satírico y tenía un fondo cordial y bondadoso. A Ruiz Zorrilla, quien había dicho que Castelar tenía un estómago de avestruz, le replicó que era preferible a tener como él la cabeza. Sobre Abárzuza, pese a su amistad, cuando ingresó en el Partido Liberal: «¡Vamos! No he conocido hombre tan estrambótico como Ventura. Se ha pasado la vida haciendo el amor a todas las viejas y no quedándole ninguna por rendir le hace el amor a la vieja monarquía». De Alvarado, un canario que vino a la Península a medrar políticamente y que fue durante un tiempo su secretario: «El bueno de don Juan solo me ha hecho tres visitas: de la primera sacó un acta, de la segunda un matrimonio ventajoso y de la tercera una subsecretaría».

De Ládiko contaba lo siguiente. En 1873, proclamada la república, Pi y Margall se dispuso a formar nuevo Gobierno y tras inauditos esfuerzos lo consiguió salvo la cartera de Hacienda, que nadie quería. Se presentó Ládiko y dijo: «¿Sirvo yo?». Los presentes estaban perplejos sin saber qué decir, hasta que uno propuso hacerlo ministro y así se hizo. Lo primero que hizo fue contarlo a la familia. Al día siguiente recibió Castelar un telegrama de su mujer: «Ruégole que visite inmediatamente a mi marido que está en el hotel Victoria. Ha debido volverse loco, pues me dice en despacho que tengo a la vista que lo han nombrado ministro de Hacienda». La marquesa de la Laguna le dijo a los pocos días de la muerte de Alfonso XII: «¿Ha visto usted qué desgracia? Se nos ha muerto el rey. Phs. estaba previsto marquesa, dijo Castelar, era natural que sucediese. Lo trajo el furor de los monárquicos y se lo ha llevado el furor de las monárquicas». Le comentaron que Moret estaba incomodado de las malas ausencias que de él hacía. «Pues díganle a don Segismundo —indicó— que debe darme las gracias pues si en privado hablo pestes, en público me hago de él lenguas, supongo que no propondrá que cambie el sistema».

Le gustaba referir un cuento escuchado a sus abuelos y en su discurso del 22 de junio de 1871 en el Congreso, a propósito de una supuesta crisis de Gobierno que luego no lo fue, dijo:

> Un devoto visitaba su parroquia en Jueves Santo, y escuchaba el sermón de la Pasión. La iglesia era un mar de lágrimas; su atmósfera, una tempestad de sollozos. Y el devoto se sonreía con serenidad perfecta. Otro que le observaba, acercóse, y le dijo: «Usted tiene entrañas de cal y canto. ¿No le conmueve la muerte de nuestro Señor Jesucristo?». «No, porque estoy en el secreto». «¿En qué secreto?». En el secreto de que pasado mañana resucita.

Alberola cuenta que Federico Balart contribuyó a fundar el Partido Demócrata junto con Orense, Figueras, Pi, Castelar, Rivero, Martos y Salmerón. Por amistad con Rivero en la escisión se inclinó a los monárquicos. Pese a todo siguió ejerciendo de crítico literario y artístico en *La Democracia*. Una noche discutían sobre república o accidentalidad de formas de gobierno, y en un momento determinado Castelar le dijo: «Desengáñese, en política usted no es un Metternich, sino un bacalao». Balart no aguantaba una puya, pero no respondió y estuvo inquieto todo el rato hasta que le preguntó a Castelar: «¿Y si la república se instalara en Marruecos, cómo resultaría?». «Excelente», dijo Castelar, y Balart, pegando un puñetazo en la mesa, dijo: «El bacalao es usted».

Conversando con Barbieri en la Librería Fernando Fe, Barbieri dijo que es monárquico por convicción artística. Castelar: «¿Cómo es eso?» Barbieri: «La medida (no duración) es un cetro. Del mismo modo que gracias a él se mantiene la armonía en la orquesta, se mantiene en el Estado». Castelar: «Me acabáis de dar la razón de por qué la música es inferior a las otras artes. Necesita un cetro. La razón porque la literatura es la más elevada de las artes, es gracias a la libertad de concepción, se dice la república de las letras». De Guimerá dijo un día Castelar: «¿Qué se puede esperar de un hombre que no ha perdonado todavía a Berenguer IV haberse casado con Petronila de Aragón?».

Hay que perdonarle que fuera a la vez un gran maldiciente con algunos de los líderes republicanos. De Pi y Margall afirmaba: «Ese hombre, que me ha hecho odiosa la virtud». Cuando un amigo le arguyó: «Pero reconocerá usted que Salmerón es un gran orador». «Lo reconozco —dijo—, tiene un dedo índice formidable. Sería el orador más grande de todas las edades… si hablara en alguno de los idiomas conocidos». De Manuel Pedregal: «Pedregal… ya lo ven, menos que vegetal». De José Muro: «Muro como su nombre, piedra sobre piedra». «A Azcárate le va ocurriendo lo que a los camellos cuando envejecen, se les achica la cabeza y les crecen los pies». «¿Para qué querrá Chíes (director de *Las dominicales del libre pensamiento*) la libertad de pensar?». «Mis compañeros republicanos me hacen abominar de la libertad y Azcárate de la virtud».

Emilio Castelar no pudo por menos de decirle a Cánovas, recién casado, al visitarlo por primera vez en su fabulosa residencia de La Huerta, cuando lo encontró debajo de unas palmeras: «Antonio, tú no eres Antonio, eres Cleopatra». También contaba una anécdota maligna sobre Cánovas: Joaquina de Osma contaba a una amiga que le habían dicho que era muy popular y que en el viaje de bodas le aplaudirían mucho, pero que todo eran pitos. «Pues vaya chasco, le dice la otra». «¡Chasco! No es una novedad para mí, chasco grande es el que me llevo todas las noches cuando me acuesto con Antonio».

Después de una cena un día de verano en casa de la princesa Ratazzi, cuya casa era un ejemplo de desorden y abandono, bajaban caminando hacia El Prado Emilio Castelar y Castro Serrano, acompañados del marqués de Valdeiglesias, y Castro Serrano, que era un *gourmet*, comentó: «Toda la comida se ha servido fría esta noche». Castelar lo corrigió: «Perdone, el agua estaba caliente». Según Castelar,

> El gran orador Lord Brougham, dolido por las injusticias que estaba condenado a devorar en su tiempo, arbitró una anticipación del juicio de la posteridad y se fingió muerto, notificando su fin a todo el mundo. Pero el periódico que leía habitualmente, supo la ficción y quiso darle al bromeador una broma, poniéndole esta donosa despedida del mundo: «Ayer murió Lord Brougham; se creía un gran escritor, un gran orador, y era un grandísimo majadero». Imaginaos su espanto al ver que ni siquiera en el sepulcro le perdonaban sus compatriotas y ni siquiera en la hora de su muerte sonaba para él la hora de la justicia.

Emilio Castelar tenía bien justificada fama de orador retórico y frondoso, pero también conocía el valor de la concisión. Cuando el asunto del *Virginius* fue interpelado por un diputado que le preguntó si tendría inconveniente en explicar las consecuencias de los posibles fusilamientos y Castelar dijo escuetamente, sin levantarse del asiento: «Lo tengo». En otra ocasión afirmó: «¿Quieren ustedes evitar las conspiraciones carlistas? Fusilen a la Real Academia Española».

Era también un vanidoso insuperable, más vanidoso aún que Víctor Hugo, de quien ha dicho Cocteau que era un loco que se creía Victor Hugo. Un día se encontraba Castelar en el gabinete de trabajo de Víctor Hugo.

> —¿A que no sabe quién ha estado sentado en esa butaca ayer tarde, le dijo el gran poeta.
> —¿Quién?
> —El shá de Persia.
> —Pues yo, dice Castelar, he hecho con el sha de Persia mucho más que usted.
> —¿Qué ha hecho usted?
> —No recibirle.

En otra ocasión, Castelar fue objeto, en la Cámara de Diputados de Italia, de un homenaje extraordinario: reconocido en la tribuna pública por un diputado, el presidente le hizo conducir al estrado y lo invitó a que tomara asiento a su derecha. Castelar refería el homenaje a su amigo Álvaro Calzado, con este comentario: «¿Cuándo le han hecho esto a Cánovas, que no le conocen más que en Chinchón?». Y sentado una vez a la mesa de una de aquellas marquesas que lo recibían en su gabinete y lo llevaban en su coche, acaso porque lo tenían por inofensivo, la dueña de la casa le decía: «Otros oradores razonan, persuaden, convencen; pero usted emociona, usted convence, usted es un artista». Y él, estrechando, halagado, la mano de la marquesa: «¿Verdad que sí?».

Tenía la obsesión por los números, decía:

> Nací casi al empezar el año 33, a los 33 años de edad fui condenado a muerte por los acontecimientos del 66, he estado dedicado al periodismo y la política 33 años desde 1855 a 1888, moriré cuando tenga 66 años, es decir 33 después de ser condenado a muerte.

Así fue.

Desgraciadamente, del gran volumen de la correspondencia de Emilio Castelar apenas queda una mínima parte, la recogida en la obra *Correspondencia de Emilio Castelar*, publicada por Adolfo Calzado en 1908, la conservada en la sección de manuscritos de la Biblioteca Nacional, la que guarda el Archivo Fernández Larraín de Santiago de Chile y la que se encuentra en el Archivo del Congreso de los Diputados, de carácter exclusivamente político. No he podido consultar la «opulenta correspondencia», como califica Benjamín Jarnés la mantenida entre Castelar y el marqués de Grijalba y que lamenta no haber utilizado más ampliamente por la brevedad de su obra *Castelar. Hombre del Sinaí*.

La ausencia de correspondencia lastra las posibilidades de los biógrafos para desentrañar la personalidad de los protagonistas de sus obras, pero, por una vez, la causa de esta desaparición no ha sido la incuria de la posteridad, sino la decisión del propio Castelar de destruir la correspondencia que recibía y su hábito de no sacar copia de las cartas por él escritas. Probablemente la titánica labor que le suponía escribir entre 50 y 100 cuartillas diarias le impidió pedir a sus secretarios que se encargaran de dicha labor, pero no podemos descartar que hubiera en ello también un deseo premeditado de salvaguardar su peripecia vital más íntima.

A través de las cartas publicadas por Calzado y los manuscritos conservados en la Biblioteca Nacional podemos, sin embargo, asomarnos a algunos aspectos de su vida privada, como la intensa vida social. Vemos como en Madrid compagina su actividad política y su infatigable labor profesional con las diversiones y que casi todas las noches sale de casa bien a la ópera al palco de sus amigas aristócratas la duquesa de Medinacelli, la de Santoña, la de Anglada o al de María Buschenthal; a los bailes de la Bauer, de la embajada de Portugal y de los grandes salones madrileños; a las comidas de la Guaqui, la duquesa de Bailén, Cánovas y Joaquina Osma, además de tener frecuentes invitados en su casa de la calle de Serrano. El teatro y la ópera fueron algunas de sus grandes pasiones; además de frecuentar el Real, estaba abonado a un palco en el teatro de La Zarzuela, en el Apolo y en el de la

Princesa, que generosamente compartía con sus amigos. Le entusiasmaba Gayarre, del que fue amigo, especialmente en *I Puritani* de Bellini, compositor que junto con Rafael y Virgilio era uno de sus artistas predilectos, aunque también adoraba *La Favorita* de Donizetti. También en París hizo una activa vida social, frecuentando los teatros y siendo invitado a comidas y banquetes por sus amigos Víctor Hugo, Renan, Sandeau, Jules Simon, Varagnac, Gambetta o Jules Ferry, las princesas de Ratazzi y Troubezkoi y por los españoles del círculo de su amigo Calzado.

También deja testimonio de su afición viajera tanto por Francia, Suiza y sobre todo Italia, como por España, que la recorrió exhaustivamente por razones políticas, por las frecuentes visitas a sus correligionarios y amigos y por las vacaciones veraniegas preferentemente en ciudades del norte o en sus tierras alicantinas. Su frenética actividad viajera queda ilustrada por algunos ejemplos, en 1891 tras anunciar que en otoño irá a Sevilla y Huelva, para documentar su *Historia del descubrimiento de América,* a principios de agosto viaja a Salamanca y San Sebastián, pasa los Pirineos para ir a Pau, Tolosa y Lyon camino de Italia y en 20 días de viaje visita Ruan, Reims, París, Bruselas, Amberes, Lovaina, Brujas, Gante, Colonia, Ulms, Maguncia, Milán y Florencia, de donde saldrá para Ferrara, Padua, Ravena y Venecia. En 1895 anuncia que pasará agosto en San Sebastián y que luego irá a Barcelona, París y Londres, para visitar luego Valencia, Elche, Sax, Murcia y Córdoba, para acabar en su serranía en diciembre. Era también un asiduo visitante, junto con su hermana Concha, del famoso balneario de Tarasp en el cantón suizo de los Grisones.

A través de estos escritos podemos observar también sus continuos apuros económicos solventados en gran parte por préstamos de amigos y parientes y por los adelantos de editores como Montaner y Simón, sus apuros para cumplir con las fechas de los originales para la imprenta y con la gran cantidad de tiempo dedicada a la pequeña política: encasillamientos electorales, composición de candidaturas, problemas de luchas internas, recomendaciones, relación con las autoridades locales y provinciales, envíos de artículos para publicaciones locales, organización de comités posibilistas, etc.

Pero quizás lo más interesante de estos manuscritos sea comprender el profundo sentido de la amistad de Castelar, la lealtad hacia sus amigos y el dolor auténtico que le producen sus muertes, especialmente la de su primo Rafael, la del artista asentado en París Gustavo Arosa, la de la hija de su amigo Calzado o la de su amigo de la juventud Francisco de Paula Canalejas. Pero sobre todo su correspondencia de 1889 está teñida por la muerte de su hermana Concha, a cuya falta no puede acostumbrarse. Su ausencia ha convertido su casa en un sepulcro, de donde, por ejemplo, huye el día de su santo marchando a Sax, rehúye los lugares donde ambos hermanos se reunían con los amigos y llega a confesar que desde su muerte tiene una auténtica neurosis y que algunas noches grita de dolor, como lo hizo la noche de su muerte.

Por último, entre otros asuntos de interés, como sus relaciones con los artistas pensionados en la Academia española de Roma o su correspondencia con militares como Jovellar, Martínez Campos, López Domínguez y Polavieja, en los manuscritos conservados en la Biblioteca Nacional se encuentran también los originales del *Escrito de protesta*, firmado por Castelar y los principales dirigentes republicanos el 28 de septiembre de 1869; del *Escrito del Poder Ejecutivo a la nación*, del 25 de marzo de 1873, firmado por Castelar, Figueras, Salmerón y Pi y Margall alertando de los peligros que acechaban a la república, y del destinado *A los republicanos históricos*, inspirado por él y firmado por el Comité del Partido el 30 de octubre de 1883. Además, entre las cartas hay algunas reveladoras de sus relaciones intelectuales, como una de Castelar a Menéndez Pelayo para deshacer un malentendido provocado por la edición de los *Diarios* de Jovellanos y otra de Emilia Pardo Bazán invitándolo a visitarla en su pazo de Meirás que revelan la importancia que hubiera tenido su correspondencia de haberse conservado.

18. Los últimos zarpazos del viejo león. Muerte de Cánovas

Aunque desde 1888 no dirigía oficialmente a sus partidarios, bajo cuerda siguió inspirando su política hasta 1893, cuando, tras el ingreso de los posibilistas en el Partido Liberal, se quedó solo. Aún lo visitaban periodistas y todavía le pedían opinión sobre la vida política española los diarios americanos, pero su influencia tanto entre la clase política como en el pueblo iba disminuyendo. Pese a todo, seguía teniendo un cierto poder y así en 1896 gracias a su influencia la reina regente recibió a Benoist, que había intentado infructuosamente conseguir una audiencia. Durante todo este período insistió en que su lucha decisiva era asegurar bajo la monarquía las conquistas de la democracia e incluso cuando abominaba de los aspectos más conservadores de la Restauración seguía opinando que el bollo de la república no valía el coscorrón de un Gobierno republicano combatido por innumerables y feroces fuerzas enemigas, aunque su corazón seguía estando lejos de la monarquía, y así escribía a la princesa Rattazzi:

> No se me perdona mi discurso, se me trata de vendido a la monarquía. ¡Qué calumnia! Yo no soy nada y nada quiero ser bajo una dinastía como la de la familia reinante que condenó a muerte a mi propio padre en 1823 y a mí mismo en 1866. Que se sepa de una vez por todas.

Pero cuando al final de su vida Castelar creyó que estaba en peligro gran parte de la obra por la que tanto había luchado, volvió a la actividad política. No fue un paso demasiado difícil para quien, en el fondo de su corazón, no la había abandonado del todo. Hubo además dos muertes que favorecieron la circunstancia de su vuelta: la de Ruiz Zorrilla en 1894, que alejó definitivamente de los republicanos el espectro de la conspiración, la clandestinidad y los pronunciamientos, y la de Cánovas en 1897, que lo liberó de los compromisos explícitos o implícitos que pudieran existir entre ambos amigos y enconados rivales políticos. Su vuelta a la lucha política la estaba pensando ya desde 1896, cuando la reina regente, convencida aparentemente de que quizás había llegado demasiado lejos en su política liberal, emprendió un cambio de rumbo político que se concretó en la sustitución de un Gobierno muy liberal por otro sumamente conservador presidido por Cánovas. Este fue el giro que hizo temer a Castelar por la obra de su vida; pero además se sucedían acontecimientos trágicos, como la guerra con los Estados Unidos y el asesinato de Cánovas. La agitación militar y el desconcierto de la clase política eran tan evidentes que en abril de 1898 recibió Castelar una carta abierta de dirigentes republicanos que le recordaban su compromiso de volver a la vida pública si la nación lo necesitaba.

El 26 de abril de 1897 pronunció su último gran discurso en el Casino de la ciudad de Cádiz, la ciudad donde nació. Fue un homenaje de agradecimiento a Cádiz por lo mucho que le había dado y con un emotivo recuerdo a su madre recordó que las sociedades comenzaron siendo matriarcales y elaboró un repaso de las figuras femeninas en la historia recordando que a la mujer le toca la educación del género humano. Ahora habla de otra madre de Cádiz, en la que a pesar de su glorioso pasado no existe gloria igual a aquellas Cortes que han dado a Cádiz nombre imperecedero. El régimen parlamentario nació en Cádiz y nunca es tan indispensable como ahora el evocarlo, porque aquellas Cortes no se contentaron con proclamar el principio de la soberanía nacional, sino también la sagrada unidad nacional, pues los españoles podemos morir, pero España es inmortal. Además, remachó que la Constitución de 1812 instaló el principio de la libertad política y de la igualdad civil, aunque también transigió con la monarquía tradicional y la intolerancia religiosa, pese a haber abolido la Inquisición y consiguió unir los principios humanos de libertad y de justicia en una síntesis perfecta. Recordó que desde su niñez ha creído indisolublemente unidos democracia y cristianismo, por reanudar las relaciones con la Santa Sede lo echaron el 3 de enero, y terminó afirmando que no le remordía la conciencia por lo que desde su retirada en 1888 había hecho por la paz y que se encomendaba a Dios para que triunfasen sus ideas.

El asesinato de Cánovas en 1897 lo anonadó. El 8 de agosto en el balneario de Santa Águeda, muy cerca de Mondragón, el anarquista italiano Michele Angiolillo disparó sobre el artífice de la Restauración causándole la muerte en el acto. Sin descartar la conexión antillana en su muerte, parece más probable que Angiolillo intentara vengar las condenas a muerte cumplidas sobre presos anarquistas como consecuencia del proceso de Montjuich. En cualquier caso, la desaparición de Cánovas tuvo una gran trascendencia tanto en la marcha del conflicto en Cuba como en la resolución final de la guerra. Más que amigos eran como hermanos desde los tiempos muy distantes de las conferencias del Colegio de San Isidro en que se conocieron; la casa de Cánovas era una prolongación de la de Castelar, y Joaquina Osma, esposa de Cánovas, tenía dos retratos en su gabinete, el de su marido y el de Castelar. A pesar de su íntima amistad tuvieron a veces serios encontronazos. Cuenta Alberola que ambos se encontraron en el Retiro y acordaron que, si Alfonso XII se curaba, Castelar apoyaría a Cánovas y, si moría, Cánovas a Castelar. Un periodista que los vio habló con un jardinero que estaba cerca y los había oído. Publicó un suelto insidioso relatando la entrevista. Ambos se echaron la culpa, y al día siguiente Castelar publicó un furioso discurso de oposición y negó a Cánovas hasta el saludo. Solo años después Elduayen deshizo el equívoco y volvió la amistad entre ambos.

Castelar estaba en San Sebastián pasando el verano en casa de una admiradora llamada Carmen Triana, cuando recibió la noticia del asesinato. Muy afectado por el crimen, marchó a Santa Águeda en el primer carruaje que encontró. Desde su llegada no se separó de la viuda, a quien intentó consolar, ni del muerto, al que veló hasta que lo colocaron en el féretro. Aunque huyó de cualquier acto de luto oficial, atendiendo a los deseos de Joaquina, acompañó en coche al cadáver en compañía de Elduayen y Tomás Castellano hasta Zumárraga, donde la comitiva, ya integrada en el duelo oficial, se instaló en un tren hasta Madrid. Castelar volvió a San Sebastián, donde durante muchos días no quiso la visita ni la conversación de nadie.

El 18 de septiembre de 1897 publicó Castelar en su *Crónica Internacional* un emocionado recuerdo de su amigo. Explicaba que había visto el cerebro de Cánovas, radiante un día, atravesado por el plomo y que no podía discurrir sobre Cánovas con serenidad, porque era un amigo del corazón más o menos de sus años. Por Cánovas tenía el culto del compañero escolar al que la contradicción de ideas aproximaba sus sentimientos. Si por casi un lustro estuvieron sin saludarse fue obra más de sus partidarios, que no de sus corazones, hubo más canovistas que Cánovas y más castelaristas que Castelar, que tenían al primero por soberbio a lo déspota y él por vanidoso a lo artista. Recordaba que había publicado un artículo diciendo que había dos estadistas, Gambetta y Cánovas, con el defecto de no aceptar la contradicción. Se lo encontró esa misma noche en el baile de la embajada inglesa y le dijo Antonio: «¿Cómo, Emilio, te atreves a decir que no sufro una contradicción cuando hace 40 años que te estoy sufriendo a ti, en el diario, en el libro, en el Parlamento y en el hogar?».

Lo calificó como el primer polemista de la tierra, leía refunfuñando contra el libro, azotaba las ideas de sus maestros y señaló que había inteligencias telescópicas que solo saben ver lo inmensamente grande y microscópicas que solo ven lo infinitamente pequeño: Cánovas tenía las dos. Terminaba afirmando que, cuando hubiera traído el tiempo algún calmante a su dolor, lo juzgaría sereno: «Ahora solo lo ve tras sus lágrimas, dejad que lo llore y recuerde su equilibrio y su defensa de la libertad pese a los suyos».

Una semana después del entierro de Cánovas, Castelar cayó enfermo, primero de una diarrea y luego de una infección en el ojo izquierdo que lo obligó a llevarlo tapado durante quince días; esta enfermedad, contraída en San Sebastián a finales del verano, lo aplanó de tal manera que solo parecía pensar en la muerte; lo cierto fue que había vuelto de su trágico viaje acompañando el cadáver de su amigo deshecho física y moralmente. La enfermedad le apocó el espíritu no solo por el padecimiento físico que suponía, sino también por el estado general en que se encontraba España. A su vuelta a Madrid ante el evidente deterioro en que se encontraba su estado de salud se puso en manos de los médicos. Lo visitó el doctor Santacruz, que, sin conocer el nervioso temperamento de Castelar, le comunicó que había perdido la visión de un ojo de forma irremediable y era necesario centrarse en la salvación del otro. Castelar, que vivía de la escritura y cuyo único vicio era la lectura, se conmocionó ante la posibilidad de quedarse ciego y cayó en una honda depresión.

Su estado de salud era tan precario que, avisados por personas cercanas a Castelar, vinieron desde Alicante sus amigos de la infancia Secundino Senabre y Eduardo Sánchez Villora. Quedaron impresionados al ver a un Castelar que ya no era el mismo de meses antes: en su faz demacrada se percibían las prominencias óseas; el soberbio bigote, desmedrado, caía lacio sobre el labio; usaba unas gafas negras, y se cubría la calva con un birrete negro de seda. Estaba esquelético, y el brazo lo llevaba en cabestrillo a consecuencia del reumatismo que lo atormentaba; hasta su voz se le había tornado como un soplo. Sus amigos acordaron llevárselo enseguida a Sax para ayudarlo a recuperar su salud, que según los médicos que lo habían visitado estaba sumamente alterada, ya que padecía de diabetes, artritismo agudo y albuminaria. Experimentaba además las graves secuelas del tratamiento medicamentoso de una avariosis tardíamente advertida. El 16 de mayo emprendió Castelar el viaje hacia Sax. Una auténtica multitud acudió a la estación del Mediodía a despedirlo. Entre los presentes se encontraban exministros, senadores, diputados, escritores y artistas, políticos de todos los partidos y amigos como la condesa de Pardo Bazán. Al llegar a Sax, Secundino Senabre llamó al doctor Bernardo Herrero y le pidió que hiciese una visita al enfermo y se encargara de su tratamiento. El doctor hacía un año que no lo había visto y quedó impresionado: no era ni sombra de lo que fue antaño, la faz demacrada y la ropa que le colgaba del cuerpo como de una caña. En cambio, tenía buen pulso, por lo que parecían menos graves las dolencias que le aquejaban, que el exceso de medicación a que estaba sometido como consecuencia de ser tratado por varios médicos simultáneamente.

El 19 de mayo hubo en Sax una función patriótica como tantas de las que se celebraron en España para recoger fondos a imitación de la organizada por la reina regente en el Teatro Real. Castelar asistió a la función y declaró que, en su opinión, aunque la guerra planteaba muchos problemas a los españoles por la superioridad de la escuadra de los Estados Unidos, había que tener confianza en el Ejército de tierra, que era capaz de derrotar a los estadounidenses. El 21, le llega la noticia de la muerte de su amigo Gladstone y, muy afectado, puso un telegrama de pésame a la viuda en el que expresaba su dolor por el fallecimiento de una figura política por la que sentía una admiración que a su vez era correspondida. El médico de Sax, su amigo Herrero, encargó según Bazán un segundo análisis de orina a Ramón y Cajal, que escribió un informe el 18 de junio en el que destacaba la disminución de urea con respecto a lo normal, destacaba que contenía albúmina en la proporción de un gramo por litro y que le había aumentado el ácido úrico. En Sax se dispuso su despacho con los 90 kilos de libros que había traído desde Madrid en una habitación con vistas a la huerta. Durante su estancia escribió la parte relativa a la Revolución francesa para el volumen correspondiente a la *Historia de Europa* que venía publicando en los últimos años. Aunque por la dolencia artrítica que afectaba a su mano derecha le costaba mucho escribir, empezó inmediatamente a trabajar dictando a su sobrino Rafael o a su amigo Joaquín Ferrer, que ocasionalmente le hacía las veces de secretario particular. Trabajaba desde el alba hasta el mediodía y si no lo hacía durante más horas era porque su amigo Secundino Senabre le prohibía escribir por la tarde, diciendo que con medio jornal tenía bastante. El resto del tiempo lo dedicaba a pasear por el huerto, recibir numerosas visitas, leer la prensa y escuchar por la noche el piano, las más de las veces tocado por

Joaquín Ferrer. Hizo también excursiones a los pueblos vecinos de Petrel, Monóvar, Elda, Novelda y Aspe.

En mayo de 1898 la *Nouvelle Revue International* (no *Pettite Revue*, como aparece citada frecuentemente), dirigida por la princesa Rattazzi, publicó un artículo de Castelar muy crítico con la reina regente doña María Cristina en el que denunciaba la actitud de la regencia:

> Debo decirlo. La corte se mezcla demasiado a los asuntos políticos y compromete, por intervenciones que no convienen a su carácter ni a su papel propio, la irresponsabilidad que no puede existir sino cuando los cortesanos permanecen ajenos a los decretos de los ministros y a las leyes de las Asambleas. En estos últimos tiempos, la corte ha comprometido la persona del Papa en la cuestión de Cuba, la corte ha demostrado preferencias por generales como Polavieja en daño de generales como Weyler, la corte nos ha proporcionado la indirecta intervención extranjera que ha inspirado las gestiones hechas por los representantes de las potencias para imponer el armisticio. Eso no puede ser. La corte no debía, obrando de esta suerte, restablecer correlación alguna entre el presente año y el 92 francés del siglo pasado. Bastaba la conversión de nuestros billetes de banco en asignados, bastaba la crisis que sufren nuestras subsistencias, bastaba la escasez del pan, bastaban las cóleras absolutistas semejantes a las cóleras vendeanas, bastaban la guerra social encendida en cien poblaciones a un tiempo, las manifestaciones tumultuosas de cada noche, las conjuras reaccionarias y las irrupciones extranjeras. No parece prudente, no, el tratar, sin la intervención de los ministros, con las potencias extranjeras como lo hacían los cortesanos de María Antonieta. Las mismas causas engendran los mismos efectos. La crisis política interior continúa y esta crisis alcanza hoy a personas más elevadas que los ministros y a instituciones más altas que el ministerio. Un telegrama de Viena, transmitido por la vía de Londres, sobre los proyectos que se atribuyen a la regente ha motivado esta crítica situación. Corre en efecto, el rumor muy insistente, y si no admitido, comentado por toda la prensa de Europa, de que

la reina regente se dispone a dejar el poder para que una nueva regencia se sustituya a la de ella, a fin de proveer a las necesidades públicas y resolver los problemas pendientes. Según las personas más competentes en esta materia, la reina considera imposible firmar una paz rápida y deshacerse de un pedazo de territorio español sin correr graves riesgos por su origen y su carácter de extranjera. Este movimiento que se produce entre los parientes de María Cristina, es idéntico al que se produjo entre los parientes de María Antonieta, y en Palacio más que en la calle, la regente se llama la «Austriaca». Parece pues que la «Austriaca» entiende que, si una princesa española ocupase la regencia, esta podría más fácilmente y con mayor seguridad para el rey niño, hacer sacrificios difíciles y peligrosos para una regente austriaca. Y como la constitución en vigor exige que los príncipes que puedan ser llamados a la regencia sean designados de manera clara y precisa, la primera persona que aparece es la infanta Isabel, española neta, madrileña pura, que conserva por instinto las supersticiones, los hábitos y las costumbres nacionales a que no ha podido plegarse la reina Cristina y que tiene, además, un numeroso partido de cortesanos. La regente cree que tal vez fuese de gran habilidad confiar a su cuñada las riendas del gobierno, con el fin de que Alfonso XIII salvase los escollos que lo amenazan y obtuviera España la paz apetecida. Los ministros niegan la veracidad de este rumor, pero no pueden hacer otra cosa. El rumor ha hecho camino en la opinión y como nos aceramos al desenlace, debemos desear que esta no sea una suprema catástrofe.

No se puede afirmar, como se hizo entonces, que Castelar atacara a la persona de la regente; en el artículo critica la injerencia personal de María Cristina en la actividad política, que no considera lógica en una monarquía constitucional, su correspondencia, demasiado copiosa en su opinión, con líderes políticos y con algunos generales, la influencia nefasta de algunos cortesanos, y las preferencias por tal o cual general. Es cierto que a veces Castelar se refería despectivamente a la regente como «la Austriaca», la comparaba con María

Antonieta y decía que una paz tan desastrosa como la que se avecinaba no la podría firmar una princesa extranjera.

Cuando el artículo se tradujo y fue reproducido por *El Nacional* y otros periódicos, como *El País* el 31 de mayo, se organizó un gran escándalo: los periódicos que total o parcialmente lo reprodujeron fueron retirados de la circulación, el artículo, remitido a los tribunales militares, y Castelar, sometido a una intensa campaña de injurias y calumnias. El escándalo llegó también a las Cámaras. En el Senado, el vizconde de Irueste afirmó despectiva y calumniosamente que Castelar había escrito el artículo por dinero y pidió que se le concediera una pensión para que no se viera obligado a cosas como estas. También lo atacaron el duque de la Roca, Martínez Campos, el ministro de la Gobernación Capdepón y Montero Ríos, en un verdadero pugilato de monarquismo y adoración a la regente. Como señala *El País* el 3 de junio, los senadores posibilistas Martínez Pacheco, Justo Martínez, Vázquez López, Maisonnave y Abarzuza ni defendieron a Castelar ni se manifestaron en contra del voto unánime declarado por Montero Ríos. En el Congreso defendió a Castelar Azcárate, que atacó a los que pretendían llevarlo a los tribunales; también Sagasta, Gamazo y Groizard convinieron en que no se podía procesar a Castelar, no solo porque gozaba de inmunidad parlamentaria, sino también porque, de acuerdo con la Reforma del Código Penal de Alonso Martínez, el artículo se había publicado en el extranjero y no podía constituir delito.

Se desató una intensa polémica en la prensa, por la que fueron procesados Vázquez de Mella, Fernando Gasset y Suárez de Figueroa, director de *El Nacional.* La prensa monárquica, como el conservador *La Época,* atacó a Castelar, acusándolo de injuriar a una pobre mujer, poniendo en duda que el artículo fuera suyo, acusándolo de ser antipatriota y amigo de los norteamericanos y afirmando que el artículo era una versión empeorada de «El rasgo», pero que ahora el pueblo no tragaba con ruedas de molino. Afirmaba además que su ingenio era veneno escondido en una aguja de oro, que por despecho era capaz de todo y lo tachaba de tener una lengua venenosa. Especialmente duro fue *El Imparcial*, que el 1 de junio publicó un artículo en el que lo motejaba incluso de traidor, diciendo que Castelar hizo pedazos su autoridad moral para ser gerente de la compañía inglesa del ferrocarril de Bobadilla a Algeciras e intentar su prolongación hasta Gibraltar para impedir los intentos españoles de conquistarlo, acusándolo de patrocinar el puerto de Puente Mayorga, de no querer ir a la manifestación de Cabriñana contra los concejales y de convertirse en cortesano de Cánovas y adorno de la Huerta. Había deshecho su disciplinado partido y ahora soñaba hacer una república con Weyler y Romero Robledo e insistía en lo de la ofensa a una señora y que el artículo no era de Castelar. Lo atacaba diciendo que había organizado un escándalo para que la opinión pública se fijara en él, cosa absurda, puesto que lo había publicado en una revista absolutamente minoritaria y que ninguna repercusión hubiera tenido de no haberse reproducido por *El Nacional.*

La prensa no partidista como *La Correspondencia de España* no le dio importancia al asunto, y *El Heraldo de Madrid,* también independiente, expuso que hacía ya más de 2 meses había publicado Castelar en un periódico ilustrado de Barcelona este mismo artículo sin ningún escándalo. Reprodujo también la carta de Castelar a Adolfo Suárez de Figueroa, director de *El Nacional,* donde lamenta las molestias causadas y que lo hayan denunciado, aunque también lo lamenta por él, enfermo y retirado de la política activa hace 10 años. No se ha retirado de la prensa, aunque ya no tiene un órgano de opinión, pero no ha abandonado el periodismo porque vive de ello, pero hace tres años no escribe para la prensa yanqui por patriotismo, con lo que ha renunciado a 3000 francos mensuales. Considera que uno de los errores más grandes es la intervención del papa en nuestros asuntos coloniales y que nunca se hubiera reconocido a León XIII el papel de árbitro si un agente muy conocido de León XIII y de Cristina no hubiera asegurado que por medio del obispo de San Paolo el papa recibiría de MacKinley tal encargo.

El Liberal escribió en su defensa que el prestigio de Castelar fuera de España era indiscutible y escarnecerlo no ayudaba a España. La gente oficial solo cree en una España y asegura que no es patriota quien no sea incondicional de la monarquía; el artículo podría ser antimonárquico, pero no anticonstitucional, y, respecto a las frases sobre la regente, hay que ver lo que dicen en privado los que se escandalizan en público y podrían llenar un ejemplar de *El Liberal* con esas frases y los nombres de sus autores. La defensa más rotunda corrió a cargo de *El País*, que además de reproducir el artículo el 2 de junio tituló a toda plana en su primera página *En defensa de Castelar* y decía:

> La prensa de gran circulación ha aumentado la curiosidad por las contestaciones iracundas y desentonadas contra él, olvidados de la cortesía y corrección con los grandes hombres a quien se niega ya el título de gran escritor estadista y patriota y pronto le negarán ser orador.

Ninguno de los periódicos ha hablado de si es exacto lo dicho por Castelar. Ha lanzado un torpedo sobre un acorazado enorme y lo ha quebrantado, y eso que bien pequeño es el medio utilizado. No ha lanzado alusión mortificante, palabra molesta o concepto desagradable para una dama y madre. Les molesta que los principios de Castelar no sean monarquía, sino patria, libertad, democracia y república. Los ataques son aparentemente desdeñosos e injuriosos llegando a decir que el artículo lo ha entregado Castelar como si nadie supiera traducirlo. ¿No fue la prensa monárquica la que reveló los motivos por los que llegó al poder el Partido Liberal? Si es cierto que Cristina nombró a Polavieja, el general cristiano, para Filipinas y lo recibió con honores inusitados que obligaron a Cánovas a cerrar un balcón, si es cierto que despidió a los conservadores por la crueldad de Weyler y por Montjuich y que decidió el gobierno civil de Madrid para Aguilera, qué extraño es que Castelar critique la intervención de la regente denunciada por la propia prensa monárquica. En 24 horas pasaba de ser una gran figura a no ser nada para los monárquicos y a recibir elogios de los republicanos que lo combatían a sangre y fuego.

El juez de Villena hubo de desplazarse a Sax, donde estaba por entonces Castelar, a comunicarle, aunque con toda deferencia, su procesamiento. La exaltación de los ánimos llegó a tal punto que parecía que iba a reproducirse la situación creada por «El rasgo» en 1865. Pero la regente, que había comprendido el peligro que conllevaba esta persecución, ordenó a Sagasta que no se insistiera en el procesamiento, oponiéndose a las afirmaciones del ministro de la Gobernación de que sería procesado y que el Gobierno solicitaría el suplicatorio. El incidente puso de relieve el enrarecimiento de la situación política, pero, sobre todo, que Emilio Castelar, aún sin un partido que lo respaldara, era capaz, con una frase, de poner en ebullición al país.

Su popularidad, que siempre había sido grande, se había refrescado como consecuencia del escándalo acaecido por su artículo en la *Nouvelle Revue International* y del procesamiento al que había sido sometido por el juez de Villena, por lo que, pese a su estado de salud, hubo de atender los requerimientos de los periodistas. El 13 de junio se publicó en *El Pueblo de Valencia* la entrevista que le hizo Vicente Blasco Ibáñez. Comienza con una florida y barroca descripción del amanecer en Sax y prosigue refiriéndose a Castelar:

> Ese buen señor, repito, tan burgués y tan tranquilo, que todas las mañanas es de los primeros a quien el sol encuentra de pie en un pueblecillo de la provincia de Alicante, es el hombre en quien hoy tienen su vista fija toda la prensa europea y más de media España; el que con un simple artículo escrito sin doble intención remueve la bilis del monarquismo escéptico, es, en una palabra, D. Emilio Castelar... Hace unos meses existía en Madrid un Castelar enfermo, melancólico como un Cristo de Morales, la tez amarillenta con palidez de hostia, triste por la condición de su estado; un Castelar que al oír al médico la afirmación de que iba a quedarse ciego, se arrojaba desesperado en un diván ocultando el rostro entre las manos, jurando con desesperación nerviosa no levantarse de allí, queriendo morir en seguida antes de dejar de ver las bellezas de este mundo, tan prodigiosamente cantadas por su inspiración de artista. Y el Castelar que hoy vive en Sax es un señor moreno, bronceado por el sol como un berberisco, que todos los días camina cuatro o cinco kilómetros por el campo si experimentar fatigas, y que continuamente se palpa una mano

> con la otra, se las mira, las mueve con nerviosa agitación de los dedos, convenciéndose con secreto goce de que ha desaparecido la parálisis reumática que martirizaba su movilidad de trabajador infatigable.

Ahora afirma que:

> Sí, efectivamente estoy mucho mejor. Como bien, paseo mucho, trabajo sin fatiga y hasta no necesito dictar, pues puedo escribir con la mano derecha. Me levanto todos los días a las siete y escribo hasta las doce. Después de comer no me falta trabajo hasta media tarde, paseo con los amigos hasta la noche; de vez en cuando voy a Elda, donde me crié o a otros pueblos donde tengo amigos y todas las noches me acuesto a las 11 en punto. Estoy muy bien.

Dice que no volverá a la política y que no hablará en las Cortes, dedicado a la literatura y al arte, las dos pasiones de su vida. Sus electores de Huesca casi lo han desautorizado por su artículo de la *Petite Revue*, no renunciará al acta, ya que no cree en el mandato imperativo, pero no se sentará en el Congreso salvo que lo exijan los supremos intereses de la patria. Se sorprende de que a los monárquicos les extrañe su artículo como si hubiera dejado alguna vez de ser republicano. Cuando disolvió el Partido Posibilista dijo en el Congreso: «Soy, he sido y seré siempre republicano; y el que creyera lo contrario me ofende y me humilla». «¿A qué, pues, el extrañarse tanto de que un viejo republicano haya podido censurar las pérfidas insinuaciones cortesanas que arrastran a una soberana constitucional a mezclar influencias extrañas en los asuntos de la patria, inmiscuyendo en estos al Papa?». Respecto a que si León XIII simpatiza con los filibusteros, dice que él no lo dice, pero que el papa no es amigo de España. Se lamenta de que quién iba a pensar que la democracia americana, la nación de Washington y Lincoln, había de portarse cruelmente con España, con infamia y sin respeto a los derechos, y que las demás potencias contemplen quietas el despojo. Solo volvería a gobernar con la república, pero es triste que solo se acuerden de la república en momentos angustiosos como en 1873, que llegaron al poder demasiado tarde. Concluye Blasco que lo vio al día siguiente animoso, rejuvenecido y entusiasmado. Su único enemigo de este verano que calienta y vivifica son las moscas, al hombre a quien no intimidan las desgracias ni abaten los enemigos le irritan y le ponen nervioso con su tenacidad pegajosa las moscas levantinas, que son su tormento.

El 18 de junio se publicó otra importante entrevista con Castelar, realizada por el periodista García Vaso para el semanario *Madrid Cómico*. En ella, además de reflejar su vida y los trabajos que hacía, contaba como lo visitó el gran poeta popular de Murcia Vicente Medina y le recitó *La Cansera* y *La Murria*, los dos poemas tan representativos de la triste situación de abulia y desmoralización que afectaba a los españoles del 98. También lo visitó Azorín, que lo describe en su despacho rodeado de los libros que necesita para redactar su *Historia de la Revolución francesa*. Con su minuciosidad acostumbrada, Azorín nos da cuenta de que entre el material que maneja Castelar se encuentra *La Historia de la sociedad francesa durante la Revolución* de Guizot, *La Historia de la Revolución* de Luis Blanc y *El Directorio* de los Goncourt.

Después de pasar la primavera y parte del verano en Sax, volvió el 28 de julio a Madrid, de donde salió el 31 para Mondariz. Los análisis de orina confirmaron que estaba bastante bien de la diabetes que lo aquejaba, aunque se le descubrió una enfermedad de corazón. En cualquier caso, ganó 18 kilos de peso y regresó el 22 de septiembre a Madrid muy recuperado. Había vuelto a la vida pública, pero durante esta crisis de salud, aunque ya hubiera mejorado, padeció accesos de ceguera, ataques nerviosos, insomnios, dolores reumáticos, desmayos, etc. No solo sufría por sus achaques físicos; siguió la tragedia del 98 con obsesiva preocupación y se dio cuenta de su aislamiento, de que el momento político estaba para él fuera de sazón y era muy tarde para enarbolar la bandera de la república. Su salud en cualquier caso ya no será la misma que dos años antes, cuando parecía gozar de una vitalidad envidiable. En la Nochebuena del 98 sufrió una fuerte gripe y, aunque se recuperó en pocas semanas, su médico de cabecera, que entonces era el doctor Huertas, hubo de tratarlo de un cólico nefrítico en marzo de 1899.

El final de la guerra con los Estados Unidos y la pérdida de las últimas colonias ultramarinas afectaron profundamente a Castelar, pero no modificaron sus convicciones de siempre. Los republicanos, sumidos en una grave crisis que les había conducido al retraimiento en las elecciones de 1896 no tanto como postura de oposición al régimen, sino por debilidad, corroídos como estaban por sucesivas escisiones, no sacaron ningún provecho de la crisis del 98. No pudieron ponerse de acuerdo en la actitud a tomar ante el problema colonial, y mientras Salmerón atacaba a la monarquía, pero se mostraba tan nacionalista y militarista como el Gobierno, la posición de Pi y Margall, que había evolucionado a partir de 1896 hacia el pacifismo y el anticolonialismo, apenas si tuvo eco porque la oposición a la guerra estaba firmemente liderada por el Partido Socialista y el conjunto del movimiento obrero. En un documento que envió Castelar a Sagasta a requerimiento de este se declaró contra las pretensiones de Estados Unidos en el problema cubano porque consideraba el derecho de intervención como contrario a los principios políticos modernos, como la síntesis de un movimiento de retroceso de la democracia universal que derribaba el dominio del derecho y lo sustituía por la fuerza de la guerra. Dijo:

> La guerra (de Estados Unidos) contra nosotros no ha tenido más móvil que la codicia, ni más medio que la violencia, ni más razón que la fuerza, ni más objeto que la conquista, por lo cual se ha convertido en un pueblo de Atilas el pueblo a quien creíamos la encarnación viva del ideal republicano sobre la tierra.

Reconocía Castelar que, en la cuestión de Cuba, no estaban libres de culpa los políticos españoles, ya que los reaccionarios contribuyeron con sus ciegas resistencias a los propósitos de los separatistas de convertir la evolución en revolución. Opinaba que, si el servicio militar se hubiera extendido a las clases acomodadas, estas hubieran cuidado de que sus corazones, la sangre de su sangre, las entrañas de sus entrañas, no hubieran sido devorados por los ardores del trópico, formándose tropas coloniales de cubanos fieles. Como conclusión de su escrito a Sagasta, adoptó una postura regeneracionista al afirmar que ante la situación de pérdida colonial:

> Debemos estar afligidos, no debemos estar desesperados. Peor que nosotros se veía Italia después de Novara; peor que nosotros Francia después de Sedan; peor que nosotros Prusia después de Jena... Lo que importa es optar por una política de sabia reconstitución económica y de buen carácter administrativo.

Gran repercusión tuvo en los ambientes políticos el artículo publicado el 7 de febrero de 1899 por Castelar en *El Liberal*, titulado *Política de Silvela y Polavieja*, en el que atacaba a Silvela, pero dirigía el grueso de su artillería contra Polavieja, a quien definió como el ejemplo típico del político palaciego que despreciaba al resto de los políticos y que pretendía llevar adelante una política tan clerical que equivalía casi a implantar un carlismo sin don Carlos. Comenzó afirmando que tanto Silvela como Polavieja eran sus enemigos políticos, pero amigos personales, por lo que no quería ofenderlos. Es difícil juzgarlos porque rectifican continuamente. Silvela reduce su programa al ultramontanismo y al regionalismo; lo acompañan quienes quieren destruir las universidades históricas libres y sustituirlas por eclesiásticas, y promete privilegios y excepciones a Vasconia y a Cataluña. Su programa es todo lo contrario de conservador, es reaccionario y huele a pólvora y barricada por las revoluciones que va a provocar. Tiene el ánimo de malherir los derechos individuales y la soberanía nacional y se ha aliado con los ultramontanos que han provocado las tres guerras civiles del siglo, que no admiten su jefatura, sino la de Polavieja, al que realmente los neocatólicos reconocen como jefe. Este llevaba tres años de político y solo era conocido por sus memorias sobre las colonias, ungido por las camarillas reaccionarias ha velado sus armas en el Pilar y dicho que se entregaba por voto caballeresco a la política, pero sin políticos. Sostiene cuatro ideas: vaticanismo, resurrección de los gremios antiguos y de las regiones feudales, conciertos económicos entre las regiones y el gobierno y representación nacional por clases. «El programa de los conservadores encierra junto al despotismo antiguo la más triste anarquía contemporánea. Hablemos como los íntegros: *Libera nos domine*».

Ante la actitud conservadora con la que la Restauración reaccionó ante el 98, el 22 de marzo de 1899 volvió a atacar Castelar en *El Globo* (en realidad era la reproducción de un artículo en la *Nouvelle Revue International*) la política de la regente, que, preocupada por los avances del liberalismo, deseaba solo Gobiernos conservadores, a poder ser con el apoyo de un general, como era el caso del Gobierno Silvela-Polavieja. El 4 de abril volvió a la carga también en *El Globo*:

> Veo en este Ministerio cuatro reacciones, cada una de las cuales me parece llena de peligros: la reacción doctrinaria encerrada en las amenazas de Silvela y los suyos al Código Penal; la reacción pretoriana contenida en las maneras dictatoriales y boulangistas del general Polavieja; la reacción ultramontana tan varia de forma y caracteres y personificada en el marqués de Pidal y, por último, la reacción regionalista que ha entrado en el gobierno con un hombre tan apegado a las antiguas doctrinas feudales como el señor Durán y Bas, el juriconsulto barcelonés.

De todas ellas la que más teme es la regionalista que puede destruir a la patria y pone ejemplos, como que Guipúzcoa exige que los reclutas no salgan de su territorio; Vizcaya reclama que los archiveros sean vizcaínos, o un alcalde de Barcelona nombrado por el Gobierno afirme que la masa cerebral de Cataluña pesa más que la de España. Castelar coloca la unidad de la patria por encima de todo, pero en definitiva no defiende otra cosa que lo que ha predicado desde hace muchos años: bajo la soberanía nacional, bajo la unidad del Estado se establecen autonomías y descentralizaciones, pero dividir una nacionalidad ya formada para volver a unirse es una utopía.

En las elecciones del 16 de abril de 1899, Castelar hubo de

presentarse candidato por Murcia y no por Huesca, que había sido su circunscripción de los últimos años, porque Manuel Camo se había peleado con él a consecuencia de sus ataques a la reina regente. En su ayuda acudió el exministro conservador García Alix, quien le proporcionó el tercer puesto en la lista por Murcia. Era increíble que a estas alturas de su vida tuviera que mendigar el último puesto como cualquier principiante. Lo apoyaron también Gamazo, Pi y Margall, Salmerón, el doctor Esquerdo e incluso los antiguos seguidores de Ruiz Zorrilla. Juan de la Cierva narra lo ocurrido en Murcia en esta ocasión, en un texto que nos revela el carácter de enorme fantasmagoría que tenían las elecciones en la España de la Restauración:

> Moya me dijo que Emilio Castelar no podía ir por Huesca, que había representado siempre, porque Camo, el antiguo amigo suyo, no lo quería votar y pensando que no podía quedar fuera del parlamento un hombre como Castelar, había hablado éste de la amistad que le unía conmigo y deseaba presentarse por Murcia. Yo expliqué que ir por mayoría y minoría resultaba peligroso. Silvela me dijo que sería un hecho extraño que Castelar no fuera al Congreso, pero que los suyos viéndole viejo y enfermo lo abandonaban. Se dijo que Dato o Silvela hablaran con Sagasta para que éste retirase a Revenga, pero Sagasta tenía gran enojo hacia Castelar y se negó. Silvela me dijo que hiciera lo que pudiera y el gran tribuno se presentó por el tercer lugar. La lucha fue encarnizada, el voto de los liberales no iba contra los nuestros, pero a Emilio Castelar le combatían a sangre y fuego. Según nuestros cálculos dependía todo de dos secciones muy alejadas de la capital; estos 1000 votos decidirían. Un tal Mariano Artés, liberal muy exaltado, exigió que las mesas le dieran a Revenga toda la minoría y a Castelar nada. El representante conservador, José Laorden, fingió acceder, pero en el escrutinio las actas verdaderas dieron el triunfo a Castelar, que murió antes de que se aprobara el acta y Sagasta consiguió que se proclamara a Revenga. Aunque no era justo, el gobierno accedió.

Cuando Joaquín Martín de Olías, diputado a Cortes por Madrid, que había sido secretario de la Comisión Constitucional en 1873 y era propietario y director de *El Globo*, propuso firmar un mensaje para que Castelar abandonara su retraimiento de la política, se recogieron más de 100.000 adhesiones. El 5 de mayo de 1899 a las nueve y media de la noche, en su casa de la calle de Serrano, se le entregó el manifiesto con las firmas. A las 9 de la noche su casa ya estaba llena y a las 9:30 leyó el exministro Ramón Pérez Costales el mensaje en el que se denunciaba el grave peligro para la democracia causado por las conjuras clericales al amparo de soberbias palatinas y satisfacciones cortesanas. En su discurso Castelar recordó que se había retirado hacía 11 años por la seguridad que sentía de que no cabía reacción alguna y no peligraban los derechos que siempre había defendido y decidió convertirse de político en publicista de la misma forma que se apartaba del Gobierno mientras este no tuviera la forma que él prefiere. Hoy ya no siente aquella seguridad y estufas palaciegas protegen a gobernantes con aire de dictadores que abren el camino a los integristas que piensan conquistar lo que en el campo perdieron los carlistas, quieren suprimir la enseñanza oficial y entregarla directamente al clero y especialmente a los jesuitas en universidades como El Escorial, Vergara, Deusto u Oñate. Afirma que estos tiempos se parecen a los anteriores al 68 y que los liberales y los republicanos tienen que convencer a una sociedad por esencia conservadora. A la derecha hay que decirle que no busque poderes extraños a la sociedad, que no evoque jerarquías antiguas, que no suprima el presupuesto universitario, que tiene que existir una enseñanza oficial libre científicamente, el servicio militar obligatorio, que no suprima el sufragio universal, que hay que conciliar el capital y el trabajo para evitar la pobreza y que no provoque revoluciones. A la izquierda, que no predique la destrucción de la unidad del Estado, que no proponga la supremacía de los de abajo, que no suprima el presupuesto eclesiástico, que dentro de la libertad religiosa exista la Iglesia, que no pida suprimir los Ejércitos permanentes, que subsistirá siempre la propiedad y que tenga fe en la evolución progresiva. Para cumplir este programa necesita una gran concentración democrática que propuso a los partidos liberales y no quisieron, pues aquí nadie quiere Gobiernos salidos de las urnas, sino bajados de las cumbres. No convoca a sus antiguos amigos, ni a los que se fueron a la monarquía ni a los republicanos, pero él no renuncia a las creencias republicanas conservadoras y no quiere tener un partido. Vuelve a proponer un presupuesto nivelado, que se rompió con la guerra de Melilla, origen de las desgracias coloniales, y solidez política y moralidad rigurosa en la administración. Abajo nadie puede promover una revolución ni arriba un golpe de Estado. Terminó con un llamamiento:

> Jóvenes oíd a un viejo a quien oían los viejos cuando era joven. Desechad toda idea de fundar una República con los republicanos solos y para los republicanos solos; es la República como el sol para todos los españoles, forma suprema de la libertad y el derecho.

Cuenta *El Globo* que el discurso íntegro de Castelar fue transmitido por telégrafo a París y Berlín, un extenso resumen a *La Nación* de Buenos Aires y resúmenes a toda la prensa mundial. Todos los periódicos reflejaron el acto y le dieron la importancia debida. Ante el domicilio de Castelar se encontraba una verdadera multitud y, como se resaltó en el acto de entrega, entre los firmantes había propietarios, banqueros, industriales, hombres de letras, artesanos y obreros; fue tal vez el último acto de confraternización de clases antagónicas. Representaba un gran triunfo, pero Castelar se sabía un hombre acabado.

19. *Enfermedad, muerte y entierro de Castelar*

El invierno de 1898 a 1899 fue muy malo para Castelar, pues no se recuperó de la gripe que le había afectado seriamente en la Navidad y desde la grave crisis de la primavera de 1898 su salud estaba seriamente dañada. Había que añadir a sus dolencias físicas el hecho de que cada crisis política, cada suceso que pareciera poner en peligro el camino hacia la libertad que él había emprendido años antes, le costaba una grave enfermedad. Después de las emociones vividas en la jornada del 5 de mayo cuando el acto de entrega en su domicilio del manifiesto de las 100.000 firmas, su salud, que había sido legendaria hasta dos años antes, decayó espectacularmente. Una vez más buscó Castelar en su tierra levantina el remedio a sus males. Según Mellado, las impresionantes inundaciones causadas por el Vinalopó en Sax impidieron que fuera allí y la familia del banquero Servet, a quien Castelar no conocía personalmente, por mediación de Miguel Moya, amigo de Castelar y director de *El Liberal*, puso a su disposición la magnífica casa de campo que poseía en San Pedro de Pinatar.

La preparación del viaje tuvo un triste cariz de despedida y, como cuenta González Araco, cada orden era un suspiro, y cada despedida de un amigo de los que venían a visitarlo, una convulsión nerviosa. Cuando el día fijado para el viaje, el 18 de mayo, le dijo Robustiano, portero de la casa durante más de 30 años y colocado por Castelar de ordenanza en el Ministerio de Estado, que el coche ya estaba preparado, Castelar le respondió que quería caminar un rato a pie, como si fuera una despedida, y ordenó que el carruaje se adelantara a esperarlo a la calle de Goya. Los amigos que fueron a despedirlo a la estación de Atocha adoptaron una actitud silenciosa y triste, con esa solemnidad que confiere el sentimiento de ver por última vez con vida a una persona querida. Viajó, junto con su sobrino Rafael del Val y su amigo Joaquín Ferrer, en un reservado puesto a su disposición por la empresa del ferrocarril; después de una cariñosa recepción en la estación de Murcia, continuó viaje hasta Cartagena en el mismo tren.

Emilio Castelar (en el centro con bombín y bigote blanco) con unos amigos en la Quinta de San Sebastián (San Pedro del Pinatar, Región de Murcia). Junto a él están el periodista y político José García Vaso (detrás y a la izquierda de Castelar) y el poeta Vicente Medina (primero por la derecha). [Fuente desconocida]

En la casa de campo de San Pedro de Pinatar donde se instaló, fue recibido y cuidado cariñosamente por doña Enriqueta Spottorno, la dueña de la casa, esposa del banquero Servet, pero el equipaje con que viajaba el tribuno indicaba el diferente estado de ánimo con que lo hacía. En vez del baúl de libros de su anterior viaje a tierras levantinas, esta vez solo llevaba consigo la *Historia de los Girondinos* de Lamartine. Sin embargo, Castelar era incapaz de vivir sin escribir y al día siguiente al de su llegada reanudó sus trabajos literarios. Una vez más, con su llegada a los parajes levantinos pareció revivir y su ánimo era mucho mejor que en sus últimos días en Madrid. Hizo algunas excursiones fuera de la finca, visitó la casa de la Dehesa de Campoamor, donde había escrito *Los recuerdos de Italia*, y viajó también hasta el mar Menor. Al volver en coche de esta excursión el día 20, un ligero catarro alarmó a los anfitriones, que llamaron a consulta al doctor Pardo, desde antiguo admirador de Castelar; la situación de la salud del enfermo hizo temer al doctor la posibilidad de que se declarase una bronconeumonía y para evitarlo acordó que no saliera de la habitación, aunque autorizó a petición del enfermo que se abrieran las ventanas que daban al mar. La enfermedad frustró la visita que tenía prevista y apalabrada a la catedral de Murcia para ver los magníficos Salzillos que en ella se guardan. Esa misma noche mantuvo en su habitación una tertulia en la que contó algún detalle de su entrevista con el papa León XIII en 1894, entrevista de la que había prometido no publicar ningún detalle mientras viviera el pontífice.

El 23 de mayo, fiel a su costumbre de no dictar mientras pudiera escribir, comenzó a redactar un artículo, pero para terminarlo tuvo que pedir la ayuda de su sobrino Rafael, a quien dictó el final del mismo. Este artículo, de la serie *Murmuraciones europeas*, estaba destinado a *La Ilustración Artística* de Barcelona, donde efectivamente se publicó después de la muerte de su autor en el número 910 con fecha de 5 de junio, acompañado por el facsímil de la última cuartilla escrita por Castelar; el postrero artículo de Castelar era, una vez más, un llamamiento a la paz y una crítica de la expansión colonial de las potencias europeas. Este mismo día envió un telegrama a Madrid pidiendo almejas que llegaron el 25 y de las que no pudo disfrutar.

Un vómito violento el día 24 que le causó algo de disnea, alarmó a los amigos y parientes que telegrafiaron a Madrid para que los doctores Pulido y Huertas, sus médicos de cabecera, vinieran a atenderlo. No llegaron a tiempo porque Emilio

Castelar murió a la una y quince minutos de la tarde del día 25 de mayo. Esa misma noche del 24 al 25 cuenta Alberola que tuvo un delirio alrededor de las 2 en el que exclamó: «¡Llévame al Congreso, tengo que pronunciar un discurso! Colócame entre los republicanos que es mi sitio». El 25 a las 8 estaba hablador y despierto, invitó a Cayuela a almorzar y le dijo a la familia Servet que estaba mucho mejor y agradeció sus cuidados. Luego indicó: «Rafaelito, tenemos que mandar las *Murmuraciones* a *La Ilustración*, léelas para corregirlas». A las 10 entró en la agonía que fue rapidísima. Le preguntaron que si le dolía algo y dijo que nada, que estaba bien, pero que sentía mucho sueño. Poco antes de morir dijo: «Nos vamos a Madrid mañana porque hoy me levantaré y en seguida lo preparamos todo para irme». Murió plácidamente en presencia de tres personas: su secretario y amigo Ferrer, su sobrino Rafael del Val, que sostenían sus manos, y Esteban, su ayuda de cámara.

Según Mellado, al conocerse la noticia, un montón de amigos y correligionarios se dirigieron a San Pedro de Pinatar y el alcalde y el ayuntamiento del pueblo fueron a la casa. A las 10:30 de la noche se habían recibido más de 500 telegramas, entre ellos, uno de Dato que en nombre de la regente y el Gobierno daba el pésame. También envió el suyo Sagasta y ante la avalancha de mensajes hubo que mandar refuerzos a telégrafos. Pulido y Huertas, con la ayuda del doctor Miguel Ferreiro, lo embalsamaron; el escultor Huertas dibujó su retrato e hizo la mascarilla de la cara y una mano. Vestido de frac se instaló la capilla ardiente en la sala de billar. El día 26 se oficiaron funerales en el oratorio de la casa y en la parroquia. El acta de defunción se inscribió en el libro 11 de defunciones de San Pedro del Pinatar, folio 294. Número 208.

Sobre su actitud ante la religión a la hora de su muerte tenemos, como ante tantas facetas de Castelar, testimonios diferentes. Así para el que fue su médico, amigo y biógrafo Bernardo Herrero, Castelar fue toda su vida creyente: católico, apostólico, romano y ortodoxo a machamartillo, aunque la Iglesia lo tuvo siempre en entredicho. También afirma su catolicismo otro de sus biógrafos, el francés Maisonabe, que dice que el sacerdote fue a la cabecera del lecho de Castelar porque este seguía creyendo en la religión que su madre le inculcó. Pero, en cambio, su correligionario, discípulo y amigo cercano Miguel Morayta cuenta que, si bien acudía en los últimos años a los oficios de Semana Santa en Madrid y Toledo o Sevilla porque admiraba y le sobrecogía la liturgia, no estaba muy de acuerdo con algunas doctrinas de la Iglesia católica, a la que consideraba poco conforme con el espíritu del cristianismo; era también enemigo del clericalismo que se había apoderado del catolicismo y afirma que murió sin recibir los santos sacramentos. Cuando el obispo de Cartagena supo que tanto en la capilla de la casa como en la iglesia parroquial de San Pedro de Pinatar se habían celebrado funerales, quiso saber si había muerto dentro de la Iglesia católica y si había recibido los últimos sacramentos con plena consciencia, a lo que respondieron los anfitriones que así había sido y que el párroco del pueblo, don Tomás Gómez, le había administrado la extremaunción.

Si bien a nadie se le ocultaba la gravedad de su enfermedad, su muerte a la relativamente temprana edad de 66 años, fue en cierto modo inesperada, pues, pese a que desde finales del verano de 1897 su salud había decaído, su proverbial fortaleza y el optimismo y el valeroso ánimo con el que se enfrentaba a la vida impedían que nadie pudiera prever su cercana muerte. De hecho, el propio Castelar había previsto que su estancia en las tierras del levante que tanto le recordaban su infancia fuera corta, ya que pensaba regresar a Madrid para estar presente como diputado por Murcia en la apertura de las recién elegidas Cortes, fijadas para el día 2 de junio. En Madrid la noticia se extendió rápidamente por todos los círculos sociales y *El Heraldo de Madrid*, siguiendo una costumbre de la época cada vez que se producían acontecimientos importantes, dio la noticia mediante un enorme cartelón colocado en la calle de Alcalá.

Decidido el traslado del cuerpo de Castelar a Madrid, el féretro fue colocado en un carruaje tirado por cuatro caballos negros engualdrapados también de negro, para ser conducido a la estación de Balsicas, en donde se acomodaría en un vagón del ferrocarril a Madrid. En San Pedro del Pinatar recibió al cortejo el clero parroquial con cruz alzada y se rezó un responso en la puerta de la iglesia mientras las campanas tañían a muerto. Más de 100 carruajes y una multitud de personas a pie acompañaban a la comitiva. En la estación de Balsicas esperaba para recoger el ataúd un furgón enlutado. Al llegar el cadáver se rezó un responso en presencia de un gran número de asistentes que esperaban su llegada desde hacía varias horas. Entre los presentes había autoridades locales y provinciales, correligionarios políticos y muchos de sus amigos de Murcia y Alicante. Introducido el féretro en el furgón, viajaron en el mismo para velar el cadáver durante toda la noche Justo Martínez, un amigo que muchas veces hizo funciones de secretario; el banquero Sebastián Servet, su anfitrión en San Pedro del Pinatar; Miguel Moya, amigo de antiguo y director de *El Liberal*; su médico el doctor Ángel Pulido, y, en representación de sus amigos políticos de Murcia, el señor Perni García.

Mientras tanto, el Gobierno Silvela-Polavieja en un acto de increíble mezquindad negó a Castelar los honores militares que le correspondían como antiguo presidente del Poder Ejecutivo de la república, cargo que desde el punto de vista del rango institucional era superior al de presidente del Consejo de Ministros y bien podía considerarse como equivalente al de jefe de Estado, ya que en 1873 Emilio Castelar era la autoridad suprema del Estado español. El decreto con fecha del día 26 decía que Castelar había muerto en honrada pobreza y que el Gobierno se asociaba al sentimiento de dolor, pero añadía que el Estado se haría cargo de los gastos que ocasionara el enterramiento y las honras fúnebres.

La decisión no podía deberse a la cicatería del gabinete ni a presiones de la reina regente, ni al insobornable republicanismo de Castelar, que, si bien era indudable, no era menos cierta su contribución a integrar en la monarquía regida por la Constitución de 1876 a la izquierda moderada, colaborando así decisivamente a la operación diseñada por Cánovas para dar estabilidad y talante civil y liberal al sistema político español. El Gobierno negaba a Emilio Castelar los honores a que tenía derecho motivado probablemente por la cólera que le habían provocado las críticas severas de Castelar a la política gubernamental y, especialmente, el artículo publicado en *El Liberal* titulado *Política de Silvela y Polavieja,* en el que atacaba a Silvela, pero sobre todo a Polavieja. Para justificar su intervención en el sepelio, el Gobierno declaraba en un decreto que se haría cargo de los gastos que generaba el entierro a causa de la «honrada pobreza» de Emilio Castelar. La familia acusó la afrenta y el mismo día 27 de mayo Virginia del Val y Ripoll, la pariente más próxima de Castelar, enviaba una carta a Silvela en la que decía: «No puedo por menos de hacer presente a V.E. mi resolución irrevocable de no aceptar el alivio que el Gobierno me ofrece, al parecer en virtud tan sólo "de la honrada pobreza en que ha muerto don Emilio Castelar"». Silvela, despechado, le contestó que, si la familia insistía, estaba de acuerdo en no hacerse cargo de los gastos del sepelio, pero que el Gobierno tenía derecho a organizar funerales oficiales y que los realizaría días más tarde en la iglesia de San Francisco el Grande.

Toda la prensa, sin distinción de orientaciones ideológicas, criticó la cicatería del Gobierno; *El Globo, El Heraldo, El Imparcial* y *El Liberal* atacaron el decreto, pero sobre todos destacó *El País,* que el mismo 27 de mayo publicaba un suelto en el que se decía: «El Gobierno español, haciéndose indigno de tal nombre, regatea los honores que a Castelar han de hacerse, y tras regatearlos, los niega. Concede en cambio la limosna, por nadie solicitada, de costear el entierro». La prensa contrapuso asimismo el mezquino decreto de Silvela con el generoso de Castelar cuando era presidente del Poder Ejecutivo en 1873, concediendo los máximos honores a otro político ilustre, don Antonio de los Ríos Rosas. No solo los periódicos civiles fueron los que criticaron la decisión de Silvela, pues no menos dura fue la prensa militar. Repudiaron acerbamente la decisión de Silvela y Polavieja tanto *La Correspondencia Militar* como *El Ejército Español* y *El Correo Militar.*

El convoy en que viajaba el féretro hubo de parar antes de llegar a Madrid en algunas estaciones del recorrido con el fin de recoger el homenaje de miles de ciudadanos que deseaban dar fe del afecto y respeto que les producía el antiguo tribuno republicano y muchos republicanos, políticos de todas las tendencias e intelectuales y periodistas, se acercaron hasta Aranjuez para esperar allí la llegada del tren y acompañar al cuerpo de

Castelar hasta Madrid. En la sala de espera de la Estación del Mediodía (Atocha) se instaló la capilla ardiente que había de recibir el cadáver a su llegada, prevista para las tres y media de la tarde. Una gran muchedumbre abarrotaba los andenes, en ella destacaban el gran número de militares, especialmente generales, jefes y oficiales del cuerpo de Artillería, numerosos diputados y periodistas tanto nacionales como extranjeros, académicos, escritores, ateneístas, estudiantes y gentes procedentes de todas las clases sociales. Terminadas las honras fúnebres celebradas en la estación, se procedió a conducir el cadáver de Castelar al Congreso de los Diputados, en donde se había instalado la capilla ardiente en la que se iban a velar los restos del expresidente de la República española hasta el momento del entierro. Desde la estación condujeron el féretro el doctor Ángel Pulido, Joaquín Ferrer, Ramón Tubau, Santiago Núñez Samper, Emilio Morayta, ahijado de pila de Castelar, y cuatro alumnos delegados por la Universidad Central para representarla en este acto. A la entrada del Congreso de los Diputados se hicieron cargo de los restos el presidente de la Comisión Permanente, marqués de la Vega de Armijo, y los diputados Lorenzo Alonso Martínez y José Gutiérrez Abascal como secretario y vocal de la misma Comisión Permanente, que sustituía al Parlamento mientras no tuviera lugar la inauguración de la nueva legislatura, prevista para el día 2 de junio. Instalado el ataúd en la rotonda del Congreso, el párroco de San Jerónimo ofició un responso, y maceros y porteros, en traje de gala, formaron la guardia de honor. El horario de visitas se estableció de ocho a doce de la mañana y desde las dos de la tarde hasta el anochecer. La multitud se agolpó a las puertas del Congreso deseosa de rendir el último homenaje a quien mejor había representado el espíritu civil y la concordia en la segunda mitad del siglo XIX. Tal fue la afluencia y tan prolongadas las colas, que hubo de autorizarse que el mismo día del entierro accediera el público a la capilla ardiente, entre las ocho y las doce de la mañana. Se calcula que en total desfilaron ante Castelar para rendirle homenaje más de 200.000 visitantes, un número superior incluso al de los que habían pasado, hacía dos años, ante el cadáver del artífice de la Restauración, Antonio Cánovas del Castillo.

La totalidad de la prensa española dedicó amplios espacios a glosar la figura de Emilio Castelar y a reflejar su enorme popularidad. También la prensa europea, especialmente en Francia, Portugal, Alemania, Inglaterra e Italia, dedicó numerosos artículos a glosar la biografía del más europeo de los españoles de su tiempo. A su vez, la prensa americana, de la que Castelar había sido asiduo e infatigable colaborador, conocida la noticia dedicó muchas de sus páginas a recordar la figura que mayor magisterio intelectual había ejercido sobre las naciones de habla española.

El comienzo del entierro estaba fijado para las cuatro y media de la tarde del 29 de mayo. A las tres, más de 40.000 personas estaban concentradas en las cercanías del Congreso de los Diputados y se puede calcular en otros 120.000 los que esperaban en el recorrido previsto. No habría honores militares, pero cerró el comercio madrileño, los tranvías suspendieron su recorrido por orden del ayuntamiento y la administración cerró a las tres de la tarde. Todo Madrid se asoció al duelo y la comitiva fue impresionante. A la capilla ardiente del Congreso habían llegado 148 coronas, una de las cuales llevaba una simple dedicatoria: «A Emilio Castelar», que según la prensa de la época había sido enviada por la infanta Isabel. La presidencia del Consejo de Ministros, el Ministerio de Hacienda y el de la Gobernación tenían cerrados los balcones y entornadas las puertas en señal de luto. La bandera ondeaba a media asta, salvo en el Ministerio de la Guerra, a pesar de que estaba previsto que figurara en la comitiva el general Azcárraga, presidente del Consejo Supremo de Guerra y Marina. En la mañana del día 29 había un cierto clima de tensión entre el estamento militar. Polavieja había publicado una real orden por la que se prohibía que los generales fueran al entierro con uniforme de gala, y que asistiesen al mismo los oficiales. Los capitanes generales Martínez Campos, Blanco, López Domínguez y Primo de Rivera, entre otros, anunciaron que desobedecerían la orden, alegando que su dependencia era de la Corona y no del ministro de la Guerra. Ante esta actitud, regateando miserablemente,

Polavieja distribuyó otra nota autorizando el traje de diario con banda: esta nueva instrucción también fue desobedecida.

A las cuatro y media de la tarde, con estricta puntualidad, el cortejo se puso en marcha en un ambiente emocionado. Delante de la carroza que portaba el féretro iban 100 clérigos vestidos de blanco sobrepelliz que daban escolta al clero parroquial, que iba con cruz alzada. Llevaban las cintas de la derecha del féretro: Moya, presidente de la Asociación de la Prensa; Pradilla, por la Academia de Bellas Artes de Roma fundada por Castelar; Fernández Flórez, por la Real Academia Española; Fernández y González, por la Universidad Central, y Sagasta, representando a los presidentes del Consejo de Ministros. A la izquierda: Azcárate, en representación de la familia y amigos; Peusa, en representación del Ayuntamiento de Murcia; Echegaray, por el Ateneo; Muro, por los diputados, y Martínez Campos, en representación del Ejército. No menos impresionante fue la presidencia oficial de la comitiva en la que figuraban el presidente del Consejo de Ministros, Francisco Silvela; el del Congreso, marqués de la Vega de Armijo; los ministros marqués de Pidal, de Fomento, Gómez Imaz, de Marina, Polavieja, de Guerra, Durán y Bas, de Gracia y Justicia, Villaverde, de Hacienda, y Dato, de Gobernación; Rafael del Val; el arzobispo-obispo de Madrid-Alcalá, y don Nicolás Salmerón. El cortejo lo encabezaba la sección de Caballería del 14.° Tercio de la Guardia Civil, que llevaba las armas a la funerala y marchaba al son de la *Marcha fúnebre* interpretada por la Banda de Guardias Civiles Jóvenes de Valdemoro. Figuraban también en la comitiva una representación de las Academias de la Lengua (en la que por cierto no participaba Valera, que era entonces su presidente) y de la Historia, de las que Castelar era miembro de número; el claustro de la Universidad Central; el Ayuntamiento de Madrid; el Cuerpo Diplomático, y multitud de senadores y diputados; la Diputación de Madrid, con maceros; el Ayuntamiento de Murcia; la directiva de la Sociedad de Escritores y Artistas que presidía Castelar; representantes del Círculo de Bellas Artes, del Ateneo y de la Asociación de la Prensa; estudiantes de diversas facultades de la Universidad Central; representantes de los Círculos Industrial y Mercantil y de la Cámara de Comercio; una Comisión de Milicianos Veteranos, etc. Los militares acudieron en masa al entierro. Además de los capitanes generales ya citados, acudieron los generales Salcedo y Weyler, pero sobre todo destacaba la nutrida presencia del arma de Artillería: todos los generales del cuerpo más los jefes y oficiales libres de servicio. Los miembros del servicio de orden, voluntarios reclutados por la familia, llevaban un brazalete con los colores de la bandera nacional, con el fin de quitar al entierro cualquier carácter partidista y mantenerlo en los límites de lo que realmente era: una manifestación de duelo nacional.

Cuenta González Araco que sobre el desnudo féretro solo fue un humilde ramo de violetas, rosas y azucenas que entregó al marqués de la Vega de Armijo una niña que desfiló ante el cadáver de Castelar de la mano de un modesto obrero. Como sentida dedicatoria llevaba un papel escrito: «GLORIA A CASTELAR. Un obrero». Tras recorrer el paseo del Prado, la calle de Alcalá y la Puerta del Sol, el cortejo llegó al final de la calle Mayor, donde se rezó un responso y se dio por terminada la carrera oficial. A pesar de eso, muchas personas en coche y otras a pie se dirigieron hacia el cementerio de San Isidro. Se dijo que al pasar el féretro por la plaza de Oriente, camino del cementerio, en un ángulo de Palacio se entreabrió un balcón en el que una enlutada figura de mujer se persignaba al paso del cadáver de Castelar. A las siete y media llegó el ataúd al cementerio, donde desde las primeras horas de la tarde había gente apostada esperando la llegada de los restos de Castelar. Allí fue trasladado a hombros de los ujieres del Congreso hasta la capilla para rezar las últimas preces. Fue enterrado en el patio de Santa Gertrudis, sepultura 42, muy cerca de la tumba de su hermana Concha, a quien tan unido había estado en vida y que fue para él una segunda madre. El pueblo, más que el estamento oficial, puso la emoción y la presencia en el entierro de Castelar.

El País publicó el 27 de mayo un suelto criticando al Gobierno, pidiendo a la familia que no aceptara la oferta y mostrándose dispuesto a sufragar los gastos. El artículo más duro se titulaba *Venganza de Polavieja*, donde se criticaba la negativa a que se le rindieran honores militares y se preguntaba: «¿Qué se puede esperar del asesino de Rizal? ¿Qué nobleza cabe en el alma de este fraile?. Como una hiena falta de valor espera a la muerte para atacarlo, pues mientras Castelar vivió Polavieja devoró en silencio su rabia». Reflejaba además que, la misma noche en que Castelar estaba de cuerpo presente, en casa de Polavieja se bailó como reflejaba un suelto de *La Correspondencia*: «Anoche hubo recepción militar en el Ministerio de la Guerra. Y en ella se bailó. En todo el mundo se hacen públicas muestras de dolor por la muerte de Castelar y mientras España llora, solo Polavieja baila y niega honores». Terminaba diciendo: «Aprovecha tu hora y el poder de las tinieblas, general hiena, porque Castelar puede ganar batallas después de muerto». Resaltó el diario también la actitud del clericalismo ante Castelar: «A la hora de su muerte los periódicos integristas y carlistas acumularon sombras sobre su tumba. Vivo le atacaron con cobardía, muerto se apresuran a bailar sobre la tierra blanda de su sepulcro». Terminaba preguntando si en las exequias en San Francisco suprimirían la oración fúnebre de rigor: «Si no hay sermón, Polavieja ha vencido y la Iglesia ha cometido una indignidad».

Los funerales oficiales organizados por el Gobierno en San Francisco el Grande se celebraron en un ambiente de gran frialdad y con escasa asistencia, pese a la obligada del Gobierno, la administración civil y militar y el Cuerpo Diplomático. Se celebró una misa de medio pontifical que ofició el padre Cos, arzobispo de Madrid-Alcalá, y el coro entonó la *Misa de Réquiem* de Hilarión Eslava. Cosa inusitada en este tipo de funerales, como ya había pronosticado *El País*, se suprimió el panegírico del difunto, por lo que no hubo oración fúnebre, pese a la presencia del padre Calpena, íntimo de Castelar y quizás el mejor orador sagrado de la época. El 17 de julio el Congreso celebró una sesión en honor de Castelar que fue una de las más solemnes de cuantas se han efectuado. Intervinieron los líderes de todos los partidos políticos y de entre los discursos destacaron los de Maura, Canalejas, Sagasta y Silvela.

La mezquindad del Gobierno Silvela-Polavieja no fue la única nota disonante. Parlamentos y Gobiernos honraron la memoria de Emilio Castelar de formas diversas, por eso destacó tanto el clamoroso silencio que mantuvo la Corte Pontificia. Ni los buenos oficios ejercidos para regularizar las relaciones entre la Iglesia y el Estado español durante la época de la Primera República, que permitieron el nombramiento de obispos para cubrir sedes tan importantes como las de Toledo, Tarragona o Santiago, ni su entrevista en 1892 con León XIII, tuvieron fuerza suficiente para que el Vaticano pronunciara una sola palabra de sentimiento por la muerte de Castelar. Pese a todo, Castelar se había convertido desde hacía tiempo en una gloria nacional. Sus mismos adversarios políticos, incluso los que se reían de su idealismo y de su lirismo, estaban en el fondo orgullosos de él; orgullosos del orador, del escritor, de su renombre mundial. Era también respetado por su rectitud, por su honradez, por su desinterés y por la dignidad de su vida y la generosidad de su corazón. Aunque hoy el descuido con que tratamos nuestra historia ha convertido a Castelar en poco más que el tópico del orador retórico y florido, examinando con atención las figuras españolas que brillaron en el siglo XIX, no se ve ninguna que haya resplandecido tanto y por más tiempo. Durante casi medio siglo ocupó un lugar preeminente en la vida pública española como orador, político y escritor. Nadie arrebató tanto a las multitudes, nadie ha sido tan respetado en España y en el mundo, ni ha dejado tanta huella en Europa y América.

20. *Castelar orador*

Durante el periodo de sesiones de las Cortes Constituyentes de 1869 Emilio Castelar consolidó la fama de gran orador que lo acompañó durante toda su vida, pero que dio origen al tópico que ha marcado su fama póstuma, oscureciendo facetas tan importantes de su actividad como las de intelectual, periodista, profesor e incluso la de político. Esta reducción de Castelar a la figura del orador ha contribuido también a su empequeñecimiento como figura histórica en un siglo que ha propagado otro tópico: abominar de la oratoria. Como muy bien dice el maestro Azorín al tratar de esta cuestión: ¿no es la oratoria tan legítima como cualquier otro género literario? ¿No hay que hablar públicamente con exactitud, claridad y decoro? Cuando se habla de la oratoria del siglo XIX surge inmediatamente otro prejuicio: ahora ya no se habla así, e inmediatamente se piensa en Castelar como ejemplo de orador trasnochado, olvidando que no es, ni con mucho, el más retórico de los oradores de su tiempo. En realidad, al condenar ese tipo de retórica se pretende desvalorizar la oratoria de imágenes, lo cual es un error y una injusticia para el más grande de sus cultivadores, Emilio Castelar.

El año 1869 Castelar ya gozaba de una considerable fama como orador por su participación en los mítines y en los juicios de Imprenta, pero sobre todo por su magisterio en la cátedra universitaria y en el Ateneo. Se dudaba en cambio de si esta capacidad oratoria se adaptaría a las peculiaridades propias de la actividad parlamentaria, pero ya desde su primera intervención el 22 de febrero para atacar al gabinete del general

Serrano, todas las suspicacias se desvanecieron y quedó proclamado como uno de los mejores, si no el mejor, de los oradores de una época caracterizada por la brillantez de la elocuencia parlamentaria. Castelar inflamó a la juventud de su tiempo, dio voz al republicanismo y lo popularizó entre todas las clases sociales, su elocuencia fecunda y exuberante llegó a todos los auditorios y se convirtió en una figura romántica que representaba al cantor del pueblo.

Castelar escribía previamente sus discursos y los aprendía de memoria para recitarlos, pero esta técnica no venía de su incapacidad para improvisar como a veces se le ha acusado, sino de su deseo de ceñirse a las cuestiones, de no dejarse llevar por la emoción del momento y extralimitarse en la expresión de su pensamiento; fue una barrera puesta por él mismo a su propia facilidad y fecundidad. De hecho, algunos de sus mayores triunfos parlamentarios los consiguió en réplicas improvisadas, como la famosa a Manterola con motivo de la discusión acerca de la libertad religiosa. Algunas de las mejores muestras de su ingenio las dio en el calor del combate y, si improvisaba poco, no fue por falta de cualidades, sino por temor a incurrir en algún error político en el fragor del debate.

Uno de los aspectos más característicos, y sobre los que más se ha especulado, de su faceta de orador ha sido la calidad de su voz, que, si bien para algunos era chillona, aguda y desagradable, para otros era dulce y armoniosa, y como la de un buen barítono, fuerte en los agudos. Sí están de acuerdo cuantos la escucharon en que, si bien algunos la pudieran considerar excesivamente atiplada hasta hacer dudar del sexo de su autor, una vez que comenzaba a hablar quedaba transformada hasta convertirse en un arma fascinante. Respecto a la importancia que el propio Castelar daba a su voz, hay que resaltar que la cuidaba como si fuera un cantante de ópera, que jamás fumaba, apenas bebía y se sometía a una alimentación adecuada para mantener su garganta en perfecto estado de conservación.

Jorge Vilches, en su artículo *La oratoria en las urnas: el partido posibilista y el liderazgo de Emilio Castelar*, afirma que una peculiaridad del Partido Demócrata fue su composición civil, ya que no tenía militares en sus puestos de dirección, y a diferencia de moderados y progresistas no querían imponerse por la fuerza sino creando opinión favorable. Sus líderes necesitaban la emoción y la razón creadas mediante la pluma y la palabra y una imagen pública coherente con sus ideales. La oratoria era una habilidad imprescindible, pero también una buena pluma en la prensa del partido. Castelar, que había estudiado oratoria en la Escuela Normal de Filosofía de Madrid, se ganó la imagen de defensor de la democracia predicando un modelo de sociedad y un comportamiento ético identificable con su persona con gran capacidad de persuasión. Su figura de gran orador de la democracia culminó en 1869, pero en la Restauración su oratoria fue criticada especialmente por tradicionalistas y republicanos como desautorización de su política.

Arturo Souto Alabarce, en el prólogo a su edición de una antología castelariana publicada en México, opina sobre su oratoria:

> Castelar es un ejemplo perfecto de la elocuencia decimonónica: periodos largos y ondulantes; frases que se detienen en un suspenso efectista para luego resolverse inesperadamente; interrogantes que se dejan para siempre inconclusas; oraciones esmaltadas de imágenes, símiles, comparaciones. Y en el caso de Castelar, en parte debido a su temperamento levantino, en parte a su hegelianismo romántico, una sobreabundancia verbal, una acumulación tal de palabras e imágenes y referencias (a los libros sagrados, a la mitología grecorromana, a la historia, a la geología, a la flora, a la fauna) que debía, no sólo deslumbrar al auditorio, sino aturdirlo, abrumarlo, apabullarlo.

Hoy la oratoria de Castelar solo podemos conocerla por la pálida huella que dejó en la letra de sus discursos y en las actas de sesiones del Congreso que recogen sus intervenciones parlamentarias, por eso es conveniente dar a la luz las opiniones de aquellos que lo escucharon. El conde de Romanones, uno de los políticos e historiadores que mejor ha analizado las figuras políticas del Sexenio Revolucionario y de la Restauración alfonsina, no dudaba en considerarlo como la figura cumbre de la política española de la segunda mitad del siglo XIX, al que solo Cánovas podía disputarle el primer puesto. Poseía además la condición más necesaria al orador: la memoria, en grado tal que le permitía escribir largos discursos y recitarlos sin olvidar una palabra. Por último, afirma el conde de Romanones que lo más sorprendente de Castelar es que, si bien todos los grandes oradores alcanzaron la perfección a través de un largo proceso, en su caso ya en su primer discurso parlamentario se mostró a la altura de los mejores.

Para Natalio Rivas, todo el que rinda acatamiento a la justicia y ponga el desinterés por encima de todo linaje de preferencias, habrá de reconocer que Castelar ha sido el más grande de los oradores políticos españoles. Su palabra siempre brilló con idéntica refulgencia, fue tan subyugadora y emocionante en su primer como en su último discurso porque siempre estuvo en pleno uso de unas facultades mejoradas culturalmente por el estudio incesante, enriquecida su experiencia con el contacto con la realidad que le proporcionaron sus numerosos viajes por Europa.

No menos elogioso fue Canalejas, que se refirió al célebre orador en estos términos: «Divino Castelar ayer, divino Castelar hoy, divino Castelar mañana, siempre divino y único Castelar». Para el insigne periodista Miguel Moya:

> Castelar, como orador, no sólo pertenece a España, pertenece al mundo. No se le juzga, se le admira; y al oírle sentimos dentro de nosotros algo del divino espíritu que anima sus palabras, lloramos lo que él llora, amamos lo que él ama, aborrecemos lo que él aborrece, y le aplaudimos con delirio, orgullosos de que hable la hermosa lengua de Cervantes.

Entusiasta es la opinión del que fue su médico y además compañero de ideología política, el que fuera senador del reino don Ángel Pulido, para quien, examinando con atención las figuras que brillaron en el siglo XIX y rigieron sus destinos, no se ve ninguna que haya resplandecido tanto y durante tanto tiempo, que haya arrebatado a tan numerosas multitudes, que haya sido tan venerada y respetada en tantas naciones extranjeras y cuyos discursos hayan sido tan esperados y recibidos con tanto interés. En su estudio *La emoción oratoria* dice de Castelar que se ha formado en el estudio de los clásicos, y, de entre los modernos, en el culto a Lamartine, Donoso Cortés y Alcalá Galiano, para aventajar a todos; ha tenido como fruto exclusivamente suyo, y testimonio de sus dotes extraordinarias, el párrafo sintético, largo, a veces larguísimo, abrumado de datos, tejido de relaciones y cuadros descriptivos, lleno de sentencias, opulento en la vestidura, redondo y musical en la sonoridad, constituyendo una creación deslumbradora que ha declamado con arte exquisita, y ha recibido, por virtud de su propia magnificiencia, el calificativo título de párrafo castelarino, juzgado por la crítica, en lo posible, más rico que el párrafo ciceroniano. Frente a una opinión común afirma que Castelar no se aprendía de memoria sus discursos, aunque sí su esqueleto, la ordenación de sus párrafos, el encadenamiento de las ideas. Su actitud oratoria, siempre la misma, erguido, parado, testa altiva, gesto digno y mesurado, movimientos graves y serenos, limitados los de los brazos, que jamás se alzaban sobre su cabeza ni trazaban círculos, acertado y distinguido el juego de las manos, el cuerpo derecho y la palabra dirigida al frente. Dicción limpia, impecable, sin rozamientos, voz apta y rotunda para grandes auditorios, timbre armonioso y claro, registro de tonos abundante, variado y con matices.

Francisco Cañamaque:

> Encarnad en una sola palabra la energía de Demóstenes, los apóstrofes de Cicerón, los arranques de Mirabeu, la dicción de Ayala, el vigor de Cánovas, el relámpago de Ríos Rosas, la facilidad de Moret, la pureza de Martos; tomad, pedid, coged, reunid todo eso; confundidlo, barajadlo, extraviaos si queréis, soñad; pero hacedlo bien con arte, con esplendor, con raudales de elocuencia, con prodigios de retórica, con asombros de armonía y tendréis el primer orador del mundo, a Emilio Castelar.

Y concluye que lo más bello que ha pronunciado la palabra humana es el discurso de Castelar en defensa de la libertad de cultos.

Otro de los más grandes admiradores de Castelar fue el poeta Rubén Darío, quien, si no lo conoció en la época de sus mejores triunfos como orador parlamentario, lo visitó en cambio muchas veces al final de siglo. Escribe Rubén:

> Se recuerdan sus discursos como hermosas manifestaciones de la naturaleza, inusitados iris o boreales auroras: «Yo le oí tal año». «Yo en tal otro». Se recordarán sus discursos célebres en lo futuro, como hoy a las históricas arengas de Demóstenes; desde el primero en que se presentó como aeda y paladín de su amada Democracia, hasta el último en que, ya para morir, apóstol consecuente, dejó su disposición testamentaria de política fiel a su credo republicano.

Melchor Almagro San Martín dice que cada vez que tenía que decir un discurso importante se ponía nervioso como un autor en día de estreno y, cuando se ponía en pie, balbuceaba las primeras palabras como un novato que tuviera la mente en blanco, pero, en cuanto acababa el primer párrafo y sonaban los primeros aplausos, ya era el Castelar magnífico orador de siempre. Valbuena Prat, al estudiar su obra dice: «Castelar es el gran orador de todo el siglo XIX que tuvo un precursor en Donoso Cortés pero que aparte Fray Luis de Granada, en el Siglo de Oro, no ha habido en nuestras letras una potencia retórica semejante».

Claramente detractor de la oratoria de Castelar fue don Juan Valera, aunque en su juicio negativo no cabe descartar la enemistad que sintió hacia Castelar por su enfrentamiento con su pariente Alcalá Galiano y por las discrepancias ideológicas que los enfrentaron, le acusó de que quien podía aspirar a ser un Herder o un Vico se contentara con ser un López o un Argüelles y le motejó de Zorrilla de la elocuencia al que no acusa de vacío, sino de vago y confuso. Cejador, también desde presupuestos ideológicos muy alejados de Castelar, aunque reconoce su popularidad, le critica con dureza al escribir que Castelar:

> Con sus poderosas facultades de orador asiático, floreció en la época más propicia para desenvolverlas y lucirlas, la revo-

lución del 68. Castelar no era más, en efecto, que un orador asiático, de imaginación estupendamente rica y florida, que engarza los sucesos históricos en brillantísimos floripondios, haciéndoles decir lo que a su propósito del momento mejor cuadra, para confirmar sus proposiciones, que suelen ser comúnmente grandes, nobles y filosóficas, a veces falsas y sectarias.

Menéndez Pelayo, aun reconociendo los méritos de la oratoria de Castelar, achaca sus defectos al espíritu de los tiempos, al panteísmo y a la confusión ideológica que caracteriza la segunda mitad del siglo XIX:

> En cada discurso del señor Castelar se recorre dos o tres veces, sintéticamente, la universal historia humana, y el lector, cual otro judío errante, ve pasar a su atónita contemplación todos los siglos, desfilar todas las generaciones, hundirse los imperios, levantarse los siervos contra los señores, caer el Occidente sobre el Oriente, peregrina por todos los campos de batalla, se embarca en todos los navíos descubridores y ve labrarse todas las estatuas y escribirse todas las epopeyas...

Sin embargo reconoce admirar la desbordada imaginativa y las condiciones geniales de orador que Dios puso en el alma del señor Castelar.

Pero pese a estos reparos, su fama de orador y su capacidad de mago de la palabra alcanzaron incluso a los extranjeros. Muy significativa es la atención que le presta Edmundo de Amicis en el libro que escribió sobre su viaje por España y que es un texto muy representativo de la admiración que sintieron muchos intelectuales europeos hacia Castelar, en el que dice que, más que los gallos y más que los toros, le divirtieron los diputados a Cortes y sobre todo Castelar, que vence y arrastra amigos y enemigos con torrentes de poéticas armonías.

> Este Castelar, conocido en toda Europa, es verdaderamente la expresión más completa de la oratoria española. Lleva el culto de la forma hasta la idolatría, la Cámara es para él

> un teatro. Como los poetas improvisadores, para tener la inspiración completa y serena, necesita hablar a una hora dada, en un punto determinado y con un cierto tiempo libre delante de sí. Para ello, el día en que debe hablar toma sus medidas con el presidente del Congreso; el presidente dispone las cosas de modo que le toque la palabra cuando las tribunas estén llenas de gente y todos los diputados en su puesto; sus periódicos anuncian la noche antes el discurso a fin de que las señoras puedan procurarse billetes; tiene necesidad de expectación. Antes de hablar está inquieto, no puede reposar un instante, entra en la Cámara, sale, vuelve a entrar, vuelve a salir, va a la biblioteca con objeto de hojear un libro, gira por los corredores, va al café a beber un vaso de agua; parece presa de la fiebre, se le antoja que no sabrá acordar dos palabras, que hará reír, que lo van a silbar; no le queda de su discurso una sola idea lúcida en la mente; lo ha confundido y olvidado todo. «¿Cómo anda el pulso?», le preguntan sonriendo los amigos. Llegado el momento solemne, sube a su banco con la cabeza baja, tembloroso, pálido, como un condenado que va a morir, resignándose a perder en sólo un día la gloria conquistada en tantos años y con fatigas tantas. En aquel momento sus mismos enemigos sienten compasión de su estado. Se alza, tiende la vista en derredor, y dice: «¡Señores!». Está en salvo; su valor se refresca, su mente se esclarece, se le recompone el discurso en la cabeza como un trozo de música olvidado; el Presidente, el Congreso, las tribunas desaparecen, no ve más que su gesto, no oye más que su voz, no siente más que la llama irresistible que lo enciende y la fuerza misteriosa que lo levanta.

Años después, con toques levemente satíricos, como corresponde a su estilo de cronista parlamentario, retratará también al Castelar orador Enrique de Tapia:

> La más brillante estrella del firmamento parlamentario es la supervedette Emilio Castelar. En la calle del Sordo colas de aspirantes a presenciar el espectáculo, todas las tribunas llenas. Los periodistas dicen con ironía: «Hoy oficia don Emilio de pontifical», mientras afilan los lapiceros. La tri-

> buna de señoras parece un palco del Real en noche de gala. ¡Dios mío que empiece pronto! Dice una dama en la tribuna femenina. Todo lo que han dicho los oradores que han intervenido hasta ahora, parece ocioso, vulgar, fuera de sazón, inaguantable. Hable quien hable, el público se impacienta; lo que quiere es oír al divo. Por fin el presidente corta de un campanillazo cualquier leve incidente dialéctico, se acomoda bien en el sillón y dice, como una sentencia: «El señor Castelar tiene la palabra...»

Nunca una oratoria fue más ensalzada. Según los que lo escucharon tenía una musical armonía y unos periodos amplios, solemnes y majestuosos fruto de un trabajo lento y solitario confiado a una extraordinaria memoria. Improvisador cuando las circunstancias lo exigían, poseía una cuidadosa ordenación y encadenamiento de razones de cuyo artificio retórico se mostraba escrupuloso y cuidaba la pureza del vocablo procurando ajustarlo siempre a las exigencias del idioma. A la temprana edad de veintiún años se reveló en su primera aparición pública como un orador apasionado de fulminante influjo sobre los que lo escuchaban, pero también su palabra mostró en ocasiones posteriores ternura y emoción, logrando efectos conmovedores como nadie ha conseguido en la historia del parlamentarismo español. Tenía, por último, un exaltado iluminismo profético que se apoyaba en la universalidad de sus conocimientos clásicos, filosóficos, científicos y artísticos para arrastrar emocionalmente a todo tipo de oyentes.

El maestro Azorín, uno de los pocos escritores que analizó objetivamente la figura de Castelar sin caer en las descalificaciones con que las nuevas tendencias de la lírica y la prosa impuestas por la generación del 98 contribuyeron a la depreciación de la obra de Castelar, dice en su obra *De Valera a Miró*:

> Hoy mismo, cuando leemos sus discursos, sentimos una honda emoción: la lengua castellana no puede llegar a más. Nunca, ni antes ni después de Castelar, ha tenido el idioma castellano más riqueza, más flexibilidad, más amplitud, más elegancia, más energía.

Advierte Azorín de que Castelar no habla siempre según sus discursos más grandilocuentes, que hay otro orador sobrio, rápido, cortado y nervioso que va de una idea a otra con una agilidad impresionante. Cuando habla de cuestiones concretas como la Hacienda, las reformas políticas o los problemas militares, acomoda siempre la palabra al asunto.

Un gran orador como Niceto Alcalá Zamora escribe:

> Donoso Cortés en cierto sentido anuncia la oratoria de Castelar quien es la cima de nuestra oratoria sin escuela ni suicidas imitaciones en la que hay que destacar tres jalones: amanecer Donoso Cortés, plenitud Castelar y ocaso bello Vázquez de Mella. Desgraciadamente, su elogio como orador oscurece al estadista, al historiador, al maestro, al literato en la novela y en el periódico. La magnificencia de la oratoria castelarina no es la superposición arbitraria de un ropaje postizo, la forma está determinada por el fondo que la reclama, y éste es el resultado de un proceso lógico, natural, vivo, orgánico, que va de dentro a fuera, que empieza por los impulsos del temperamento, y acaba en la modelación por el hábito.

La Universidad de Cádiz ha dedicado recientemente algunas sesiones al estudio de Castelar que en conjunto son la mejor reflexión contemporánea sobre su figura como orador. José Antonio Hernández Guerrero en *Castelar y su tiempo*:

> Castelar es, además, el emblema humano que mejor condensa y explica con su figura el compromiso moral del intelectual para convocar, orientar, alentar y estimular a su pueblo. Por eso, interpretó el ejercicio de la palabra oratoria y literaria, alimentada y sostenida por unas convicciones éticas, como un servicio, como un ministerio que contribuía a mejorar la vida de los ciudadanos. Emilio Castelar es un reto que pone a prueba nuestra capacidad creativa, nuestra voluntad emprendedora y nuestra vocación de servicio. Castelar, no lo perdamos de vista, fue un elocuente orador, no solo por el brillo de sus frases, sino por su destreza para captar las inquietudes del pueblo, para enfocar sus proble-

> mas, para interpretar sus aspiraciones, para formular sus demandas y, sobre todo, por la coherencia entre sus pensamientos, sus palabras y sus comportamientos.

Reconoce que un lugar común referido a la oratoria del XIX es que los discursos eran altisonantes, vacíos, llenos de tópicos, superficiales y construidos en grandes periodos, y que Castelar es el orador sobre el que se ha acumulado mayor cantidad de tópicos.

Castelar posee un singular sentido del equilibrio, de la armonía, de la proporción y de la unidad arquitectónica de los discursos. Según José Zulueta:

> Castelar inicia el periodo con una oración gramatical, simple, clara, breve, categórica, formulando una proposición general. Sigue, para demostrar la tesis propuesta, una enumeración de hechos, de ordinario históricos... El periodo se cierra con una conclusión igualmente breve, sentenciosa, absoluta, en la que aparece diáfana la proposición, sentada y remachada por modo tan terminante. La extraordinaria talla de orador de Castelar se debe a tres razones: Primero, a los contenidos de sus discursos: tenía un mensaje importante que transmitir. Segundo, a la profundidad de sus convicciones: estaba identificado con las ideas que proponía. Tercero, a la coherencia ética de su vida: hablaba, antes que, con sus palabras, con sus comportamientos, con sus actitudes, con sus gestos, con sus expresiones y, finalmente, con sus palabras.

Para Mariano Peñalver:

> Castelar fue un revolucionario de la palabra y no de la acción. Pero su palabra preparó, más que muchos agitadores, la revolución de la acción. Castelar con sus discursos, en el Ateneo, más tarde en el parlamento, fue uno de los hombres que introdujo en las conciencias de los españoles la idea de la democracia política.

Para María Amelia Fernández Rodríguez:

> Castelar es consciente de la implacable lógica de sus ideas. No estamos solamente ante un artificio retórico, ni ante la oratoria entendida como un espectáculo, ni ante un público ávido de emociones y de brillantes imágenes al que el orador complace. Estamos ante una actitud vital que necesita, en el fondo, pocos fundamentos bebidos de la filosofía. Castelar fundamenta la defensa de sus ideas en las leyes implacables de la historia y la naturaleza. Imbuido del espíritu hegeliano Castelar aplica las leyes de la historia. Todo aquello que no camina a la par de su tiempo, está condenado a morir, todo aquello que desatiende las leyes naturales está condenado a envenenarse.

Según Juan Lorenzo:

> La eficacia de la palabra de Castelar parece haberse debido más a su capacidad para conmover que a una sólida argumentación: su dominio de las técnicas apropiadas para provocar en el auditorio la adhesión emotiva suplía con creces el más débil encadenamiento lógico de los argumentos.

Ana Calvo:

> Emilio Castelar se revela desde el comienzo como un excelente conocedor de los principios retóricos que presiden el ejercicio de la política a través de la actividad parlamentaria; sus discursos muestran un dominio de la palabra hablada, a través de la cual emprende la difusión de sus ideales políticos con una finalidad claramente persuasiva que persigue influir en la sociedad de su época, modificando sus creencias o llevándola a actuar de un modo determinado; y es la capacidad de persuasión uno de los aspectos que se pone de relieve al estudiar el eco y la fama que alcanzó con el ejercicio de su palabra, así como su capacidad para ligar la fuerza del lenguaje con las aplicaciones a la vida política y social.

José Cenizo:

> Castelar es un buen ejemplo, a la altura de la segunda mitad del siglo XIX, del dominio de las partes principales de la retórica: inventio (hallazgo de las ideas), dispositio (ordenación de las mismas), elocutio (organización del discurso con elegancia). Pero en los recursos en los que más se apoya Castelar para la conexión con el auditorio y para dar plena efectividad persuasiva a su discurso son, fundamentalmente, la enumeración (con dos, tres, cuatro o cinco miembros), la metáfora, la antítesis, el paralelismo y la anáfora o la interrogación retórica.

Para terminar, concluye Isabel Morales:

> Ante su descalificación como orador por hacer un uso superfluo de un lenguaje excesivamente retórico un examen profundo de sus discursos muestra el contenido, la profundidad de sus convicciones y la coherencia ética de su vida. Importante es la poliacrosis, la necesidad de comprender la composición y características de su auditorio para construir argumentos acordes con cada sector ideológico al que se dirige y asegurar su convencimiento. Busca fundamentalmente la adhesión emocional del auditorio y apela a la emotividad del oyente para moverlo a actuar. Utiliza tres tipos de estrategias: la presencia del yo del orador, la apelación al tú del interlocutor y la descripción del mundo común al tú y al yo. Gran parte de la fuerza expresiva de sus discursos se debe a la musicalidad de sus palabras y al ritmo de su prosa.

Historia del descubrimiento de América por Emilio Castelar. [Biblioteca Nacional de España]

21. *Su labor intelectual*

Castelar no fue solamente un gran orador, sino que ejerció su magisterio intelectual en numerosos campos, como la cátedra universitaria, los estudios históricos, la crítica literaria y artística, los libros de viajes, las biografías y, sobre todo, el periodismo. Valbuena Prat reconoce en él su sentido de la claridad mental y los efectos de un talento que comprendía con gran rapidez cualquier problema que se le plantease, además:

> Uno de sus aciertos fue el saber incorporar los temas de arte a los literatos. Claro está que la falla del estilo de Castelar, como la de muchos escritores de campos bien diversos, está en el exceso de facilidad verbal, que le perjudica en muchas ocasiones, y cansa al lector con lugares comunes y frases sin retoque suficiente. Pero entre hojarasca de palabras quedan juicios agudos del historiador y crítico, magníficas bellezas de imagen y de vocabulario.

Fue uno de los grandes trabajadores intelectuales del siglo XIX y puede ser comparado a Flaubert, a Galdós, pero sobre todo a Balzac, por la fiebre, la inquietud, la movilidad y las angustias en que su trabajo se desenvuelve. Camina por Europa escribiendo afanosamente durante el camino en los hoteles en que se detiene: en Tarasp, Niza, Génova, París, Biarritz, Etretat. Es un glorioso jornalero de la pluma. Su amplia formación intelectual estaba basada en el rigor de los estudios clásicos de su infancia, en la voracidad lectora que lo acompañó desde muy pronto, en su curiosidad infatigable por los diversos saberes y en una memoria prodigiosa que asombró a sus contemporáneos. En sus obras de madurez recordó con cariño y nostalgia las lecturas de sus años de formación:

> Yo recuerdo una tarde del mes de septiembre en Aragón. Tenía diez y ocho años y leía a Chauteaubriand. Algunas veces también leía, con remordimientos a Byron. Aún recuerdo el asombro que le causó al cura de aldea, un día que me confesé haber leído a Byron. Los muchachos de colegio llevamos el pedantismo hasta el confesionario. Me gusta Byron, le dije compungido. Muchacho, me contestó, ese pecado no está previsto en el padre Paco.

Aunque dedicó gran parte de sus esfuerzos a la lucha política, Castelar fue siempre un intelectual más que un hombre de acción, y su vocación lo arrastraba hacia el magisterio, que ejerció tanto en la cátedra universitaria como en el Ateneo, en sus publicaciones y, sobre todo, en el periodismo. Como bien explica Souto Alabarce:

> La obra de Castelar, como suele serlo la de los escritores del siglo pasado, es muy abundante y variada. Signo de los tiempos fue cierto carácter enciclopédico que se opone a la creciente especialización coetánea. Tal parece que las humanidades, nostálgicas del sentido universal que las había caracterizado, quisieran perpetuar el ansia de los ilustrados por tratar los más diversos temas. Paralelamente se oponía la corriente científica y técnica, cada vez más diferenciada en muy limitados sectores del conocimiento. El afán enciclopédico, cierto es, les restó profundidad a aquellos polígrafos; fue a veces, sobre todo en Castelar, bastante retórico y superficial —cosa que también les criticaba Ortega y Gasset—, pero debe tenerse en cuenta que una civilización como la hispánica, con un nivel educativo muy atrasado respecto de Francia, Inglaterra, Alemania, esta labor de divulgación era muy importante. A Castelar se le conoce más como político y orador, pero su obra escrita es igualmente impresionante en cuanto a extensión y variedad… y nada de su tiempo le fue ajeno.

Castelar tomó de Hegel el aspecto más brillante, confuso y superficial, la vida como tormenta de elementos en lucha, torbellino, movimiento eterno, colisión de contrarios. Es decir, el Hegel romántico que causó estragos, sobre todo en las culturas mediterráneas.

Equivocado o acertado, fue Castelar de una honradez intelectual insobornable y nunca dijo o dejó de decir cosa alguna porque le favoreciera o perjudicara. Ya en 1861, cuando no había cumplido todavía los treinta años, en un discurso pronunciado en El Fomento de las Artes, afirmó:

> Yo no vengo aquí a adular al pueblo, sino a decirle lo que creo verdad, con toda la franqueza y con toda la honradez de mi alma. En tres ocasiones el pueblo ha sido dueño de su destino y de su derecho, y en las tres se ha perdido por su propia culpa. (Sensación) Sí, la responsabilidad de ciertos males no debemos exigirla a los tiranos y a los enemigos del pueblo, porque estos obrando mal, han cumplido su destino, han hecho su oficio. Los que tenían el deber de conservar la libertad y no la han conservado, son principalmente responsables de las desgracias que nos han afligido. Las tres ocasiones en que el pueblo alcanzó su derecho, fueron 1789 en Francia, 1812 en España, 1848 en Francia.

Esta actitud, que tan tempranamente se manifiesta, la mantendrá hasta los últimos días de su vida, cuando veinte días antes de morir amonestaba a sus seguidores exigiéndoles que trabajaran por una república no al servicio de los republicanos, sino, como el sol, al servicio de todos los españoles.

Como catedrático dejó profunda huella sobre sus alumnos en los años sesenta y algunos de quienes asistieron a sus lecciones lo han reflejado por escrito como Jacinto Octavio Picón, para quien en sus ideas filosóficas no se somete por completo ni a Kant, ni a Fichte, ni a Schelling, ni a Hegel. Fue tenido por hegeliano porque, como para Hegel, la filosofía de la historia es el desarrollo del progreso de la conciencia de la libertad, y la historia de la filosofía, el progreso hacia el conocimiento de lo absoluto.

Para Isabel Morales, su interés por la literatura y el arte proporcionan a su figura un lugar relevante en el contexto cultural del XIX. Estamos ante un humanista de insaciable curiosidad y notable precocidad, al estudio de autores clásicos y modernos une un profundo conocimiento de las propuestas estéticas de su época, un conocimiento adquirido por su práctica literaria y los contactos intelectuales con círculos de España y de toda Europa. Mantiene una concepción idealista y una clara predilección por el género narrativo, frente a la lírica o el teatro, siempre ligados a la historia. Él mismo es reticente respecto a sus novelas, y la crítica y la biografía ocupan un lugar preferente, pero para comprender su postura es preciso atender a sus discursos, su epistolario, sus estudios de historia y los viajes. Los principios evangélicos impregnan su obra y su vida y a través de ellos desarrolla tesis concretas: europeísmo, libertad democrática, democracia cristiana, posibilismo, posibilidad de una monarquía democrática y la naturaleza católica de la república. El ideario estético de Castelar ha sido poco estudiado. Sus planteamientos éticos integran sus ideas estéticas. La noción de progreso, punto de partida y clave de su ideología, da cohesión a su ideario artístico. Declaradamente idealista y contrario a las ideas sensualistas se hallan en su obra adhesiones a Kant y a Hegel, lo que lo acerca a la estética romántica.

Según Luis Esteve, pudo entrar en contacto con Kant en sus años de estudiante, ya que una asignatura era Filosofía, con un resumen de su historia, y dentro de la Escuela alemana estaba Kant, o por las traducciones francesas de Jules Barni y posteriormente las castellanas de José de Perojo, traducidas del francés. Salmerón dudaba en 1897 que alguien en España hubiera leído a Kant en alemán, y Castelar no fue la excepción; sin embargo, asumió una gran parte del saber ilustrado, y Kant fue el pensador que más huella dejó en él. Por ejemplo, su concepción del hombre como sujeto de relaciones sociales, individualizado y alejado de cualquier panteísmo. Consideraba óptima la concepción kantiana del derecho, y ya en *La Discusión* en 1855 ofrecía una exaltada apología del iusnaturalismo kantiano, en coherencia con su liberalismo acogía de buen grado las formulaciones kantianas sobre el derecho natural y encontraba en *La paz perpetua* una adecuada declaración de derechos políticos. Creía a Kant tan importante como Hegel. Supo valorar algunas de las coordinadas del kantismo: idealismo, racionalismo, eticismo, liberalismo. Lo ve también como un profeta de las futuras relaciones internacionales basadas en la paz perpetua. Su interpretación de Kant, si bien poco ortodoxa, contribuyó a la valoración del filósofo entre los liberales demócratas y entre sus lectores. Influencias de Kant sobre él son: la defensa de libertad de pensamiento y publicidad, la ontología jurídica y la libertad del yo, el derecho como ejercicio de la libertad individual. Sin embargo, no captó del todo el formalismo kantiano, pues lo pretendió compatibilizar con el enfoque hegeliano de la historia.

Durante toda su trayectoria intelectual dedicó especial atención al cultivo del idioma del que fue artífice insuperable en su época. Como dice Azorín:

> Castelar con su musicalidad ha hecho caminar un gran trecho a la prosa castellana. La prosa castellana es otra desde Castelar, y eso es lo que habría que estudiar detenidamente en la obra del gran orador. Habría que estudiar la amplitud —soberbia— de la prosa de Castelar, su flexibilidad, su movimiento y, sobre todo, el ritmo musical, la magnífica musicalidad de ese estilo único en su patria y en todas las patrias de la lengua castellana.

Es cierto que en gran parte de sus discursos y en alguno de sus escritos hay un exceso de lirismo que ataca al gusto clásico y se utiliza un exceso de metáforas con un desbordamiento del lenguaje. Pero no conviene olvidar que en gran parte de sus escritos históricos, en sus libros de viajes y, sobre todo, en su correspondencia, utiliza un lenguaje sobrio, enérgico y vivo que va derecho al tema propuesto y sorprende por su prosa ajustada y la perfección léxica de que hace gala. Sin embargo, para la posteridad, más que el aprecio de Azorín por su prosa, han pesado opiniones como las de Pío Baroja:

> Castelar, como escritor, es muy poco legible. Ese párrafo largo, con los mismos incisos y cláusulas, con el mismo

ritmo aparatoso y la misma clase de comparaciones y las mismas hipérboles, no es fácilmente soportable. Ha pasado su época de prestigio. En el tiempo, seguramente esa retórica entonada produciría entusiasmo; hoy creo que ninguno.

Su preocupación por el idioma la expresó en numerosas ocasiones, pero destacan sus palabras con ocasión de su discurso de ingreso en la Real Academia de la Lengua el 25 de abril de 1880 sucediendo a Fernández Navarrete. Si bien el tema fundamental de su discurso fue la aportación del siglo XIX al arte y a la literatura, y especialmente a la poesía, glosó con encendida emoción la lengua castellana en la conclusión de su intervención:

> Pero sobre todas nuestras creaciones se levanta la creación por excelencia del ingenio español, se levanta nuestra lengua... Para pensar necesitamos de su lengua (la de España), y para cantar y para rezar, y para explayarnos en lo infinito, huyendo de las limitaciones de esta vida contingente, sus poesías y sus plegarias; alimentamos nuestro cuerpo con los frutos de sus campos y nuestra alma con las tradiciones de su historia; por consiguiente, prometamos y juremos que nunca nos parecerá costoso ningún sacrificio hecho en aras de su grandeza, y que nunca podrá separarnos ningún suceso del común sentimiento, que a todos nos confunde en uno solo sobre este suelo sagrado, el eterno amor a nuestra patria. He dicho.

Pero Castelar fue consciente siempre de la pluralidad cultural de España y defendió los otros idiomas nacionales. De hecho, cuando hablaba con amigos de Alicante o con su pariente Aparisi y Guijarro lo hacía en valenciano. En otro discurso académico pronunciado en 1883 con motivo de la respuesta al discurso de ingreso de Víctor Balaguer dijo:

> Nosotros, encargados por la sociedad española de conservar su lengua, no pretendemos suprimir las variedades engendradas por el movimiento eterno y el múltiple desarrollo de la vida. Ninguna fundamental asociación cien-

> tífica y literaria puede ir contra las leyes sociales, en cuyo cumplimiento se funda. Suprimir lo vario, porque lo uno existe, sería como suprimir las naciones porque la humanidad existe; o como suprimir los individuos, porque a su vez existen las naciones... ¿Quién será osado a proponer que desaparezcan lenguas tan primitivas como el vasco, tan tiernas como el gallego, tan dulces como el bable, tan músicas como el valenciano, tan vigorosas y onomatopéyicas como el catalán?

Hablando de Rosalía de Castro, dijo Castelar:

> No olvidemos que muchas de nuestras regiones, como Galicia, por ejemplo, tienen brillantísima literatura propia, la cual, respondiendo a una ley de la vida, a la ley de variedad, debe coexistir con la literatura nacional, sin daño de la patria, mayor a medida que crecen sus hijos y se fortifican los órganos que componen su cuerpo y se abrillantan las estrellas que pueblan su cielo. Rosalía, por sus libros de versos gallegos, es un astro de primera magnitud en los vastos horizontes del arte español.

Por cierto, que en otro de sus discursos, su respuesta a Echegaray en 1894, Castelar lamentó que no estuvieran en la Academia Fernán Caballero, Gertrudis Gómez de Avellaneda, Carolina Coronado o Emilia Pardo Bazán.

M. Carmen García Tejera dice que fue un entusiasta de todo tipo de manifestaciones artísticas, pero que consideraba la literatura el compendio de todas las artes.

> No puede adscribirse a una sola línea de pensamiento pues además del idealismo kantiano y hegeliano tiene huellas de Fichte y del krausismo. Se manifiesta claramente a favor de la estética romántica como se manifiesta en su preferencia por Calderón, Shakespeare, el *Romancero* y el *Quijote.* De su siglo alaba a Chateaubriand, Lamartine, Víctor Hugo, Lord Byron, Espronceda, Carolina Coronado, Rosalía de Castro, Rubén Darío o Walt Whitman y lo que defiende en este movimiento es su signo progresista. El meollo de su *Discurso*

de ingreso en la Real Academia de la Lengua Española es un panegírico del siglo XIX —su siglo— y de sus manifestaciones artísticas y poéticas. Podríamos afirmar que Castelar invierte el conocido tópico de «cualquier tiempo pasado fue mejor» para convertirlo en «el tiempo presente es mejor que cualquier tiempo pasado».

Francos Rodríguez considera que el periodismo fue la vocación más íntima de Castelar por encima de su labor como orador y dirigente político y que *La Democracia* fue su gran obra, en la que publicará su famosísimo artículo «El rasgo», o el no menos vitriólico *Recuerdos de Aranjuez,* donde narraba las históricas intrigas de los Borbones. *La Democracia* era un diario de un tamaño y una calidad muy superior al resto de los periódicos de su tiempo, y su publicación se extenderá entre el 1 de enero de 1864 y el 21 de julio de 1866, víspera de la sublevación del cuartel de San Gil, con una única suspensión por causas políticas entre el 13 de enero y el 18 de marzo de 1866, aunque fue el periódico más denunciado con 28 acusaciones cuyas multas devoraban el dinero de las suscripciones y obligaron a endeudarse a Castelar. Su redacción, selecta y numerosa, era una de las más brillantes de la época: Roque Barcia, Manuel Becerra, Eusebio Blasco, José María Carrascón, Rafael Coronel y Ortiz, José Fernando González, Manuel Grajales, José Güell y Mercader, Rafael María de Labra, José Martínez Soler, José María Orense, Manuel del Palacio, Pedro Pruneda, Javier de Ramírez, Antonio Ramos Calderón, Francisco Rodríguez García, Nicolás Salmerón, Julián Sánchez Ruano, Salvador Saulat, Juan Uña y su primo Antonio del Val como secretario de la redacción. También contó entre sus colaboradores con la escritora Carolina Coronado, en quien los demócratas españoles veían el símbolo de sus ideales, pues vivía en Madrid casada con un diplomático de Estados Unidos, la república que para todos ellos era modélica.

Como era habitual en la época, *La Democracia* no se publicaba los lunes, y sus páginas de gran formato estaban cubiertas inicialmente por cinco columnas que luego aumentaron a seis. Sus secciones eran: *Crónica política, Artículos de fondo, sueltos y comentarios de otros periódicos, Cortes, Despachos y gacetillas, Sección religiosa, Bolsa de Madrid, Espectáculos. El Folletín* ocupaba el tercio inferior de la primera página y a veces de la segunda, y la publicidad iba, como era corriente, en la cuarta página. Su distribución era nacional. Minoritaria en Europa e insignificante en las colonias. Su tirada diaria estuvo siempre alrededor de los 3000 ejemplares, y como director o editor responsable ante los tribunales de los contenidos, u hombre de paja, como era habitual en la época, figuraron Joaquín Cobelo de Lías y posteriormente Santos Salmerón.

Tras el fracaso de la Revolución de 1866, su condena a muerte y su exilio, Castelar incrementó sus colaboraciones en América: *La Tribuna* y *La Nación*, de Buenos Aires, *La tribuna y el Siglo* de Montevideo, *El Nacional* de Lima, *El Mercurio* de Valparaíso, *El Monitor Republicano*, de México, *El Diario* de Bogotá y *El Siglo* de la Habana. Colaboró con ellos largos años y tuvo gran popularidad en América. Fruto de estas colaboraciones fueron libros como *Recuerdos de Italia, Un año en París, Introducción al estudio de la Historia* y *Vida de Lord Byron*. Vuelto a España publicó crónicas en *La República, La Igualdad* y *La Discusión*, y siendo ministro y presidente continuó colaborando con los diarios americanos. Tras la Restauración colaboró también con *Le Temps* de París, *Harper* de Nueva York y con la *Nouvelle Revue* de la Rattazzi, y en España con *La Ilustración Española y Americana* y *La Publicidad* de Barcelona.

Tras *La Democracia*, su otra gran obra sería *El Globo*, nacido el 21 de marzo de 1875 bajo la censura de la Restauración, que lo obliga a artículos, más que de lucha, insinuantes, y por eso se dedica a temas literarios, a crónicas de política internacional o de viaje por Italia. El periódico tuvo dificultades con la censura, fue suspendido brevemente en 1877, sustituido por *La Tribuna*. Reapareció pronto con poca política y artículos científicos y literarios. Lo dirigió Joaquín Martín de Olías y escribían Eugenio Sellés, José Nakens, Manuel de la Revilla y otros. Castelar escribió poco, limitándose a reproducir artículos enviados a periódicos americanos y en 1879 para defender la política posibilista. En marzo de 1885, Castelar en su correspondencia con Calzado muestra su preocupación por la decadencia del periódico y por los conflictos entre sus propietarios, y afirma que está dispuesto a publicar una carta expresando que ya no tiene nada que ver con el diario. Durante el mes de junio muestra repetidamente su preocupación por la deriva del periódico y explica que él no puede hacerse cargo de *El Globo* por su sobra de ocupaciones, su falta de dinero y la completa ignorancia en asuntos empresariales. Por fin, en el verano de 1885 *El Globo* cambió de empresa y Castelar mantuvo la alta dirección política e ideológica; pero la propiedad pasa entonces de Joaquín Martín de Olías al exministro republicano Eleuterio Maisonnave. Comenzaba así una de las etapas más brillantes del diario. Como consecuencia, el aumento de difusión fue notorio, colocándose entre los primeros diarios españoles. El 5 de mayo de 1890 fallece el propietario director de *El Globo* Eleuterio Maisonnave, y Eduardo Vicenti es el director efectivo del periódico, aunque no lo será formalmente hasta 1893, el año de la ruptura política con Emilio Castelar. Llegó a ser uno de los periódicos republicanos y anticlericales de mayor difusión. El anticlericalismo de *El Globo* en esa etapa quedaba bien patente en el grito con que lo voceaban los vendedores callejeros en los días de la Semana Santa y que se hizo extraordinariamente popular: «¡*El Globo*, con la crítica de los sermones!». La idea de la crítica de los sermones nació en 1883, e hizo las delicias de Castelar, porque la célebre oratoria castelarina tuvo en los oradores sagrados una de sus fuentes de inspiración. Después de separarse de la sociedad, aunque siguió colaborando en *El Globo* asiduamente, escribió también para diarios y revistas americanos y españoles, sustancialmente con *El Liberal*. Siempre vivió de la pluma y al morir dejó 40 cuartillas destinadas a *La Ilustración artística* de Barcelona. Fue periodista siempre.

Uno de los aspectos más notables de la obra de Emilio Castelar es la de sus estudios históricos, que están presentes siempre en toda su tarea y especialmente en sus artículos periodísticos y en los discursos, donde habitualmente se remonta a la Antigüedad griega y latina para, desde allí, hacer un repaso del estado de la cuestión que desea examinar. Y es que, para Castelar, la historia lo inunda todo, como explica en la introducción, fechada en París en 1868, a sus *Semblanzas contemporáneas*, publicadas en dos tomos en La Habana en 1871:

> La historia es como la sociedad, no una idea aislada, sino todas las ideas; no un partido, sino todos los partidos; no un sistema, sino todos los sistemas; pues así como la sociedad es para los hombres lo que el espacio para los mundos, la historia es la astronomía de la sociedad.

El siglo XIX fue el siglo de los grandes historiadores: Michelet y Taine en Francia, Macaulay en Inglaterra, César Cantú en Italia y Momsen en Alemania. En España no se debe olvidar la presencia de historiadores tan importantes como Modesto Lafuente, cuya *Historia de España* (continuada por Juan Valera y Antonio Pirala), como bien señala Jover, será para las clases ilustradas de la segunda mitad del siglo XIX la obra decisiva para la acuñación de una visión común del pasado de nuestro país. Sobre Castelar ejercieron gran influencia intelectual, pese a las diferencias ideológicas y políticas que los separaban, Donoso Cortés y Aparisi y Guijarro, pero también Castelar bebió de la moderna historiografía europea y siguió una línea doctrinal similar a la del italiano Cantú o el inglés Macaulay, a cuya obra recuerda el conjunto de los estudios históricos de Castelar. Probablemente, el historiador del que recibió mayor influencia fuera Taine, a quien conoció personalmente y de quien fue oyente en las conferencias que dictó sobre filosofía estética en la Escuela de Bellas Artes de París, pero, a pesar de su admiración por Taine, el providencialismo que impregna la obra de Castelar le impidió seguir los rígidos criterios deterministas del historiador francés.

Para Souto Alabarce la historia es siempre la lente a través de la que ve la realidad Emilio Castelar. No es sin embargo una historia de datos y documentos, como puede esperarse de un positivista; o una historia crítica interpretativa de la realidad como la de Marx y sus seguidores, sino una historia pintoresca, un brillante cuadro de género en el que destacan las anécdotas, los colores, el gesto y la elocuencia. Una historia retórica y casi mítica.

Javier Rodríguez Pequeño expone que antes del siglo XIX los estudios históricos no tenían una disciplina propia y la formación de los historiadores consistía en el aprendizaje de lenguas antiguas y modernas, estudio de documentos (diplomática) y el dominio de la retórica, de la que la historia se consideraba una rama.

> Emilio Castelar, cada vez con más frecuencia y originalidad trata temas de Historia contemporánea, y no únicamente porque fuera catedrático de esta disciplina. Los nueve volúmenes sobre la historia del movimiento republicano en Europa, sus trabajos sobre las guerras de África, de América y de Egipto, sus seis volúmenes sobre la *Historia de Europa desde la Revolución francesa* son mucho más importantes y más significativos en su extensísima obra... Su idea de la Historia es cada vez más próxima a la de la Filosofía, su estudio se centra cada vez más en la indagación de los motivos y en el análisis de las consecuencias y menos en la descripción de los hechos. Es muy significativo que su obra *La revolución religiosa* lleve como subtítulo Obra Filosófica-histórica y que la divida en tantas partes como personajes han protagonizado sus cambios: Savonarola, Lutero, Calvino y San Ignacio de Loyola... La Historia para Castelar no sirve solamente para explicar el pasado y entender así mejor el presente sino sirve sobre todo para construir el futuro muy cerca del entendimiento dialéctico de la Historia en Hegel. Castelar entiende la Historia como una disciplina filosófica pero también como un arma política, como un medio de denuncia de injusticias y de altavoz de reclamaciones sociales. En manos de Castelar es un poderoso discurso retórico, político y filosófico que utilizará para conseguir sus deseos de sufragio universal, la aprobación del jurado popular y la abolición de la esclavitud.

Para Jorge Vilches, Castelar es un historiador anterior a la implantación de la historia científica en España que ejemplificaría Rafael Altamira y que conlleva la utilización de técnicas precisas de investigación, búsqueda de fuentes, comprobación de los hechos y construcción posterior del relato. Pertenece a la generación que concibe la historia como género literario y arma de propaganda política, una historia filosófica basada en la idea de progreso como prognosis de la llegada de la república. Castelar carece de sistematismo y de cita de fuentes y quedó anticuada su versión escrita de la historia, aunque en las aulas su ejemplo retórico se prolongó durante decenios.

El *Boletín de la Real Academia de la Historia* revela que durante todo el siglo XIX ningún catedrático de Historia de España o Universal alcanzó la medalla de la Academia de la Historia, lo que confirma el escaso prestigio de estos catedráticos. Lo que llevó Castelar a la Academia no fue el desempeño de su cátedra sino su importante posición en la vida pública española. La propuesta fue firmada por Cánovas, Juan Facundo Riaño y Francisco Coello el 18 de febrero de 1881 para ocupar la medalla vacante número 6 por fallecimiento de Valentín Cardedera. Fue elegido, escribe el marqués de Siete Iglesias, en la junta del 11 de marzo de aquel año y, aunque presentó a la censura académica su discurso, nunca llegó a leerlo, probablemente por diferencias historiográficas con los que se consideraban los auténticos historiadores, los miembros del Cuerpo de Archiveros, Bibliotecarios y Anticuarios.

Hoy, la obra histórica de Castelar está prácticamente olvidada, pero, sin embargo, tuvo gran importancia en su época, ya que contribuyó a modelar la conciencia nacional con criterios valorativos distintos y más modernos que los de Modesto Lafuente. Probablemente sean exageradas las opiniones del conde de Romanones cuando afirma que Castelar es un historiador de talla similar a la de Taine, Macaulay, Michelet y Cantú, y aún supera a estos por su mayor sintetismo y videncia, o la afirmación de Azorín de que: «No es menor mi curiosidad por conocer qué libro de historia, en Europa, supera al *Descubrimiento* de Castelar», pero es sin duda excesivo el desvío, la crítica y el olvido a que está sometido. Posiblemente, el juicio de Varagnac sobre Castelar pueda ser compartido en su mayor parte, cuando afirma que, en el fondo, Castelar no era ni podía ser un historiador profesional al uso, se sentía cómodo en el periodismo, pero había además otra causa para esta dedicación. Además de en el periodismo, basaba sus ingresos en las publicaciones de carácter histórico, así Montaner y Simón le abonó 160.000 pesetas por las 64.000 cuartillas de *La Revolución religiosa*; Faquinetto, por los tomos de *Mujeres Célebres*, 60.000 pesetas. *El Suspiro del Moro* le dio 50.000 pesetas, y la *Historia del Descubrimiento de América*, 75.000. Incluso al final de su vida, cuando su fama era inmensa, dependía de su pluma para subsistir y escribe el 24 de junio a Adolfo Calzado:

> Ignoro qué hubiera sido este año de mí sin la proximidad del Centenario, que ha dado cuantiosos y bien retribuidos trabajos provenientes del mundo sajón. Revista como el *Century*, me ha encargado seis artículos sobre Colón, y me ha prometido pagármelos a 2.500 francos el artículo. Escribíle y mandéle a finales de mayo el primero, pidiéndole humildemente su importe, o sea mis 10.000 realejos. ¿Cuál sería mi asombro cuando, a vuelta de correo, recibo el importe de los seis artículos o sean 600 libras esterlinas?

Y todavía en 1895 dice:

> Yo cada día más atareado. Sacar la pobre pluma española esgrimida por una mano fatigadísima por los sesenta y dos años, seis mil duros anuales para mi vida y mi hogar, con otros seis mil para tapar agujeros y satisfacer atrasos, es problema que sólo resolverá mi tenacidad. Aquí mismo en la villa Triana me pongo al trabajo de seis a doce de la mañana y de tres a seis de la tarde, sin levantar cabeza. Y lo mismo pienso hacer en todas mis excursiones, trabajar nueve horas diarias o diez.

Su primera obra importante fue *La civilización en los cinco primeros siglos del cristianismo*, derivada de sus famosas lecciones en el Ateneo madrileño, publicada en tres volúmenes en 1858 en la Imprenta de Manuel Gómez Marín. En ella explica que el objeto de la historia es el hombre en su totalidad y que las tres ideas que componen nuestra civilización son Roma, el cristianismo y los bárbaros, y que la historia del mundo es la historia de la libertad, la solidaridad y el progreso. En las 9 lecciones del primer tomo trata de la civilización romana, el origen del cristianismo y la filosofía y el arte griegos. En un epílogo fechado el 26 de mayo de 1858 agradece los consejos de Julián Sanz del Río y Alfredo Adolfo Camús, y la ayuda de Román Goicoerrotea, Francisco de Paula Canalejas, Nicolás Rivero y el editor Gómez Marín. Las lecciones del segundo tomo fueron interrumpidas tras tratar del epicureísmo y el estoicismo por la muerte de su madre, aunque siguió escribiéndolas para tratar la historia del imperio, la figura de san Pablo y la importancia del Apocalipsis. Las lecciones del tomo tercero centradas en el cristianismo fueron de nuevo dictadas en el Ateneo, y en ellas se acentuaron las referencias a la actualidad con apelaciones apenas veladas a los principios democráticos.

Muy ambiciosa es la *Historia del movimiento republicano en Europa*, editada en nueve volúmenes por la Imprenta de Manuel Rodríguez en Madrid en 1874. Es obra muy variada y miscelánea, con poca unidad interna y digresiones sobre temas muy diversos; en la conclusión, el propio Castelar reconoce estas características justificando lo inconexo de la obra por su origen, ya que fue publicada en forma de artículos por la revista *Harper* de Nueva York. Dentro de la voluminosa obra, alrededor de 4000 páginas, cabe de todo: historia de las doctrinas socialistas, análisis de sus principales ideólogos, la historia española entre 1865 y 1868, la guerra franco-prusiana, la convocatoria del Concilio Vaticano y el problema de la infalibilidad papal, y en el último tomo trata de la Comuna de París, en la que, a diferencia de otros, critica tanto los excesos de los comuneros como la feroz represión posterior. En ella se alternan los textos del historiador y estudioso de la filosofía del siglo XIX con el nervioso y vivaz periodista que, muchas veces, se impone en Castelar.

En 1892 publicó su *Historia del descubrimiento de América* (Sucesores de Rivadeneyra, Madrid. 594 páginas). La obra consta de 30 capítulos más una dedicatoria, un prólogo y un epílogo. El origen del trabajo fue la demanda de editores extranjeros fundamentalmente de Estados Unidos, y Castelar se muestra conocedor de la bibliografía que en su momento existía sobre el almirante, objeto fundamental de la obra. Alberola cuenta que decidió editar por su cuenta el *Descubrimiento de*

América con idea de hacer una fortuna, se recaudaron 16.000 duros, pero al final no quedaba un duro, se lo había gastado antes y no había para pagar el papel ni la impresión. El editor José Abelardo de Carlos tuvo que resignarse a cobrar el importe de la edición en artículos literarios que publicaba semanalmente en *La Ilustración Española y Americana.*

Obra tardía de Castelar es *La Historia de Europa desde la Revolución francesa hasta nuestros días* (Madrid, Felipe González Rojas). Comenzada a publicar en 1895, los dos últimos tomos, de los seis de los que consta, son obra de Manuel Sales Ferré y fueron publicados en 1900 y 1901. Castelar opina que la historia conocerá el siglo XIX como el siglo de las revoluciones, defiende la unidad de los pueblos europeos y de su historia y sostiene que la historia abarca todos los aspectos de la sociedad y no solo los políticos y los militares. Los cuatro tomos redactados por Castelar, que llegan casi a las 4000 páginas, abarcan desde los prolegómenos de la revolución hasta el 18 de Brumario, lo que indica la extensión que hubiera podido alcanzar la obra de no suceder su muerte.

La revolución religiosa. Obra filosófico-histórica dividida en cuatro partes. Savonarola. Lutero. Calvino. San Ignacio de Loyola. 1880, consta de cuatro tomos con más de 2.500 páginas. Comienza con una historia del cristianismo hasta los tiempos de Savonarola; sigue con el análisis de las herejías, la creación de la Inquisición y el importante papel de Lutero como reformador religioso, político y social; analiza la obra de Calvino y del Concilio de Trento. En el último tomo estudia la reacción religiosa personificada en san Ignacio de Loyola y en la que define como siniestra y papista Compañía de Jesús y analiza el papel de los ejercicios espirituales. Es una historia llena de anécdotas y sucesos excelentemente narrados que concluye con la necesidad de una Iglesia que no contradiga a la ciencia, que no haga del sacerdocio una casta, que no condene al pueblo a vivir bajo la corona, que no impida la libertad intelectual y que no excomulgue a la democracia.

Obras menos importantes son *El ocaso de la libertad. 1877 Obra literaria e histórica.* Trata de la dinastía Julia en un texto que es una especie de Suetonio ampliado y novelado. *Estudios históricos sobre la Edad Media y otros fragmentos* (1875), en el que destaca la parte dedicada a don Pedro IV y la Unión Aragonesa. *Nerón. Estudio histórico* (3 tomos, 1891) es una obra de más de 1000 páginas que se publica en 1891, cuando tenía 59 años, se trata pues de una obra de madurez en la que el autor deja entrever su gran formación histórica y humanística, su profundo conocimiento del mundo clásico y sus extraordinarias dotes retóricas.

Castelar fue autor también de prólogos a obras históricas, entre los que destacan sobre todo dos. El que antecede a *El centenario del siglo XIX 1789-1889* (1886), obra con textos de Alison, Bancroft, Blanc, Cantú, Gervinius, Laboulaye, Lacroix, Lafuente, Laurent, Michelet, Sorel, Sybel, Taine, Thiers y Tocqueville. Recuerda que antes la historia se reducía a narrar la política, la economía y la guerra, pero que no puede llamarse historiador del siglo XIX quien olvide cuánto ha subvertido la ciencia de lo pasado el desciframiento de los jeroglíficos, las condiciones de trabajo, la máquina de vapor, la batalla entre clásicos y románticos, entre idealistas y materialistas, la teoría de la evolución, la lucha entre el librecambio y el proteccionismo, el positivismo o el realismo. Muy significativo es el escrito para la obra de Carlos Gutiérrez: *Fray Bartolomé de las Casas. Sus tiempos y su apostolado* (1878), en donde Castelar hace un apasionado retrato de Las Casas: Las Casas adivinó el derecho moderno basado en la igualdad humana en unos momentos en que se predicaba el derecho natural de unos hombres al vasallaje y otros a la dominación. Frente a los poderosos sostuvo que no puede gobernarse a los hombres contra su albedrío y a los pueblos contra su voluntad.

Al género de historia novelada pertenece *El Suspiro del moro Leyendas, tradiciones, historias referentes a la conquista de Granada* (1886). En sus casi 900 páginas Castelar hace una colorida recreación de las batallas fronterizas que caracterizaron la última etapa de la guerra de Granada siguiendo el modelo de los poemas arabizantes y de las tradiciones caballerescas que puso de moda el romanticismo. Lo hace a través de personajes históricos como Muley Hacem, la sultana Aixa, Boabdil, el Zagal, Aliatar, Moraima, Zoraya y los propios Reyes

Católicos, y una fascinante Isabel de Solís, personaje de ficción armado sobre existencias reales que transitaron por épocas tan turbulentas.

A medio camino entre el género histórico y el biográfico, que fue tan caro a Castelar, se encuentra su *Galería histórica de mujeres célebres* (Madrid, Imprenta de Alvárez Hermanos, 1888, 8 tomos. Editor José María Faquinetto). Tras un primer tomo íntegramente dedicado al prólogo y a la situación de la mujer en la sociedad desde que el hombre puebla la tierra hasta la cultura griega, el tomo segundo se dedica a las mujeres bíblicas, el tercero lo dedica a las biografías de las mujeres asiáticas, el cuarto y el quinto presentan las mujeres griegas y algunas romanas, mujeres a las que están dedicados los tomos sexto y séptimo, dedicando el octavo íntegramente a la Virgen María.

Semblanzas Contemporáneas (1871, Propaganda Literaria, La Habana, dos tomos). La introducción al primer tomo está firmada por Castelar en el París de 1868, poco antes de su vuelta a España desde el exilio. Es una obra intermedia entre el periodismo y la biografía. En enero del 68 fecha la semblanza de Julio Favre y en julio de 1870 data el retrato de Bismarck. De Adolfo Thiers destaca su faceta de orador y, al hablar de Alejandro Dumas, recuerda Castelar la impresión que le causó la lectura juvenil de *Los Tres Mosqueteros*. Una de sus más emotivas semblanzas, la de Daniel Manin, veneciano que luchó y murió por la libertad de su país y proclamó la República de Venecia, cuya tumba en el cementerio de Montmartre había visitado en su primera estancia en París. La semblanza de León Gambetta arranca de su conocimiento en París por Castelar cuando era un desconocido, pero a quien el exiliado español le auguró ya entonces un gran porvenir político. En la obra aparecen también las semblanzas de Emilio Girardin, Víctor Hugo, Estanislao Figueras, el general Prim, José Monroy, poeta cartagenero que murió a los 24 años, y Delfina Gay, la esposa de Girardín. La contraportada anuncia la publicación de las semblanzas de Napoleón III, Carolina Coronado, Michelet, Donoso Cortés, Grant, Campoamor, la actriz Georges, Ingres, la emperatriz Eugenia, el doctor Verón, López de Ayala, el historiador Ferrari, Orense, la marquesa Oswault y Víctor Cousin, que sin embargo nunca vieron la luz.

Vida de Lord Byron. Publicada en 1873 en la misma editorial habanera en la que habían aparecido las *Semblanzas Contemporáneas,* es una de las obras más importantes de Castelar, traducida en su tiempo a numerosos idiomas. El libro sobre Lord Byron muestra el exaltado romanticismo no solo del poeta inglés, sino también de su biógrafo español y en ese sentido es muy característico de la militancia literaria y vital de Castelar.

En *Perfiles de personajes y Bocetos de ideas,* publicado por la Librería San Martín de Madrid en 1875, reúne Castelar algunos retratos y análisis de personajes elaborados a lo largo de bastantes años, ya que el perfil del filósofo Immanuel Kant data de 1855. Retrata a algunos intelectuales y políticos, como Quintana, Ríos Rosas, Olózaga, Víctor Hugo, Fichte, Ros de Olano, Muñoz Torrero y Anselmo Clavé, pero destaca sobre todo la emotiva semblanza de su pariente don Antonio Aparisi y Guijarro, del que dice que no fue solo un brillante orador y parlamentario, sino también una destacada figura del foro que defendió a 500 reos de muerte y huérfano, como Castelar, a temprana edad.

En 1884 publicó sus *Retratos Históricos* (*Ilustración Española y Americana,* Madrid). Con una técnica similar a la de los libros anteriores retrata a una serie de figuras que ha conocido en su actividad política o intelectual. Habla así de Moreno Nieto, Hartzenbusch, Garibaldi y Menéndez Pelayo, de quien hace una severa crítica de su *Historia de los heterodoxos,* aun reconociendo el caudal de información que la obra acarrea y la utilidad de la misma. Se completa el tomo con unas páginas misceláneas en las que Castelar, entre otras cosas, estudia la figura de Calderón a la luz de su tercer centenario y la obra de Schopenhauer, al que califica como el filósofo del pesimismo.

Uno de los géneros que Castelar cultivó asiduamente fueron los recuerdos de viaje y, aunque muchas de las páginas escritas con tal motivo tuvieron como destino los periódicos, algunos fueron publicados en libros de gran éxito, destacando especialmente *Recuerdos de Italia,* en la que destaca su aptitud para la narración y la descripción con un estilo expresivo brillante.

Inicia Castelar *Recuerdos Italia 1* (1872) afirmando paradójicamente que no es un libro de viajes cuando, como dice María Rubio Martín, esta obra configura una imagen de lo que será el viajero de la segunda mitad del siglo XIX, un libro que según Menéndez Pelayo contiene las páginas menos oratorias y más literarias, un *best seller* en el que el autor se incorpora, como dice Morales, como experiencia central del libro y la naturaleza del viaje que va más allá de la mera contemplación, es el preludio de una reflexión más oculta que introduce consideraciones filosóficas, históricas, políticas, artísticas y literarias. Comienza con una tétrica descripción de la Italia pontificia y de las ceremonias religiosas de la Semana Santa de 1868, que considera muy inferiores a las de España; describe Venecia como símbolo de la libertad; le impresionan la miseria de los judíos del gueto romano y la nostalgia por España de los sefardíes, y presenta a Nápoles como una gran ciudad. *Recuerdos de Italia 2* (1876) comienza con el recuerdo del discurso que pronunció en el banquete dado en su obsequio por los representantes de la prensa y la tribuna progresistas y promovido por Mancini. En Mantua recuerda a Virgilio, uno de sus escritores favoritos y un cantor de la naturaleza como no ha habido otro. Asís, donde nació la orden de San Francisco y la pintura moderna con Giotto, le recuerda a Elda, y de vuelta en Roma ve a Garibaldi ya viejo en su quinta cerca de la Porta Pía.

Publicó *Un Año en París,* en 1875. En el prólogo recuerda Castelar que el origen de la obra está en las crónicas enviadas durante su exilio a los diarios americanos de los que era colaborador, por lo que resulta un material prácticamente inédito para sus lectores españoles. El libro comienza recordando el amargo viaje en ferrocarril hacia el exilio emprendido en 1866, y refleja la inauguración de la Exposición Universal en la que denuncia que España solo destaca por su pintura con obras de Rosales, Gisbert y Palmaroli.

Entre sus obras políticas destacan el prólogo al libro de Fernando Garrido, *Historia de las clases trabajadoras,* un autor a quien admiraba desde la adolescencia, y en él expone una vez más su concepto de redención de los trabajadores:

> He creído y sigo creyendo que no bastará con emancipar la conciencia, con emancipar la voluntad del proletariado, con darle los derechos fundamentales humanos, si al mismo tiempo no procuramos su independencia económica, su bienestar económico, que no puede provenir de las actuales condiciones de trabajo.

En la introducción, que escribió también, afirma que llenas están las bibliotecas de historias de reyes y de castas aristocráticas, de guerras y conquistas, de historias de las religiones, de la filosofía, de las artes, de las ciencias, pero la historia de las clases trabajadoras, de los laboriosos obreros, productores de la riqueza, sin la cual la humanidad no podría existir sobre la tierra, esa historia no la hemos encontrado en ninguna parte. En el prólogo a otra obra de Fernando Garrido: *La república democrática, federal universal. Nociones elementales de los principios democráticos dedicadas a las clases productoras*, recuerda que en 1850 a los 17 años la providencia le hizo conocer a Garrido, en sórdido calabozo, pero alegre, con un libro abierto sobre la mesa y manejando un pincel tras largos meses de prisión, y que posteriormente han vivido en estrecha amistad. En el prólogo al *Catón político* de Roque Barcia afirma que nadie se acuerda del pueblo que pasa su existencia con la pesadumbre del trabajo endurecido, desposeídos de instrucción y abandonados a la eterna noche de tristísima ignorancia.

En *Los crímenes de la esclavitud*, publicada en 1873, pero escrita en 1865, dice que no se explica que, después de 19 siglos de cristianismo en un pueblo que se llama católico y que ha descubierto el Nuevo Mundo, subsista el feroz crimen de la esclavitud. ¿Dónde están los obispos que tanto sermón y tanta carta hacen por los bienes temporales del papa? Deberían recordar al Gobierno que la esclavitud va contra las leyes de Cristo. O logramos matar la esclavitud, o ella matará nuestra patria. Prologó también la traducción de la obra de monseñor Guilbert (arzobispo de Burdeos): *La democracia y su porvenir social y religioso,* en donde opina que la destrucción del poder temporal ha destruido las tendencias reaccionarias del pontificado y no queda en el mundo espacio para una teocracia.

Otro trabajo significativo fue la *Crítica de los Heterodoxos* publicada en *El Día. Suplemento literario* el martes 21 marzo 1882. Entre Castelar y Menéndez Pelayo existió una noble amistad que puede atestiguarse por el epistolario y a través de múltiples testimonios de sus compañeros de la Academia. La dura crítica no impide que ambos se reconozcan mutuamente las cualidades y aciertos de sus respectivas obras. Su correspondencia muestra cómo varía la relación entre ambos, que constituyen los dos polos de una rica tradición intelectual que cada uno interpreta según su punto de vista. Afirma Castelar en su crítica:

> No podía evitar leer esta obra de materia tan vasta escrita por mi compañero de universidad y Academia. Muy lejos de su sistema filosófico que propende al utramontanismo es mi tolerancia. Menéndez Pelayo representa la escolástica secular, la intolerancia religiosa, el absolutismo histórico, la ortodoxia neta. El libro atesora inmensa erudición y sus noticias no tienen número ni precio, el saber que revela honraría no a un mozo, sino a una sociedad de benedictinos trabajando largos años. Todo el libro está escrito con zumo de plantas funerarias y pensado entre sombras eternas. No es un magistrado que juzga, sino un combatiente que pelea. Se esfuerza en demostrar la tolerancia de la Inquisición y negar la necesidad de la reforma en la que solo ve ingenios vulgares y pensadores mezquinos y lenguaje ramplón. Muestra empeño en disminuir la importancia de la Reforma en el mundo hecho que nadie podemos desconocer, pues la obra se funda en la tenaz apología del absolutismo católico.

Termina diciendo:

> ... desengáñese, solo hay verdad en la razón, solo hay vida en la libertad como solo hay calor en la luz. Si continúa con su sistema el mundo moderno le volverá la espalda tratándole como un objeto arqueológico y dejará a este joven viejo

el trabajo eterno de cantar en una salmodia sin fin, dentro de un panteón sin luz, el elogio de los inquisidores y de los verdugos, inspirado por el culto a las sombras y el amor a la muerte.

Con acierto y extrema generosidad dijo Clarín que

> Castelar no era novelista, no lo pretendía, dentro de los cánones propios del género; pero es claro que en sus novelas hay elementos artísticos de ideas, descripción y elocuencia que dan a tales libros mérito muy superior al de la mayor parte de las novelas que no sean dechados de esta manera de arte... Su poderosísima memoria, la facultad de asociar las imágenes y las ideas le daban ventajas excepcionales para trazar aquellos grandes y armoniosos conjuntos, discutibles en el pormenor, pero siempre sugestivos como la música de los grandes maestros de armonía, siempre llenos de la más alta y brillante belleza.

Ernesto. Novela de costumbres, obra de juventud, casi de niñez, se publicó en 1855, pero dice en su dedicatoria a Francisco García López que la había escrito hacía tiempo. Ambientada en la huerta alicantina y a orillas del mar, narra de forma folletinesca y melodramática los frustrados amores de Ernesto y de María. *Historia de un corazón (Ricardo)* (Librería de Leocadio Pérez, Madrid, 1874) cuenta la inverosímil historia del protagonista en la que destaca su participación en la sublevación de 1866 y el imposible matrimonio con Elena al descubrir que son hermanos. *La hermana de la Caridad* (San Martín, Madrid, dos tomos, quinta edición) narra las peripecias de la campesina Ángela, nacida en Sorrento, que tras una agitada trayectoria como cantante y hermana de la caridad en África regresa a Europa para terminar renunciando al hombre al que ama; tiene un argumento un tanto inverosímil y ridículo. Sus personajes, especialmente el de Ángela, son absurdos y de una pieza, y la obra está llena de interpolaciones filosóficas y morales. *Fra Filippo Lippi* (tres tomos, 890 páginas) cuenta las peripecias del fraile pintor, incluida su estancia en Túnez como esclavo del sultán y su muerte la misma noche de su boda. Las

Tragedias de la Historia (Santiaguillo el posadero) cuentan la historia de Santiaguillo, un posadero alemán en la época de las guerras de religión, cuyas luchas y crueldades se describen pormenorizadamente.

Entre las obras fruto de su labor periodística destacan *Historia de 1883, Cuestiones políticas y sociales, Cartas sobre política europea, Historia del año 1884, Crónica internacional 1890-98, Europa en el último trienio, La cuestión de Oriente, Las guerras de América y Egipto, Miscelánea de Historia, de Religión, de arte y de política, La Rusia contemporánea, Anales políticos* y *Un viaje a París durante el establecimiento de la República.* En estas obras, muchas de ellas escritas obligado por sus correspondencias periodísticas, que eran la base fundamental de sus ingresos, Castelar repite conceptos que aparecen más elaborados en sus obras principales o trata coyunturalmente sucesos de actualidad con estilo meramente periodístico de urgencia.

22. *Castelar, ciudadano del mundo*

Cuando a comienzos del mes de julio de 1866 un alicaído Castelar viaja en tren hacia el exilio, su primera preocupación, como es lógico, es la de pensar que, obligado a abandonar su país, lo deja sin saber cuándo podrá retornar a él, donde ha quedado su familia, de la que era cabeza y único sostén económico. No puede adivinar la trascendencia que para su vida va a tener este su primer viaje al extranjero, que supondrá para él el descubrimiento de Europa y del placer de los viajes a través del continente y, especialmente, por los tres países a los que amó especialmente: la Francia acogedora a la que volverá tantas veces y de la que casi se sentirá como un francés más, la tranquila Suiza, ejemplo soñado del régimen político que propugna para España, y su adorada Italia, la tierra a la que dedicó sus más cálidas páginas si exceptuamos las que describen el universo levantino donde se desarrolló su infancia y primera juventud.

Resueltos sus problemas económicos gracias a las abundantes colaboraciones en la prensa americana generosamente remuneradas, se sumergió en la brillante e intensa vida social e intelectual del París del Segundo Imperio. Dedicó asidua atención a las obras de la Exposición Universal, cuya inauguración tuvo lugar en el Campo de Marte parisino el 1 de julio de 1867, y no se le escapó el papel de escaparate de la pujanza económica de las diversas naciones en que el evento se había convertido. Allí comprendió el esplendoroso futuro que como gran potencia se abría ante los Estados Unidos de América del Norte. Por la misma razón le defraudó la presencia española a pesar de la riqueza y calidad de las obras de arte procedentes del patrimonio nacional que allí se exhibieron o el éxito que alcanzaron cuadros de los pintores contemporáneos, como *El testamento de doña Isabel la Católica,* de Eduardo Rosales o *El desembarco de los puritanos en América,* de Gisbert. Durante su exilio parisino suplió la nostalgia de España con el trato frecuente de muchos de sus compañeros emigrados, especialmente de Cristino Martos, con quien llegó a compartir vivienda, y sobre todo con su gran amigo Adolfo Calzado, quien publicó un volumen con la correspondencia entre ambos y algunas cartas más.

Muy pronto viajó a Suiza, el tolerante paraíso de los emigrados, cuyo sistema político admiraba desde muy joven y en cuya implantación había influido decisivamente, en opinión de Castelar, la reforma religiosa del siglo XVI y la lectura de la Biblia por parte de los ciudadanos. En esta Suiza que le permitió descubrir la belleza de los paisajes alpinos, destacaba para Castelar sobre todas la ciudad de Ginebra, no solo porque tendrá gran importancia para su actividad política, sino porque en su opinión pocas ciudades hay en el mundo tan hermosas, tan espléndidas como Ginebra. Precisamente en esta ciudad asistió Castelar al I Congreso de la Internacional el 4 de septiembre de 1866. En Ginebra asistió también Castelar al Congreso de la Paz, que en realidad se convirtió en el Congreso de la Revolución, y al I Congreso de la Democracia Europea, en cuyo seno convivían desde moderados republicanos de Francia y España hasta revolucionarios como Bakunin, y en el que la intervención de Castelar fue decisiva a favor de la propiedad individual.

Además de Bakunin, las figuras rusas que más impresionaron a Castelar fueron Turgueniev y, sobre todo, Hertzen, a pesar de su abismal distancia respecto a su concepción política, de quien dice:

> Hertzen, a quien los emigrados españoles conocimos en Ginebra, y cuyo recuerdo guardaré siempre en la memoria, porque era para mí, imposibilitado de emprender más

extensos estudios, como el oráculo de Rusia. En él y en sus amigos observé con prolija observación la fisonomía del revolucionario moscovita. Su menosprecio por las clases medias, que constituyen como los núcleos de los partidos liberales y conservadores en la Europa culta; su inexperiencia de la política práctica, que tiende a cumplir el ideal sin violentar la realidad; su inclinación a un sistema encadenado con mucha trabazón lógica y compuesto de una larga serie de ideas puras; el vuelo de sus imaginaciones desbocadas, y la impaciencia de sus deseos generosos, todo acusaba en ellas la secta y los sectarios de la revolución, creídos de que basta llegar un día al Gobierno y tener un minuto el Estado, para transformar la sociedad por un milagro de sabiduría y un impulso de omnipotencia.

Pero, si es cierto que Castelar admiraba Suiza y amaba Francia, el país que adoraba, aquel que le llegó a lo más profundo de su corazón fue Italia, como bien se muestra en el que quizás sea su libro más sentido y vivo: *Recuerdos de Italia*. Ya de adolescente había seguido con admiración las hazañas de Garibaldi, y Castelar siempre consideró como el acontecimiento más importante del siglo XIX la unidad de Italia. Este viaje influyó también en su postura filosemita gracias al contacto con los judíos del gueto de Roma, los sefardíes hablando castellano viejo y los miembros de la sinagoga portuguesa de Liorna. Escribe Shinan que en 1999 la revista de estudios judíos *Raíces* dedicó su número 40 a Castelar recogiendo sus comentarios sobre los judíos. Los textos escogidos fueron la defensa de los judíos en su ensayo sobre el gueto de Roma publicado en 1872, el asunto Dreyfuss en 1898 y su discurso sobre la libertad religiosa del 12 de abril del 69, discurso que movió a su amigo Pulido a la reconciliación entre España y el mundo sefardí. Pese a todo, hay una cierta ambigüedad en otros comentarios sobre los judíos, como en *La civilización en los cinco primeros siglos del cristianismo*, ya que en 1858 su profundo catolicismo le influía la visión negativa tradicional del judaísmo.

En este su primer exilio Castelar viajó también a Inglaterra, en parte movido por su permanente curiosidad de viajero, pero también para documentarse con el fin de escribir la biografía de lord Byron, gran parte de la cual fue redactada en Londres, ciudad en la que coincidió con varios políticos franceses cuya oposición a Napoleón III los había arrastrado también al exilio. Entre ellos se encontraban venerables figuras de la democracia europea a quienes Castelar admiraba, como Ledru-Rollin. Tuvo por la misma época de su estancia en Londres otros encuentros mucho menos agradables:

> Había entrado ya en años el sesenta y ocho, cuando topé con Cabrera en una calle de Londres; y me dieron su nombre y su presencia escalofríos tan desagradables, como si no transcurrieran cinco lustros de aquellas tremendas fugas, en que las familias cristinas solían transportarse al primer pueblo fortificado, en guisa de los vencidos de la clásica antigüedad, con sus haberes más móviles y sus penates más amados, al amago tan sólo de una correría preparada por el implacable guerrillero carlista.

Castelar siempre mostró grandes simpatías por Inglaterra, admiró a muchos de sus políticos, y especialmente a Gladstone, y consideró positivo el espíritu conservador pero nunca reaccionario del pueblo inglés. También la política americana de Inglaterra le pareció afortunada y, cuando formuló su programa americano, pidió para Cuba y Puerto Rico el mismo régimen que Inglaterra había concedido a Canadá. Mereció también elogios de Castelar la actitud inglesa en pro de la abolición de la esclavitud y las medidas prácticas que adoptó su marina para conseguir erradicarla.

Italia le permitió conocer la belleza del mundo antiguo, y Francia y Suiza, amar la libertad y la democracia. De todos sus viajes hay huellas en sus obras. Pero, cuando realizó su segunda excursión por Europa, ya Castelar no iba en calidad de joven aprendiz de las letras que quiere instruirse, ni de novel político que desea ver gentes nuevas, ya era un hombre representativo de su nación. Recuerda Azorín que, mientras Cánovas decretaba el espléndido aislamiento, Castelar se mantiene en contacto con América y Europa y logra que se respete el nombre de España. Taine, Renan y Castelar han sido los hombres que durante un periodo han encauzado con su popularidad las aspiraciones y los anhelos de Europa. Su conocimiento del mundo internacional le permitió augurar con acierto lo que podía ocurrir en la guerra civil norteamericana, en la cuestión de Italia, en la expedición a México, en la guerra del Pacífico, en la cuestión de Alsacia y Lorena y en la de Rusia. Frente a los países que consideraba progresistas, como Francia e Inglaterra, Castelar criticó con dureza los arcaicos imperios de los Romanov, de los Hohenzollern y el decadente pero cruel Imperio turco. Pero, a pesar de su juicio negativo sobre el sistema político alemán del Primer Reich, antes de la guerra franco-prusiana de 1870, Castelar era un gran admirador de Alemania, de quien decía que era la mente del mundo. Exaltaba a sus filósofos, a Kant, Fichte y sobre todo a Hegel, que había influido considerablemente en su formación filosófica y política, y cuyas doctrinas había expuesto con detenimiento en su *Historia del Movimiento Republicano en Europa*. Una idea cara a Castelar era la de que los germanos habían introducido en el mundo el fecundo principio del individualismo gracias a la obra de Lutero, del que derivaba el Renacimiento, pero también Cervantes, Galileo, Montaigne, Rabelais, Bacon, Newton y Descartes. Sin embargo, a partir de 1869, Castelar denunciará el peligro de la raza germánica que para conseguir los deseos expansionistas de Prusia había hecho de Alemania un cuartel. Castelar no se había opuesto a la unión alemana y denunció la oposición a la misma mostrada por Napoleón III, pero se oponía rotundamente a que esta nación unida se convirtiera en un peligro para los países latinos. Por eso ante la confrontación entre Francia y Alemania estuvo siempre a favor de los franceses, de los ciudadanos que habían encendido la llama de la libertad en el continente europeo. La francofilia de Castelar se hizo pública en fechas tan tempranas como la celebración del 2 de mayo de 1869 en Madrid, en la que dijo en un discurso pronunciado en el Parlamento que para los demócratas dicha celebración no debía de ser motivo de hostilidad para Francia, que siempre había sido la segunda patria de los liberales españoles. Años más tarde, cuando en 1885 la Real

Academia Española de la Lengua quiso definir «alsaciano» como nativo de Alsacia, país perteneciente al Imperio alemán, gracias a su oposición la propuesta fue rechazada.

Su amor por Francia no se quedó en declamaciones retóricas, sino que en octubre de 1870, en pleno desastre como consecuencia de la derrota imperial ante las tropas prusianas y con el Gobierno republicano sitiado en París, viajó Castelar a Francia:

> Con el deseo único de aprender más vivamente el estado de Francia, he venido unos días a esta desgraciada nación, a Francia, que la naturaleza y el espíritu habían elevado tan alto y que han hecho caer tan bajo la tiranía y los crímenes.

A su regreso a España escribió:

> Los periódicos monárquicos de España, al hablar de mi viaje a Tours (donde se había entrevistado con Gambetta, que era el alma del Gobierno francés), dicen que yo he venido desencantado, descorazonado de Francia, creyendo irremisiblemente perdida esta nación y su República. Es inexacto que yo haya venido descorazonado de Francia.

En los meses siguientes, Castelar viajará de nuevo a Francia, en esta ocasión a Burdeos, y desde España tanto como desde Francia, seguirá angustiado por los bombardeos de París, la sublevación de la Comuna, cuyos excesos y crímenes condena, como asimismo hará con la terrible represión contra los *communards*, que rechaza horrorizado, sin minusvalorarla. A diferencia de muchos demócratas de la época, Castelar no aplaude la represión, sino que la condena severamente.

Desde su primer exilio, Castelar se convirtió en un viajero apasionado, afición que mantuvo durante toda su vida. A partir de este momento recorrerá Europa durante casi todos los veranos de su vida y en cuantas ocasiones se le presente ocasión. Sus viajes son lentos porque muchas veces viaja solo y obligado, porque su única fuente de ingresos son sus colaboraciones periodísticas a compaginar el viaje con la redacción de sus originales y su copia para las distintas publicaciones americanas. Así escribió desde Niza a Adolfo Calzado:

> No extrañe usted la lentitud de mi viaje. Hace mes y medio que me encuentro completamente solo. Tengo que escribirme de primera intención y copiar yo mismo mis correspondencias para América, que en España daban trabajo diario a tres personas... Solo, desde mi ventana, descubro este incomparable mar Mediterráneo, en cuyas orillas quisiera vivir y morir.

Si podemos considerar a Castelar como un auténtico ciudadano europeo, no menos intensa fue su vocación americana. Emilio Castelar pensó mucho en América y escribió mucho con destino al público americano para el que fue no solo un escritor de enorme prestigio, sino también un educador político. Predicó siempre la solidaridad entre los distintos estados hispanoamericanos y al mismo tiempo la necesidad de una estrecha unión entre España y sus antiguas colonias americanas, tesis que defendió tanto en su juventud como en su vejez, ya que consideraba que, si España había perdido el poder material sobre el continente, debía, sin embargo, ejercer un cierto liderazgo moral, tal y como desarrolló en su *Programa Americano*, en 1868, en el que proponía la inmediata abolición de la esclavitud en Puerto Rico y Cuba y la concesión de una autonomía similar a la que gozaba Canadá respecto de Inglaterra, la admisión de la forma republicana como régimen propio de América, el reconocimiento de todos los estados americanos, y en especial el de la República de México, y el fin de las hostilidades con las repúblicas hispanas del Pacífico. Siempre lamentó el conflicto que enfrentó a Perú y Chile y se opuso con firmeza a la guerra que España declaró a estos países en la época de Isabel II. Atento observador de la realidad americana, predijo lo que podía ocurrir en los Estados Unidos con motivo de la guerra civil, anunció el fracaso de la aventura mexicana de Napoleón III, ya que consideraba imposible fundar una monarquía estable en el continente americano, e incluso adelantó, tres años antes de la batalla de Querétaro, que Maximiliano sería la víctima propiciatoria de la tiranía de su familia. Sin embargo, curiosamente, pese a que recibió numerosas invitaciones para visitar el Nuevo Mundo, nunca se decidió al viaje, renunciando incluso a remuneradoras giras de conferencias por Estados Unidos que le fueron ofrecidas. Su permanente preocupación por América se mostró de muy distintas formas, y así el peruano Ricardo Palma lo recuerda como el patrocinador de incluir en el diccionario los modismos propios del habla americana. Como explica Hale, Castelar tuvo gran influencia en el continente gracias a sus correspondencias periódicas con al menos cuatro diarios, entre los que se encontraban el *Monitor Republicano* de México y *La Nación* de Buenos Aires, en un periodo en que pocos hispanoamericanos viajaban a Europa. Hay que señalar que la revista *Harper* editó su *Historia del Movimiento Republicano* y la *Historia del Descubrimiento.*

Las ideas de Castelar sobre la democracia tuvieron profunda repercusión en México, especialmente entre 1778-80, con la aparición del periódico *La Libertad*, obra de Telesforo García, que también publicaba sus correspondencias y muchos de sus discursos. En los Estados Unidos su reputación era tal que los corresponsales en Madrid de la prensa americana, para no ser adelantados por otros en el telégrafo, transmitían a sus periódicos versículos de la Biblia hasta que comenzaban a llegar del Congreso las cuartillas de los discursos pronunciados en la Cámara por el gran tribuno. La fama de Emilio Castelar como político y orador se extendía sobre toda América. Tuvo siempre Castelar un gran respeto por Norteamérica, pueblo al que reconoció su mérito en el triunfo de la lucha por las libertades a diferencia de muchos españoles que seguían apegados al viejo tópico de considerar a los Estados Unidos como un pueblo de comerciantes incultos. Cuando en 1881 cayó asesinado el presidente Garfield, Castelar se asoció desde España al duelo nacional estadounidense con un emotivo mensaje. En 1884 recordaba Castelar que la prensa norteamericana siempre lo había tratado bien y que había contado con grandes amigos entre los dirigentes estadounidenses:

> El presidente de la gran República, el esforzado debelador de Richmond, el general Grant, cuyas victorias sobre los patricios esclavistas componen una de las más gloriosas partes en la gran epopeya republicana me probó, al visitarme

en mi humilde hogar a su paso por Madrid, los afectos de cariño alcanzados en América.

A finales de 1881 recibió una carta desde Brooklyn de un grupo de jóvenes que habían fundado el Castelar Club y pedían tener una respuesta para guardar en sus archivos el conocimiento y la aceptación de tal gran honor. Esta era la carta:

> Brooklyn, noviembre 13, 1881. Ilustre señor: en nombre de esta Sociedad, bajo cuya advocación reunida, y compuesta de muchos jóvenes, entusiastas admiradores así de los talentos que recibisteis de la Naturaleza como de los servicios que prestasteis a la libertad, me atrevo a dirigiros esta carta. Con sólo poner los ojos en su membrete comprenderéis que tenemos derecho a una respuesta, la cual grabaremos en las paredes de nuestra casa para que las orne, y en los senos de nuestras inteligencias para que las ilumine y las exalte. Los derechos humanos se levantan sobre las diferencias que distinguen a las razas y sobre las distancias que separan a los pueblos, y sobre las palabras que caracterizan a las lenguas. Extranjeros somos a vuestra patria, no por eso desconocemos a su preclaro hijo, cuya gloria es universal y muy especialmente querida y popularizada en el corazón de los americanos, que sabemos venerar como nadie a los defensores de la libertad y del progreso de la tierra. Deseamos, pues, que nos concedáis el honor de contarnos entre vuestros más humildes, sí, pero más entusiastas partidarios. Miles N. Myers. Brooklyn.

El 3 de enero de 1882 contestó Castelar con una extensa carta en la que agradece el honor que le procuran, repasa la historia de los Estados Unidos, de la lucha por la libertad de los primeros colonos, del idealismo del siglo XVIII, y recuerda al inolvidable presidente Lincoln. Termina diciendo que amen su libertad y: «Ufanaos de vosotros mismos, que conserváis sobre las regiones de esa ilustre patria la libertad, la democracia y la república».

Tuvo el sueño de que con la Revolución de Septiembre España podía sentar las bases de los Estados Unidos de Europa partiendo inicialmente de la Unión Ibérica entre España y

Portugal, que se integrarían en la Unión Latina en confederación con Italia y Francia, a la que luego se incorporaría Grecia, pero teniendo en cuenta que el primer paso para estos Estados Unidos de Europa era conquistar la democracia y la república en todo el continente. En 1886 volvió a exponer estas ideas en un resonante mitin en París al que asistieron parlamentarios, periodistas e intelectuales de España, Portugal, Italia, Grecia, Rumanía y Armenia.

Castelar durante toda su vida seguirá viajando por Europa incesantemente; raro es el año en que no efectúa al menos un viaje, lo que le permitió no solo mantener los lazos de amistad con importantes políticos e intelectuales europeos, sino, además de recorrer los paisajes y las ciudades que tanto amaba, estar al tanto de las manifestaciones artísticas europeas y asistir a las más importantes representaciones teatrales y musicales. Probablemente fue Castelar de los pocos políticos españoles de su época que asistiera en Alemania a una representación de la *Tetralogía* de Wagner, músico al que respetaba pero que le provocaba sentimientos ambivalentes. El europeísmo de Castelar, excepcional en la España de su época, se acentúa en sus obras de madurez, que son todavía hoy dignas de consulta. Era tan popular entre los europeos como entre los españoles y quizás más respetado. De su popularidad da fe la necesidad que tuvo en sus últimos años de viajar de incógnito, como le cuenta a Adolfo Calzado, después de viajar por Francia, Bélgica, Alemania e Italia, en carta fechada en Florencia el 5 de septiembre de 1891:

> La industria del incógnito es engañar con la verdad. Me acompañan dos amigos excelentes compañeros de viaje, uno francés, otro español, y ponen sus respectivos nombres, añadiendo así, a la descuidada el mío, si es necesario, de esta manera D. E. C. Ripoll, profesor y publicista en Madrid. Engaño a todo el mundo con la verdad y prosigo un excelente viaje a todas luces cómodo.

En esta época Castelar no es desde luego el viajero inexperto de su exilio, sospechoso a las Policías de Francia y de los Países Vaticanos.

Durante la década de 1880 abundaron sus estancias en París, ciudad donde era muy popular y gozaba de la amistad de lo más selecto de la política y de la sociedad intelectual. La mayor parte de las ocasiones su cuartel general lo estableció en casa de su íntimo amigo el banquero Adolfo Calzado, que se preocupaba de organizar las conferencias y recepciones en las que participaba Castelar. Frecuentó los más importantes salones parisinos, como los de Julieta Adam, la princesa Rattazzi —una de sus amigas más íntimas—, la princesa Troubetzkoi y la princesa Cernuski, en donde alternaba con los políticos republicanos de toda Europa. Gran amigo de Víctor Hugo, fue asiduo de su salón durante sus estancias en París y fiel hasta la muerte al ciudadano al que admiraba; la única representación española, exceptuando la del Ateneo de Barcelona, en el entierro de Víctor Hugo el 7 de junio de 1885 fue la corona enviada por Castelar, que motivó, al paso del cortejo por el Museo de Cluny, el vítor de los estudiantes parisinos al político republicano español. Pese a que algunos enemigos políticos de Castelar como Puig Campillo escriben que Víctor Hugo no perdonó a Castelar su actuación del 3 de enero de 1874, la realidad demuestra todo lo contrario. El 30 de marzo de 1878, con motivo del prólogo de Castelar a la traducción de una obra de Hugo, este le escribe desde Versalles la siguiente nota en castellano, idioma que se jactaba de dominar perfectamente:

> A Emilio Castelar. Habéis unido, oh gran orador, a mi libro una página monumental. Con verdadera emoción leí vuestro magnífico prefacio donde a porfía compiten el escritor y el estadista. Escribís la historia con vuestra pluma, como la llenáis con vuestros hechos, altamente. En usted late el alma de España. Confío en que pronto nos veamos. Ya sabéis cuanto os quiero y cuan de corazón saludo vuestros nobilísimos talentos. Víctor Hugo.

También fue reconocido intelectualmente; perteneció al Instituto de Francia, donde ocupó la vacante de César Cantú, y el 16 de noviembre de 1889 fue objeto de una recepción en la Sorbona organizada por la Asociación General de Estudiantes

Franceses, bajo la presidencia del ilustre Jules Simon, quien dijo de él: «El gran patriota Emilio Castelar representa brillantemente el ideal que yo he perseguido con más perseverancia que éxito: la unión del orden con la libertad bajo la bandera republicana». Si bien se puede considerar a Castelar como hijo predilecto de Francia, su prestigio como escritor fue generalizado en Europa y sus obras se tradujeron al inglés, francés, ruso, árabe, italiano, griego, alemán y noruego, y la Universidad de Oxford lo nombró doctor honorario y le ofreció una cátedra para que diera un ciclo de conferencias, como Castelar cuenta en carta a Calzado del 14 de diciembre de 1878:

> Ahora un encargo de la mayor importancia. Renan me ha escrito invitándome en nombre de eminentes profesores de Oxford, para dar unas conferencias en aquella ciudad... Necesito que el lunes mismo en cuanto recibas ésta y la adjunta para el gran escritor... te persones en su casa y le entregues la adjunta (en su carta a Renan Castelar ponía dos condiciones para aceptar: que las conferencias fueran en el mes de mayo y que pudiera hablar en español o de no ser posible en inglés).

En cualquier caso, al final, declinó el honor que le ofrecieron. En su correspondencia da la impresión de que no deseaba dar estas conferencias. El 27 de diciembre de 1878, aduce en carta a Max Muller la imposibilidad de hacerlo en 1879 a causa de las elecciones y de su labor parlamentaria, ya que la apertura del Congreso tendrá lugar el mismo día 1 de junio previsto para el inicio de las conferencias. Consigue retrasar su intervención a 1880, pero en carta del 27 de junio de ese año, tras lamentar que su presencia en Oxford significa para él la pérdida de dos meses, explica que en ese 1880 las conferencias las dará Renan y él lo hará en 1881. Pero la realidad es que Castelar nunca dio estas conferencias comprometidas con la Universidad de Oxford pese al gran honor que suponían.

Entre los innumerables homenajes que recibió Castelar en París destaca el banquete que le ofreció el 4 de noviembre de 1886 en el Hotel Continental la Alianza Grecolatina con motivo de ser Castelar un incansable propagador de la idea de la Unión Aduanera Mediterránea. El día 11 del mismo mes cien admiradores de Castelar, escritores, políticos, periodistas y artistas, asistieron a un banquete en su honor en el Café y Restaurante Riche organizado por la colonia armenia en París. En 1887 la Asociación Patriótica Armenia publicará un folleto con la reseña del banquete titulado: *Emilio Castelar y la question armenienne.* Pero en estos años de sus máximos triunfos en París, de los que tan ingenuamente se envanecía en su correspondencia, Castelar empezaba a no sentirse del todo a gusto en el ambiente intelectual parisino. El mundo artístico e intelectual estaba comenzando a evolucionar; triunfaba el naturalismo de Zola, Daudet, Maupassant; su amado Rossini había sido sustituido por Wagner; en pintura, Manet ya había triunfado, y el arte moderno imponía su ley. Castelar, el romántico Castelar, se sentía anticuado en un mundo que ya empezaba a no ser el suyo. Pero todavía en 1894, León Auroc, miembro de la Academie des Sciencies Morales et Politiques, le comunica que los académicos están orgullosos de proponer su nombre como miembro de L'Institut de France.

Tuvo siempre muchos amigos entre los políticos europeos y, como en el fondo nunca abandonó la política, sus poderosos amigos extranjeros preocupaban a Sagasta y a otros políticos españoles por el apoyo a las ideas democráticas que representaban y por la presión que podían hacer sobre los distintos Gobiernos europeos. El 17 de octubre de 1876 en carta a su confidente Calzado se atreve a hacer la nómina:

> Voy a intentar ponerte aquí los principales amigos, y luego Dios dirá: Thiers, Mignet, Victor Hugo, E. Renan, Julio Sandeau, Legouré, Julio Simón, Julio Favre, Ernesto Picard, Princesa Troubezkoi, Alejandro Weill, Mad. Dussautoy, Cernuschi, Jourdan, Mr. Y Mad. Durand, M. Y Mad. Sickles, Mr. Washburne ministro de Estados Unidos, Varagnac, Hebrard, Edmundo About, Schoerer, Gambetta, Julio Ferry y Mr. Sabatier.

Explicó la dificultad de juzgar a los contemporáneos que ha conocido. Pone el caso de Michelet y Taine.

> Cuando no conocía a ninguno Michelet poseía con mi admiración mi cariño, pero Taine mi admiración únicamente. Luego que traté a los dos, a los dos estimé y amé por igual, mucho. Durante mi exilio del 66 al 68 y durante mi exilio voluntario desde la Restauración hasta las primeras Cortes, en Francia traté a los hombres más ilustres y preclaros en París.

De Taine, a quien escuchó una mañana de febrero del 67, le decepcionó su oratoria, pero esa misma noche le maravilló su escritura. Conoció a Taine en la redacción de *Les Debates* cuando fue a llevar en el 76 su manifiesto a los electores presentado por el director Molinares. Le pidió consejo para sus conferencias en Oxford y guarda con amor las cuatro cuartillas que le mandó.

Aunque no lo cite expresamente, uno de sus mejores y más admirados correligionarios y amigos europeos fue Giuseppe Garibaldi, de quien era ferviente seguidor desde su adolescencia y con quien mantuvo correspondencia desde 1855 en la época en que Castelar apenas si se había asomado a la vida pública. En un artículo escrito a la muerte de Garibaldi escribe:

> No ha desmentido un minuto esta noble amistad, a pesar de haber llegado hasta su isla y su hogar las calumnias vomitadas contra mí los que perdieron la República española con sus exageraciones y los que la abandonaron en sus lutos al desdén y la indiferencia. A mi nombramiento de diputado por Barcelona y por Huesca, me felicitó también, y no me causa rubor alguno decir que me lisonjeó tanto en su última como en su primera felicitación.

En su primer viaje a Italia, Castelar no pudo ver a Garibaldi, encerrado en su isla siciliana, por las limitaciones de movimiento que su situación de exiliado político le exigía, pero pudo por fin conocerlo con motivo de su viaje a Tours en 1870 para apoyar al Gobierno republicano francés surgido tras la derrota de Napoleón III. Lo volvió a ver cinco años más tarde en Roma en compañía de varios españoles, entre los que se encontraba el pintor Casado del Alisal, cuando Garibaldi ya enfermo en cama no había podido asistir al gran banquete que organizó en Roma en honor de Castelar el Partido Liberal Italiano:

> Hallábase tendido en un sillón-cama, y al frente de una gran mesa cubierta toda ella de libros, mapas y apuntes. A pocas personas he oído hablar el español con tanta gracia como lo hablaba Garibaldi, cuyo acento entre nicense y americano, tenía un dejo semicatalán y semiandaluz muy extraño, y por su extrañeza y variedad muy agradable.

Cuando la ciudad de Niza levantó un monumento al gran patriota italiano, fue invitado Castelar a participar como figura prominente.

Muy intensas, pero también muy complicadas, fueron sus relaciones con León Gambetta. Castelar lo conoció en París durante su exilio del año 1866, cuando Gambetta era todavía un desconocido, pero desde el principio anunció Castelar que era un político que llegaría lejos, tanto por sus ideas como por su energía. Sin embargo, a pesar del aprecio que se tenían ambos, eran de temperamento muy diferente y congeniaron difícilmente. La amistad de sus primeros tiempos se tornó en obstinada oposición provocada según Castelar por el sectarismo anticlerical de Gambetta cuando accedió al poder, como revelan las numerosas alusiones a la política francesa que recoge su correspondencia con Calzado en la época en que Gambetta presidió el Gobierno del país vecino. Según otros, la enemistad surgió a consecuencia de una dura carta de Gambetta a Castelar criticando la actuación de este el 3 de enero de 1874. Así lo cuenta Gambetta en una carta a su amiga Juliette Adam, donde dice que ambos políticos tuvieron una comida en la que Gambetta pidió a Castelar que contara lo sucedido en la noche del derrocamiento de la república y que este solo respondió con evasivas y balbuceos, por lo que Gambetta quedó decepcionado. Al término de la comida se separaron casi en silencio con la conciencia de que un muro se había levantado entre ellos. En realidad, es posible que las causas de su distanciamiento fueran múltiples, como parece reconocer Castelar en carta a Calzado desde Biarritz del 2 de octubre de 1879:

> Te autorizo a que hables con Gambetta y a que le digas cuan sólido fundamento tienen mis quejas contra él. Yo he sido el amigo de la desgracia, el cantor de sus alabanzas en uno y otro continente, el autor verdadero de la política republicana que tanto ha explotado luego en su personal provecho; y no solamente me declaró en su diario una guerra atroz a mi persona en los días más gloriosos de mi vida, en los días de mi Gobierno, sino que luego ampara en su sombra a Zorrilla y Carvajal. Dile que sólo favoreciendo mi tendencia podrá salvar a la República y a Francia. Y luego que haga lo que le dé la gana. Yo estoy en la desgracia y él en la fortuna; yo soy español, y él francés; que venga a mí por alguna manera delicada; yo no daré el primer paso de la reconciliación jamás.

Pero, pese a que en privado hizo objeto a Gambetta de duras críticas y amargas quejas, no escribirá públicamente mal de él.

Tuvo amistad con casi todos los políticos e intelectuales franceses. Se carteó con Renan, con quien tantas cosas compartía, fue amigo de Jules Simon («Héle debido hospitalidad en días de amargura, consuelo, afecto, la honra de ser admitido a su hogar y sentado a su mesa como si formara parte integrante de su familia») y cruzó con su familia una emotiva correspondencia tras la muerte de Simon en 1896. Pero, además de su trato con el general Grant, tuvo también gran número de amigos norteamericanos, como fue el caso del célebre periodista y explorador Stanley, quien cuenta en su diario que, cuando, tras su entrevista con el general Serrano en Biarritz, llegó a Madrid el 14 de mayo de 1873, en ese mismo día visitó en su casa a Castelar. Es posible que Stanley, aparte de conocer a un político a quien admiraba, fuera transmisor de un mensaje del general Serrano para Castelar, quien, discrepancias políticas aparte, había ayudado al general en su viaje a Francia. Años después, en 1884, Castelar tendrá un afectuoso recuerdo para el periodista americano:

> Acaba de llegar a Europa y desembarcar en sus playas, uno de los primeros exploradores conocidos en este nuestro tiempo, el célebre americano Stanley. Cuantos participamos de la revolución española y acudimos a su Asamblea Constituyente, jamás olvidaremos las crónicas de nuestros movimientos revolucionarios y de nuestros debates políticos enviados a la prensa de América por el joven y original escritor.

Tuvo también Castelar relación con el papa León XIII, una de las figuras más significativas de la Europa del último cuarto de siglo, de quien en 1884 escribió reiterando ideas largo tiempo mantenidas:

> El papa León XIII tiene a nuestros ojos el mérito de haber iniciado una especie o manera de reconciliación cordial entre los estados modernos y la Iglesia Católica. Pero debe comprender que no hará cosa de provecho mientras deje al catolicismo el carácter jesuítico y ultramontano que hoy lo determinan y señalan, cuanto tanto urge a la sociedad y a la conciencia una reconciliación verdadera entre la democracia y el cristianismo.

Su visita a León XIII en el Vaticano el 10 de octubre de 1894, gestionada por el cardenal Rampolla, tuvo gran eco tanto en Europa como en América. Castelar fue siempre sumamente discreto sobre el contenido de esta visita y, aunque anunció reiteradamente que algún día contaría lo allí acaecido, lo cierto es que le llegó la muerte antes de que lo hiciera. Cuenta Natalio Rivas que la audiencia papal tuvo lugar al mediodía y que, cuando Castelar penetró en la morada pontifical, quedó sorprendido al observar que la Guardia Suiza vestía de gala y que todo el ceremonial interior era idéntico al que establece el protocolo para recibir a los jefes de Estado. Lo introdujo en el despacho del santo padre el cardenal Rampolla, que permaneció en la cortina mientras duró la entrevista, como es costumbre cuando el papa conversa con un soberano. León XIII prodigó elogios no solo a sus altas cualidades intelectuales, sino también a la prudencia, circunscripción y patriotismo con que desarrollaba su política. También le recordó con alabanza su actuación habilísima y tolerante en el año 73, como jefe de Estado, facilitando el nombramiento de obispos, que tanto suavizó las relaciones de la Iglesia con la república y la revolución. Manifestó Castelar al cardenal Rampolla su deseo de ver las preciosas pinturas que estaban descubriéndose y restaurándose en las habitaciones Borgia y que nadie podía visitar aún, y se le facilitó que las viera, pese a que estaban en obras y no estaba permitida la visita. Tras la visita al papa por invitación de Crispi, que de joven había visitado España, fue a Nápoles a los dos días, donde mantuvieron una entrevista cordial intercambiando puntos de vista sobre la política europea.

A veces se quejaba Castelar con un punto de vanidad pueril de las cargas que le proporcionaba su popularidad en Europa, y así escribió en 1883:

> En Europa se han acostumbrado a cargar sobre mí toda suerte de dispares y varios escritos. Revienta cualquier demócrata de aquí al Vístula: oración fúnebre. Levantan monumento a Virgilio: autógrafo mío. Celebran aniversario de Rafael, o San Francisco, o Arnaldo de Brescia: y artículo de Castelar. Dan a Pérez Galdós un banquete: y a mí un discurso.

Pero, a pesar de estas quejas por su permanente disponibilidad ante sus amigos europeos, no pudo dejar de enorgullecerse de que su discurso defendiendo la libertad religiosa con motivo de la discusión de la Constitución de 1876 fuera traducido a todas las lenguas cultas de Europa y publicado en París y Londres en forma de folleto, llevando la edición londinense un prefacio elocuentísimo de Gladstone.

Un crítico tan agudo con Clarín, que, aparte de su admiración por Castelar, de quien fue correligionario político, era una de las mentes más al tanto de lo que ocurría en Europa, pudo escribir:

> Para no pocos españoles, Castelar es «uno» de nuestros primeros oradores, «uno» de nuestros primeros hombres públicos... Para el resto del mundo, Castelar es la gloria española

> por antonomasia, entre las contemporáneas. Aquí hasta los que consideramos al señor Cánovas como una antipática medianía, nos hemos acostumbrado a oír: Castelar y Cánovas, y aún, Cánovas y Castelar; fuera de España, a no ser para los especialistas en política europea, si Castelar suena tanto como cualquier gran nombre, Cánovas suena... como ahora me sonaría a mí el nombre del presidente del Consejo de Ministros de Grecia, si me acordara como se llama.

Pero para Clarín la fama mundial de Castelar no se ciñe exclusivamente a su faceta política, sino que se extiende a su faceta de escritor:

> A los pocos extranjeros que saben de literatura española contemporánea, Zorrilla les parecerá una figura tan gloriosa como la que más lo sea, pero su fama no llega donde la de Castelar. De Castelar saben esos millones de hombres que para citar un libro español tienen que acordarse del Quijote.

Se puede decir, pues, que Castelar fue doblemente europeo, tanto en el sentido de ser admirado y respetado por Europa entera como por ser un convencido europeísta que con su palabra y sus escritos contribuyó a forjar la conciencia europea y la necesidad de afrontar el siglo XX con una política democrática común a todo el viejo continente. Sin embargo, la prédica europeísta y democrática de Castelar fue escuchada con más atención fuera de España que dentro de ella.

Bibliografía

ALAS, Leopoldo (Clarín): *Palique.* Labor, Barcelona. 1973.
ALBEROLA, Ginés: *Emilio Castelar (Memorias de un secretario).* Madrid, 1950.
ALBEROLA, Ginés: *Semblanza de Castelar.* 1904.
ALBORNOZ, Álvaro de: *El partido republicano.* Biblioteca Nueva, S. A.
ALCALÁ ZAMORA, Niceto: *La oratoria española.* 1946.
AGUIRRE PRADO: «Un Castelar olvidado». *Informaciones,* 16 de octubre de 1969.
ALBORNOZ, Álvaro de: *El partido Republicano.* Madrid, Biblioteca Nueva.
ALMAGRO SAN MARTÍN, Melchor de: *Bajo los tres últimos borbones.* Madrid, Afrodisio Aguado, S. A.
ALTAMIRA Y CREVEA, Rafael: *Historia de España y de la civilización española.* Juan Gili, Barcelona. 1913.
ÁLVAREZ, Jesús: *Restauración y prensa de masas.*
ÁLVAREZ JUNCO, José: *La comuna en España.* Siglo XXI, M., 1971.
ÁLVAREZ JUNCO, José y SCHUBERT, Adrián: *Nueva historia de la España contemporánea.* Galaxia Gutenberg, 2018.
ÁLVAREZ VILLAAMIL Y LLOPIS, Rodolfo: *La revolución de Septiembre.* Madrid, Espasa-Calpe. 1929.
AMICIS, Edmundo: *España. Impresiones de un viaje hecho durante el reinado de Don Amadeo.* Maucci, Barcelona. 1899.
ARTOLA, Miguel: *Partidos y Programas políticos 1808-1936.* Aguilar, Madrid. 1974. 2 volúmenes.
—. *Los orígenes de la España contemporánea.* Instituto de Estudios Políticos, 1975.
—. *La burguesía revolucionaria (1808-1874).* M., Alianza Editorial. 1973.
Ayer 39, 2000: El republicanismo español (Ángel Duarte y Pere Gabriel: ¿Una sola cultura política republicana ochocentista en España? Inés Roldán de Montaud: El republicanismo español y el problema colonial del sexenio al 98. Ramiro Reig: El republicanismo popular)
AZAÑA, Manuel: *Obras Completas.* Oasis, México. Tomo I.
AZORÍN: *Obras completas.* Madrid, Aguilar. 1947. Tomo I.
—. *De Granada a Castelar.* Espasa-Calpe, Madrid. 1958.
—. *De Valera a Miró.* Afrodisio Aguado. M., 1958.

Bahamonde Magro, Angel: *La sociedad madrileña durante la Restauración.* Madrid, 1986.
Bahamonde, Ángel; Toro, Julián, y Urquijo, Ramón y Elena: *Datos para el estudio de la burguesía madrileña 1829-1868.* Coloquios de Pau, 1976.
—. *Historia de España en el siglo XIX.* Cátedra, 1994.
Balaguer, Víctor.: *Memorias de un Constituyente.* Librería de Medina y Navarro, 1872.
Barcelona, Juan Pedro: *La república imposible.* Cartas a E. C., 1886.
Barcia, Roque: *Catón político.* Prólogo de EC. 1884.
Baroja, Pío: *La veleta de Gastizar.* Madrid, Caro Raggio, 1977.
—. *Bagatelas de otoño.* Biblioteca Nueva, 1949.
Barriobero y Herrán, Eduardo: *Don Emilio Castelar.* Editorial Colón, 1930.
Bazán López, José Luis: *Don Emilio Castelar.* 1999.
Berastegui, Fermín: *Las cortes de la regencia.* M., 1899.
Berger, G. y otros: *Federalismo y federalismo europeo.* Tecnos. Madrid, 1965.
Bermejo, Ildefonso Antonio: *Historia de la interinidad y guerra civil de España.* Labajos. 1875-77.
—. *La Estafeta de Palacio.* 1871-72.
Blas Guerrero, Andrés de: *Tradición republicana y nacionalismo español.* Tecnos, 1991.
Blasco Ibáñez, Vicente: «Una visita a Castelar». *El Pueblo,* 13 junio, 1898.
Boletín Real Academia de la Historia.
Borbón, Eulalia: *Memorias.* Juventud. Barcelona, 1954.
Borbón, Paz: *Cuatro revoluciones e intermedios.* Espasa-Calpe, Madrid. 1935.
Borrego Moreno, Andrés: *Datos para la Historia de la Revolución.* Madrid. 1877.
Botrel, Jean François: *La Asociación de Escritores y Artistas españoles (1872-77).* Coloquios de Pau, 1972.
Bozal, Valeriano: *Juntas Revolucionarias, manifiestos y programas de 1868.* Edicusa, Madrid. 1968.
Bruquetas de Castro, Fernando: *Reyes que amaron como reinas.* La Esfera de los Libros, 2002.
Burell, Julio y Cuellar, F. de: *Antología de las Cortes Constituyentes de 1869 y 1870.* Madrid. 3 volúmenes.
Caballé, Anna: *Narcisos de tinta.* Málaga, Megazul. 1995.
Cacho Viu, Vicente: *La Institución Libre de Enseñanza.* Rialp, 1962.
Cala, Ramón: *Legalidad de la Internacional.* La Igualdad, 1871.
Callahan, W: *Iglesia, poder y sociedad en España.* Nerea, 1989.
—. *La iglesia católica en España.* Crítica, 2003.
Calvo Carilla, José Luis: *La cara oculta del 98.* Cátedra, 1998.
Calzado, Adolfo: *Correspondencia.* Rivadeneira, Madrid. 1908.
Cambronero, Carlos: *Las cortes de la revolución.* La España Moderna, 1898.
Campomar, Marta: *La cuestión religiosa en la Restauración.* Sociedad Menéndez Pelayo, 1984.
Camús, Alfredo Alfonso: *Carta a Emilio Castelar.* Escolar, 2015.

CÁNOVAS, Francisco: *La formación del partido demócrata. (Historia de España Menéndez Pidal: La época isabelina y el sexenio democrático).*
CAÑAMAQUE, Francisco: *Los oradores de 1869.* Madrid 1887.
CÁRCEL ORTÍ, Vicente: «El Vaticano y la Primera República española». *Saitabi,* Valencia, 37. 1977.
CATALINAS, José Luis y ECHENAGUSIA, Javier: *La Primera República. Reformismo y revolución social.* Madrid, Alberto Corazón. 1973.
CIERVA Y PEÑAFIEL, Juan de la: *Notas de mi vida.* Madrid, Instituto Editorial Reus. 1955.
COMÍN COLOMER, Eduardo: *Historia de la Primera República española.* M., 1956.
CORTÉS ECHANOVE, L.: «Menéndez Pelayo, Castelar y Burgos», en *Boletín de la Institución Fernán González y de la Comisión de Monumentos Históricos y Artísticos de Burgos,* XXVI (1947).
CORTEZO, Carlos María: Paseos de un solitario. Ruiz, 1923.
CUENCA TORIBIO, José Manuel: *Relaciones Iglesia-Estado en la España contemporánea 1833-1985.* M., Alhambra, 1985.
—. *La Iglesia ante la revolución liberal.* Rialp, Madrid, 1971.
CHUST, M. y PIQUERAS J. A.: *Republicanos y repúblicas en España.* Siglo XXI 1996.
DARDÉ, Carlos: «La implantación de la democracia en la España de la Restauración». *Revista de Occidente,* 50. 1985.
—. «El sufragio universal en España: causas y efectos». *Anales de la Universidad de Alicante. Historia contemporánea,* 7. 1989-1990.
DARÍO, Rubén: *Letras Obras completas.* 1921, tomo III.
—. *Semblanzas.* Hernández, 1927.
DUARTE, Ángel: *El republicanismo español.* Marcial Pons 2000.
—. «Nación de republicanos» (*Ayer*).
DURÁN, José Antonio: *Alfredo Vicenti «Maestro del periodismo español».* Asociación de la Prensa, 2001.
ECHEGARAY, José: *Recuerdos.* Madrid, 1917.
EIRAS ROEL, A.: *El partido demócrata español 1849-68.* Rialp, 1961.
EIROA, Matilde: «La economía española en el siglo XIX». En PAREDES, Javier: *Historia contemporánea de España.*
ELORZA, Antonio: *Socialismo utópico español.* Madrid, Alianza Editorial. 1970.
ELORZA, Antonio e IGLESIAS, María del Carmen: *Burgueses y proletarios. Clase obrera y reforma social en la Restauración.* Barcelona, 1973.
ESPADAS, Manuel y URQUIJO, J. R.: *Monarquía isabelina y sexenio democrático.*
ESTEBAN NAVARRO, Miguel Ángel: *La formación del pensamiento político del radicalismo español.* Prensas Universitarias de Zaragoza. 1995.
ESTÉVANEZ, Nicolás: *Fragmentos de mis memorias.* Madrid. 1903.
ESTEVE IBÁÑEZ, Luis: *El pensamiento de Emilio Castelar.* Alicante, Universidad de Alicante. 1991.
FERNÁNDEZ ALMAGRO, Melchor: *Historia política de la España contemporánea.* Madrid, Alianza Editorial, 1972. Tomo I.

FERNÁNDEZ BASTERRECHE, *Fernando: Ejército y sociedad en la España decimonónica.* Coloquios de Pau, 1979.

FERNÁNDEZ DE CASTRO, Ignacio: *De las Cortes de Cádiz al plan de desarrollo (1808-1966). Ensayo de interpretación de la España contemporánea.*

FERNÁNDEZ DE CÓRDOBA, F.: *Mis memorias íntimas.* M., 1966. 2 volúmenes.

FERNÁNDEZ GARCÍA, A: «El conflicto Iglesia-Estado en la revolución de 1868», en *Estudios Históricos.* Homenaje a los profesores José María Jover Zamora y V Palacio Atard. Vol. II.

FERRANDO BADÍA, Juan: *La primera república española.* M., 1973.

FLORES GARCÍA, Francisco: *Recuerdos de la Revolución.* Ruiz, Madrid. 1913.

FERNÁNDEZ DE LOS RÍOS, Ángel: *Mi misión en Portugal.* París.

—. *Estudio histórico de las luchas políticas en la España del siglo XIX.* English y Gras, 1880.

FIGUEROA, Agustín de (marqués de Santo Floro): *Epistolario de la Restauración.* Madrid, Rialp, 1985.

FONTANA, Josep: *Cambio económico y actitudes políticas en la España del siglo XIX.* Ariel, Barcelona. 1975.

FRANCOS RODRÍGUEZ, José: *Castelar periodista.* 1923.

GARCÍA ESCUDERO, José María: «Castelar y el posibilismo». *ABC,* 18-7-99.

GARCÍA Y GARCÍA DE CASTRO, Rafael: *Menéndez Pelayo. Historia de los Heterodoxos españoles.*

GARCÍA LADEVESE, Eugenio: *Memorias de un conspirador republicano.* Publican, 2008.

GARCÍA RUIZ, Eugenio: *Historias.* 1876. 2 volúmenes.

—. *La Revolución en España.* 1867.

GARCÍA MARTÍ, V.: *El Ateneo de Madrid (1835-1935).* Dossat, M., 1948.

GARCÍA MERCADAL, José: *Discursos y ensayos.* Aguilar, M., 1964.

GARCÍA MONGAY, F.: Manuel Camo Nogués. «El cacique de Huesca. Huesca». *Cuadernos del Alto Aragón,* 1988.

GARCÍA NIETO, María del Carmen y otros: *El liberalismo democrático, 1868-1874.* Madrid, Guadiana. 1971.

GARCÍA TEJERA, Carmen: *Biografía de Emilio Castelar.* 2008.

GARCÍA VASO, José: *Una visita a Castelar. Madrid, Cómico,* 18-6-98.

GARRIDO, Fernando: *Historia de las clases trabajadoras.* Prólogo de Castelar. Zero. Madrid, 1972.

GATELL, José Ildefonso y VILARRASA, Eduardo María: *Historia de la Revolución de Septiembre.* Barcelona, 1875. 2 volúmenes.

GÓMEZ APARICIO, Pedro: *Historia del periodismo español. Desde la Gaceta de Madrid hasta el destronamiento de Isabel II.* Editora Nacional. Madrid. 1967.

—. *Historia del periodismo español. De la Revolución de septiembre al desastre colonial.* Editora Nacional. Madrid, 1967.

GÓMEZ MOLLEDA, Dolores: *Los reformadores de la España contemporánea.* CSIC, 1966.

GONZÁLEZ ARACO, Manuel: *Castelar: su vida y su muerte.* 1900.

GONZÁLEZ BLANCO, Andrés: *Emilio Castelar, su vida política, su labor litera-*

ria, su vida privada, su oratoria. Antología de sus mejores discursos. Texto en cuartillas manuscritas. Biblioteca del Congreso de los Diputados. Manuscritos 1.

GONZÁLEZ DELGADO, Ramiro: *Reseña de la carta a don Emilio Castelar de Alfredo Adolfo Camús.*

GRIMALDI, A.: *Emilio Castelar: semblanza moral, intelectual y política.* 1869.

HENNESSY, Cecily: *La república federal en España.* Aguilar, Madrid. 1967.

HERNÁNDEZ GUERRERO, José Antonio; COCA RAMÍREZ, Fátima, y MORALES SÁNCHEZ, Isabel: *Emilio Castelar y su época.* Ideología retórica y política. Universidad de Cádiz 2001 (José Antonio Hernández Guerrero: Castelar y su tiempo. EC orador. Tomás Alvadalejo Mayordomo: Poliacrosis en la oratoria de Emilio Castelar. Carmen García Tejera: El concepto de progreso en la estética de EC. Mariano Peñalver Simó: Forma y sentido en el pensamiento de Emilio Castelar. Antonio de Gracia Mainé: La persuasión en el discurso de EC. María Amelia Fernández Rodríguez: La función de las imágenes en la retórica de EC: Ante los ojos. Juan Carlos Gómez Alonso: La construcción del otro: análisis del *exordium* en los discursos parlamentarios de Castelar. Juan Lorenzo Lorenzo: La oratoria de EC: un modelo de discurso apasionado. Ana Calvo Revilla: Claves humanas, sociales y políticas en la oratoria parlamentaria de EC. José Cenizo Jiménez: Retórica e ideología en un discurso de Castelar. María del Carmen Ruiz de la Cierva: La cuestión religiosa en la oratoria de EC. Isabel Morales Sánchez: Castelar y la literatura: ideas sobre narrativa. Vicente Picón García: El Nerón de EC: historia, ficción y retórica. Javier Rodríguez Pequeño: Apuntes para un estudio de la concepción de la historia de EC. Susana Gil-Albarellos: Carácter retórico de la historia en el siglo XIX. María Rubio Martín: La retórica del viaje: a propósito de Recuerdos de Italia. Luis Alburquerque García: Castelar heterodoxo e intérprete de la Historia de los heterodoxos. Fernando Romo Feito: Castelar lee a Rosalía de Castro. Lourdes Royano Gutiérrez: Castelar y MP: una lectura del año 2000).

HERRERO OCHOA, Bernardo: *Castelar, su infancia y último año de vida.* Madrid, 1914.

Historia y proceso de la Internacional en España. Discursos pronunciados en las Cortes españolas durante la legislatura, 1870-71. M., 1872.

IZQUIERDO BENÍTEZ, Alejandro: *El proceso judicial contra Emilio Castelar.* Trabajo fin de carrera. CEU. 2012.

JARNÉS, Benjamín: *Castelar: hombre del Sinaí.* Espasa-Calpe, 1971.

JIMÉNEZ FRAILE, Ramón: *Stanley, corresponsal en España del New York Herald (1868-1873) Vitoria,* Diputación Foral de Alava 1995.

—. *Stanley.*

JOVER, José María: *El siglo XIX en España.* Doce estudios. Barcelona, 1974.

—. *La imagen de la Primera República en la España de la Restauración. RAH,* 1982.

—. *La era isabelina y el sexenio democrático.* RBA, 2005.

—. *1868. Balance de una revolución. Política, diplomacia y humanismo popular en la España del siglo XIX.* Madrid, Turner. 1976.

—. *Realidad y mito de la Primera república.* Espasa-Calpe 1991.

—. *Introducción al tomo XXXIV de la Historia de M. Pidal.*

JUTGLAR, Antoni: *Federalismo y Revolución. Las ideas sociales de Pi y Margall.* 1966.

—. *La revolución de Septiembre. Gobierno provisional y Amadeo I.* Planeta, 1976.

LA PARRA LÓPEZ, Emilio y SUÁREZ QUINTANA, Manuel: *El anticlericalismo español contemporáneo.* Madrid, Biblioteca Nueva. 1998.

LABRA, R. M.: *El Ateneo de Madrid (1835-1905). Notas históricas.* Madrid, Alfredo Alonso. 1906.

LACOMBA, Juan Antonio: *La Primera República. El trasfondo de una revolución fallida.* Guadiana, 1973.

—. *Historia social de España.* Siglo XIX, 1972.

LAFUENTE, Modesto: *Historia general de España.* Barcelona, 1922. B., 1890.

LARA, M. M. de: *El cronista de la revolución española de 1868.* 1869.

LEMA, Marqués de (Salvador Bermúdez de Castro y O'Lawlor): *De la Revolución a la Restauración.* Madrid, Editorial Voluntad. 1927. 2 volúmenes.

LINARES RIVAS, Aureliano: *La primera cámara de la restauración. Retratos y Semblanzas.* M., 1878.

LISSORGUES, Yvonne: *Clarín político.* Barcelona, Lumen. 1989.

LLANTA Y GUERÍN, Santiago: *Los diputados pintados por sus hechos. Colección de estudios biográficos sobre los elegidos por sufragio universal en las Constituyentes de 1869.* Madrid, 1869, 3 volúmenes.

LÓPEZ CORDÓN, María Victoria: *La revolución de 1868 y la primera república.* Siglo XXI, M., 1976.

—. *El pensamiento político internacional del federalismo español.* Coloquios de Pau, 1972.

LLORCA, Carmen: *Emilio Castelar: precursor de la democracia cristiana.* Biblioteca Nueva, 1966.

—. *Isabel II y su tiempo.* Alcoy, 1956.

—. *Discursos parlamentarios de Emilio Castelar.* Narcea, 1973.

MACIÁ, Mateo: «Cien años de Castelar». *El País,* 25 de mayo de 1999.

MAISONOBE, Abel: *Don Emilio Castelar et la premiere republique espagnole.* George Forestier, 1939.

MAISONNAVE, Eleuterio: «Memoria presentada el 2 de enero de 1874 a las Cortes constituyentes por el Ministerio de la Gobernación».

MALUQUER DE MOTES, Jorge: *El problema de la esclavitud y la revolución de 1868. Hispania,* 117, 1971.

—. *El socialismo en España, 1833-1874.* Crítica, 1977.

MAÑÉ Y FLAQUER, José: *Viaje alrededor de la república.* B., 1911.

MARAÑÓN, Gregorio: *Efemérides y comentario.* Madrid, Espasa-Calpe. 1955.

MARÍAS, Julián: *Los españoles.* Madrid, *Revista de Occidente,* 1962.

—. «El siglo XIX». *ABC,* 27 de mayo de 1999.

MARTÍNEZ CUADRADO, Miguel: *Elecciones y partidos políticos en España (1868-1931).* Taurus, M., 1969. 2 volúmenes.

MATEOS GAGO, Francisco: *Carta a Emilio Castelar.* Sevilla, 1869.
MEDIONI, María-Alice: *El cantón de Cartagena.* Siglo XXI. Madrid, 1979.
MELLADO PÉREZ, Rafael: *Emilio Castelar.* 1999.
MÉNDEZ BEJARANO, M.: *Idealismo jurídico-político e historia interna de la revolución de 1868.* M., 1919.
MENÉNDEZ PELAYO, Marcelino: *Historia de los heterodoxos españoles,* BAC, 1965.
—. *Epistolario.* Fundación Universitaria Española, 1982-1991.
MILEGO, Julio: *Castelar, su vida y su obra.* Alufre. Valencia, 1906.
MIRAFLORES, Marqués de: *Memorias del Reinado de Isabel II.* 3 volúmenes. M., 1964.
MONTERO DÍAZ, Julio: *La crisis del moderantismo y el sexenio.* En PAREDES, Javier: *Historia contemporánea de España.*
MORALES SÁNCHEZ, Isabel y COCA RAMÍREZ, Fátima: *Emilio Castelar. Nuevas aportaciones.* Universidad de Cádiz. 2003.
MORAYTA, MIGUEL: *Historia de España.* 1893.
—. *La juventud de Castelar. Su vida de estudiante y sus primeros pasos en la política.* 1901.
MORENO LUZÓN, Javier: *Romanones. Caciquismo y política liberal.* Madrid. Alianza Editorial, 1998.
MUÑIZ, Ricardo: *Apuntes históricos sobre la revolución de 1868.* Madrid, 1884-85, 2 volúmenes.
NADAL, Jordi: *El fracaso de la revolución industrial en España.* Ariel, 1980.
NAVARRO PASTOR, Alberto: *Historia de Elda.* Cajas de Ahorro, 1981.
NAVARRO PAYÁ, José: *Personajes y episodios de la historia de Elda.* 1985.
OLIVAR BERTRAND, Rafael: *Así cayó Isabel II.* Sarpe, M.. 1986.
—. *El caballero Prim.* Luis Miracle. 1952.
OLIVER SANZ DE BREMOND, E.: *Castelar y el período revolucionario español (1868-74).* Madrid, Gregorio del Toro, 1971.
ORTÍ Y LARA, J. M.: *La sofistería democrática o examen de las Lecciones de D. E. Castelar acerca de la civilización en los cinco primeros siglos de la Iglesia.* Granada, 1861.
OSSORIO Y BERNARD, M.: *Ensayo de un catálogo de periodistas del siglo XIX.* Madrid, J. Palacios, 1903.
PALMA, Ricardo: *Recuerdos de España.* Buenos Aires, 1897.
PAREDES, Javier: *Historia contemporánea de España.* Ariel, 2004.
PÉREZ GALDÓS, Benito: *España sin rey.* Alianza, 1980.
—. *La primera república.* Alianza, 1980.
—. *De Cartago a Sagunto.* Alianza, 1980.
PESET, M. y PESET, J. L.: *La Universidad Española (siglos XVIII y XIX). Despotismo ilustrado y revolución liberal.* Madrid, Taurus, 1974.
PETSCHEN, Santiago: *Iglesia-Estado, un cambio político. Las Constituyentes de 1869.* Madrid, Taurus, 1974.
PI Y MARGALL, Francisco: *Historia de España en el siglo XIX.* Madrid, 1902.
—. *La república de 1873. Apuntes para escribir su historia.* Madrid, 1874.
PICÓN, Jacinto Octavio: *Discurso de recepción en la RAE.*

PIQUERAS, José A: *Revolución democrática (1868-74). Cuestión social, colonialismo y grupos de presión.* 1992.

—. *Repúblicas y republicanos en España.* Siglo XXI, 1996.

PIRALA, Antonio: *Historia contemporánea.* 1875.

—. *España y la Regencia. Anales de dieciséis años (1885-1902).* Madrid, Victoriano Suárez, 1904.

PORTILLO, Eduardo M. y PRIMELLES, Carlos: *Historia política de la Primera república española.* Biblioteca Nueva, 1932.

PUIG CAMPILLO, Antonio: *El cantón murciano. (Historia de la I República Española).* Cartagena, M. Carreño, 1932.

PULIDO, Ángel: *La emoción oratoria.* 1929.

—. *EC obras escogidas.* Tomo I. Prólogo, 1922.

—. *Patria* (colección de discursos). 1902.

—. *Autobiografía de Castelar y otros discursos inéditos.* San Martín, 1900.

RATTAZZI, Marie Letizia (Bonaparte-Wise): *Une Epoque: E. Castelar.* Maretheux, 1899.

RINCÓN, Abraham: *Opinión pública y partidos políticos.* Tesis doctoral. 2000.

RIPOLL, Carlos: *A los cien años de Castelar.* Dos Ríos. 1999.

RISPA PERPINA, Francisco: *Cincuenta años de conspirador. 1853-1903.* B., 1932.

RIVAS, Natalio: *Memorias.* Editora Nacional, Madrid, 1951.

—. *El siglo XIX. Episodios históricos.* Madrid, Editora Nacional, 1945.

—. *Castelar y Canalejas.* Mss. Biblioteca Nacional.

—. *La gratitud de Castelar.*

RODRÍGUEZ SOLÍS, Enrique: *Historia del Partido republicano español.* M., 1893.

—. *Memorias de un revolucionario,* Madrid, 1931.

ROJAS, Ricardo: *Retablo español.* Buenos Aires, Losada. 1948.

ROMANONES, Conde de: *Los cuatro presidentes de la República.* Madrid, Espasa-Calpe. 1939.

—. *Doña María Cristina de Habsburgo y Lorena.* Austral, Espasa-Calpe, Buenos Aires. 1947.

ROSENBLATT NANCY, A.: *Emilio Castelar, teórico, publicista y teórico republicano. Revista de Estudios Políticos,* n.° 186 M 1972

RUBIO, Carlos: *Teoría del progreso.* 1859.

RUEDA, Germán: *Demografía y sociedad.*

RUIZ DE AZÚA, Estíbaliz: «La Unión Liberal». En PAREDES, Javier: *La España contemporánea.*

SÁNCHEZ ALBORNOZ, Nicolás: «El trasfondo económico de la Revolución». *Revista de Occidente.* Año VI. Segunda época. N.° 67.

SÁNCHEZ ANDRÉS, Agustín: *Castelar y el parlamentarismo decimonónico español.* Prólogo José A. Piqueras Arenas. 1999.

SÁNCHEZ DEL REAL, A.: *Emilio Castelar, su vida, su carácter.* Barcelona, 1873.

SÁNCHEZ ORTIZ, Modesto: *Las primeras cámaras de la Regencia.* 1886.

SÁNCHEZ RECIO, Glicerio: *Actas del congreso Castelar y su tiempo.* 2001.

SEOANE, María Cruz: *Oratoria y periodismo en la España del siglo XIX.* Juan March, 1977.

—. *Historia del periodismo en España.* Alianza Editorial, 1983.

SEVILLA ANDRÉS, Diego: *Constituciones y otras leyes y proyectos políticos de España.* 2 volúmenes. Editora Nacional, 1969.

SHINAN, Nitai: *Castelar y los judíos.*

SOLÉ TURA, Jordi y AJA, Eliseo: *Constituciones y periodos constituyentes en España (1808-1936).* Madrid, Siglo XXI. 1978.

SOLSONA, Conrado: *Castelar íntimo.*

SOSA, Luis de: *El Rasgo.* Instituto de Estudios Políticos, 1944.

SOUTO ALABARCE, Arturo: *Introducción a los discursos de Emilio Castelar.* Porrúa México, 1988.

SUÁREZ CORTINA, Manuel: *El gorro frigio. Liberalismo, democracia y republicanismo en la Restauración.* Biblioteca Nueva, 2000.

—. *Anticlericalismo en la España Contemporánea.* Biblioteca Nueva, 2007.

TERRÓN, Eloy: *Sociedad e ideología en los orígenes de la España contemporánea.* Península, 1969.

TORTELLA, Gabriel: *Los orígenes del capitalismo en España.* Tecnos, 1973.

TOWNSON, N.: *El republicanismo en España, 1830-1977.* M., Alianza. 1994. (Demetrio Castro, Miguel Ángel Esteban Navarro, Carlos Dardé, Manuel Suárez Cortina).

TRUJILLO, Gumersindo: *El federalismo español. Ideología y fórmulas constitucionales.* En BERGER: *Federalismo y federalismo europeo.*

TUÑÓN DE LARA, Manuel: *Sociedad, política y cultura de los siglos XIX y XX.* M., 1973.

—. *La España del siglo XIX.* B., 1973.

—. *Estudios sobre el siglo XIX español.* Madrid, Siglo XXI. 1972.

TUSELL, Javier: *Historia de España.* Taurus, 1998.

URQUIJO Y GOITIA, José Ramón: *La revolución de 1854 en Madrid.* CSIC, 1984.

—. *El bienio progresista. La revolución de 1854 en Madrid.* Tesis doctoral. Universidad de Valencia, marzo de 1980.

VALBUENA PRAT, Ángel: *El estilo retórico de Castelar.*

VALERA, Juan: *Crítica a la vida de Lord Byron* por E. C. (1873) O. C.

—. *Cristianismo y progreso.* 1858.

VARAGNAC, E.: *Un grand espagnol apotre du droit des peuples: Emilio Castelar.* París, 1920.

VARELA, Javier: *La novela de España.* Taurus, 1999.

VARELA SUANZES-CARPEGNA, J.: *Historia constitucional de España.* Marcial Pons, 2020.

VELASCO ZAZO, A.: *Los salones madrileños del siglo XIX.* Madrid, Victoriano Suárez. 1947.

VICENS VIVES, Jaime y NADAL OLLER, Jorge: *Manual de historia económica de España.* Vicens Vives. Barcelona, 1985.

VILARRASA, E. M. y GATELL, J. L.: *Historia de la revolución de setiembre.* Librería religiosa, 1875.

VILCHES, Jorge: *Emilio Castelar, la patria y la república.* Biblioteca Nueva, 2001.

—. *Castelar y la república posible. Revista de Estudios Políticos,* 1998.

—. *La oratoria en las urnas.* En DUARTE, Ángel: *Líderes para el pueblo republicano.* 2015.
—. *Contra la Utopía. Historia Contemporánea,* 2015.
—. *El posibilismo republicano ante el catolicismo durante el reinado de Alfonso XII. Hispania,* 2012.
—. *Pi y Margall el hombre sinalagmático. Historia y Política,* 2001.
—. *Un historiador en transición. La historiografía republicana de Miguel Morayta. Revista de Estudios Políticos,* 2013.
—. *Entre el parlamentarismo y la insurrección. La minoría republicana en las Cortes constituyentes de la revolución. Historia y Política.* 2015.
VILLACORTA BAÑOS, F.: *Burguesía y cultura. Los intelectuales españoles en la sociedad liberal, 1808-1931.* Madrid, Siglo XXI. 1980.
VILLALBA HERVÁS, Miguel: *De Alcolea a Sagunto.* Madrid, 1899.
VINAJERAS, Antonio: *Bosquejo crítico de la vida de Lord Byron de Castelar.*
ZAVALA, Iris M: *Románticos y socialistas. Prensa española del XIX.* Madrid, Siglo XXI. 1972.

REVISTAS Y PERIÓDICOS

ABC
Boletín de la Real Academia de la Historia. CLXXXIII
La Correspondencia de España
La Democracia
Los Descamisados
La Discusión
La Época
El Fénix
El Globo
La Gorda
Heraldo de Madrid
Hispania, Revista del Instituto Zurita
Revista de Estudios Políticos
Saitabi. Valencia
La Iberia
El Imparcial
Informaciones
El Liberal
Moneda y Crédito
La Nación
El País
El Pensamiento español
Revista Archivos y bibliotecas
Revista Moderna
Revista de Occidente
El Siglo Futuro